나의 겁없는 중국생활 중국어

다락원

전은선 선생님이 전하는 말

"전 과장아~ 이럴 때는 중국어로 뭐라고 화내냐?"

친한 회사 선배가 종종 답답하다는 듯 중국어 표현에 대해 물었고, 여기에 열심히 답해 주던 것이 『나의 겁 없는 중국생활 중국어』를 집필하는 계기가 되었습니다. 워낙 저는 중국과 중국어를 격하게 좋아하는 터라, 누군가 질문하면 몰라도 알아내서 답하는 편입니다. 심지어 물어보지도 않았는데 알고 싶어 할 것 같다며 주저리주저리 덧붙이기도 해요. 그러다 차츰 '이런 표현들을 기록으로 남겨 전해 보자'라는 목표가 생겼고, 실제로 이렇게 책으로 출간되었다는 것이 무척 감개무량합니다.

혹시 중국어를 몇 개월 열심히 공부했더니 입이 움찔움찔 움직이며 나도 모를 자신감이 샘솟아 중국인에게 질문을 던졌는데, 예상 밖 긴 대답에 당황해 본 적 있으신가요? 이 책의 타깃 독자는 바로 이처럼 '질문은 할 수 있으나, 현지인의 화답은 못 알아듣겠'는 학습자입니다. 즉, 이 책을 통해 중국 현지의 리얼 표현을 익히고 나면, 중국인 친구의 화답이 어느 정도 귀에 들어 올 수 있게 되는 것을 목표로 했습니다. 따라서 전체적으로 처음부터 뜻이 바로 탁 이해되지는 않지만, 쉬운 표현으로 이뤄져 있어 도전해 볼 만하다는 생각이 들도록 구성했습니다.

각 주제의 에피소드는 '회화', '오늘의 일기', '샨샨의 실수 방지 중국 생활'로 나뉩니다.

'회화'에는 중국인들의 실제 대화를 담았습니다. '중국 현지에서 이뤄지는 리얼 대화를 속기하듯 적자!', 이 책을 쓰면서 항상 염두에 두었던 부분입니다. 중국에 체류하면서 겪은 바 있는 혹은 겪을 만한 에피소드를 설정하고 단편 드라마의 대사를 적듯 썼습니다. 저에게 최고의 중국어 선생님이자 멘토인 차오팡(曹芳) 선생님이 집필을 함께 해 주셔서 갓 잡아 올린 싱싱한 고등어 마냥 생생!탱탱!한 회화문이 완성될 수 있었습니다.

'오늘의 일기'는 그날의 에피소드를 마치 일기를 쓰듯이, 혹은 친구에게 전하듯이 읊조리는 부분입니다. 저는 외국어 수준이 초급에서 중급으로 가는 첫 시그널은 나의 이야기를 상대에게 전달할 수 있게 될 때라고 생각합니다. 앞의 '회화'의 화자 입장에서 하루의 일화를 회고하며 오늘 어떤 공간에서 무슨 일이 있었고, 그때 나의 감정이 어떠했는지를 정리해 볼 수 있도록 한 코너가 바로 '오늘의 일기'입니다. 저는 이 부분이 초급 학습자가 중급으로 가기 위한 도움닫기가 될 것이라 확신합니다.

마지막으로 '샨샨의 실수 방지 중국 생활'은 중국 생활의 경험담이나 알아 두면 좋을 만한 내용을 기록한 공간입니다. 중국 현지 생활을 먼저 해 본 친구가 도움이 되었으면 하는 마음으로 전해 준 노트 같다 여기며 편안한 마음으로 읽어 주셨으면 좋겠습니다. 참! 여기서 '샨샨'은 제 이름을 중국식으로 바꿔 만든 애칭입니다. 발음이 발랄하고 유쾌하게 느껴지죠? 저는 좋아하는 일에 즐겁게 몰두하며 시간을 보낼 때 이 '샨샨'이란 애칭을 쓰곤 한답니다. 예를 들어 소싯적 스윙 댄스 동호회 활동을 열심히 했을 때의 호칭이 '샨샨'이었습니다. 이 책도 제게는 즐거운 몰입의 결과물이니 '샨샨'이란 이름을 허(?)하였습니다.

'이 책을 가장 효과적으로 활용하려면?'

　　이런 질문을 하신다면 저는 '오늘의 일기'를 암기해 볼 것을 추천합니다. 외국어를 공부하는 방법으로 종종 일기 쓰기를 권하곤 하는데요, 아는 어휘수도 부족하고 문법도 자신 없으니 실제 도전하기란 쉽지 않습니다. 쉽지 않은 그 일기 쓰기를 대신 해 준 것이 바로 '오늘의 일기'입니다. 스마트폰으로 '오늘의 일기' 부분을 사진으로 찍어 두고 이동하는 틈틈이 보며 암기하셔서 스스로의 머릿속 일기로 남기세요. 어느 순간 확~ 늘어난 표현력에 스스로가 놀라실 겁니다. 이는 실제 제가 겪은 것이기도 해요!

　　마지막으로 차오팡 선생님께 무한한 감사의 인사를 드립니다. 저는 중국어 전공자도, 전문가도 아닙니다. 다만, 10년 넘게 중국 시장에서 영업과 홍보업무를 하면서 실전으로 익힌 중국어가 내 동료에게, 그리고 나처럼 중국어를 사랑하게 된 이에게 도움이 되지 싶어 과감히 교재 집필에 도전한 것입니다. 만약 차오팡 선생님이 안 계셨다면 엄두도 내지 못했을 것입니다. 선생님께서 든든한 지원군이 되어 표현을 다듬고 고쳐 주시는 '전문가 후광효과'에 힘입어 현지 인증 마크가 있다면 달아 줄 수 있을 만한 결과물을 얻을 수 있었습니다.

　　단어 발음과 성조를 정리해 주신 쑤전(舒祯) 선생님! 성실하게 꼼꼼히 정리해 주시는 모습에 매번 감동했습니다. 그리고 사랑하는 가족들에게 감사의 말씀을 전합니다. 마지막으로 통근버스 안에서 잠들지 않고, 멀미하지 않고, 스마트폰 메모장에 손가락 신공으로 책을 써 준 제 자신에게 대견한 마음을 느끼며 편도 한 시간 반 이상 걸리는 긴 통근시간에도 뜻하지 않은 감사를 전합니다.

전은선

차오팡 선생님이 전하는 말

성인이 외국어를 꾸준히 학습하기란 쉽지 않습니다. 아무리 노력을 하더라도 모국어 수준만큼 되기란 요원한 일이고, 실력이 투자한 시간만큼 늘지도 않습니다. 그래서 대다수의 사람들이 새해가 시작되면 첫 번째 목표로 외국어 마스터를 꼽지만 얼마 가지 않아 포기하고 맙니다. 물론 꾸준히 공부하여 어느 정도의 중국어 실력을 갖춘 학습자도 많습니다. 하지만 그런 분들도 업무나 비즈니스 현장에서는 분명 알아는 듣겠는데 무슨 뜻인지 알 수 없는 황당한 경우를 종종 만나게 됩니다. 이런 상황이 반복되면 어떤 분들은 '안 배우고 만다!'라며 포기하고 싶으실 수 있습니다. 하지만 사실 적합한 방법을 찾으면 중국어가 그리 어려운 것만은 아닙니다.

원어민 강사의 관점에서 이 책의 두 가지 특징을 첨언하면 아래와 같습니다.

우선 회화문에 등장하는 화자 중 한 명은 비교적 어려운 중국어를 구사하는 현지인이고, 그 상대는 다소 짧지만 아주 정확한 중국어를 구사하는 외국인으로 설정했습니다. 외국인이 중국어를 모국어처럼 구사하기란 가능하지도 않고, 그럴 필요도 없습니다. 중국어 학습자는 모국어를 구사하는 중국인의 말을 정확히 알아듣고, 자신의 현재 실력 안에서 정확히 화답하여 소통하는 것을 목표로 삼아야 꾸준히 공부할 수 있고 성장할 수 있습니다.

만약 학습자가 중국인처럼 중국어를 구사해 보겠다는 목표를 세우고 공부한다면, 얼마 못 가 포기할 것입니다. 목표는 '중국인이 전달하고자 하는 말이 무엇인지 알아듣겠다'로 삼아야 합니다. 외국인은 중국인의 긴 발언에 아주 간단한 한마디로 답하고 있지만, 분명 정확한 소통을 하고 있습니다.

또 하나, 회화 내용은 '수다스럽게' 하지만 '쉬운 어휘'로 구성했습니다. 많은 학습자들이 중국인과의 대화에서 단답으로 일관해 과묵해 보이거나, 불친절해 보인다는 오해를 사곤 합니다. 모든 에피소드들을 완벽히 익히기 힘드시다면, 맘에 드는 회화 문장을 골라 외워 보시길 권합니다. 중국인과 자연스러운 긴 대화를 이어나가시는 데 도움이 될 것이라 확신합니다.

저는 중국어를 10년 넘게 가르치면서 수많은 학생들을 만나왔습니다. 그 중 저를 가장 감탄하게 한 사람이 바로 이 책을 함께 쓴 샨샨입니다. 저는 외국어 정복을 위해서는 꾸준한 시간 투자만이 최선의 방법임을 샨샨의 성장 과정을 통해 다시금 배웠습니다. 그리고 그 성장의 결과물을 한 권의 책으로 묶어낼 수 있어 기쁘고, 한편으로는 리얼한 현지 중국어를 학습자에게 소개할 수 있어 뿌듯합니다. 이 책을 선택하신 학습자라면, 중국에 가지 않고도 생생한 중국어를 쉽게 익히실 수 있을 것이라 믿습니다.

차오팡(曹芳)

이 책의 100% 활용법

『나의 겁 없는 중국생활 중국어』는 간단한 의사소통이 가능한 기초 수준의 중국어 가능자가 중국에 정착하여 현지 생활을 해야 할 때 필요한 표현들을 담은 책입니다. 본 교재는 '먹기(吃) 편', '걷기(行) 편', '살기(住) 편', '놀기(玩) 편'으로 나누어져 있습니다. 각 편은 다시 주제와 관련된 다양한 에피소드들로 엮어져 있는데, 중국에서 현지 생활에 적응하는 과정에서 고민해 봤을 법한 내용들이 알차게 담겨 있습니다. 에피소드 001부터 115까지 순서대로 차근차근 살펴봐도 좋고, 혹은 자신이 찾고 있는 상황이 담긴 에피소드를 펼쳐서 공부해도 좋습니다. 이 한 권을 통해 현지 적응 및 정착을 무난하게 할 수 있을 것입니다.

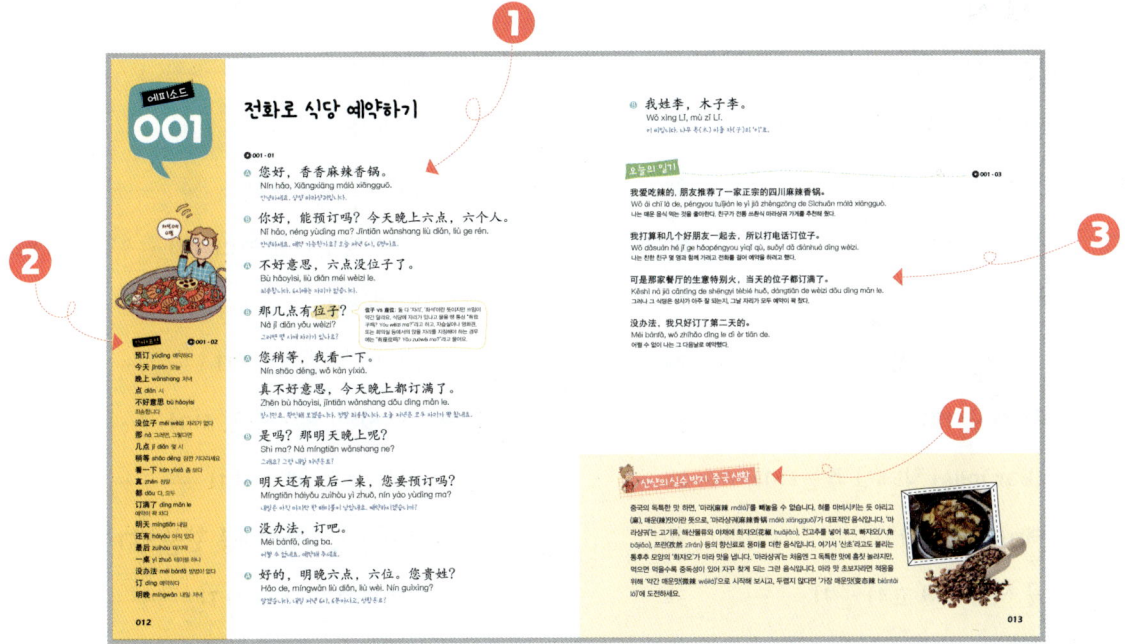

❶ **회화** 주제와 관련된 상황에서 일어날 법한 현실감 있는 대화들을 담았습니다. 대화 중에서 좀 더 자연스러운 현지 표현이나, 헷갈리기 쉬워서 꼭 짚고 넘어가야 할 표현들은 상세한 설명을 달았습니다.

❷ **단어+표현** 본문에서 나온 새 단어와 표현을 정리했습니다. 사전 그대로의 표현보다는 각 상황에서 자연스러운 뜻을 담고자 했습니다.

❸ **오늘의 일기** 표현을 자기 것으로 확실히 만들기 위해서는 문장으로 요약해서 말해 보는 연습이 필요합니다. 본문 내용을 요약해서 일기 쓰듯이 마무리한 문장을 읽고, 외워 보며 실력을 키워 보세요. 오늘의 일기에 나오는 새 단어는 각 편의 맨 뒤에 수록하였습니다.

❹ **샨샨의 실수 방지 중국 생활** 저자의 실제 경험이 반영된 중국 생활 완벽 적응 팁입니다. 어느 책에서나 뻔히 볼 수 있는 문화 이야기가 아니라, 저자의 생생한 경험이 녹아 있어 자꾸 읽어 보고 싶게 만드는 글입니다.

차례

먹기 편 吃

- 001 전화로 식당 예약하기 ……… 12
- 002 식당의 방 예약하기 ……… 14
- 003 식당에서 번호표 받고 대기하기 ……… 16
- 004 식당에서 자리 바꾸기 ……… 18
- 005 음식 주문하기 ……… 20
- 006 세트 메뉴 주문하기 ……… 22
- 007 시원한 맥주 요청하기 ……… 24
- 008 백주 주문하기 ……… 26
- 009 바(bar)에서 칵테일 주문하기 ……… 28
- 010 스테이크 주문하기 ……… 30
- 011 한국 식당에서 고기 굽기 ……… 32
- 012 중국 친구에게 고기 대접하기 ……… 34
- 013 식당에서 음식 재촉하기 ……… 36
- 014 음식점에서 항의하기 ……… 38
- 015 SNS에 맛집 사진 올리기 ……… 40
- 016 국이 식었을 때 데워 달라고 요청하기 ……… 42
- 017 음식 추가 주문하기 ……… 44
- 018 벌주 마시기 ……… 46
- 019 건배하기 ……… 48
- 020 디저트 주문하기 ……… 50
- 021 식당 영업시간 문의하기 ……… 52
- 022 한턱내기 ……… 54
- 023 시장에서 물건 사기 ……… 56
- 024 슈퍼마켓에서 물건 사기 ……… 58
- 025 장본 물건 배달 받기 ……… 60
- 026 유통기한 지난 제품 환불 받기 ……… 62
- 027 생일케이크 주문하기 ……… 64
- 028 아침식사 테이크아웃하기 ……… 66
- 029 야식 먹기 ……… 68
- 030 패스트푸트점에서 햄버거 주문하기 ……… 70
- 031 훠궈 주문하기 ……… 72

오늘의 일기 새단어 알고 가기 ……… 74

걷기편 行

- 032 교통카드 만들기 82
- 033 택시 타기 84
- 034 길 묻기 86
- 035 횡단보도 건너기 88
- 036 지하철 보안검색대 통과하기 90
- 037 버스-지하철 환승하기 92
- 038 낯선 현지인과 친해지기 94
- 039 항공권 예약하기 96
- 040 공항에서 자율 탑승 수속하기 98
- 041 중량초과한 짐 부치기 100
- 042 공항 보안검색대 통과하기 102
- 043 보안검색대에서 재검 받기 104
- 044 공항에서 액체용품 보관하기 106
- 045 항공편 취소로 숙소 배정받기 108
- 046 기내식 먹기 110
- 047 입국 신고하기 112
- 048 비행기 이륙 지연으로 식사 제공받기 114
- 049 전화로 호텔 예약하기 116
- 050 호텔 체크인하기 118
- 051 오션뷰 방 요청하기 120
- 052 호텔 편의시설 이용하기 122
- 053 숙소 내 문제 발생 시 도움 요청하기 124
- 054 호텔 체크아웃하기 126
- 055 장거리 여객버스 타기 128
- 056 기차표를 분실했을 때 재발급 요청하기 130
- 057 기차를 놓쳤을 때 다음 차편으로 바꾸기 132
- 058 차량 렌트하기 134
- 059 대리운전 부르기 136
- 060 비행기와 기차 선택하기 138

오늘의 일기 새단어 알고 가기 140

살기편 住

- **061** 부동산에서 집 구하기 ········· 148
- **062** 집주인에게 소형가전 요구하기 ··· 150
- **063** 가구와 가전 바꾸기 ········· 152
- **064** 집 계약 전 꼼꼼히 요구하기 ··· 154
- **065** 집 계약하기 ········· 156
- **066** 주숙등기 하기 ········· 158
- **067** 주숙등기에 필요한 서류 준비하기 · 160
- **068** 수도세, 전기세, 가스비 내기 ··· 162
- **069** 인터넷망 개설하기 ········· 164
- **070** 청소 도우미 구하기 ········· 166
- **071** 수리센터에 전화하기 ········· 168
- **072** 전기제품 방문수리 요청하기 ····· 170
- **073** 변기가 막혔을 때 수리 요청하기 · 172
- **074** 수도꼭지에서 물이 샐때 수리 요청하기 ········· 174
- **075** 계약만료 시 보증금 환급받기 ··· 176
- **076** 휴대전화 구매하기 ········· 178
- **077** 휴대전화 데이터 요금제 선택하기 · 180
- **078** 휴대전화 데이터 충전하기 ······ 182
- **079** 보조 배터리 빌리기 ········· 184
- **080** 은행계좌 개설하기 ········· 186
- **081** 전자결제 개통하기 ········· 188
- **082** 환전하기 ········· 190
- **083** 중국어 선생님 찾기 ········· 192
- **084** 상점에서 옷 사기 ········· 194
- **085** 온라인 쇼핑하기 ········· 196
- **086** 세탁소에 드라이클리닝 맡기기 ··· 198
- **087** 미용실에서 머리하기 ········· 200
- **088** 약국에서 약 사기 ········· 202
- **089** 병원 가기 ········· 204
- **090** 택배 보내기 ········· 206
- **091** 교통사고 났을 때 대처하기 ····· 208

오늘의 일기 새단어 알고 가기 ········· 210

놀기편 玩

092	중국 친구 사귀기	218
093	약속 시간에 늦었을 때 연락하기	220
094	친구와 주말 계획 세우기	222
095	영화관에서 영화 표 사기	224
096	영화관에서 팝콘과 콜라 사기	226
097	노래방 가기	228
098	노래방에서 먹거리 주문하기	230
099	노래방에서 요구사항 말하기	232
100	노래방에서 노래 선택하기	234
101	콘서트 가기	236
102	친구에게 베이징 구경시켜 주기	238
103	피트니스 센터 등록하기	240
104	피트니스 센터에서 개인 트레이닝 받기	242
105	테니스 강습받기	244
106	수영 강습받기	246
107	악기 배우기	248
108	붓글씨 배우기	250
109	서점에서 책 사기	252
110	콘서트 티켓 구하기	254
111	한류에 대해 이야기 나누기	256
112	성형수술에 대해 이야기하기	258
113	카페에서 WIFI 비밀번호 묻기	260
114	카페에서 회원카드 만들기	262
115	커피와 디저트 주문하기	264

오늘의 일기 새단어 알고 가기 266

이 책의 표기법

❶ 이 책에 나오는 중국의 지명이나 건물, 기관, 관광명소의 명칭 등은 중국어 발음을 한국어로 표기하는 것을 원칙으로 했습니다. 단, 우리에게 이미 널리 알려진 것에 한하여 익숙한 발음으로 표기하였습니다.

> 예   上海 상하이   长城 만리장성

❷ 인명은 각 나라에서 실제 사용하는 발음으로 표기하였습니다.

> 예   习近平 시진핑   小张 샤오장

MP3 다운로드

- 교재의 음원은 '다락원 홈페이지(www.darakwon.co.kr)'를 통해서 무료로 다운로드 받을 수 있습니다.
- 스마트폰으로 QR코드를 스캔하면 MP3 다운로드 및 실시간 재생 가능한 페이지로 바로 연결됩니다.

먹기 편
吃

    중국은 북한, 러시아, 몽골, 파키스탄, 인도, 네팔, 베트남 등 무려 14개 국가와 국경을 접하고 있어요. 그곳에서 한족을 포함한 56개의 민족이 함께 공존하며 다양한 풍미를 만들어내니, 중국은 먹는 즐거움을 마음껏 누릴 수 있는 최적의 나라라고 할 수 있습니다. 그만큼 나누고 싶은 에피소드와 중국어 표현이 많을 수밖에 없는데요, 때문에 이 책을 쓰면서 제일 먼저, 그리고 가장 재미있게 작업한 부분도 바로 이 먹기(吃) 편입니다.

    대학생 시절 배낭여행으로 처음 베이징에 갔을 때, 어느 골목 어귀의 허름한 식당에 들어간 적이 있습니다. 조심스레 펼친 메뉴판 속의 알아볼 수 없는 현란한 음식 종류에서 느껴진 경외감은 아직도 강렬한 기억으로 남아 있어요. 중국과 중국어에 대한 경험이 늘어가면서 메뉴판을 읽을 수 있게 되고, 음식의 뜻을 알게 되니 먹어 보고 싶은 중국 음식도 점차 늘어나는 경험을 하게 되는 것이 어찌나 기쁘던지요. 머쓱해 하며 손가락으로 음식 그림을 가리키던 내가, 맞춤 음식을 주문하고 이것저것 꼼꼼히 요구하고 항의할 수 있게 되었을 때의 뿌듯함은 중국과 사랑에 빠지게 된 결정적인 계기라고 할 수 있습니다. '먹기 편'을 구성하면서 참 행복했습니다. 즐거운 경험을 친구에게 나누는 기분이라고나 할까요? 저의 경험이 먹는 데 절대 지루할 틈 없는 중국 생활에 조금이나마 도움이 되길 소망합니다.

에피소드 001

전화로 식당 예약하기

🔊 001 - 01

Ⓐ 您好，香香麻辣香锅。
Nín hǎo, Xiāngxiāng málà xiāngguō.
안녕하세요. 샹샹 마라샹궈입니다.

Ⓑ 你好，能预订吗? 今天晚上六点，六个人。
Nǐ hǎo, néng yùdìng ma? Jīntiān wǎnshang liù diǎn, liù ge rén.
안녕하세요. 예약 가능한가요? 오늘 저녁 6시, 6명이요.

Ⓐ 不好意思，六点没位子了。
Bù hǎoyìsi, liù diǎn méi wèizi le.
죄송합니다. 6시에는 자리가 없습니다.

Ⓑ 那几点有位子?
Nà jǐ diǎn yǒu wèizi?
그러면 몇 시에 자리가 있나요?

> 位子 vs 座位: 둘 다 '자리', '좌석'이란 뜻이지만 쓰임이 약간 달라요. 식당에 자리가 있냐고 물을 땐 통상 "有位子吗? Yǒu wèizi ma?"라고 하고, 자습실이나 영화관, 또는 회의실 등에서의 앉을 자리를 지칭해야 하는 경우에는 "有座位吗? Yǒu zuòwèi ma?"라고 물어요.

Ⓐ 您稍等，我看一下。
Nín shāo děng, wǒ kàn yíxià.

真不好意思，今天晚上都订满了。
Zhēn bù hǎoyìsi, jīntiān wǎnshang dōu dìng mǎn le.
잠시만요. 확인해 보겠습니다. 정말 죄송합니다. 오늘 저녁은 모두 자리가 꽉 찼네요.

Ⓑ 是吗? 那明天晚上呢?
Shì ma? Nà míngtiān wǎnshang ne?
그래요? 그럼 내일 저녁은요?

Ⓐ 明天还有最后一桌，您要预订吗?
Míngtiān háiyǒu zuìhòu yì zhuō, nín yào yùdìng ma?
내일은 아직 마지막 한 테이블이 남았네요. 예약하시겠습니까?

Ⓑ 没办法，订吧。
Méi bànfǎ, dìng ba.
어쩔 수 없네요. 예약해 주세요.

Ⓐ 好的，明晚六点，六位。您贵姓?
Hǎo de, míngwǎn liù diǎn, liù wèi. Nín guìxìng?
알겠습니다. 내일 저녁 6시, 여섯 분이시고, 성함은요?

단어+표현 🔊 001 - 02

预订 yùdìng 예약하다
今天 jīntiān 오늘
晚上 wǎnshang 저녁
点 diǎn 시
不好意思 bù hǎoyìsi 죄송합니다
没位子 méi wèizi 자리가 없다
那 nà 그러면, 그렇다면
几点 jǐ diǎn 몇 시
稍等 shāo děng 잠깐 기다리세요
看一下 kàn yíxià 좀 보다
真 zhēn 정말
都 dōu 다, 모두
订满了 dìng mǎn le 예약이 꽉 차다
明天 míngtiān 내일
还有 háiyǒu 아직 있다
最后 zuìhòu 마지막
一桌 yì zhuō 테이블 하나
没办法 méi bànfǎ 방법이 없다
订 dìng 예약하다
明晚 míngwǎn 내일 저녁

🅑 **我姓李，木子李。**
Wǒ xìng Lǐ, mù zǐ Lǐ.
이 씨입니다. 나무 목(木) 아들 자(子)의 '이'요.

오늘의 일기

🔊 001 - 03

我爱吃辣的，朋友推荐了一家正宗的四川麻辣香锅。
Wǒ ài chī là de, péngyou tuījiàn le yì jiā zhèngzōng de Sìchuān málà xiāngguō.
나는 매운 음식 먹는 것을 좋아한다. 친구가 전통 쓰촨식 마라샹궈 가게를 추천해 줬다.

我打算和几个好朋友一起去，所以打电话订位子。
Wǒ dǎsuàn hé jǐ ge hǎopéngyou yìqǐ qù, suǒyǐ dǎ diànhuà dìng wèizi.
나는 친한 친구 몇 명과 함께 가려고 전화를 걸어 예약을 하려고 했다.

可是那家餐厅的生意特别火，当天的位子都订满了。
Kěshì nà jiā cāntīng de shēngyi tèbié huǒ, dàngtiān de wèizi dōu dìng mǎn le.
그러나 그 식당은 장사가 아주 잘 되는지, 그날 자리가 모두 예약이 꽉 찼다.

没办法，我只好订了第二天的。
Méi bànfǎ, wǒ zhǐhǎo dìng le dì èr tiān de.
어쩔 수 없이 나는 그 다음날로 예약했다.

샨샨의 실수 방지 중국 생활

중국의 독특한 맛 하면, '마라(麻辣 málà)'를 빼놓을 수 없습니다. 혀를 마비시키는 듯 아리고 (麻), 매운(辣)맛이란 뜻으로, '마라샹궈(麻辣香锅 málà xiāngguō)'가 대표적인 음식입니다. '마라샹궈'는 고기류, 해산물류와 야채에 화쟈오(花椒 huājiāo), 건고추를 넣어 볶고, 빠쟈오(八角 bājiǎo), 쯔란(孜然 zīrán) 등의 향신료로 풍미를 더한 음식입니다. 여기서 '산초'라고도 불리는 통후추 모양의 '화쟈오'가 마라 맛을 냅니다. '마라샹궈'는 처음엔 그 독특한 맛에 흠칫 놀라지만, 먹으면 먹을수록 중독성이 있어 자꾸 찾게 되는 그런 음식입니다. 마라 맛 초보자라면 적응을 위해 '약간 매운맛(微辣 wēilà)'으로 시작해 보시고, 두렵지 않다면 '가장 매운맛(变态辣 biàntài là)'에 도전하세요.

식당의 방 예약하기

🔘 002-01

Ⓐ 您好，贵宾大饭店。
Nín hǎo, Guìbīn dàfàndiàn.
안녕하세요. 귀빈식당입니다.

Ⓑ 你好，明天晚上六点半有包间吗？大的。
Nǐ hǎo, míngtiān wǎnshang liù diǎn bàn yǒu bāojiān ma? Dà de.
안녕하세요. 내일 저녁 6시 반에 방이 있나요? 큰 방이요.

> 식당에서 단독 공간, 룸을 원할 땐 '我要包间。Wǒ yào bāojiān.'이라고 해야 합니다. '방으로 주세요.'라는 한국어 표현을 그대로 직역하여 '我要房间。Wǒ yào fángjiān.'이라고 하면 무척 어색합니다.

Ⓐ 您几位？
Nín jǐ wèi?
몇 분이세요?

Ⓑ 我们一共十个人。
Wǒmen yígòng shí ge rén.
모두 10명입니다.

Ⓐ 还有一间八人的，给您加两把椅子，可以吗？
Háiyǒu yì jiān bā rén de, gěi nín jiā liǎng bǎ yǐzi, kěyǐ ma?
8인실이 하나 있는데 의자 두 개 추가해 드릴게요. 괜찮으신가요?

단어+표현 🔘 002-02

Ⓑ 好的，没问题。
Hǎo de, méi wèntí.
네, 괜찮습니다.

> 중국어로 퍼센트(%)는 '百分号 bǎifēnhào'라고 해요. ~%는 '백분의 ~'으로 읽어요. 따라서 15%는 '百分之十五 bǎi fēn zhī shíwǔ'입니다.

Ⓐ 提前跟您说一下，包间加收15%的服务费。
Tíqián gēn nín shuō yíxià, bāojiān jiāshōu bǎi fēn zhī shíwǔ de fúwùfèi.
미리 말씀드릴 것이 있는데요, 방으로 예약하시려면 15%의 서비스료가 부과됩니다.

Ⓑ 这么贵?! 没办法，订吧。
Zhème guì?! Méi bànfǎ, dìng ba.
그렇게 비싸요?! 어쩔 수 없네요. 예약해 주세요.

Ⓐ 好的，明晚六点半，十位，大包间。您贵姓？
Hǎo de, míngwǎn liù diǎn bàn, shí wèi, dà bāojiān. Nín guìxìng?
알겠습니다. 내일 저녁 6시 반, 10명이시고, 큰방으로요. 성함이 어떻게 되시죠?

包间 bāojiān (음식점의) 독방, 룸
大的 dà de 큰 것
几位 jǐ wèi 몇 분, 몇 명
一共 yígòng 모두, 전부
一间 yì jiān 방 하나
给 gěi (~에게) ~을 주다
加 jiā 더하다, 보태다
两把椅子 liǎng bǎ yǐzi 의자 두 개
没问题 méi wèntí 문제없다
提前 tíqián 미리
跟 gēn ~에게, ~를 향해
说一下 shuō yíxià 말씀드리다, 말하다
加收 jiāshōu 추가 징수하다
服务费 fúwùfèi 서비스료
这么 zhème 이렇게
贵 guì 비싸다

B 我姓张，弓长张。
Wǒ xìng Zhāng, gōng cháng Zhāng.
장 씨입니다. 궁(弓)과 장(长)의 장(张)입니다.

오늘의 일기

明天是我的生日，我邀请了几个朋友一起过生日。
Míngtiān shì wǒ de shēngrì, wǒ yāoqǐng le jǐ ge péngyou yìqǐ guò shēngrì.
내일은 내 생일이어서, 함께 생일을 보내려고 친구 몇 명을 초대했다.

我想订一个十人的大包间，但是只剩八人的了。
Wǒ xiǎng dìng yí ge shí rén de dà bāojiān, dànshì zhǐ shèng bā rén de le.
나는 10인용 큰 방을 예약하고 싶었지만, 8인용밖에 안 남았다.

服务员说可以加两把椅子，我不得不同意。
Fúwùyuán shuō kěyǐ jiā liǎng bǎ yǐzi, wǒ bùdébù tóngyì.
직원이 의자 두 개를 추가해 줄 수 있다고 해서, 어쩔 수 없이 동의했다.

他还告诉我，包间要加收15%的服务费，真贵啊！
Tā hái gàosu wǒ, bāojiān yào jiāshōu bǎi fēn zhī shíwǔ de fúwúfèi, zhēn guì a!
직원이 말해주길 방 비용에 15%의 서비스 비용이 추가된다고 하는데, 너무 비싸다!

샨샨의 실수 방지 중국 생활

음식 주문의 기본 원칙은 '먹고 싶은 만큼'이겠지만, 그래도 중국에서라면 중국식 주문법을 따르는 것도 필요합니다. 간단한 규칙을 소개해 드릴게요. 우선 음식은 사람수에 1~2개 정도를 더하는 것이 기본! 예를 들어 4명일 경우 '热菜 rècài (따뜻한 요리)' 5~6개를 주문하면 됩니다. 그리고 여기에 '凉菜 liángcài (차가운 요리)' 1~2개, '汤 tāng (탕)'은 따로 주문하시고요. '热菜 rècài'는 나오는 데 시간이 꽤 오래 걸리므로, 보통 '凉菜 liángcài'를 먼저 달라고 해서 먹습니다. 여기까지가 기본 식사이고, '主食 zhǔshí (주식)'이라고 해서, 면류나 볶음밥 등을 시켜 마무리하는데, 정말 대단한 양입니다. 중국에서는 음식을 남기는 것이 미덕이니, 역으로 남길 수 있도록 양껏 시키는 것이 문화가 된 것이 아닐까 생각합니다.

참고로 팁 하나 드릴게요! 한국에서는 그런 경우가 별로 없지만, 중국 식당에서는 '包间费 bāojiānfèi'라고 해서 따로 독립된 공간을 잡을 경우 비용을 청구하는 경우가 많습니다. 또는 얼마 이상 음식을 주문해야만 한다는 규정이 있기도 하니 주의하세요.

식당에서 번호표 받고 대기하기

🔊 003 - 01

A **欢迎光临，您几位？**
Huānyíng guānglín, nín jǐ wèi?
어서 오세요. 몇 분이십니까?

B **三位，有位子吗？**
Sān wèi, yǒu wèizi ma?
3명이요. 자리 있나요?

A **得等一下。您拿个号，**
Děi děng yíxià. Nín ná ge hào,
在那边稍坐一会儿可以吗？
zài nàbiān shāo zuò yíhuìr kěyǐ ma?
좀 기다리셔야 합니다. 번호표 받으시고 저쪽에서 잠시 기다리시겠어요?

> **拿号 vs 挂号**: 각각 번호(号)를 받다(拿), 번호(号)를 걸다(挂)란 뜻인데요, 둘 다 번호표를 받는 행위를 나타내지만 쓰임이 다릅니다. '拿号 ná hào'는 식당에서 순번을 받다'라는 뜻이고, '挂号 guàhào'는 '병원에서 진료를 접수하다'라는 뜻입니다.

B **大概要等多长时间？**
Dàgài yào děng duō cháng shíjiān?
대략 얼마나 기다려야 하나요?

A **我看一下，小桌……，前面还有两桌，**
Wǒ kàn yíxià, xiǎozhuō……, qiánmiàn háiyǒu liǎng zhuō,
大概二十分钟。
dàgài èrshí fēnzhōng.
확인해 보겠습니다. 작은 테이블은 음, 앞에 두 테이블이 있으니, 대략 20분이요.

B **好吧，给我个号吧。**
Hǎo ba, gěi wǒ ge hào ba.
알겠습니다. 번호표 주세요.

A **您是小桌68号，现在到66了。**
Nín shì xiǎozhuō liùshíbā hào, xiànzài dào liùshíliù le.
您注意看一下屏幕。
Nín zhùyì kàn yíxià píngmù.
작은 테이블 68번이고, 현재 66번까지 왔습니다. 모니터를 잘 봐 주세요.

단어+표현 🔊 003 - 02

欢迎光临 huānyíng guānglín
어서오세요

得 děi ~해야 한다

等一下 děng yíxià 좀 기다리다

拿号 ná hào
번호표(号)를 받다(拿)

稍 shāo 잠깐, 조금

坐 zuò 앉다

一会儿 yíhuìr
좀, 잠시만 [동사 뒤에 붙여 짧은 시간임을 강조]

大概 dàgài 대략

要 yào 필요하다

多长时间 duō cháng shíjiān
얼마 동안, 얼마나

小桌 xiǎozhuō 작은 테이블

前面 qiánmiàn 앞

分钟 fēnzhōng 분

到……了 dào……le ~까지 오다

注意 zhùyì 주의하다

屏幕 píngmù 모니터

先 xiān 먼저, 우선

点菜 diǎn cài
음식(菜)을 주문하다(点)

单子 dānzi 주문서, 리스트

选好 xuǎnhǎo 고르다

直接 zhíjiē 바로, 직접

下单 xiàdān
주문서를 내다, 주문하다

Ⓑ 好，能先点菜吗？
Hǎo, néng xiān diǎn cài ma?
네. 먼저 주문할 수 있나요?

Ⓐ 可以，您先在这张单子上选好，
Kěyǐ, nín xiān zài zhè zhāng dānzi shang xuǎnhǎo,

一会儿有位子直接下单。
yíhuìr yǒu wèizi zhíjiē xiàdān.
네. 우선 이 주문 리스트에서 고르시고, 잠시 후 자리가 나면 바로 주문하시면 됩니다.

오늘의 일기

003 - 03

昨天我跟朋友一起去吃火锅。
Zuótiān wǒ gēn péngyou yìqǐ qù chī huǒguō.
어제 나는 친구와 함께 훠궈를 먹으러 갔다.

那家餐厅生意特别好，排队的人特别多。
Nà jiā cāntīng shēngyi tèbié hǎo, páiduì de rén tèbié duō.
그 식당은 장사가 아주 잘돼서 많은 사람들이 줄 서 있었다.

我们拿了号，坐在旁边等位，一边等一边点菜。
Wǒmen ná le hào, zuò zài pángbiān děng wèi, yìbiān děng yìbiān diǎn cài.
우리는 번호표를 받은 후 옆쪽 자리에 앉아 자리를 기다리면서 음식을 주문했다.

这样的话，一轮到我们就能下单，可以节约时间。
Zhèyàng dehuà, yì lún dào wǒmen jiù néng xiàdān, kěyǐ jiéyuē shíjiān.
이렇게 하면 우리 차례가 왔을 때 바로 주문이 가능하니, 시간을 절약할 수 있다.

샨샨의 실수 방지 중국 생활

중국의 '서비스' 하면 잔뜩 찡그린 판매원의 표정, 거스름돈을 획 던지는 모습 등 불친절한 이미지가 떠오르곤 했습니다. 하지만 이제 그것은 편견일 뿐, 2008년 올림픽 개최를 기점으로 중국의 서비스 문화는 하루가 다르게 달라지고 있어요. 특히 중국의 한 훠궈(火锅 huǒguō 중국식 샤부샤부) 체인점의 획기적인 서비스가 회자된 바 있습니다.
해당 훠궈 체인점에서는 고객이 대기할 때 미리 주문을 해 두고, 간식과 음료를 먹으며 잡지를 보거나 체스를 둘 수 있게 해 줍니다. 심지어 구두닦기 서비스나 손톱 손질 서비스도 제공하고, 음식을 먹은 후엔 양치를 할 수 있게 화장실에 칫솔·치약 세트도 비치되어 있습니다. 여기서 끝나는 것이 아닙니다. 휴대전화를 보호할 수 있는 투명 비닐케이스를 주기도 하고, 머리가 긴 사람에게는 머리끈을 준답니다. 또 안경 쓴 사람에게는 국물이 튈 수 있으니 안경 닦는 천도 건네준다고 해요. 이런 세심한 서비스가 감탄을 자아내게 합니다.

에피소드 004

식당에서 자리 바꾸기

◯ 004 - 01

A 您有预订吗?
Nín yǒu yùdìng ma?
예약하셨나요?

B 有,用朴莉莉名字订的,两位。
Yǒu, yòng Piáo Lìli míngzi dìng de, liǎng wèi.
네, 박리리로 예약했습니다. 두 명이요.

A 您稍等,我找一下。手机尾号是多少?
Nín shāo děng, wǒ zhǎo yíxià. Shǒujī wěihào shì duōshao?
잠시만요, 찾아보겠습니다. 휴대전화 뒷자리가 몇 번이죠?

B 是1234。
Shì yāo èr sān sì.
1234요.

A 好的,找到了。您这边请。这个位子可以吗?
Hǎo de, zhǎodào le. Nín zhèbiān qǐng. Zhège wèizi kěyǐ ma?
네, 찾았습니다. 이쪽으로 오세요. 이쪽 자리 괜찮으신가요?

B 这儿太暗了,有没有靠窗的位子?
Zhèr tài àn le, yǒu méiyǒu kào chuāng de wèizi?
여긴 너무 어둡네요. 창가 쪽 자리 없나요?

A 真不好意思,靠窗的都 坐满了 。
Zhēn bù hǎoyìsi, kào chuāng de dōu zuò mǎn le.
정말 죄송합니다. 창가 쪽은 모두 만석입니다.

> 식당이나 도서관에 사람이 많아 자리가 없을 때 쓸 수 있는 유용한 표현입니다.

B 那我先坐这儿,一会儿有位子帮我换一下。
Nà wǒ xiān zuò zhèr, yíhuìr yǒu wèizi bāng wǒ huàn yíxià.
그러면 우선 여기에 앉을게요. 이따가 자리 나면 바꿔 주세요.

잠시 후

A 您好,那边有客人走了,您要不要换过去?
Nín hǎo, nàbiān yǒu kèrén zǒu le, nín yào bu yào huàn guòqù?
저기, 저쪽 손님 가셨는데, 자리를 옮기시겠습니까?

단어+표현

◯ 004 - 02

用 yòng 쓰다, 사용하다
两位 liǎng wèi 두 명
找 zhǎo 찾다
手机尾号 shǒujī wěihào 휴대전화 뒷자리 번호
多少 duōshao 얼마
找到 zhǎodào 찾아내다
这边请 zhèbiān qǐng 이쪽으로 오세요
太……了 tài……le 너무 ~하다
暗 àn 어둡다
靠窗 kào chuāng 창가(窗)에 기댄(靠) 곳, 창가 쪽
坐满了 zuò mǎn le 자리가 꽉 찼다
这儿 zhèr 여기, 이곳
一会儿 yíhuìr 잠시 후에, 곧
帮 bāng 돕다, 거들다
换 huàn 교환하다, 바꾸다
那边 nàbiān 그쪽, 저쪽
客人 kèrén 손님
走 zǒu 가다
换过去 huàn guòqù 옮겨(换) 가다

Ⓑ 好啊！谢谢！
Hǎo a! Xièxie!
좋아요! 감사합니다!

오늘의 일기

🔊 004-03

我和朋友一起吃饭，我提前预订了位子。
Wǒ hé péngyou yìqǐ chīfàn, wǒ tíqián yùdìng le wèizi.
나는 친구와 함께 밥을 먹으려고 사전에 자리를 예약했다.

餐厅安排的位子特别暗，我想要亮一点儿的。
Cāntīng ānpái de wèizi tèbié àn, wǒ xiǎng yào liàng yìdiǎnr de.
식당에서 내준 자리는 너무 어두워서 나는 좀 더 밝은 자리를 원했다.

可是，靠窗的位子都坐满了，所以我们先坐下了。
Kěshì, kào chuāng de wèizi dōu zuò mǎn le, suǒyǐ wǒmen xiān zuòxià le.
하지만 창가 쪽 자리는 모두 차서, 우리는 일단 앉았다.

我跟服务员说好了，一有空位子就让我们换过去。
Wǒ gēn fúwùyuán shuō hǎo le, yì yǒu kōng wèizi jiù ràng wǒmen huàn guòqù.
나는 종업원에게 빈자리가 나면 바로 옮기게 해 달라고 말해 뒀다.

샨샨의 실수 방지 중국 생활

대도시에는 거의 없지만 중국 중소도시 식당에 가면 식당 안에서 흡연하는 사람들을 종종 만나게 됩니다. 옆에서 식사하는데 담배를 피다니, 눈살이 저절로 찌푸려집니다. 사실 한국에서도 십여 년 전에는 식당에서 흡연을 하는 것은 자연스러운 일이었습니다. 중국 베이징에서는 2015년 6월 1일, 전 세계 금연 조치 시류에 맞춰《베이징시금연통제조례(北京市控制吸烟条例 Běijīngshì kòngzhì xīyān tiáolì)》가 공표되었답니다. 이 조례에 따르면 실내외 공공장소, 실외 줄 서는 공간 등에서의 흡연을 금지하고 있습니다. 12320번으로 신고 전화가 가능하고, 위반하면 최고 200위안의 벌금을 냅니다. 하지만 관련 법규가 생긴지 꽤 됐는데도 그 존재가 무색할 정도로 지켜지지 않는 모습을 여전히 목격할 수 있습니다. 중국 곳곳의 작은 소도시까지 제재의 손길이 가려면 더 많은 시간이 필요해 보입니다.

음식 주문하기

🔊 005 - 01

A 你好，点菜。
Nǐ hǎo, diǎn cài.
여기요, 주문이요.

B 来了，给您菜单。
Lái le, gěi nín càidān.
네, 메뉴판 드리겠습니다.

A 你们家有什么招牌菜？
Nǐmen jiā yǒu shénme zhāopáicài?
이 집 대표 음식이 뭐예요?

> 뭘 먹어야 하나 고민할 필요 없이, 이 한마디면 찾아간 식당에서 가장 맛있는 음식을 맛볼 수 있어요.

단어+표현 🔊 005 - 02

菜单 càidān 메뉴판
招牌菜 zhāopáicài 대표 음식
烤鸭 kǎoyā 오리구이
特别 tèbié 특히, 특별히
有名 yǒumíng 유명하다
尝尝 chángchang 맛보다
半只 bàn zhī 반 마리
这个 zhège 이, 이것
三个菜 sān ge cài 세 가지(三个) 음식(菜)
够 gòu 충분하다
差不多 chàbuduō 그런대로 괜찮다
这样 zhèyàng 이렇게
不够 búgòu 부족하다
再 zài 재차, 또
点 diǎn 주문하다
喝 hē 마시다
点儿 diǎnr 좀
不用 búyòng 필요 없다
白开水 báikāishuǐ 음용 가능하도록 끓여낸 맹물
……就行了 ……jiùxíng le ~하면 되다
忌口 jìkǒu 음식을 가리다
香菜 xiāngcài 고수

B 我们家烤鸭特别有名。您尝尝吧。
Wǒmen jiā kǎoyā tèbié yǒumíng. Nín chángchang ba.
우리 식당은 오리구이가 제일 유명해요. 드셔 보세요.

A 好的。要半只烤鸭吧，还有这个和这个。
Hǎo de. Yào bàn zhī kǎoyā ba, háiyǒu zhège hé zhège.

三个菜够了吗？
Sān ge cài gòu le ma?
알겠습니다. 오리구이 반 마리 주세요. 그리고 이거하고 이거 주시고요. 세 가지 음식이면 충분한가요?

B 差不多了，先这样，不够再点吧。
Chàbuduō le, xiān zhèyàng, búgòu zài diǎn ba.

您喝点儿什么？
Nín hē diǎnr shénme?
거의 충분합니다. 일단 이렇게 하시고 부족하면 추가하세요. 마실 것은요?

A 不用了，白开水就行了。
Búyòng le, báikāishuǐ jiùxíng le.
괜찮아요. 물이면 돼요.

B 好的。您有什么忌口吗？
Hǎo de. Nín yǒu shénme jìkǒu ma?
네, 알겠습니다. 기피 음식이 있나요?

A 啊，对了！不要香菜！
À, duì le! Búyào xiāngcài!
아, 맞다! 고수 넣지 마세요.

오늘의 일기

🔊 005-03

今天，我和两个朋友一起去我家附近的餐厅吃饭。
Jīntiān, wǒ hé liǎng ge péngyou yìqǐ qù wǒ jiā fùjìn de cāntīng chīfàn.
오늘 나는 친구 두 명과 우리 집 근처에 있는 식당에 가서 밥을 먹었다.

那家餐厅环境不错，价格也不贵，所以口碑特别好。
Nà jiā cāntīng huánjìng búcuò, jiàgé yě bú guì, suǒyǐ kǒubēi tèbié hǎo.
그 식당은 분위기도 괜찮고 가격도 비싸지 않아서 입소문이 아주 좋다.

服务员说，他们的招牌菜是烤鸭，所以我们点了半只。
Fúwùyuán shuō, tāmen de zhāopáicài shì kǎoyā, suǒyǐ wǒmen diǎn le bàn zhī.
종업원이 그 식당의 대표 요리가 오리구이라고 해서 반 마리를 주문해 봤다.

烤鸭味道不错，一点儿也不油腻。大家都很满意。
Kǎoyā wèidào búcuò, yìdiǎnr yě bù yóunì. Dàjiā dōu hěn mǎnyì.
오리구이는 맛도 괜찮고, 전혀 느끼하지 않았다. 친구들 모두 만족했다.

샨샨의 실수 방지 중국 생활

중국 음식은 지역에 따라 뚜렷한 지역색을 가지고 있는데, 식재료도 조리법도 무척 다양합니다. 때문에 중국 현지 식당의 메뉴판을 보면 도무지 무엇을 시켜야 할지 엄두가 나지 않는 경우가 많아요. 안전(?)하게 한국인의 입맛에 맞는 음식 몇 가지를 추천해 드립니다. 공교롭게도 모두 조선족 자치구가 있는 둥베이(东北) 지역의 음식입니다.

궁바오지딩 (宫保鸡丁 gōngbǎojīdīng) : 닭을 깍두기 모양으로 썰고, 달달하게 볶아낸 것
위샹러우쓰 (鱼香肉丝 yúxiāngròusī) : 돼지고기를 채 썬 후 볶은 것
탕추리지 (糖醋里脊 tángcùlǐjǐ) : 탕수육과 비슷한 요리

하지만 중국 문화를 알려면 다양한 음식을 맛보는 것도 중요하겠죠? 그러니 중국에서 식당에 가시면 "你们家的招牌菜是什么? Nǐmen jiā de zhāopáicài shì shénme? (여기 대표 음식이 뭐예요?)"라고 물어 보며 새로운 음식에 적극적으로 도전해 보는 것을 권합니다.

에피소드 006

세트 메뉴 주문하기

🔘 006 - 01

A 你好，你们这儿中午有什么套餐？
　　Nǐ hǎo, nǐmen zhèr zhōngwǔ yǒu shénme tàocān?
　　여기요! 여기 점심 세트 메뉴는 뭐가 있나요?

B 这是套餐的菜单，您看一下。
　　Zhè shì tàocān de càidān, nín kàn yíxià.
　　여기 세트 메뉴판입니다. 한번 보세요.

A 这么多啊？你推荐一下吧。
　　Zhème duō a? Nǐ tuījiàn yíxià ba.
　　이렇게 많아요? 추천해 주세요.

B 咖喱牛肉套餐怎么样？点的人挺多的。
　　Gālí niúròu tàocān zěnmeyàng? Diǎn de rén tǐng duō de.
　　소고기 카레 세트 어떠세요? 주문하시는 분이 많습니다.

A 好，听你的，就来这个吧。沙拉是送的吗？
　　Hǎo, tīng nǐ de, jiù lái zhège ba. Shālā shì sòng de ma?
　　좋아요, 그걸로 할게요. 이걸로 주세요. 샐러드는 무료로 주시나요?

B 对，沙拉在那边，是自助的。
　　Duì, shālā zài nàbiān, shì zìzhù de.
　　네, 샐러드는 저쪽에 있습니다. 셀프예요.

> 한국에서는 '셀프서비스'라는 영어표현을 그대로 가져다 쓰지만, 중국에서는 통하지 않아요. 차려진 음식들을 직접 가져다 먹는 뷔페는 '自助餐 zìzhùcān'이라고 합니다.

A 好的，饮料呢，我要红茶，冰的。
　　Hǎo de, yǐnliào ne, wǒ yào hóngchá, bīng de.
　　네, 음료수는 홍차 주세요. 차가운 것으로요.

> 물, 음료수, 맥주 등을 주문할 때 차가운 것을 원하는 경우 얼음 빙(冰)을 써서 '冰的 bīng de'라고 합니다. '凉的 liáng de'라고 하지 않는다는 것에 주의하세요. 참고로 '冷 lěng'은 날씨가 추울 때 또는 몸이 찰 때 쓰는 형용사로, 음식이나 음료에는 쓰지 않아요.

B 一共68块。
　　Yígòng liùshíbā kuài.

　　我们这儿是先结账，麻烦您先付一下。
　　Wǒmen zhèr shì xiān jiézhàng, máfan nín xiān fù yíxià.
　　모두 68위안입니다. 저희는 선결제입니다. 먼저 계산 부탁드려요.

단어+표현　🔘 006 - 02

中午 zhōngwǔ 정오
套餐 tàocān 세트 메뉴
推荐 tuījiàn 추천하다
咖喱牛肉套餐 gālí niúròu tàocān 소고기 카레 세트
挺……的 tǐng……de 아주 ~하다
听……的 tīng……de ~의 말을 듣다, ~말대로 하다
来 lái 주세요
沙拉 shālā 샐러드
送的 sòng de 무료로 주는 것
自助 zìzhù 셀프
饮料 yǐnliào 음료
红茶 hóngchá 홍차
冰的 bīng de 차가운 것
先结账 xiān jiézhàng 먼저 결제하다
麻烦您 máfan nín 부탁드립니다
付 fù (돈을) 내다

오늘의 일기

● 006 - 03

我刚来中国，汉语说得不太好，最头疼的就是点菜。
Wǒ gāng lái Zhōngguó, Hànyǔ shuō de bú tài hǎo, zuì tóuténg de jiùshì diǎn cài.
나는 중국에 갓 와서 중국어를 그다지 잘 못하는데, 가장 머리 아픈 것이 바로 음식 주문이다.

因为中国菜的种类很多，菜名也看不懂。
Yīnwèi Zhōngguócài de zhǒnglèi hěn duō, càimíng yě kànbudǒng.
왜냐하면 중국 음식의 종류가 많아서 음식 이름도 못 알아보기 때문이다.

一个韩国朋友告诉我，中午最好点套餐。
Yí ge Hánguó péngyou gàosu wǒ, zhōngwǔ zuìhǎo diǎn tàocān.
한국 친구가 점심 때 세트를 주문하는 것이 가장 좋다고 알려줬다.

都搭配好了，很容易点，而且价格也比较实惠。
Dōu dāpèi hǎo le, hěn róngyì diǎn, érqiě jiàgé yě bǐjiào shíhuì.
구성이 모두 맞춰져 있으니 주문하기 쉽고, 게다가 가격도 비교적 경제적이기 때문이다.

샨샨의 실수 방지 중국 생활

'중국인의 식사'라고 하면 영화 〈음식남녀〉의 식사 장면이 떠오릅니다. 영화 속에서는 식탁 다리가 부러질 듯 산해진미가 가득하지만, 바쁜 현대인의 한 끼는 중국이나 한국이나 별반 다르지 않아요. 저녁에 먹을거리를 사서 귀가하는 일도 흔하고, 아침에 운동하러 나왔다가 '바오쯔(包子 bāozi)'나 '요우탸오(油条 yóutiáo)' 등 간단한 아침거리를 사 들고 가서 가족과 함께 먹기도 합니다. 요즘은 직장인의 유일한 낙인 점심도 더더욱 간단해지고 있습니다. 정오가 되면 많은 직장인들이 근처 편의점에서 구매한 덮밥(盖饭 gàifàn) 도시락을 점심으로 삼는 풍경을 목격할 수 있어요.
'盖饭 gàifàn'은 '덮다'라는 뜻의 '盖 gài'에 '밥(饭 fàn)'을 더해 '덮는 밥'을 뜻하는데, 처음 이 단어를 들었을 때 다시 한번 한자어의 묘미를 느낄 수 있었습니다.

시원한 맥주 요청하기

🔊 007 - 01

Ⓐ 您喝点儿什么茶?
Nín hē diǎnr shénme chá?
어떤 차 드시겠습니까?

Ⓑ 不要茶了, 天这么热, 来啤酒吧。
Búyào chá le, tiān zhème rè, lái píjiǔ ba.
차는 괜찮습니다. 날이 이렇게 더우니, 맥주 주세요.

Ⓐ 好的, 您要什么啤酒?
Hǎo de, nín yào shénme píjiǔ?
네, 어떤 맥주 주문하시겠습니까?

Ⓑ 有扎啤吗?
Yǒu zhāpí ma?
생맥주 있나요?

> 생맥주는 '生啤 shēngpí'가 아니라 '扎啤 zhāpí'라고 해요. '扎 zhā'는 '항아리', '단지'를 의미하는 영어의 'jar'에서 차용한 음입니다.

Ⓐ 不好意思, 没有, 只有瓶的。
Bù hǎoyìsi, méiyǒu, zhǐyǒu píng de.
죄송합니다만, 없습니다. 병맥주밖에 없어요.

🔊 007 - 02

Ⓑ 那来两瓶青岛吧。
Nà lái liǎng píng qīngdǎo ba.
그러면 칭다오 두 병 주세요.

Ⓐ 您要冰的还是常温的?
Nín yào bīng de háishi chángwēn de?
차가운 것이요, 아니면 상온이요?

> 冰 vs 常温: 차가운 음료를 형용하는 '冰 bīng'과 상반되는 말은 '상온(常溫)'입니다. '我要常温的。Wǒ yào chángwēn de.'라고 하면, 상온에 그대로 둔 미지근한 온도의 음료가 나옵니다. 물론 한겨울엔 상온에 그대로 둔 것도 얼음처럼 차갑겠죠?

Ⓑ 冰的, 越冰越好。
Bīng de, yuè bīng yuè hǎo.
차가운 거 주세요. 차가울수록 좋아요.

Ⓐ 好的, 两瓶冰镇的青岛。
Hǎo de, liǎng píng bīngzhèn de qīngdǎo.
您要几个杯子?
Nín yào jǐ ge bēizi?
알겠습니다. 차가운 칭다오 두 병이고, 잔은 몇 개 드릴까요?

단어+표현

茶 chá 차
不要 búyào 필요 없다
天 tiān 날
热 rè 덥다
啤酒 píjiǔ 맥주
扎啤 zhāpí 생맥주
只有 zhǐyǒu ~밖에 없다
瓶 píng 병
青岛 qīngdǎo 칭다오(맥주)
还是 háishi 또는, 아니면
常温 chángwēn 상온
越……越好 yuè……yuè hǎo ~하면 할수록 좋다
冰镇 bīngzhèn 차게 하다, 시원하게 하다
杯子 bēizi 잔
下酒菜 xiàjiǔcài 안주

Ⓑ 四个吧。还有，有什么下酒菜？你给推荐一下。
　Sì ge ba. Háiyǒu, yǒu shénme xiàjiǔcài? Nǐ gěi tuījiàn yíxià.
　4개 주세요. 그리고 안주는 어떤 것이 있나요? 추천해 주세요.

오늘의 일기

🔊 007-03

吃饭的时候，中国人和韩国人有一个不一样的地方。
Chīfàn de shíhou, Zhōngguórén hé Hánguórén yǒu yí ge bù yíyàng de dìfang.
밥을 먹을 때 중국인은 한국인과 한 가지 다른 점이 있다.

韩国人一般在夏天喝冰水，但是中国人喝热茶、白开水。
Hánguórén yìbān zài xiàtiān hē bīngshuǐ, dànshì Zhōngguórén hē rèchá, báikāishuǐ.
한국인들은 보통 여름에는 차가운 물을 마시는데, 중국인들은 뜨거운 차나 끓인 상온의 물을 마신다.

啤酒也一样，韩国人喜欢喝冰的，很多中国人喝常温的。
Píjiǔ yě yíyàng, Hánguórén xǐhuan hē bīng de, hěn duō Zhōngguórén hē chángwēn de.
맥주도 마찬가지다. 한국인은 차가운 것을 마시길 좋아하고, 많은 중국인은 상온의 것을 마신다.

我越来越习惯喝热水，但是常温的啤酒还是喝不了。
Wǒ yuè lái yuè xíguàn hē rèshuǐ, dànshì chángwēn de píjiǔ háishi hē bùliǎo.
나는 뜨거운 물을 마시는 것에는 점점 적응하고 있지만, 상온의 맥주는 아직 못 마시겠다.

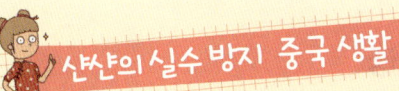

중국에서 가격대가 좀 있는 식당을 가면, 보통 '喝什么茶? Hē shénme chá? (무슨 차 드실래요?)'라고 묻습니다. 한국의 식당에서처럼 무료로 주는 보리차류가 아니라, 정식으로 차를 주문하겠냐는 뜻입니다. 보통은 가격이 비싼데다 차 전문점이 아닌 이상 품질을 알 수 없으니, 만약 차를 마실 의향이 없을 경우 필요 없다고 하시면 됩니다.

또 하나 한국 식당에서는 좀처럼 볼 수 없는 상황이 있습니다. 그것은 바로 맥주를 주문하면 당연하다는 듯이 상온의 맥주를 가져다 주는 것입니다. 차가운 음료는 몸에 좋지 않아 중국인들은 맥주도 상온의 것을 주로 마시는데요, 미지근한 맥주를 마시는 일은 한국인에게는 아주 어색한 상황입니다. 때문에 중국에서 맥주를 시킬 때는 특별히 '我要冰的。Wǒ yào bīng de. (차가운 것 주세요.)'를 덧붙여 줘야 합니다. 그렇지 않으면 열에 아홉은 상온 맥주를 주거나 혹은 차가운 맥주가 없는 경우도 종종 있으니 주의하세요.

백주 주문하기

🔊 008-01

Ⓐ 您好，这是酒水单，您看看喝点什么？
Nín hǎo, zhè shì jiǔshuǐdān, nín kànkan hē diǎn shénme?
안녕하세요. 주류 메뉴판 여기 있습니다. 무엇을 마실지 보시겠어요?

Ⓑ 来瓶二锅头吧，几度？
Lái píng èrguōtóu ba, jǐ dù?
이과두주 한 병 주시는데요. 그거 몇 도인가요?

Ⓐ 最低的是42度的。
Zuì dī de shì sìshí'èr dù de.

> 도수가 높은 술은 '高度的酒 gāodù de jiǔ', 도수가 낮은 술은 '低度的酒 dīdù de jiǔ'라고 합니다. 많은 분들이 도수 높은 술을 '很厉害的酒 hěn lìhai de jiǔ'라고 하시는데, 정확한 표현을 잘 기억해 두세요.

您要一斤的还是半斤的?
Nín yào yì jīn de háishi bàn jīn de?

> '斤 jīn'은 주로 중국 전통주인 백주의 용량이 언급될 때 들을 수 있는 단위표현입니다.
> 一斤 = 500ml라는 것을 기억하세요!

가장 낮은 것이 42도입니다. 500ml로 드릴까요, 아니면 250ml로 드릴까요?

Ⓑ 先来半斤吧，不够再加。
Xiān lái bàn jīn ba, búgòu zài jiā.
우선 250ml로 주세요. 부족하면 더 시킬게요.

Ⓐ 好的，还需要别的吗？
Hǎo de, hái xūyào biéde ma?
알겠습니다. 다른 필요하신 것 있나요?

Ⓑ 还有，我们自己带了瓶红酒，帮我开一下。
Háiyǒu, wǒmen zìjǐ dài le píng hóngjiǔ, bāng wǒ kāi yíxià.
그리고 저희 와인 한 병 가지고 왔는데, 열어 주세요.

Ⓐ 跟您说一下，自带酒水的话，
Gēn nín shuō yíxià, zìdài jiǔshuǐ dehuà,

一瓶要收50块开瓶费。
yì píng yào shōu wǔshí kuài kāipíngfèi.
말씀 드릴 것이 있는데요, 주류를 직접 가지고 오시면 한 병에 50위안의 콜키지 비용을 받습니다.

Ⓑ 50块?! 太过分了！让你们经理过来，我问问。
Wǔshí kuài?! Tài guòfèn le! Ràng nǐmen jīnglǐ guòlái, wǒ wènwen.
50위안이요?! 너무하시네요! 지배인 오라고 하세요. 내가 물어보죠.

단어+표현   🔊 008-02

酒水单 jiǔshuǐdān 주류 메뉴판
二锅头 èrguōtóu 이과두주
几 jǐ 몇
度 dù 도
最低的 zuì dī de 제일 낮은 것
一斤 yì jīn 500ml
半斤 bàn jīn 250ml
需要 xūyào 필요하다
别的 biéde 다른 것
自己 zìjǐ 스스로
带 dài 지니다, 휴대하다
红酒 hóngjiǔ 와인
帮 bāng 돕다, 거들다
开 kāi 열다
自带 zìdài 직접 가지고 오다
酒水 jiǔshuǐ 주류
收 shōu 받다
块 kuài 위안 [중국의 화폐 단위]
开瓶费 kāipíngfèi 콜키지 비용
过分 guòfèn 지나치다
让 ràng ~하게 하다
经理 jīnglǐ 지배인
过来 guòlái 건너 오다
问问 wènwen 좀 묻다

오늘의 일기

🔊 008-03

朋友来中国出差，我请他吃饭，想让他尝尝中国的白酒。
Péngyou lái Zhōngguó chūchāi, wǒ qǐng tā chīfàn, xiǎng ràng tā chángchang Zhōngguó de báijiǔ.
친구가 중국에 출장을 왔다. 나는 친구에게 밥을 사며 중국 백주를 맛보게 해 주고 싶었다.

他喝不了度数太高的酒，所以我们点了低度的。
Tā hē bùliǎo dùshù tài gāo de jiǔ, suǒyǐ wǒmen diǎn le dīdù de.
친구가 도수 높은 술을 마시지 못해서 우리는 낮은 도수의 술을 주문했다.

朋友送给我一瓶红酒，我想跟他一起喝。
Péngyou sòng gěi wǒ yì píng hóngjiǔ, wǒ xiǎng gēn tā yìqǐ hē.
친구가 와인 한 병을 선물해서, 그 친구와 함께 마시려고 했다.

但是餐厅说自带酒水要交开瓶费，太过分了!
Dànshì cāntīng shuō zìdài jiǔshuǐ yào jiāo kāipíngfèi, tài guòfèn le!
그런데 식당에서는 주류를 직접 가져올 경우, 콜키지 비용을 내야 한다고 한다. 너무하다!

샨샨의 실수 방지 중국 생활

식당에 직접 와인이나 백주 등 주류(酒类 jiǔlèi)를 가져가면 이른바 콜키지(corkage) 비용을 받습니다. 중국어로는 '开瓶费 kāipíngfèi'라고 해요. 한국에서는 보통 콜키지 비용을 받지만 중국에서는 다릅니다. 중국은 2007년 제정된 《소비자권익보호조례(消费者权益保护条例 xiāofèizhě quányì bǎohù tiáolì)》를 통해 음식 비용 외에 콜키지 비용, 소독된 식기(消毒餐具 xiāodú cānjù) 비용, 자릿세(最低消费 zuìdī xiāofèi) 등을 요구하는 것을 엄격히 금지하고 있습니다. 이를 어길 경우 1만 위안(한화로 약 177만 원)의 벌금이 부과됩니다. 한국에서는 당연한 것이 중국에서는 불법이란 뜻이죠. 최근 제주의 한 식당에서 중국인 관광객들이 외부 주류를 반입한 후 콜키지 비용을 내지 않은 것에 대해 식당 주인이 항의했고, 이에 반발해 주인을 폭행한 사건이 발생한 적 있습니다. 폭력이 일어난 일은 명백히 잘못된 것이나, 이 사건의 기저에는 서로의 문화 간 충돌이 있었다고 볼 수 있습니다.

바(bar)에서 칵테일 주문하기

🔊 009 - 01

ⓐ 我要金汤力。你呢？还是长岛冰茶？
Wǒ yào jīntānglì. Nǐ ne? Háishi chángdǎo bīngchá?
나는 진토닉 마실래. 너는? (늘 마시던) 롱아일랜드 아이스티?

ⓑ 我昨天喝多了，喝不了那么烈的。
Wǒ zuótiān hē duō le, hē bùliǎo nàme liè de.

无酒精的有什么？
Wújiǔjīng de yǒu shénme?
나 어제 많이 마셔서 그렇게 도수 높은 건 못 마셔. 무알콜인 거는 뭐가 있죠?

ⓒ 玛格丽特和莫吉托都有无酒精的。
Mǎgélìtè hé mòjítuō dōu yǒu wújiǔjīng de.
마르가리타와 모히토는 무알콜이 있습니다.

ⓑ 莫吉托吧。再拿一杯冰块儿，谢谢！
Mòjítuō ba. Zài ná yì bēi bīngkuàir, xièxie!
모히토 주세요. 얼음도 한 컵 주시고요. 감사합니다!

> 얼음 한 컵 주세요! 술 한잔할 때 필요한 말입니다. 외워 두세요!

단어+표현 🔊 009 - 02

金汤力 jīntānglì 진토닉
长岛冰茶 chángdǎo bīngchá 롱아일랜드 아이스티
昨天 zuótiān 어제
喝多了 hē duō le 과음했다
不了 bùliǎo ~할 수가 없다
那么 nàme 그렇게
烈 liè (도수가) 높다
无酒精 wújiǔjīng 무알콜
玛格丽特 mǎgélìtè 마르가리타
莫吉托 mòjítuō 모히토
拿 ná 가져오다
一杯 yì bēi 한 잔, 한 컵
冰块儿 bīngkuàir 얼음
小吃 xiǎochī 스낵
刚 gāng 막, 방금
简单 jiǎndān 간단하다
果盘 guǒpán 과일 모둠
马上 mǎshàng 바로
上 shàng (요리를) 내오다

ⓒ 好的，小吃来点儿吗？
Hǎo de, xiǎochī lái diǎnr ma?
알겠습니다. 스낵을 주문하시겠어요?

> 간단한 스낵, 군것질거리를 뜻합니다. '안주'라고 정확히 짚어 말하고 싶으면 '下酒菜 xiàjiǔcài'를 알아 두세요.

ⓐ 我们刚吃过饭，来点儿简单的吧。
Wǒmen gāng chī guo fàn, lái diǎnr jiǎndān de ba.
우리 막 밥을 먹어서요, 간단한 거로 주세요.

ⓒ 果盘怎么样？
Guǒpán zěnmeyàng?
과일 모둠 어떠세요?

ⓐ 好，来一个小果盘。
Hǎo, lái yí ge xiǎo guǒpán.
좋아요. 과일 모둠 작은 거로 하나 주세요.

ⓒ 好的，您稍等，马上给您上。
Hǎo de, nín shāo děng, mǎshàng gěi nín shàng.
알겠습니다. 잠시만 기다려 주세요. 바로 가져다 드리겠습니다.

오늘의 일기

🔊 009-03

为了缓解工作压力，我下班以后常常约朋友去酒吧喝一杯。
Wèile huǎnjiě gōngzuò yālì, wǒ xiàbān yǐhòu chángcháng yuē péngyou qù jiǔbā hē yì bēi.
업무 스트레스를 해소하기 위해, 나는 퇴근 후 종종 친구들과 약속을 잡아 바(bar)에 가서 한 잔 마신다.

我喜欢喝鸡尾酒，味道不错，而且看起来比较优雅。
Wǒ xǐhuan hē jīwěijiǔ, wèidào búcuò, érqiě kàn qǐlái bǐjiào yōuyǎ.
나는 칵테일 마시는 것을 좋아하는데, 맛도 좋고, 게다가 비교적 우아해 보인다.

要是没吃晚饭的话，一般再点个沙拉和意大利面。
Yàoshi méi chī wǎnfàn dehuà, yìbān zài diǎn ge shālā hé yìdàlìmiàn.
저녁을 안 먹었을 때는 보통 샐러드와 스파게티를 추가로 주문한다.

要是吃过饭的话，点个果盘就行了。
Yàoshi chī guo fàn dehuà, diǎn ge guǒpán jiùxíng le.
만약 밥을 먹었다면, 과일 한 접시를 시키면 된다.

샨샨의 실수 방지 중국 생활

중국에서는 영어로 된 명사가 거의 통하지 않습니다. 한국어는 영어를 발음 나는 대로 표기하지만 중국어에서는 동일한 뜻의 한자어로 바꾸거나, 유사한 발음의 한자를 차용하는 방식을 취합니다. 따라서 반드시 따로 익혀 둬야 해요. 만약 술을 좋아하는 사람이라면 술 이름을 중국어로 익히는 것도 또 다른 재미 요소일 것 같아요. 칵테일(cocktail)은 닭(cock)의 꼬리(tail) 술이니, 그 뜻 그대로 '鸡尾酒 jīwěijiǔ'라고 부른다는 것을 단박에 외웠던 기억이 납니다. 생각난 김에 몇 가지 제가 좋아하는 칵테일을 소개하겠습니다. 메뉴판을 손가락으로 가리키며 '이거요(这个 zhège)' 하지 마시고 멋진 중국어 발음으로 주문해 보세요.

마르가리타(Margarita) 玛格丽特 mǎgélìtè
진토닉(Jin tonic) 金汤力 jīntānglì
위스키(Wisky) 威士忌 wēishìjì
데킬라(Tequila) 龙舌兰 lóngshélán
모히또(Mojito) 莫吉托 mòjítuō
마티니(Martini) 马天尼 mǎtiānní
보드카(Vodka) 伏特加 fútèjiā
섹스 온 더 비치(Sex on the Beach) 激情沙滩 jīqíngshātān

에피소드 010

스테이크 주문하기

🔊 010-01

A 我们店的牛排有三种，您要哪种？
Wǒmen diàn de niúpái yǒu sān zhǒng, nín yào nǎ zhǒng?
저희 집에는 스테이크가 세 종류 있습니다. 어떤 종류를 원하시나요?

B 我不太懂，你推荐一下吧。
Wǒ bú tài dǒng, nǐ tuījiàn yíxià ba.
저는 (스테이크에 대해) 잘 몰라서요. 추천해 주세요.

A 那您试试这种吧，点的人比较多。
Nà nín shìshi zhè zhǒng ba, diǎn de rén bǐjiào duō.
그렇다면 이 종류를 드셔 보세요. 주문하시는 분들이 많은 편이에요.

B 行，听你的。
Xíng, tīng nǐ de.
네. 그걸로 할게요.

A 女士呢？来一样的吗？
Nǚshì ne? Lái yíyàng de ma?
여자분은요? 같은 걸로 하시겠습니까?

B 一样的吧。
Yíyàng de ba.
같은 것으로 주세요.

A 好的，您二位的牛排各<mark>要几分熟</mark>？
Hǎo de, nín èr wèi de niúpái gè yào jǐ fēn shóu?
네, 알겠습니다. 두 분 스테이크 익힘 정도는 어떻게 해 드릴까요?

> 스테이크 레스토랑에 가면 종업원에게 반드시 듣게 되는 질문입니다. '分 fēn'은 '10분의 1'이란 뜻으로, 퍼센트(%)를 표기할 때 씁니다. 50%, 즉, 반 정도 익힌 미디엄(medium)은 '5分', 80% 이상 바짝 익힌 웰던(well done)은 '8分'이라고 표현합니다.

B 我喜欢嫩一点儿的，五分或者六分吧。
Wǒ xǐhuan nèn yìdiǎnr de, wǔ fēn huòzhě liù fēn ba.

女士喜欢全熟的。
Nǚshì xǐhuan quánshóu de.
저는 좀 연한 것이 좋아요. 50~60% 정도 익혀 주세요. 여자분은 완전히 익힌 것을 좋아해요.

A 这种牛排太老的话不好吃。
Zhè zhǒng niúpái tài lǎo dehuà bù hǎochī.

단어+표현 🔊 010-02

我们店 wǒmen diàn 저희 식당
牛排 niúpái 스테이크
种 zhǒng 종류
哪种 nǎ zhǒng 어떤 종류
不太懂 bú tài dǒng 잘 모른다
试试 shìshi 시도해 보다
比较 bǐjiào 비교적
行 xíng 좋습니다, 네
女士 nǚshì 여성, 숙녀
来 lái 내오다
一样的 yíyàng de 같은 것
二位 èr wèi 두 분
各 gè 각각
分 fēn (익힘) 정도
熟 shóu 익다
喜欢 xǐhuan 좋아하다
嫩 nèn 연하다
或者 huòzhě 혹은, 아니면
全熟 quánshóu 완전히 익히다
太老 tài lǎo 너무 익히다, 너무 질기다

我帮女士点八分熟的怎么样?
Wǒ bāng nǚshì diǎn bā fēn shóu de zěnmeyàng?
이 스테이크는 너무 익히면 별로 맛이 없어요. 여자분 것은 80% 정도 익혀 드리면 어떨까요?

B 好的，都听你的。
Hǎo de, dōu tīng nǐ de.
네, 그렇게 해 주세요.

오늘의 일기

010-03

女朋友生日那天，我带她去西餐厅吃牛排。
Nǚpéngyou shēngrì nà tiān, wǒ dài tā qù xīcāntīng chī niúpái.
여자친구 생일날, 나는 여자친구를 데리고 레스토랑에 가서 스테이크를 먹었다.

服务员给我们推荐了一种比较受欢迎的牛排。
Fúwùyuán gěi wǒmen tuījiàn le yì zhǒng bǐjiào shòu huānyíng de niúpái.
종업원은 우리에게 비교적 사람들에게 인기 있는 스테이크 종류를 추천해 줬다.

我要五分熟的，女朋友要全熟的。
Wǒ yào wǔ fēn shóu de, nǚpéngyou yào quánshóu de.
나는 50% 정도 굽기를, 여자친구는 완전히 익혀 주길 원했다.

但是服务员说全熟太老了，劝她试试八分熟的。
Dànshì fúwùyuán shuō quánshóu tài lǎo le, quàn tā shìshi bā fēn shóu de.
하지만 종업원은 완전히 구우면 너무 질기다며, 그녀에게 80% 정도 굽기를 권했다.

샨샨의 실수 방지 중국 생활

중국 각 지역의 음식들을 맛보는 것도 좋지만, 때때로 근사한 레스토랑에서 분위기 전환을 해 보는 것도 필요합니다. 그리고 레스토랑에서도 새로운 중국어 표현을 배울 수 있는 기회는 얼마든지 있으니, 의미 있는 시간을 보낼 수 있습니다. 외래어 음식명을 어떻게 중국식으로 바꿨는지 살피는 것도 공부가 되기 때문입니다.
스테이크를 먹으러 식당에 가면 굽기 정도를 선택해야 하죠? 덜 익힌 상태인 레어(rare)부터 완전히 익힌 웰던(well done)까지, 보통은 영어로 통용됩니다. 하지만 중국에서는 굽기 정도를 퍼센트(%)로 표현해, 10분의 1을 의미하는 '成 chéng' 혹은 '分 fēn'으로 표기합니다. 중간 정도 익히는 미디엄(medium)은 50%, 즉 '五成 wǔ chéng'이라고 하고, 미디엄 레어(medium rare)는 '三成 sān chéng (30%), 웰던(well done)은 '八成 bā chéng (80%)'이라고 합니다. 따라서 스테이크를 주문할 때, '미디엄으로 익혀 주세요.'라고 하려면 '我要五成熟的。Wǒ yào wǔ chéng shóu de.' 혹은 '我要五分熟的。Wǒ yào wǔ fēn shóu de.'라고 하면 됩니다.
이 표현들이 어렵게 느껴진다면, 자신이 주로 먹는 스테이크 굽기 정도 표현 하나만이라도 먼저 숙지하는 것부터 시작하길 권합니다.

한국 식당에서 고기 굽기

🔊 011 - 01

A 您吃点儿什么？吃烤肉还是吃菜？
Nín chī diǎnr shénme? Chī kǎoròu háishi chī cài?
뭐 드시겠어요? 고기 구워 드시겠어요, 아니면 일반식사 하시겠어요?

> 현지 한국 식당에서 의외로 자주 듣게 되는 표현입니다. 중국에 있는 한국 식당은 분식, 한정식, 고기류를 한꺼번에 파는 경우가 많기 때문입니다.

B 我们想吃烤肉，有什么肉？
Wǒmen xiǎng chī kǎoròu, yǒu shénme ròu?
고기로 할게요. 어떤 고기가 있어요?

A 有牛排、猪排、里脊、五花肉，
Yǒu niúpái、zhūpái、lǐji、wǔhuāròu,
都是刚到的，特别新鲜。
dōu shì gāng dào de, tèbié xīnxiān.
소갈비, 돼지갈비, 등심, 삼겹살이 있습니다. 다 오늘 막 도착한 거라 아주 신선해요.

B 那来一份牛排，一份里脊吧。
Nà lái yí fèn niúpái, yí fèn lǐji ba.
그럼 소갈비 1인분하고 등심 1인분 주세요.

A 两位都是男士，可能不够，
Liǎng wèi dōu shì nánshì, kěnéng búgòu,
五花肉也不错，要不要尝尝？
wǔhuāròu yě búcuò, yào bu yào chángchang?
두 분 다 남성분이라 부족할 수 있어요. 삼겹살도 괜찮은데 맛보시겠어요?

B 没事儿，先这样吧，不够再加。
Mei shìr, xiān zhèyàng ba, búgòu zài jiā.
괜찮아요. 일단 이렇게 하고, 부족하면 더 시킬게요.

A 好的，您要调味的还是原味的？
Hǎo de, nín yào tiáowèi de háishi yuánwèi de?
네. 양념으로 하시겠어요, 아니면 생고기로 하시겠어요?

> 양념한 것은 '调味的 tiáowèi de', 양념하지 않은 것은 '原味的 yuánwèi de'라고 해요!

B 牛排要调味的吧，里脊要原味的。
Niúpái yào tiáowèi de ba, lǐji yào yuánwèi de.
소갈비는 양념으로 주시고, 등심은 생등심으로 주세요.

단어+표현 🔊 011 - 02

烤肉 kǎoròu 고기구이
菜 cài 요리
想 xiǎng ~하고 싶다
肉 ròu 고기
牛排 niúpái 소갈비
猪排 zhūpái 돼지갈비
里脊 lǐji 등심
五花肉 wǔhuāròu 삼겹살
到 dào 도착하다
新鲜 xīnxiān 신선하다
一份 yí fèn 1인분
男士 nánshì 남성분
可能 kěnéng 아마
不够 búgòu 부족하다
不错 búcuò 좋다, 괜찮다
尝尝 chángchang 맛보다
没事儿 mei shìr 괜찮다
加 jiā 추가하다
调味 tiáowèi 양념
原味 yuánwèi (양념 안 한) 생고기

오늘의 일기

今天我请中国朋友吃饭，带他去了一家韩国餐厅。
Jīntiān wǒ qǐng Zhōngguó péngyou chīfàn, dài tā qù le yì jiā Hánguó cāntīng.
오늘 나는 중국 친구에게 밥을 사 주려고, 한국 식당에 데려갔다.

那家餐厅的烤肉不错，有牛排、猪排、还有里脊和五花肉。
Nà jiā cāntīng de kǎoròu búcuò, yǒu niúpái、zhūpái、háiyǒu lǐji hé wǔhuāròu.
그 식당의 고기구이가 괜찮았는데, 소갈비, 돼지갈비, 그리고 등심과 삼겹살이 있었다.

我想让他尝尝正宗的韩国烤肉，所以点了原味的里脊。
Wǒ xiǎng ràng tā chángchang zhèngzōng de Hánguó kǎoròu, suǒyǐ diǎn le yuánwèi de lǐji.
나는 친구에게 정통 한국식 고기구이를 맛보여 주고 싶어서 생등심을 시켰다.

他说中国人喜欢吃调味的，所以又点了一份调味的牛排。
Tā shuō Zhōngguórén xǐhuan chī tiáowèi de, suǒyǐ yòu diǎn le yí fèn tiáowèi de niúpái.
그가 중국인은 양념한 것을 좋아한다고 해서, 양념 소갈비도 일인 분 주문했다.

산산의 실수 방지 중국 생활

중국에서 지내다 보면, 중국 지인들에게 한국 음식을 소개할 기회가 종종 있어요. 대표적인 음식이 바로 구운(烤 kǎo) 고기(肉 ròu)인 '烤肉 kǎoròu'입니다. '烤肉 kǎoròu'는 석쇠불판에 굽는 고기류를 통용해서 부르는 말입니다. 한국 사람들은 통상 질 좋은 소고기는 양념 없이 담백하게 구워 먹지만, 중국 친구들은 보통 양념한 고기(불고기류)를 더 좋아합니다. 여기서 주의해야 할 점은 '(양념하지 않은) 생고기 주세요.'는 '我要生肉。Wǒ yào shēngròu.'라고 하지 않는다는 것입니다. 우리말로 '살아있는', '신선한'을 표현하는 '생(生)'이 중국어에서는 대부분 다른 단어로 대체됩니다.

(양념하지 않은) 생고기 : 生肉 shēngròu → 原味 yuánwèi
'생삼겹살 주세요!'는 '我要原味的五花肉! Wǒ yào yuánwèi de wǔhuāròu!'라고 하면 됩니다.
생맥주 : 生啤酒 shēngpíjiǔ → 扎啤 zhāpí
활어회 : 生鱼 shēngyú → 活鱼 huóyú
단, '생선회'는 '生鱼片 shēngyúpiàn'이라고 해요.

중국 친구에게 고기 대접하기

🔊 012-01

A 小心，给您上一下炭。
Xiǎoxīn, gěi nín shàng yíxià tàn.
조심하세요. 숯 들여 갑니다.

숯을 넣고 불판을 올린 후

A 这是您点的烤肉，要给您烤好再拿过来吗?
Zhè shì nín diǎn de kǎoròu, yào gěi nín kǎo hǎo zài ná guòlái ma?
여기 주문하신 고기 나왔습니다. 다 구운 후에 다시 내올까요?

B 不用了，我们自己烤吧。
Búyòng le, wǒmen zìjǐ kǎo ba.
괜찮아요. 우리가 구울게요.

A 好的，烟有点儿大，您小心一点儿。
Hǎo de, yān yǒudiǎnr dà, nín xiǎoxīn yìdiǎnr.
알겠습니다. 연기가 좀 심하니 조심하세요.

C 咱们先烤原味的吧，然后再烤调味的。
Zánmen xiān kǎo yuánwèi de ba, ránhòu zài kǎo tiáowèi de.
우리 먼저 생고기를 구운 후에 양념 고기를 굽자.

B 行，你吃吧，我来烤一下试试。
Xíng, nǐ chī ba, wǒ lái kǎo yíxià shìshi.
알았어. 너는 먹어. 내가 구워 볼게.

C 很简单，先烤一面，烤好以后翻一下，
Hěn jiǎndān, xiān kǎo yímiàn, kǎo hǎo yǐhòu fān yíxià,
再烤另一面就行了。
zài kǎo lìng yímiàn jiù xíng le.
아주 간단해. 먼저 한쪽 면을 굽고, 다 구워지면 뒤집어서 다른 한쪽을 구우면 돼.

B 好的，烤好以后蘸盐吃，还是蘸酱吃?
Hǎo de, kǎo hǎo yǐhòu zhàn yán chī, háishi zhàn jiàng chī?
알았어. 다 구우면 소금 찍어 먹는 거야, 아니면 양념장 찍어 먹는 거야?

단어+표현

🔊 012-02

- 小心 xiǎoxīn 조심하다
- 上 shàng 올려 넣다
- 炭 tàn 숯
- 烤 kǎo 굽다
- 好 hǎo 동사 뒤에서 동작이 잘 마무리되었음을 나타냄
- 拿过来 ná guòlái 가져오다
- 烟 yān 연기
- 然后再 ránhòu zài 그 다음 다시
- 一面 yímiàn 한 면
- ……好以后 ……hǎo yǐhòu 다 ~한 이후
- 翻一下 fān yíxià 뒤집다
- 另一面 lìng yímiàn 다른 한쪽
- 蘸 zhàn 찍다
- 盐 yán 소금
- 酱 jiàng 양념장
- 香油 xiāngyóu 참기름
- 排骨 páigǔ 갈비
- 腌过的 yān guo de (음식물을 소금·설탕 등에) 절인 것, 양념한 것
- 生菜 shēngcài 상추
- 包着 bāozhe 싼 채로
- 直接 zhíjiē 직접
- 明白 míngbai 이해하다
- 糊 hú 타다
- 服务员 fúwùyuán 종업원, 여기요 [종업원을 부를 때]
- 换 huàn 바꾸다, 교환하다
- 烤盘 kǎopán 불판

Ⓒ 里脊蘸香油和盐，排骨是腌过的，用生菜包着直接吃。
Lǐji zhàn xiāngyóu hé yán, páigǔ shì yān guo de, yòng shēngcài bāozhe zhíjiē chī.
등심은 참기름하고 소금을 찍어 먹고, 갈비는 양념 된 거니까 상추에 싸서 바로 먹으면 돼.

Ⓑ 明白了。啊呀，糊了！服务员，换烤盘。
Míngbai le. Āyā, hú le! Fúwùyuán, huàn kǎopán.
알았어. 에이, 탔네! 여기요, 불판 바꿔 주세요.

> 음식이 탔을 때 길게 설명할 필요 없이 이 한마디로 표현돼요.

오늘의 일기

🔊 012-03

我带中国朋友去一家味道比较正宗的韩国餐厅吃烤肉。
Wǒ dài Zhōngguó péngyou qù yì jiā wèidào bǐjiào zhèngzōng de Hánguó cāntīng chī kǎoròu.
나는 중국 친구를 데리고 비교적 맛이 정통적인 한국 음식점에 가서 고기를 먹었다.

他是第一次吃韩国烤肉，所以让我教他怎么吃。
Tā shì dì yī cì chī Hánguó kǎoròu, suǒyǐ ràng wǒ jiāo tā zěnme chī.
친구는 한국 고기구이를 처음 먹어 보는 거라, 어떻게 먹는지 나에게 가르쳐 달라고 했다.

我告诉他，原味的肉蘸香油和盐吃。
Wǒ gàosu tā, yuánwèi de ròu zhàn xiāngyóu hé yán chī.
나는 양념 안 한 고기는 참기름과 소금에 찍어 먹는 것이라고 가르쳐 줬고,

调味的肉用生菜或者苏子叶包着直接吃就行了。
Tiáowèi de ròu yòng shēngcài huòzhě sūzǐyè bāozhe zhíjiē chī jiùxíng le.
양념한 고기는 상추나 깻잎에 싸서 바로 먹으면 된다고 알려 줬다.

샨샨의 실수 방지 중국 생활

중국 친구들에게 숯불에 고기를 구워 먹는 방식은 사실 낯섭니다. 물론 한류 열풍 덕분에 드라마에서 자주 접했던 풍경일 수 있지만, 의외로 고기를 어떻게 구워서 먹어야 하는지 어색해하는 경우를 종종 볼 수 있었습니다. 고기 먹는 법을 모르는 중국 친구에게 기름장에 고기를 찍어 먹는다든가, 상추에 싸서 먹는다든가 등의 방식을 설명해 줘야 할 텐데, 중국어로 어떻게 표현할지 모르니 보통은 동작 찬스를 쓰게 됩니다. 이제 바디랭귀지 대신 중국어로 유창하게 설명해 주세요.
우선, '~을 찍어서 먹다'는 '蘸着……吃 zhànzhe……chī'입니다. '참기름을 찍어 먹다'는 '蘸着香油吃 zhànzhe xiāngyóu chī'라고 하면 되겠죠? 그리고 '된장(大酱 dàjiàng)', '고추장(辣椒酱 làjiāojiàng)', '간장(酱油 jiàngyóu)' 등으로 단어를 바꿔 말하시면 됩니다. 장을 찍었으면 다음에 이어지는 동작은 뭘까요? 상추에 싸 먹어야겠죠! '상추에 싸 먹다'는 '用生菜包着吃 yòng shēngcài bāozhe chī'라고 합니다. 참, 그리고 중국 친구들은 특히 고기판 아래 숯불이 타면서 나는 연기를 불편해할 수 있어요. 그래서 중국에 있는 한국 식당에 가면 고기를 주방에서 구워서 내오는 서비스가 있기도 합니다. 한여름에는 고기 굽다 땀을 뺄 일이 없을 테니 무척 반가운 서비스라고 할 수 있겠죠?

에피소드 013

식당에서 음식 재촉하기

🔊 013-01

Ⓐ 你好，我们的菜什么时候上啊?
Nǐ hǎo, Wǒmen de cài shénme shíhou shàng a?

都二十分钟了。
Dōu èrshí fēnzhōng le.

여기요, 우리 음식은 언제 나오나요? 벌써 20분이 지났어요.

Ⓑ 您稍等，我去帮您催一下。
Nín shāo děng, wǒ qù bāng nín cuī yíxià.

잠시만 기다려 주세요. 가서 재촉하겠습니다.

잠시 후

Ⓐ 服务员，这个菜都吃完了，别的菜呢?
Fúwùyuán, zhège cài dōu chī wán le, biéde cài ne?

여기요! 이 음식 다 먹었어요. 다른 요리들은요?

Ⓑ 真不好意思，您稍等。
Zhēn bù hǎoyìsi, nín shāo děng.

今天客人多，后厨特别忙。
Jīntiān kèrén duō, hòuchú tèbié máng.

정말 죄송합니다. 잠시만 기다려 주세요. 오늘 손님이 많아서 주방이 너무 바빠서요.

Ⓐ 我没时间等，别的菜我不要了，退了吧。
Wǒ méi shíjiān děng, biéde cài wǒ búyào le, tuì le ba.

저는 기다릴 시간 없어요. 다른 요리들 필요 없습니다. 취소해 주세요.

Ⓑ 不好意思，厨房已经开始做了，不能退。
Bù hǎoyìsi, chúfáng yǐjīng kāishǐ zuò le, bùnéng tuì.

죄송하지만 주방에서 이미 만들기 시작했습니다. 취소가 불가능합니다.

Ⓐ 什么? 不能退?
Shénme? Bùnéng tuì?

你们这是什么态度?
Nǐmen zhè shì shénme tàidù?

뭐라고요? 취소가 안 된다고요? 당신들 이거 무슨 태도죠?

단어+표현 🔊 013-02

什么时候 shénme shíhou 언제
都 dōu 이미, 벌써
帮 bāng 돕다, 거들다
催 cuī 재촉하다
吃完了 chī wán le 다 먹었다
客人 kèrén 손님
后厨 hòuchú (주로 식당의) 주방
忙 máng 바쁘다
没时间 méi shíjiān 시간이 없다
退 tuì 취소하다, 환불하다
厨房 chúfáng 주방
已经 yǐjīng 이미
开始 kāishǐ 시작하다
做 zuò 하다, 만들다
不能 bùnéng 불가능하다
态度 tàidù 태도
消消气 xiāoxiāoqì 화를 풀다
送 sòng 증정하다
盘 pán 접시
水果 shuǐguǒ 과일

Ⓑ 您消消气，我送您一盘水果，
　Nín xiāoxiāoqì, wǒ sòng nín yì pán shuǐguǒ,

　您再稍等一下。
　nín zài shāo děng yíxià.

> 상대가 화가 났을 때 '화내지 마세요(别生气 bié shēngqì)'라고도 할 수 있지만, 권유하듯이 '화 푸세요'라고 하는 것이 좀 더 자연스럽습니다.

화 푸세요. 과일 한 접시 가져다 드리겠습니다. 잠시만 더 기다려 주세요.

오늘의 일기　　　　　　　　　　　　　　　🔘 013-03

中午，我去学校附近的餐厅吃饭，人很多，所以上菜特别慢。
Zhōngwǔ, wǒ qù xuéxiào fùjìn de cāntīng chīfàn, rén hěn duō, suǒyǐ shàng cài tèbié màn.
점심에 나는 학교 근처의 식당에 가서 밥을 먹었는데, 사람이 많아서 음식 나오는 속도가 너무 느렸다.

我点了两个菜，一个吃完了，另一个还没上。
Wǒ diǎn le liǎng ge cài, yí ge chī wán le, lìng yí ge hái méi shàng.
나는 음식 두 개를 주문했는데, 하나를 다 먹었는데도 나머지 하나가 나오지 않았다.

我催了好几次，一点儿用也没有。
Wǒ cuī le hǎo jǐ cì, yìdiǎnr yòng yě méiyǒu.
나는 몇 번을 재촉했지만 전혀 소용이 없었다.

我说不要了，但是服务员说不能退，气死我了。
Wǒ shuō búyào le, dànshì fúwùyuán shuō bùnéng tuì, qì sǐ wǒ le.
나는 (주문한 음식이) 필요 없다 했는데, 취소를 못 한다고 해서 화가 많이 났다.

샨샨의 실수 방지 중국 생활

한국에서 식당이나 카페에 가서 종업원을 부를 때 뭐라고 불러야 하나 종종 난감할 때가 있습니다. '사장님!' 하기도 그렇고 '이모님!'이라고 하기도 좀 쑥스럽고, 그래서 결국 선택하는 단어가 '저기요~' 정도이지요. 중국에서는 보통 '服务员 fúwùyuán'이라고 하는데, 베이징에서는 여기에 '儿 ér'을 붙여 좀 더 걸쭉하고 구성진 느낌으로 종업원을 부르기도 합니다. 하지만 요즘에는 '你好 nǐ hǎo'라고 하는 사람을 자주 목격할 수 있습니다. '你好 nǐ hǎo'의 본뜻은 '안녕하세요'라는 인사의 말이지만, 낯선 타인을 부를 때 유용하게 사용할 수 있어요. 영어의 'Excuse me'와 유사한 의미입니다. 식당에서뿐만 아니라 지나가는 사람에게 길을 물을 때나 말을 걸어야 할 때도 사용할 수 있는 표현입니다. 저도 '종업원~'이라고 호칭하기에는 너무 직접적이고 왠지 예의 없어 보였는데 잘됐다 싶어 '你好 nǐ hǎo'를 활용하고 있습니다. 식사를 하시다 필요한 게 생기면 손을 번쩍 들어 '你好'를 외쳐 보세요.

음식점에서 항의하기

🔊 014-01

Ⓐ 服务员，这杯子破了，换一下。
Fúwùyuán, zhè bēizi pò le, huàn yíxià.
여기요, 컵이 깨졌어요. 바꿔 주세요.

Ⓑ 好的，我一会儿帮您换。
Hǎo de, wǒ yíhuìr bāng nín huàn.

您让一下，我上一下菜。
Nín ràng yíxià, wǒ shàng yíxià cài.
네, 좀 이따가 바꿔 드릴게요. 잠시 비켜 주세요. 음식 올리겠습니다.

Ⓐ 这盘子怎么也是破的？换一个行吗？
Zhè pánzi zěnme yě shì pò de? Huàn yí ge xíng ma?
이 접시도 어째서 깨진 거죠? 바꿔 주시겠어요?

Ⓑ 好的，我给您换一个。
Hǎo de, wǒ gěi nín huàn yí ge.
네, 바꿔 드릴게요.

잠시 후

Ⓐ 服务员！你看看，这是什么？
Fúwùyuán! Nǐ kànkan, zhè shì shénme?
여기요! 이거 보세요. 이게 뭐죠?

Ⓑ 啊……，头发？是不是您不小心掉进去了？
Á……, tóufa? Shì bu shì nín bù xiǎoxīn diào jìnqù le?
아……, 머리카락이네요? 손님이 조심하지 않으셔서 떨어뜨린 거 아닌가요?

Ⓐ 你好好看看，我的头发这么长，而且是染的！
Nǐ hǎohǎo kànkan, wǒ de tóufa zhème cháng, érqiě shì rǎn de!
자세히 보시죠. 제 머리카락은 이렇게 길고, 염색한 거라고요!

Ⓑ 真抱歉，那给您重新做一份行吗？
Zhēn bàoqiàn, nà gěi nín chóngxīn zuò yí fèn xíng ma?
정말 죄송합니다. 그럼 새로 만들어서 가져다 드려도 될까요?

단어+표현 🔊 014-02

杯子 bēizi 컵
破 pò 깨지다, 낡다
一会儿 yíhuìr 잠시 후에, 곧
让一下 ràng yíxià 비켜 주세요
上菜 shàng cài 음식을 올리다
盘子 pánzi 접시
怎么 zěnme 어떻게, 어째서
行 xíng 가능하다
头发 tóufa 머리카락
不小心 bù xiǎoxīn 조심하지 않다
掉进去 diào jìnqù 떨어뜨리다
好好 hǎohǎo 자세히
长 cháng 길다
而且 érqiě 게다가
染 rǎn 염색하다
真抱歉 zhēn bàoqiàn 정말 죄송합니다
重新 chóngxīn 다시, 재차
脏 zāng 더럽다
吃不下去 chī bú xiàqù 먹을 수가 없다

Ⓐ 不要了。这么脏，吃不下去。
Búyào le. Zhème zāng, chī bú xiàqù.

退了吧。
Tuì le ba.

> 항의의 최종 목적이 환불이라면 '退了吧! Tuì le ba! (환불해 주세요!)'라고 준엄(?)하게 요구하세요.

필요 없어요. 이렇게 더러운 거 못 먹겠네. 환불할게요.

오늘의 일기   🔊 014-03

我在一家小饭馆儿吃饭，餐具都是破的，我让服务员换了。
Wǒ zài yì jiā xiǎo fànguǎnr chīfàn, cānjù dōu shì pò de, wǒ ràng fúwùyuán huàn le.
나는 작은 식당에서 밥을 먹었는데, 식기류가 모두 깨져 있어서 종업원에게 바꿔 달라고 했다.

可是，吃着吃着，又发现汤里有一根头发。
Kěshì, chīzhe chīzhe, yòu fāxiàn tāng li yǒu yì gēn tóufa.
그런데 먹다 보니 또 탕 안에 머리카락 한 올이 있는 것을 발견했다.

服务员说是我自己不小心掉进去的，气死我了。
Fúwùyuán shuō shì wǒ zìjǐ bù xiǎoxīn diào jìnqù de, qì sǐ wǒ le.
종업원은 내가 조심하지 않아 떨어뜨린 거라는데, 화가 나 죽을 뻔했다.

她说给我重做一份，但是我根本吃不下去，所以退了。
Tā shuō gěi wǒ chóngzuò yí fèn, dànshì wǒ gēnběn chī bú xiàqù, suǒyǐ tuì le.
그녀는 다시 한 접시 만들어 준다고 했지만, 나는 도저히 먹을 수가 없어서 환불했다.

샨샨의 실수 방지 중국 생활

접시에 '이가 빠졌다'라고 표현하죠. 접시의 매끄럽던 가장자리 부분의 일부가 깨져나간 경우를 이르는 말입니다. 한국에서는 보통 흉하고 복이 나간다고 하여 버립니다. 그리고 혹시 미세한 유리조각이 떨어질 수 있는 경우도 생각해서 버리는 것이겠죠? 하지만 중국에서 '이 빠진 접시'는 역사와 전통의 상징입니다. 접시가 낡았다는 것은 그만큼 이 식당이 유명하고 오래되었다고 여겨지는 것입니다. 따라서 중국 식당에서 종업원이 내온 이 빠진 그릇에 화가 나 바꿔달라 항의하면, 대부분은 어리둥절해 합니다. 대로 주변의 작은 점포를 가나, 오성급 호텔에 가나 상황은 비슷합니다. 로마에 가면 로마법을 따라야겠죠? 이 빠진 접시가 나오면 '아, 이 집은 맛이 좋아 장사가 잘되는 곳이구나'라고 생각하시면 됩니다.

에피소드 015

SNS에 맛집 사진 올리기

🔊 015-01

Ⓐ 哇，我们的菜终于来了，快吃吧!
Wā, wǒmen de cài zhōngyú lái le, kuài chī ba!
와, 드디어 우리 음식 나왔다. 빨리 먹자!

Ⓑ 等一下，别动!
Děng yíxià, bié dòng!
기다려 봐, 움직이지 마!

Ⓐ 怎么了? 又要拍照发朋友圈啊?
Zěnme le? Yòu yào pāizhào fā péngyouquān a?
왜? 또 사진 찍어서 모멘트에 올리게?

Ⓑ 当然。
Dāngrán.
당연하지.

Ⓐ 不是吧? 盖饭也发? 多丢人啊!
Bú shì ba? Gàifàn yě fā? Duō diūrén a!
설마? 덮밥도 올리게? 얼마나 창피하니!

Ⓑ 修一下就行了。你看，怎么样?
Xiū yíxià jiùxíng le. Nǐ kàn, zěnmeyàng?
看起来很高级吧?
kàn qǐlái hěn gāojí ba?
살짝 수정하면 돼. 봐, 어때? 고급스럽게 보이지?

Ⓐ 你累不累啊? 每顿饭都发朋友圈。
Nǐ lèi bu lèi a? Měi dùn fàn dōu fā péngyouquān.
너 안 피곤하니? 끼니마다 SNS에 올리면.

Ⓑ 那你一天吃三顿饭累不累啊?
Nà nǐ yì tiān chī sān dùn fàn lèi bu lèi a?
그럼 너는 하루에 밥 세 끼 먹는 건 안 피곤하니?

Ⓐ 行了，行了，说不过你。拍完了没有?
Xíng le, xíng le, shuō búguò nǐ. Pāi wán le méiyǒu?

> 상대가 말솜씨가 너무 좋아 말로는 이겨낼 수 없을 때 체념하며 읊조릴 수 있는 표현입니다.

단어+표현 🔊 015-02

- 终于 zhōngyú 드디어
- 别 bié ~하지 마라
- 动 dòng 움직이다
- 拍照 pāizhào 사진을 찍다
- 发 fā 올리다, 보내다
- 朋友圈 péngyouquān 위챗 모멘트 [중국판 카카오스토리]
- 当然 dāngrán 당연하다, 물론
- 盖饭 gàifàn 덮밥
- 丢人 diūrén 창피하다
- 修一下 xiū yíxià 살짝 수정하다
- 看起来 kàn qǐlái 보기에 ~하다
- 高级 gāojí 고급인
- 每 měi 매, ~마다
- 顿 dùn 끼, 번, 차례 [식사를 세는 단위]
- 一天 yì tiān 하루
- 行了 xíng le 됐다
- 说不过 shuō búguò 말로는 당해낼 수 없다
- ……完了 ……wán le ~을 다했다
- 动筷子 dòng kuàizi 젓가락을 들다
- 有人 yǒurén 어떤 사람, 누군가
- 点赞 diǎn zàn '좋아요(赞)'를 누르다(点)

040

能动筷子了吗?
Néng dòng kuàizi le ma?
됐어, 됐어, 너가 이겼어. 다 찍었어? 젓가락 들어도 되지?

B 吃吧,吃吧,已经发了。
Chī ba, chī ba, yǐjīng fā le.

哇!马上就有人点赞了!
Wā! Mǎshàng jiù yǒurén diǎn zàn le!

> SNS에서 '좋아요'를 누르다라는 뜻의 신조어입니다. 오프라인에서 상대를 칭찬할 때 엄지를 치켜들며 외치면, 유머러스한 느낌을 줍니다.

먹어, 먹어, 벌써 올렸어. 와! 바로 친구가 '좋아요' 눌렀어!

오늘의 일기

015-03

我的女朋友什么都好,只有一点让我特别受不了。
Wǒ de nǚpéngyou shénme dōu hǎo, zhǐyǒu yì diǎn ràng wǒ tèbié shòu bùliǎo.
내 여자친구는 다 괜찮은데, 한 가지는 정말 못 참겠다.

就是每次吃饭之前都要拍照片,发朋友圈。
Jiùshì měi cì chīfàn zhīqián dōu yào pāi zhàopiàn, fā péngyouquān.
그것은 바로 매번 밥 먹기 전에 사진을 찍어 모멘트에 올리는 것이다.

我说顿顿都拍照太麻烦了,没有必要。
Wǒ shuō dùn dùn dōu pāizhào tài máfan le, méiyǒu bìyào.
나는 매끼마다 사진을 찍는 건 너무 귀찮고, 필요도 없다고 했다.

但是她说吃饭更麻烦,问我为什么吃饭,真不讲理。
Dànshì tā shuō chīfàn gèng máfan, wèn wǒ wèishénme chīfàn, zhēn bù jiǎnglǐ.
그러나 그녀는 밥먹는 게 더 귀찮은 일이라며, 밥은 왜 먹냐고 묻는다. 정말 억지다.

샨샨의 실수 방지 중국 생활

한국에서 친구들끼리 연락하자고 할 때 이제는 '전화해~'가 아니라 '★톡 해'라고 하는 것이 일반적이 되었죠? 중국에서는 '위챗 해(微信联系 wēixìn liánxì)'라고 합니다. 위챗은 중국의 대표적인 모바일 메신저 플랫폼(社交软件 shèjiāo ruǎnjiàn)입니다. 처음 만난 중국 친구와 조금 친해졌다면 '加个微信吧! Jiā ge wēixìn ba! (우리 위챗 친구해요!)'라고 말을 건네 보세요. 위챗은 상대가 친구를 신청하면 수락을 해야 메신저가 되기 때문에 친분을 만드는 좋은 도구가 되기도 합니다.

위챗 내에서는 모멘트(朋友圈 péngyouquān)를 운영할 수도 있어요. 사진을 올리거나, 끄적끄적 글을 남기면 친구들이 댓글(留言 liúyán)을 달아주는데, 리얼한 일상 댓글이니 중국어 공부에도 도움이 됩니다.

국이 식었을 때 데워 달라고 요청하기

🔊 016-01

Ⓐ 您小心一点，我上一下菜。
Nín xiǎoxīn yìdiǎn, wǒ shàng yíxià cài.
조심하세요. 음식 올리겠습니다.

Ⓑ 啊呀，放不下了吧?
Āyā, fàngbuxià le ba?
아이고, 올려놓을 수가 없죠?

Ⓐ 这个菜可以撤掉吗?
Zhège cài kěyǐ chèdiào ma?
이 음식은 치워 드려도 될까요?

> 식당에서 다 먹은 음식 그릇들을 치워달라고 할 때 '撤一下 chè yíxià'라고 해요.

Ⓑ 还有呢，先放着吧。
Háiyǒu ne, xiān fàngzhe ba.
아직 남아 있어요. 일단 두세요.

Ⓐ 那这两个菜我帮您换小盘吧?
Nà zhè liǎng ge cài wǒ bāng nín huàn xiǎopán ba?
그럼 이 두 가지 음식은 작은 접시에 옮겨 담아 드릴까요?

Ⓑ 行，换了吧。
Xíng, huàn le ba.

碟子也给我们换一下吧。
Diézi yě gěi wǒmen huàn yíxià ba.
네, 바꿔 주세요. 그리고 접시도 좀 바꿔 주세요.

Ⓐ 好的，还有其他需要吗?
Hǎo de, háiyǒu qítā xūyào ma?
네. 다른 필요한 거 있으신가요?

Ⓑ 暂时没有了。
Zànshí méiyǒu le.
아직 없습니다.

Ⓐ 行，有事您再叫我。
Xíng, yǒu shì nín zài jiào wǒ.
네, 필요하시면 또 불러 주세요.

단어+표현 🔊 016-02

放不下 fàngbuxià 다 놓을 수가 없다
可以 kěyǐ ~해도 된다
撤掉 chèdiào 치우다
放着 fàngzhe 놓아두다, 내버려 두다
换 huàn 바꾸다, 교체하다
小盘 xiǎopán 작은 접시
碟子 diézi 접시
其他 qítā 다른, 기타
需要 xūyào 필요하다
暂时没有 zànshí méiyǒu 아직 없다
有事 yǒu shì 일이 있다
叫 jiào 부르다
汤 tāng 탕
凉 liáng 식다, 차갑다
热一下 rè yíxià 데우다

🅑 啊，对了！汤凉了，帮我们热一下。
À, duì le! Tāng liáng le, bāng wǒmen rè yíxià.
아, 맞다! 탕이 식었어요, 데워 주세요.

> 이 표현을 통으로 외워 두면 유용해요. '데우다'는 표현은 '热 rè'라는 동사를 써요.

오늘의 일기

🔊 016-03

我的汉语不好，除了点菜和结账什么都不会。
Wǒ de Hànyǔ bù hǎo, chúle diǎn cài hé jiézhàng shénme dōu bú huì.
나는 중국어를 잘하지 못해서 음식 주문과 결제 외에는 아무것도 할 줄 모른다.

中国朋友教我"换盘子"、"换碟子"、"撤一下"、"热一下"。
Zhōngguó péngyou jiāo wǒ "huàn pánzi"、"huàn diézi"、"chè yíxià"、"rè yíxià".
중국 친구가 "음식 접시 바꿔 주세요", "개인 접시 바꿔 주세요", "치워 주세요", "데워 주세요"를 가르쳐 줬다.

今天去餐厅吃饭的时候，我试了试。
Jīntiān qù cāntīng chīfàn de shíhòu, wǒ shì le shì.
오늘 식당에 가서 밥을 먹을 때 시도해 봤다.

服务员都听懂了，我太开心了。
Fúwùyuán dōu tīng dǒng le, wǒ tài kāixīn le.
종업원이 다 알아들어서 나는 너무 기뻤다.

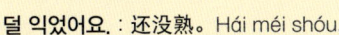 샨샨의 실수 방지 중국 생활

중국어를 처음 배우기 시작할 때 상하이 여행을 간 적 있는데, 현지 식당에서 주문한 국수가 너무 불어서 먹을 수가 없었습니다. 그때 제가 할 수 있는 말이라고는 '不好吃。Bù hǎochī. (맛이 없어요.)' 밖에 없어서 어찌나 원통하던지요. 그 후로 음식을 묘사하는 디테일한 표현을 중국 친구들에게 물어 가며 수집(?)했는데, 나중에는 정당한 항의를 통해 서비스를 얻어내기도 했답니다.
아래 몇 가지 표현을 소개하니 여러분은 표현력 부족으로 소비자의 권리를 놓치는 일이 없길 바랍니다.

덜 익었어요. : 还没熟。Hái méi shóu.
국수가 불었어요. : 面条涨了。Miàntiáo zhàng le.
고기가 너무 질겨서 씹을 수가 없어요. : 肉太老了，咬不动。Ròu tài lǎo le, yǎobudòng.
고기가 탔어요. : 肉糊了。Ròu hú le.

음식 추가 주문하기

🔊 017-01

Ⓐ 这儿的菜量太小了，根本没吃饱，是吧？
Zhèr de càiliàng tài xiǎo le, gēnběn méi chībǎo, shì ba?
여기 음식량이 너무 적다. 배가 전혀 부르지 않아. 그치?

Ⓑ 我还行，你不够的话再点个主食？
Wǒ hái xíng, nǐ búgòu dehuà zài diǎn ge zhǔshí?
나는 그냥 괜찮아. 너 부족하면 주식 하나 더 시키지 그래?

Ⓐ 行，那我看看。服务员，菜单。
Xíng, nà wǒ kànkan. Fúwùyuán, càidān.
응, 내가 볼게. 여기요, 메뉴판이요.

Ⓒ 您好。菜单。您要加菜吗？
Nín hǎo. Càidān. Nín yào jiā cài ma?
네, 메뉴판입니다. 추가 주문하시겠어요?

Ⓐ 有什么主食？
Yǒu shénme zhǔshí?
주식으로는 뭐가 있나요?

> 한국인들은 밥과 함께 요리를 같이 먹는 것을 좋아하지만, 중국인들은 보통 요리류를 먹고 난 후 밥, 면, 만두류를 먹습니다. 이들을 하나로 묶어 '主食 zhǔshí'라고 합니다.

단어+표현 🔊 017-02

菜量 càiliàng 음식량
小 xiǎo 작다, 적다
根本 gēnběn 전혀
吃饱 chībǎo 배가 부르다
还行 hái xíng 그런대로 괜찮다
主食 zhǔshí 주식
加菜 jiā cài 음식(菜)을 추가하다(加)
米饭 mǐfàn 쌀밥
炒饭 chǎofàn 볶음밥
担担面 dàndànmiàn 딴딴면
炸酱面 zhájiàngmiàn 자장면
饺子 jiǎozi 만두
肉的 ròu de 고기의
素的 sù de 야채의
猪肉大葱 zhūròu dàcōng 돼지고기 대파
算了 suàn le 됐어
酱油炒饭 jiàngyóu chǎofàn 간장볶음밥

Ⓒ 在这儿。有米饭、炒饭、担担面、炸酱面，
Zài zhèr. Yǒu mǐfàn, chǎofàn, dàndànmiàn, zhájiàngmiàn,
还有饺子。
háiyǒu jiǎozi.
이 부분입니다. 쌀밥, 볶음밥, 딴딴면, 자장면, 그리고 만두가 있습니다.

Ⓐ 饺子是肉的还是素的？
Jiǎozi shì ròu de háishi sù de?
만두는 고기인가요, 야채인가요?

Ⓒ 是猪肉大葱的。
Shì zhūròu dàcōng de.
돼지고기 대파입니다.

Ⓐ 那算了，来个酱油炒饭吧。
Nà suàn le, lái ge jiàngyóu chǎofàn ba.
그럼 됐어요. 간장볶음밥 주세요.

C 好，您稍等。
Hǎo, nín shāo děng.
네, 잠시만 기다리세요.

오늘의 일기

🔊 017-03

我和朋友两个人吃饭，我们点了三个菜。
Wǒ hé péngyou liǎng ge rén chīfàn, wǒmen diǎn le sān ge cài.
나는 친구와 둘이서 밥을 먹었는데, 우리는 세 가지 음식을 주문했다.

这个餐厅的菜量特别小，我没吃饱。
zhège cāntīng de càiliàng tèbié xiǎo, wǒ méi chībǎo.
이 식당의 음식량은 특히 적어서 나는 배가 부르지 않았다.

我想加一份饺子，但是只有猪肉大葱的，没有素的。
Wǒ xiǎng jiā yí fèn jiǎozi, dànshì zhǐyǒu zhūròu dàcōng de, méiyǒu sù de.
나는 만두 한 접시를 추가하고 싶었는데, 돼지고기 대파 만두만 있었고 야채 만두는 없었다.

所以我加了个酱油炒饭，味道还不错。
Suǒyǐ wǒ jiā le ge jiàngyóu chǎofàn, wèidào hái búcuò.
그래서 나는 간장볶음밥을 추가했는데, 맛이 괜찮았다.

샨샨의 실수 방지 중국 생활

'시간은 어디로 갔나(时间都去哪儿了 shíjiān dōu qù nǎr le)'라는 노래가 있습니다. 먹고 살기와 자식 키우기에 바쁘다 보니 어느새 세월이 흘러버린 것을 씁쓸해하는 내용으로, 2011년에 발표된 후 지금까지도 중국인들에게 많은 사랑을 받는 국민 가요 중 하나입니다. 이 노래 가사 중에 '柴米油盐半辈子 chái mǐ yóu yán bànbèizi'란 표현이 있는데요, 각각 직역하면 땔감(柴 chái), 쌀(米 mǐ), 기름(油 yóu), 소금(盐 yán), 반평생(半辈子 bànbèizi)이란 뜻입니다. 땔감, 쌀, 기름, 소금은 '생활필수품'을 뜻해, '먹고 사는 데 힘쓰다, 먹고 사는 데 반평생을 보내다' 정도로 해석됩니다. 예로부터 내려오는 관용구를 활용한 가사로, 중국 문화에 대한 이해가 없다면 절대 해석할 수 없는 표현입니다. 역시 외국어를 배운다는 것은 그 나라의 말과 문화를 함께 익히는 것임을 다시금 느끼게 됩니다.

에피소드 018

벌주 마시기

🔊 018-01

A 各位，久等了，不好意思。
Gè wèi, jiǔ děng le, bù hǎoyìsi.
모두들 오래 기다렸지. 미안해.

B 你怎么才来啊？迟到半个小时，太过分了吧！
Nǐ zěnme cái lái a? Chídào bàn ge xiǎoshí, tài guòfèn le ba!
너 어째서 이제 오는 거야? 30분이나 늦었잖아. 정말 너무해!

A 真不好意思！堵车太厉害了。
Zhēn bù hǎoyìsi! Dǔchē tài lìhai le.
정말 미안해! 차가 너무 많이 막혔어.

B 别找借口了。罚酒三杯吧。
Bié zhǎo jièkǒu le. Fájiǔ sān bēi ba.
변명하지 마. 벌주 세 잔이야.

A 先吃点儿东西再罚，行吗？
Xiān chī diǎnr dōngxi zài fá, xíng ma?
먼저 뭐 좀 먹고, 벌주 마셔도 될까?

B 不行，先干了再说。
Bùxíng, xiān gān le zài shuō.
안 돼. 일단 한 잔 비우고 말해.

A 行，我先干一杯！
Xíng, wǒ xiān gān yì bēi!
좋아. 내가 먼저 한 잔 원샷할게!

잠시 후

B **你养鱼吗？** 杯子里的是什么啊？
Nǐ yǎng yú ma? Bēizi li de shì shénme a?
너 물고기 키우니? 잔에 있는 건 뭐야?

> 직역하면 '물고기 기르니?'란 말이죠. 술잔이 마치 물고기를 기르는 어항처럼 술이 남아있음을 질책하며 술을 권할 때 쓸 수 있는 표현입니다.

A 啊呀，看来，今天你要灌我啊？
Āyā, kànlái, jīntiān nǐ yào guàn wǒ a?
아이고, 보아하니 너 오늘 나를 취하게 하려는구나.

단어+표현
🔊 018-02

各位 gè wèi 여러분
久等了 jiǔ děng le 오래 기다렸다
才 cái 이제서야
迟到 chídào 늦다
半个小时 bàn ge xiǎoshí 30분
堵车 dǔchē 차(车)가 막히다(堵)
厉害 lìhai 심하다
找 zhǎo 찾다
借口 jièkǒu 핑계를 대다
罚酒 fájiǔ 벌주를 마시게 하다, 벌주
三杯 sān bēi 세 잔
罚 fá 벌하다
干 gān 깨끗이 비우다
干一杯 gān yì bēi 한 잔 원샷하다
杯子 bēizi 잔
里 li 안, 속
看来 kànlái 보아하니
灌 guàn 부어 넣어 ~를 취하게 하다
……就好 ……jiùhǎo ~면 된다
两杯 liǎng bēi 두 잔

B 知道就好。喝吧！还有两杯呢。
　　Zhīdào jiù hǎo. Hē ba! Hái yǒu liǎng bēi ne.
　　알면 됐어. 마셔! 아직 두 잔 남았어.

오늘의 일기

今天和朋友们聚餐，见面的地方离我比较远。
Jīntiān hé péngyǒumen jùcān, jiànmiàn de dìfang lí wǒ bǐjiào yuǎn.
오늘 친구들과 모임이 있었는데, 만나는 곳이 내 쪽에서 비교적 멀었다.

再加上，路上堵车特别厉害，我迟到了半个小时。
Zài jiāshàng, lùshang dǔchē tèbié lìhai, wǒ chídào le bàn ge xiǎoshí.
게다가 오는 길에 차가 너무 많이 막혀 30분이나 늦었다.

朋友们说，迟到的人要罚酒三杯。
Péngyǒumen shuō, chídào de rén yào fájiǔ sān bēi.
친구들이 늦은 사람은 벌주 세 잔을 마셔야 한다고 했다.

我空着肚子喝了三大杯酒，所以喝醉了。
Wǒ kōngzhe dùzi hē le sān dà bēi jiǔ, suǒyǐ hē zuì le.
빈속에 큰 잔으로 세 잔을 마셨더니 취해 버렸다.

샨샨의 실수 방지 중국 생활

저는 직장인이다 보니 회식도 잦고, 술자리도 많습니다. 그래서 자연스레 '술자리 중국어'에도 관심이 많답니다. 책에는 나오지 않는 생생한 중국어는 주로 출장지 술모임에서 배운다고 해도 과언이 아니고, 그렇게 배운 표현은 잘 잊혀지지도 않습니다.
보통 중국어 어학책에 나오는 술자리 중국어 한마디는 '건배(干杯 gānbēi)!' 정도인데요, '잔을 말려라!'라는 뜻이라 중국인들에게는 '원샷'하라는 강요로 들립니다. 술자리에서 다같이 잔을 부딪히자고 권할 때 쓸 수 있는 표현으로는 '碰一个 pèng yí ge'가 있는데, 말 그대로 (한 잔) 부딪히자는 뜻입니다. 혹은 '走一个 zǒu yí ge'라고도 합니다. 술잔을 비우지 않고 있는 친구에게는 '养鱼吗? Yǎng yú ma?' 즉, '(너 술잔에) 물고기 기르니?'라고 말해 보세요. 아마 여러분의 재치있는 중국어 실력에 감탄할 거예요.

에피소드 019

건배하기

🔊 019-01

A 来，李总，我敬您一杯。
Lái, Lǐ zǒng, wǒ jìng nín yì bēi.
자, 이 사장님, 제가 한 잔 올리겠습니다.

B 啊呀，那怎么行，应该我敬您啊。
Āyā, nà zěnme xíng, yīnggāi wǒ jìng nín a.
아이고, 어떻게 그럴 수 있나요. 제가 한 잔 드려야죠.

A 都是朋友，客气什么呀？还有酒吗？
Dōu shì péngyou, kèqi shénme ya? Háiyǒu jiǔ ma?
모두 친구인걸요. 뭘 그리 예의를 차리십니까? 술이 남아있나요?

B 啊呀，没了。我自己倒。
Āyā, méi le. Wǒ zìjǐ dào.
아이고, 없습니다. 제가 직접 따르겠습니다.

A 小张，快给李总满上。
Xiǎo Zhāng, kuài gěi Lǐ zǒng mǎnshang.
샤오장, 이 사장님께 한 잔 가득 따라 드리세요.

샤오장이 이 사장님께 술을 따라 드림

B 谢谢，谢谢。张总真是好酒量啊!
Xièxie, xièxie. Zhāng zǒng zhēn shì hǎo jiǔliàng a!
고맙습니다, 고맙습니다. 장 사장님 정말 술 잘 드시네요!

A "酒逢知己千杯少"，老朋友见面，
"Jiǔ féng zhī jǐ qiān bēi shǎo", lǎopéngyou jiànmiàn,
当然要喝高兴了。
dāngrán yào hē gāoxìng le.
'술은 지기를 만나 마시면 천 잔으로도 모자란다'고 하죠. 오랜 친구를 만났는데, 당연히 기쁘게 마셔야죠.

> 친구들과 같이 술을 마실 때 가장 많이 쓰는 표현입니다. 참고로 주재원들이 제일 좋아하는 문장이랍니다.

B 好，那这杯我先干为敬!
Hǎo, nà zhè bēi wǒ xiān gān wéi jìng!
좋습니다. 그러면 이 잔을 제가 먼저 비우고 권하겠습니다!

단어+표현 🔊 019-02

总 zǒng 사장님

敬……一杯 jìng……yì bēi
~에게 한 잔 올리겠습니다

应该 yīnggāi ~해야 한다

客气 kèqi 예의를 차리다

~什么 ~shénme
(힐난의 뜻을 나타내어) 무슨, 무얼, 왜

酒 jiǔ 술

没了 méi le 없어지다

倒 dào 따르다

给……满上 gěi……mǎnshang
~에게 가득 채우다

好酒量 hǎo jiǔliàng
주량이 대단하다

酒逢知己千杯少
jiǔ féng zhī jǐ qiān bēi shǎo
술은 지기를 만나 마시면 천 잔으로도 모자란다

老朋友 lǎopéngyou 오랜 친구

高兴 gāoxìng 기쁘다. 즐겁다

先干为敬 xiān gān wéi jìng
먼저 한 잔 비우고 올리겠습니다

爽快人 shuǎngkuàirén
화끈한 사람

不醉不归 bú zuì bù guī
취하지 않으면 돌아가지 않는다
[= 취할 때까지 마신다]

A 好! 李总真是个爽快人!
Hǎo! Lǐ zǒng zhēn shì ge shuǎngkuàirén!

今天咱们 不醉不归!
Jīntiān zánmen bú zuì bù guī!

> 술자리에서 분위기가 후끈 달아올랐을 때 기름을 부을 만한 표현이에요. 취하지 않으면 돌아가지 않겠다!

좋습니다! 이 사장님 정말 화끈한 분이시네요! 오늘 취할 때까지 마십시다!

오늘의 일기

🔊 019-03

今天接待客户，他的酒量特别大。
Jīntiān jiēdài kèhù, tā de jiǔliàng tèbié dà.
오늘 고객을 접대했는데, 그분의 주량은 매우 대단하다.

他说:"感情深，一口闷"，一直让我一口干。
Tā shuō: "Gǎnqíng shēn, yì kǒu mēn", yìzhí ràng wǒ yì kǒu gān.
그는 '마음이 깊으면 원샷'이라며 나에게 줄곧 원샷하라고 했다.

他还说酒逢知己千杯少，所以一直让下属给我倒酒。
Tā hái shuō jiǔ féng zhī jǐ qiān bēi shǎo, suǒyǐ yìzhí ràng xiàshǔ gěi wǒ dào jiǔ.
게다가 술은 지기를 만나 마시면 천 잔으로도 모자란다고 하시며, 계속 부하직원을 시켜 내 잔에 술을 따르게 했다.

最后，我喝断片儿了，不知道自己是怎么回酒店的。
Zuìhòu, wǒ hē duànpiānr le, bù zhīdào zìjǐ shì zěnme huí jiǔdiàn de.
결국 나는 필름이 끊겼고, 내가 어떻게 호텔로 돌아왔는지 모르겠다.

샨샨의 실수 방지 중국 생활

술자리에서 빠지지 않는 건배 제의, 이때만큼 말재주가 필요한 순간도 없습니다. 이를 중국어로 해야 한다면 더욱 난감해집니다. 그래서 저는 중국 친구들과 편한 술자리가 있으면, '이런 경우, 어떻게 건배해?(这样的情况，怎么 敬酒? Zhèyàng de qíngkuàng, zěnme jìng jiǔ?)'라고 묻곤 합니다. 갑자기 중국어 실력을 발휘해야 할 기회가 언제 올지 모르니까요. 그렇게 알게 된 어디서나 일반적으로 할 수 있는 건배사를 소개합니다.
'有朋自远方来，不亦乐乎。Yǒu péng zì yuǎnfāng lái, búyì lèhū. (친구가 멀리서 찾아오니, 어찌 기쁘지 아니한가)', 이는 논어(论语) 학이(学而) 편에 나오는 말입니다. 오랜만에 만나는 친구에게뿐 아니라, 비즈니스 석식 미팅 자리에서 바이어에게도 할 수 있는 말입니다. 그리고 '酒逢知己千杯少 jiǔ féng zhī jǐ qiān bēi shǎo (친구와 나누는 술은 천 잔도 적다)'는 거하게 마시자는 의미로 할 수 있는데, 이 말을 편하게 썼다간 수없이 권하는 술에 쓰러질 수 있으니 주의하세요.

디저트 주문하기

🔊 020 - 01

Ⓐ 服务员，你们有什么甜点？
Fúwùyuán, nǐmen yǒu shénme tiándiǎn?
여기요, 여기 디저트 뭐가 있나요?

Ⓑ 有蛋糕、冰激凌和果盘，还有酸奶。
Yǒu dàngāo、bīngjīlíng hé guǒpán, háiyǒu suānnǎi.
케이크, 아이스크림, 과일 모둠, 그리고 요거트가 있습니다.

Ⓐ 我要个小果盘吧。你要什么？
Wǒ yào ge xiǎo guǒpán ba. Nǐ yào shénme?
나는 과일 모둠 작은 거 먹을래. 너는 뭐 먹고 싶어?

Ⓒ 我想吃冰激凌。
Wǒ xiǎng chī bīngjīlíng.
有什么口味的？
Yǒu shénme kǒuwèi de?
저는 아이스크림 먹고 싶네요. 어떤 맛이 있나요?

> 종종 '胃口 wèikǒu'와 혼동하시는 분들이 많아요. 단어의 앞뒤가 바뀌면 발음이 같아지기 때문인 것 같아요. '口味 kǒuwèi'는 입맛, 맛(초콜릿 맛, 딸기 맛 등)을 뜻하고 '胃口 wèikǒu'는 '식욕'이라는 뜻입니다. 따라서 '입맛이 없다'는 '没有胃口 méiyǒu wèikǒu'입니다.

Ⓑ 有巧克力的、抹茶的和香草的。
Yǒu qiǎokèlì de、mǒchá de hé xiāngcǎo de.
초콜릿 맛, 말차 맛, 바닐라 맛이 있습니다.

Ⓒ 要巧克力的吧。
Yào qiǎokèlì de ba.
초콜릿 맛 주세요.

Ⓐ 太甜了吧？要不要喝咖啡？
Tài tián le ba? Yào bu yào hē kāfēi?
너무 달잖아? 커피 마시지 그래?

Ⓒ 好的，要一杯美式吧，热的。
Hǎo de, yào yì bēi měishì ba, rè de.
알았어. 아메리카노 한 잔 주세요. 따뜻한 걸로요.

Ⓑ 先生呢？要喝点儿什么吗？
Xiānsheng ne? Yào hē diǎnr shénme ma?
남성분은요? 무엇을 마시겠습니까?

단어+표현 🔊 020 - 02

甜点 tiándiǎn 디저트
蛋糕 dàngāo 케이크
冰激凌 bīngjīlíng 아이스크림
果盘 guǒpán 과일 모둠
酸奶 suānnǎi 요거트
想 xiǎng ~하고 싶다
口味 kǒuwèi 맛
巧克力 qiǎokèlì 초콜릿
抹茶 mǒchá 말차
香草 xiāngcǎo 바닐라
甜 tián 달다
咖啡 kāfēi 커피
美式 měishì 아메리카노
热的 rè de 따뜻한 것
先生 xiānsheng 남성분
喝 hē 마시다
不要 búyào 필요 없다

Ⓐ 我不要了，谢谢。
Wǒ búyào le, xièxie.
저는 괜찮습니다. 고맙습니다.

오늘의 일기

🔊 020 - 03

周末，我和男朋友约会，打算先吃饭，然后看电影。
Zhōumò, wǒ hé nánpéngyou yuēhuì, dǎsuàn xiān chīfàn, ránhòu kàn diànyǐng.
주말에 나는 남자친구와 데이트 약속을 했는데, 우선 밥을 먹고 나서 영화를 볼 계획이었다.

吃完饭之后，还有时间，所以我们又点了甜点。
Chī wán fàn zhīhòu, háiyǒu shíjiān, suǒyǐ wǒmen yòu diǎn le tiándiǎn.
밥을 먹고 난 후 아직 시간이 있어서 우리는 디저트도 주문했다.

男朋友点了水果，我点了巧克力冰激凌。
Nánpéngyou diǎn le shuǐguǒ, wǒ diǎn le qiǎokèlì bīngjīlíng.
남자친구는 과일을, 나는 초콜릿 아이스크림을 주문했다.

我越来越胖，怎么办？什么时候才能减肥啊？
Wǒ yuè lái yuè pàng, zěnme bàn? Shénme shíhou cái néng jiǎnféi a?
나는 점점 살찌고 있는데, 어쩌지? 언제쯤 살을 뺄 수 있는 걸까?

샨샨의 실수 방지 중국 생활

한국어는 외래어를 발음 나는 대로 표기하지만, 중국에서는 유사한 발음의 한자어를 차용합니다. 따라서 외국인 입장에서는 새롭게 만들어진 그 발음들을 다시 익혀야 하는 번거로움이 있어요. 하지만 발음들이 그럴듯해 지루할 수 있는 외국어 공부에 즐거움을 주기도 합니다. 제가 좋아하는 디저트를 중국어로 몇 가지 소개하면 아래와 같습니다.

美式咖啡 měishì kāfēi : '咖啡 kāfēi'는 커피(coffee)와 유사한 발음의 한자어를 차용한 것이고, 여기에 미국식(美式)을 붙여, '아메리카노'를 완성했습니다.
拿铁 nátiě : '라떼'를 그럴듯하게 표현했죠?
提拉米苏 tílāmǐsū : 달콤쌉쌀, '티라미수'입니다.
蛋挞 dàntà : 달걀(蛋)로 만든 타르트(挞), 즉 '에그타르트'를 말해요.

어쩜 이렇게 단어를 그럴듯하게 만들어 내는지, 중국에서 커피숍에 앉아 메뉴판을 읽어 보는 것도 제법 중국어 공부가 되는 일이니, 한 번쯤 시도해 볼 만합니다.

식당 영업시간 문의하기

◉ 021 - 01

Ⓐ 喂，你好，贵宾餐厅。
Wéi, nǐ hǎo, Guìbīn cāntīng.
여보세요, 안녕하세요. 귀빈식당입니다.

Ⓑ 你好，我想问一下，你们周六几点下班？
Nǐ hǎo, wǒ xiǎng wèn yíxià, nǐmen zhōuliù jǐ diǎn xiàbān?
안녕하세요, 뭐 하나 여쭤볼게요. 토요일에 몇 시에 마치세요?

'몇 시에 퇴근하세요?'라는 표현이지만, 식당의 영업 종료시간을 물을 때도 씁니다.

Ⓐ 礼拜六营业时间到九点，
Lǐbàiliù yíngyè shíjiān dào jiǔ diǎn,
可是厨房八点就下班了。
kěshì chúfáng bā diǎn jiù xiàbān le.
토요일 영업시간은 9시까지인데, 주방은 8시에 마칩니다.

Ⓑ 周六我想带朋友过去。
Zhōuliù wǒ xiǎng dài péngyou guòqù.
他六点下飞机，八点左右才能到。
Tā liù diǎn xià fēijī, bā diǎn zuǒyòu cái néng dào.
토요일에 친구를 데리고 가고 싶은데, 친구가 6시에 비행기에서 내려서 8시쯤에야 도착할 것 같아요.

Ⓐ 那时间稍微有点儿紧。
Nà shíjiān shāowēi yǒudiǎnr jǐn.
그럼 시간이 약간 빠듯하네요.

'시간이 빠듯하다'라고 말하고 싶을 때 얼핏 '时间不够 shíjiān búgòu'라고 해야 할 것 같지만, 자연스럽지 않습니다. '紧张 jǐnzhāng'은 '긴장하다'라는 뜻인데, 시간이 부족한 상태를 형용할 때도 쓸 수 있어요.

Ⓑ 我特别想让他尝尝你们家的烤鸭，
Wǒ tèbié xiǎng ràng tā chángchang nǐmen jiā de kǎoyā,
能不能等我们一下？
néng bu néng děng wǒmen yíxià?
그 친구에게 특히 이 집 오리구이를 맛보게 하고 싶은데, 저희 좀 기다려 주실 수 없나요?

Ⓐ 要不您先点好菜，来的路上打个电话，
Yàobù nín xiān diǎn hǎo cài, lái de lùshang dǎ ge diànhuà,
厨房就开始做。
chúfáng jiù kāishǐ zuò.
아니면, 미리 음식을 주문하세요. 오시는 길에 전화 주시면 주방에서 준비 시작할게요.

단어+표현
◉ 021 - 02

喂 wéi 여보세요
周六 zhōuliù 토요일
下班 xiàbān 마치다, 퇴근하다
礼拜六 lǐbàiliù 토요일
营业时间 yíngyè shíjiān 영업시간
到 dào ~까지, 도착하다
就……了 jiù……le 바로 ~하다
带 dài 이끌다, 데리다
过去 guòqù 가다
下飞机 xià fēijī 비행기에서 내리다
左右 zuǒyòu 쯤, 가량
稍微 shāowēi 약간
有点儿 yǒudiǎnr 좀
紧 jǐn 빠듯하다
让……尝尝 ràng……chángchang ~에게 맛보게 하다
烤鸭 kǎoyā 오리구이
要不 yàobù 아니면
路上 lùshang 도중에
打个电话 dǎ ge diànhuà 전화하다
那也行 nà yě xíng 그것도 괜찮네요
提前 tíqián 미리
跟……联系 gēn……liánxì ~와 연락하다

Ⓑ 那也行，周六我提前跟你联系吧。
Nà yě xíng, zhōuliù wǒ tíqián gēn nǐ liánxì ba.
그것도 괜찮겠네요. 토요일에 제가 미리 연락드릴게요.

오늘의 일기

🔊 021 - 03

我们公司附近有一家中国餐厅，烤鸭特别好吃。
Wǒmen gōngsī fùjìn yǒu yì jiā Zhōngguó cāntīng, kǎoyā tèbié hǎochī.
우리 회사 근처에 중국 식당 하나가 있는데, 오리구이가 특히 맛있다.

这个星期六，我的好朋友来中国，我想带他去尝尝。
Zhège xīngqīliù, wǒ de hǎopéngyou lái Zhōngguó, wǒ xiǎng dài tā qù chángchang.
이번 주 토요일에 나의 친한 친구가 중국에 오는데, 그 집에 데려가서 맛보게 해 주고 싶었다.

我问了一下，餐厅周末九点下班。可是我们八点左右才能到。
Wǒ wèn le yíxià, cāntīng zhōumò jiǔ diǎn xiàbān. Kěshì wǒmen bā diǎn zuǒyòu cái néng dào.
물어보니 거기는 주말이면 9시에 마치는데, 우리는 8시에나 도착할 수 있었다.

服务员建议我先点好菜，让厨房提前做好。
Fúwùyuán jiànyì wǒ xiān diǎn hǎo cài, ràng chúfáng tíqián zuò hǎo.
종업원이 먼저 음식을 주문해서 주방에 미리 (음식을) 만들어 두게 하는 것을 제안했다.

산산의 실수 방지 중국 생활

식당 예약을 할 때 '영업 시간'을 묻는 경우가 많습니다. "언제 문 열어요?"라고 물으려면 "什么时候开门？ Shénme shíhou kāi mén?"이라 표현하니, "언제 문 닫나요?"라는 질문은 자연스럽게 "什么时候关门？ Shénme shíhou guānmén?"이라고 표현하게 됩니다. 열다(开 kāi)의 반대말은 당연히 닫다(关 guān)일 테니까요. 하지만 '关门 guānmén'은 '폐업하다', '도산하다', 즉 '영원히(?) 문을 닫다'라는 의미가 더 강합니다. 그러니 예약 받는 식당 사장님이 듣기에는 무척 거북한 말입니다. 묻고자 하는 말이 "언제 영업시간이 종료됩니까?"라면, "什么时候下班？ Shénme shíhou xiàbān? (언제 퇴근하세요?)"라고 하는 것이 맞습니다.

053

에피소드 022

한턱내기

◉ 022-01

Ⓐ **吃得差不多了吧?** 咱们走吧。
Chī de chàbuduō le ba? Zánmen zǒu ba.
먹을 만큼 먹었지? 우리 가자.

> 식당에서 식사를 마치고 자리에서 일어설 때, '(먹을 만큼) 다 먹었지?'라는 의미에서 자주 쓰는 표현이에요. '吃完了吧? Chī wán le ba?'라고 하면 어색해요.

Ⓑ 行，时间不早了，早点儿回家吧。
Xíng, shíjiān bù zǎo le, zǎo diǎnr huíjiā ba.
그래, 시간이 늦었네. 빨리 집에 가자.

Ⓐ 服务员，埋单!
Fúwùyuán, máidān!
여기요, 계산할게요!

Ⓑ 你干吗? 这次我请客。
Nǐ gàn ma? Zhè cì wǒ qǐngkè.
뭐하는 거야? 이번에는 내가 살게.

Ⓐ 那怎么行? 我升职了，当然我来啊。
Nà zěnme xíng? Wǒ shēngzhí le, dāngrán wǒ lái a.
어떻게 그래? 내가 승진했으니, 당연히 내가 내야지.

Ⓑ 不行，我得给你庆祝一下。
Bùxíng, wǒ děi gěi nǐ qìngzhù yíxià.
这次我请，别跟我抢了。
Zhè cì wǒ qǐng, bié gēn wǒ qiǎng le.
안 돼, 내가 너를 축하해 줘야지. 이번에는 내가 살게. (기회를) 뺏어가지 마.

Ⓐ 好吧，那我就不客气了，下次我请。
Hǎo ba, nà wǒ jiù bú kèqi le, xià cì wǒ qǐng.
좋아, 그럼 사양 안 한다. 다음엔 내가 살게.

Ⓑ 行! 服务员，结账。
Xíng! Fúwùyuán, jiézhàng.
用这张信用卡，没有密码。
Yòng zhè zhāng xìnyòngkǎ, méiyǒu mìmǎ.
좋아! 여기요, 계산이요. 이 신용카드로 해 주세요. 비밀번호는 없습니다.

단어+표현 ◉ 022-02

差不多了 chàbuduō le 거의 됐다
走吧 zǒu ba 가자
不早了 bù zǎo le 늦었다
早点儿 zǎo diǎnr 좀 일찍
回家 huíjiā 집에 가다
埋单 máidān 계산하다
干吗 gàn ma 뭐해?
这次 zhè cì 이번
请客 qǐngkè 한턱내다
升职 shēngzhí 승진하다
来 lái 어떤 동작을 하다
给……庆祝一下
gěi……qìngzhù yíxià
~에게 축하해 주다
抢 qiǎng 빼앗다
不客气 bú kèqi 사양하지 않다
下次 xià cì 다음에, 다음 번
结账 jiézhàng 계산하다
信用卡 xìnyòngkǎ 신용카드
密码 mìmǎ 비밀번호
开发票 kāi fāpiào 영수증을 발행하다
抬头 táitóu 타이틀
后面 hòumiàn 뒤, 뒷면

Ⓒ 您要开发票吗?
Nín yào kāi fāpiào ma?
영수증 드릴까요?

Ⓑ 对，抬头在卡后面。
Duì, táitóu zài kǎ hòumiàn.
네, 타이틀(이름)은 카드 뒷면에 있어요.

> 법인카드로 계산해야 하는 경우, 경비 처리를 위해 정식영수증을 받아 둬야 합니다. 이 영수증에는 법인명, 기관명을 기입해야 하는 부분이 있는데, 이것을 '抬头 táitóu'라고 해요. 법인카드 뒷면에 보통 풀네임이 표시되어 있지만, 매번 회사명을 말하기 번거로우니 이렇게 대답하는 것입니다.

오늘의 일기

🔘 022-03

我常常和好朋友一起吃饭，聊聊工作上的事和家里的事。
Wǒ chángcháng hé hǎopéngyou yìqǐ chīfàn, liáoliao gōngzuò shàng de shì hé jiāli de shì.
나는 친한 친구와 종종 밥을 같이 먹으며, 업무상의 이야기나 집안 이야기를 나눈다.

我们俩都没什么钱，所以一般都是AA制。
Wǒmen liǎ dōu méi shénme qián, suǒyǐ yìbān dōu shì AAzhì.
우리 둘 다 돈이 별로 없으니, 보통은 더치페이를 한다.

这次她升职了，要请我吃饭。
Zhè cì tā shēngzhí le, yào qǐng wǒ chīfàn.
이번에는 친구가 승진을 해서 나에게 한턱내려고 했다.

但是为了表示祝贺，我请了她。
Dànshì wèile biǎoshì zhùhè, wǒ qǐng le tā.
그러나 축하해 주기 위해 내가 샀다.

샨샨의 실수 방지 중국 생활

중국은 온라인 쇼핑의 천국입니다. 없는 것이 없는데다 한국보다 훨씬 저렴한 가격으로 구할 수 있는 것들도 많습니다. 물론 배송도 엄청 빠르고요. 어떤 때는 아침에 주문한 것이 오후에 도착하기도 합니다. 드넓은 중국 대륙에서 불가능해 보이는 '당일 배송'이 가능하다는 점은 경이롭기까지 합니다. 현재 저의 주거지는 한국이지만, 여전히 중국 온라인 쇼핑을 애용하고 있습니다. 순전히 위챗페이(微信钱包 wēixìn qiánbāo) 덕분입니다. 중국 주거래 은행의 계좌를 위챗페이에 연결해 두면 체크카드처럼 사용할 수 있기 때문입니다. 중국 온라인 쇼핑몰에서 직구하고, 한국에 자주 들어오는 친구가 배달해 주는 방식을 활용하고 있는데 아주 편리합니다. 위챗은 중국의 대표적인 메신저 앱이지만, 체크카드, 관리비 납부, 송금 등 다양한 기능을 보유하고 있습니다. 슈퍼마켓에서 바코드만 내밀면 스캔을 통해 계산이 가능하고, 음식점에서 식사 후 위챗페이로 구매한 할인쿠폰으로 계산하면 절약 효과를 톡톡히 볼 수 있어요. 또한 기차표, 항공권도 편리하게 계산할 수 있습니다. 아! 택시비도 당연히 계산됩니다. 그러니 현금이 없어도 전혀 불편함 없는 생활을 할 수 있어요. 중국에서 장기체류할 계획이시라면, 위챗페이를 이용해 볼 것을 강력히 권합니다.

시장에서 물건 사기

🔊 023 - 01

Ⓐ 您好，好久不见。
Nín hǎo, hǎo jiǔ bú jiàn.
안녕하세요. 오랜만에 봬요.

Ⓑ 啊呀，好久不见，这几天怎么没来啊?
Āyā, hǎo jiǔ bú jiàn, zhè jǐ tiān zěnme méi lái a?
아이고, 오랜만이에요. 요 며칠 왜 안 오셨어요?

Ⓐ 是啊，这两天有点儿忙。今天来买点儿水果。
Shì a, zhè liǎng tiān yǒudiǎnr máng. Jīntiān lái mǎi diǎnr shuǐguǒ.
네, 요즘 좀 바빴어요. 오늘은 과일 좀 사러 왔어요.

Ⓑ 苹果是今天新上的，特别新鲜，
Píngguǒ shì jīntiān xīn shàng de, tèbié xīnxiān,
还有草莓也不错。
háiyǒu cǎoméi yě búcuò.
사과는 오늘 새로 들어온 거라 특히 신선해요. 딸기도 좋고요.

Ⓐ 苹果怎么卖?
Píngguǒ zěnme mài?
사과는 어떻게 팔아요?

> 물건값을 물을 때 '多少钱? Duōshao qián?' 이라고 해도 되지만, '怎么卖? Zěnme mài?' 가 좀 더 자연스럽게 느껴져요.

Ⓑ 15块一斤。
Shíwǔ kuài yì jīn.
한 근에 15위안이요.

Ⓐ 不会吧，怎么这么贵啊?
Bú huì ba, zěnme zhème guì a?
설마요. 어쩜 이렇게 비싸요?

Ⓑ 这是进口的。
Zhè shì jìnkǒu de.
也有便宜的，一分钱一分货嘛。
Yě yǒu piányi de, yì fēn qián yì fēn huò ma.
이건 수입한 거예요. 싼 것도 있는데 싼 게 비지떡이잖아요.

단어+표현 🔊 023 - 02

这几天 zhè jǐ tiān 요 며칠
来 lái 오다
这两天 zhè liǎng tiān 요즘
水果 shuǐguǒ 과일
苹果 píngguǒ 사과
新上的 xīn shàng de 신상의, 새로 들어온
新鲜 xīnxiān 신선하다
草莓 cǎoméi 딸기
怎么卖 zěnme mài 어떻게 파나요
~块一斤 ~kuài yì jīn 한 근에 ~위안
不会吧 bú huì ba 그럴리가요
进口 jìnkǒu 수입하다
便宜 piányi 싸다
一分钱一分货 yì fēn qián yì fēn huò 돈만큼 값어치를 한다
老顾客 lǎogùkè 단골
不赚钱 bú zhuànqián 돈을 안 벌다

056

🅐 我是老顾客了，便宜点儿吧。
　　Wǒ shì lǎogùkè le, piányi diǎnr ba.
　　저 단골이잖아요. 좀 싸게 해 주세요.

🅑 好吧，12给你吧，不赚钱了。下次再来啊!
　　Hǎo ba, shí'èr gěi nǐ ba, bú zhuànqián le. Xià cì zài lái a!
　　좋아요, 12위안에 줄게요. 돈 안 벌래요. 다음에 또 오셔야 해요!

오늘의 일기　　　　　　　　　　　　　🔘 023-03

最近我很忙，没时间去买东西，冰箱都空了。
Zuìjìn wǒ hěn máng, méi shíjiān qù mǎi dōngxi, bīngxiāng dōu kōng le.
요즘 나는 바빠서 쇼핑할 시간이 없어, 냉장고가 다 비었다.

今天下班早，我去了趟菜市场，想买点儿水果。
Jīntiān xiàbān zǎo, wǒ qù le tàng cài shìchǎng, xiǎng mǎi diǎnr shuǐguǒ.
오늘은 일찍 퇴근해서 나는 청과 시장에 가서 과일을 좀 사고 싶었다.

我平时常去同一个摊位买东西，老板都认识我了。
Wǒ píngshí cháng qù tóng yí ge tānwèi mǎi dōngxi, lǎobǎn dōu rènshì wǒ le.
나는 평소에 같은 노점에 자주 가서 물건을 사는데, 사장님도 나를 아신다.

我买了点儿进口苹果，因为我是老顾客，所以打了折。
Wǒ mǎi le diǎnr jìnkǒu píngguǒ, yīnwèi wǒ shì lǎogùkè, suǒyǐ dǎ le zhé.
수입 사과를 좀 샀는데, 단골이라고 할인을 해 주셨다.

산샨의 실수 방지 중국 생활

'这两天有点儿忙。Zhè liǎng tiān yǒudiǎnr máng.'은 '요 이틀 바빴어.'가 아니라 '요 며칠 바빴어.'라고 해석합니다. '两天 liǎng tiān'을 뜻 그대로 '이틀'이라고 해석하지 않는다는 것에 주의하셔야 해요. 여기서 '两天 liǎng tiān'은 '요 며칠', 즉 '这几天 zhè jǐ tiān'을 뜻합니다. 한국어에서도 '한 이틀 바빴어.'라는 표현이 정말 딱 이틀간 바빴다는 의미가 아닌 것과 일맥상통합니다.
마찬가지로 '今天一起喝两杯吧。Jīntiān yìqǐ hē liǎng bēi ba.'는 '오늘 함께 두 잔 하자.'가 아니라, '오늘 함께 술 마시자.'라는 뜻입니다. 제가 처음에 알아듣지 못해 난감했던 표현 중에 하나가 '过两天再说。Guò liǎng tiān zài shuō.'였습니다. 고객과 미팅 도중에 고객이 무언가를 확정해 주지 않아 진도를 나가지 못하는 상황이었는데요, 고객에게 언제까지 확답이 가능하냐고 물었더니, '过两天再说。Guò liǎng tiān zài shuō.'라고 하길래 저는 '이틀 뒤'에 답을 주겠다는 것으로 알아듣고 안심했습니다. 하지만 알고 보니 '며칠 뒤 다시 한번 말해 보자(협의해 보자).'라는 뜻이었습니다. 고객도 난처해서 대충 둘러댄 것인데 제가 그걸 곧이곧대로 알아들었던 거죠. 저의 흑역사 하나가 이렇게 공개되네요.

에피소드 024

슈퍼마켓에서 물건 사기

🔊 024 - 01

A 您好，请问，酸奶在哪儿？
Nín hǎo, qǐngwèn, suānnǎi zài nǎr?
안녕하세요, 여쭙겠습니다. 요거트는 어디에 있나요?

B 在那边冰柜，今天正好有"买五送一"的活动。
Zài nàbiān bīngguì, jīntiān zhènghǎo yǒu "mǎi wǔ sòng yī" de huódòng.
저쪽 냉장코너예요. 오늘 마침 '5개 사면 하나 증정' 행사 중입니다.

'买~送~'는 중국 현지 슈퍼마켓에 가면 자주 볼 수 있는 문구입니다. '~개를 사면 ~개를 증정한다'는 세일광고이니 반드시 숙지해야 할 표현입니다. '买一送一 mǎi yī sòng yī'는 '1+1'이란 뜻입니다.

A 不好意思，您慢点儿说，我是外国人。
Bù hǎoyìsi, nín màn diǎnr shuō, wǒ shì wàiguórén.
죄송합니다만, 천천히 말씀해 주세요. 저는 외국인입니다.

B 是吗？你的汉语真好，我都没听出来。
Shì ma? Nǐ de Hànyǔ zhēn hǎo, wǒ dōu méi tīng chūlái.
그래요? 중국어 정말 잘하시네요. 들을 때는 몰랐어요.

A 哪里哪里，还差得远呢。
Nǎlǐ nǎlǐ, hái chà de yuǎn ne.
무슨 말씀을요, 아직 멀었어요.

'중국어 참 잘하시네요.'라는 칭찬을 들으면 으레 하는 화답인 '아직 멀었는걸요.'라는 표현입니다. 좀 더 참신하게는 '还早着呢。Hái zǎozhe ne. (아직 이른걸요.)'라고 해도 됩니다.

B 我刚才说，今天买酸奶的话，
Wǒ gāngcái shuō, jīntiān mǎi suānnǎi dehuà,

买五瓶，可以免费送一瓶。
mǎi wǔ píng, kěyǐ miǎnfèi sòng yì píng.
제가 방금 오늘 요거트를 사면, 5병 살 경우 한 병 무료로 더 드린다고 말씀드렸어요.

A 是吗？可是我一个人住，六瓶太多了。
Shì ma? Kěshì wǒ yí ge rén zhù, liù píng tài duō le.
그래요? 하지만 저는 혼자 살아서 6병은 너무 많은데요.

B 没事儿，保质期到这个月底，
Méi shìr, bǎozhìqī dào zhège yuèdǐ,

还有二十多天呢。
háiyǒu èrshí duō tiān ne.
괜찮아요. 유통기한이 이번 달 말까지라, 20여 일 이상은 남았잖아요.

'월말'을 '月末 yuèmò'라고 해도 틀리진 않지만, '月底 yuèdǐ'라는 표현을 더 많이 써요.

단어+표현 🔊 024 - 02

请问 qǐngwèn 여쭙겠습니다
冰柜 bīngguì 냉장코너
正好 zhènghǎo 마침
买五送一 mǎi wǔ sòng yī 5개 사면 하나 증정
活动 huódòng 행사
慢点儿 màn diǎnr 천천히
外国人 wàiguórén 외국인
真好 zhēn hǎo 정말 잘하다
听出来 tīng chūlái 들어서 알아내다
哪里哪里 nǎlǐ nǎlǐ 무슨 말씀을요
差得远 chà de yuǎn 아직 멀었다
刚才 gāngcái 방금
……的话 dehuà ~이면, ~하다면
免费 miǎnfèi 무료
送 sòng 증정하다, 주다
一个人 yí ge rén 혼자
住 zhù 살다
保质期 bǎozhìqī 품질 보증 기간, 유통기한
月底 yuèdǐ 월말

오늘의 일기

我家附近有一个大超市，经常有打折活动。
Wǒ jiā fùjìn yǒu yí ge dà chāoshì, jīngcháng yǒu dǎzhé huódòng.
우리 집 근처에 큰 슈퍼마켓이 있는데, 자주 할인 행사를 한다.

有一天，我去买酸奶，售货员告诉我正好"买五送一"。
Yǒu yì tiān, wǒ qù mǎi suānnǎi, shòuhuòyuán gàosu wǒ zhènghǎo "mǎi wǔ sòng yī".
어느 날 요거트를 사러 갔는데, 판매원이 마침 '5개 사면 1개 무료 증정' 중이라고 알려 줬다.

虽然很划算，可是我一个人住，担心喝不完。
Suīrán hěn huásuàn, kěshì wǒ yí ge rén zhù, dānxīn hē bù wán.
비록 아주 이득이지만 나는 혼자 살아서 다 못 마실까 봐 걱정했다.

售货员说酸奶的保质期很长，不用担心，所以我买了。
Shòuhuòyuán shuō suānnǎi de bǎozhìqī hěn cháng, búyòng dānxīn, suǒyǐ wǒ mǎi le.
판매원이 말하길 요거트의 유통기한은 기니 걱정할 필요가 없다고 했다. 그래서 샀다.

샨샨의 실수 방지 중국 생활

한국에서나 중국에서나 바겐세일은 사람들에게 환영을 받습니다. 높은 할인율이 표시된 광고판을 보면 가슴이 콩닥콩닥 뛰기도 하죠! 주의할 것은 한국과 중국의 할인율 표시법이 다르다는 점입니다. 한국은 할인된 금액을 백분율로 표시하지만, 중국에서는 할인된 후 내야 할 비율을 10으로 나눠 표시합니다. '打折 dǎzhé (할인하다)'라는 단어 알고 계시죠? '打+숫자+折'에서 숫자는 할인해 준 후 내가 '지불해야 할 금액'을 나타냅니다. 예를 들어, '10% 할인하다'는 중국어로 '打9折 dǎ jiǔ zhé'입니다. 즉 10%를 할인해 주는 것이니 90%를 내야 하는데, 90의 1/10인 9로 표시하는 것입니다. 저도 처음에는 무척 헷갈렸습니다. 중국 상점 팸플릿에 종종 '9折 jiǔ zhé'라고 적힌 경우를 보곤 하는데, 그때마다 대박 할인으로 착각해 충동구매를 하기도 했습니다. 하지만 지내다 보니 노하우가 생겨 '打'와 '折' 사이에 있는 숫자를 '할인율'이라고 보지 말고 '내가 내야 할 비율'이라고 여기면 더 쉽다는 것을 알게 되었습니다. 그리고 중국에서 느낄 수 있는 또 하나의 재미가 바로 '흥정하기'입니다. 흥정의 끝판왕을 볼 수 있는 곳이 바로 짝퉁 시장이죠. 그곳에 가면 부르는 것이 값이라 무조건 반값으로 깎고 시작해야 한다는 조언도 심심치 않게 듣습니다. 원하는 할인율을 멋지게 툭~ 던지려면 중국식 할인율 표시를 사전에 잘 숙지해 둬야겠죠?

에피소드 025

장본 물건 배달 받기

🔊 025 - 01

A 你好，能送货吗?
Nǐ hǎo, néng sònghuò ma?
안녕하세요, 배달되나요?

B 您住哪儿? 这附近的话，
Nín zhù nǎr? Zhè fùjìn dehuà,

100块以上可以免费送货。
Yìbǎi kuài yǐshàng kěyǐ miǎnfèi sònghuò.
어디 사세요? 이 부근이면 100위안 이상일 경우 무료 배달됩니다.

A 我就住附近。您帮我算一下，
Wǒ jiù zhù fùjìn. Nín bāng wǒ suàn yíxià,

这些东西一共多少钱。
zhèxiē dōngxi yígòng duōshao qián.
바로 근처에 살아요. 그럼 계산해 주세요, 이 물건들이 총 얼마인지.

B 200多了，没问题。您写一下地址电话。
Liǎngbǎi duō le, méi wèntí. Nín xiě yíxià dìzhǐ diànhuà.
200이 넘네요. 가능합니다. 주소하고 전화번호 적어 주세요.

A 好的。给您。
Hǎo de. Gěi nín.
네, 여기요.

B 行，我们晚上九点左右送货，您在家吗?
Xíng, wǒmen wǎnshang jiǔ diǎn zuǒyòu sònghuò, nín zài jiā ma?
네. 저녁 9시쯤 배달할 건데, 집에 계시나요?

A 啊? 九点? 现在才两点。
Á? Jiǔ diǎn? Xiànzài cái liǎng diǎn.

我买了牛肉，坏了怎么办?
Wǒ mǎi le niúròu, huài le zěnme bàn?
네? 9시요? 지금 아직 2시인데요. 소고기 샀는데 상하면 어쩌죠?

단어+표현 🔊 025 - 02

送货 sònghuò 상품을 배달하다
附近 fùjìn 부근
100块以上 yìbǎi kuài yǐshàng 100위안 이상
算 suàn 계산하다
这些 zhèxiē 이들, 이런 것들
东西 dōngxi 물건
多 duō 초과하다
地址 dìzhǐ 주소
电话 diànhuà 전화(번호)
在家 zài jiā 집에 있다
现在 xiànzài 지금
才 cái 겨우, 고작
牛肉 niúròu 소고기
坏 huài 상하다
容易 róngyì 쉽다, ~하기 쉽다
拿走 ná zǒu 가져가다
好嘞 hǎolei 좋아요
要是 yàoshi 만약
不在 bú zài ~에 있지 않다
放 fàng 놓다
门口 ménkǒu 입구, 현관

'(음식이) 상하다'를 표현할 땐 동사 '坏 huài'를 씁니다. 유통기한이 지난 우유를 잘못 샀을 때 당당히 항의하려면 꼭 알아 두어야 할 동사겠죠! 또 하나, '坏了 huài le'라고 하면 '(상황이 나빠져) 글렀다', 더 간단하게는 '아뿔싸'라는 뜻이기도 합니다.

B 容易坏的您先拿走吧，其它的晚上给您送过去。
Róngyì huài de nín xiān ná zǒu ba, qítā de wǎnshang gěi nín sòng guòqù.
쉽게 상하는 건 먼저 가져가세요. 나머지는 저녁에 가져다 드릴게요.

A 好嘞，要是我不在的话，放门口就行了。
Hǎolei, yàoshi wǒ bú zài dehuà, fàng ménkǒu jiùxíng le.
네, 만약 제가 없으면 문 앞에 놔 주세요.

> '好 hǎo' 혹은 '好的 hǎo de'를 좀 더 친근감 있고 명쾌한 느낌으로 전달할 수 있는 표현입니다. '好嘞 hǎolei', '好滴 hǎodī', '好啊 hǎo a' 등 다양하게 변형·응용이 가능합니다.

오늘의 일기

🔊 025 - 03

我不喜欢喝白开水，所以在超市买矿泉水喝。
Wǒ bù xǐhuan hē báikāishuǐ, suǒyǐ zài chāoshì mǎi kuàngquánshuǐ hē.
나는 끓여서 식힌 물은 마시기 싫어해서, 슈퍼에서 생수를 사서 마신다.

因为每次买一箱，特别重，我拿不了，所以让超市送货。
Yīnwèi měi cì mǎi yì xiāng, tèbié zhòng, wǒ ná bùliǎo, suǒyǐ ràng chāoshì sònghuò.
매번 한 박스씩 사니 너무 무거워서 가져올 수 없기 때문에 슈퍼에서 배달을 시킨다.

听朋友说，在网上买东西又便宜又方便。
Tīng péngyou shuō, zài wǎngshang mǎi dōngxi yòu piányi yòu fāngbiàn.
친구가 말하길, 온라인에서 물건을 사면 싸고 편리하다고 했다.

我决定努力学习汉语，以后上网买东西。
Wǒ juédìng nǔlì xuéxí Hànyǔ, yǐhòu shàngwǎng mǎi dōngxi.
나는 열심히 중국어 공부를 해서 앞으로는 온라인에서 물건을 사기로 결심했다.

샨샨의 실수 방지 중국 생활

함께 일하는 동료가 어느 날 저에게 조심스레 물어본 것이 있습니다. 중국 지점의 파트너가 자꾸 '好累 hǎo lèi'라고 하는데, '피곤하다'라는 뜻 아니냐는 거죠. 정황을 보니 그 파트너는 '好嘞 hǎolei', 즉 '알겠습니다', '그렇게 하겠습니다'라는 명쾌한 긍정의 화답을 한 것이었습니다. 중국어의 맛깔스런 어미(语尾) 표현을 알지 못해 일어난 해프닝이었습니다. 중국어는 동일한 단어라도 어미에 차이를 둬 말의 느낌을 더욱 생생하고 친근하게 만들 수 있습니다. '好 hǎo'라고 해도 되지만 일상생활의 구어에서는 '好嘞 hǎolei', '好啊 hǎo a', '好滴 hǎodī' 등 다양하게 표현됩니다.

에피소드 026

유통기한 지난 제품 환불 받기

🔊 026 - 01

A 我刚才买了一个三明治，回去才发现过期了。
Wǒ gāngcái mǎi le yí ge sānmíngzhì, huíqù cái fāxiàn guòqī le.
저 방금 샌드위치 하나 샀었는데요, 가서 보니 기한이 지났네요.

> '기한이 지났다'라는 뜻입니다. 유통기한뿐 아니라 비자가 만기되었을 때도 같은 표현을 씁니다. 예를 들어 '여권이 만료되었어.'는 '护照过期了。Hùzhào guòqī le.'입니다.

B 啊？不会吧。我看看。
Á? Bú huì ba. Wǒ kànkan.
네? 그럴리가요. 제가 한번 볼게요.

A 你看，这儿写着呢，保质期到6月1号。
Nǐ kàn, zhèr xiězhe ne, bǎozhìqī dào liù yuè yī hào.
보세요. 여기 쓰여 있잖아요. 유통기한 6월 1일까지라고.

B 您带小票了吗？
Nín dài xiǎopiào le ma?
영수증 가져오셨나요?

> 물품을 구매한 후 받는 영수증을 뜻합니다. '영수증 주세요.'는 '给我开小票。Gěi wǒ kāi xiǎopiào.'입니다. 그런데 인터넷 사전에서 '영수증'을 검색하면 '收据 shōujù'라고 나옵니다. '收据 shōujù'는 증빙을 위한 도장이 찍힌 형태의 비교적 공식적인 영수증을 뜻해요.

단어+표현 🔊 026 - 02

刚才 gāngcái 방금
三明治 sānmíngzhì 샌드위치
回去 huíqù 돌아가다
发现 fāxiàn 발견하다
过期 guòqī 기한이 지나다
写着 xiězhe 쓰여 있다
月 yuè 월
号 hào 일
小票 xiǎopiào 영수증
应该 yīnggāi
(확신에 가까운 의미로) 아마도
检查 jiǎnchá 검사하다
……的时候 ……de shíhou
~일 때, ~할 때
没注意 méi zhùyì 주의하지 않다
万一 wànyī 만약
吃坏 chī huài 잘못 먹어 탈이 나다
要不 yàobù 아니면
新的 xīn de 새로운 것
送 sòng 증정하다
盒 hé 통, 갑 [상자를 세는 단위]
牛奶 niúnǎi 우유

A 在这儿，这个是三明治。
Zài zhèr, zhège shì sānmíngzhì.
여기요, 여기 샌드위치요.

B 啊呀，应该是我们检查的时候没注意，
Āyā, yīnggāi shì wǒmen jiǎnchá de shíhou méi zhùyì,
真不好意思。
zhēn bù hǎoyìsi.
아이고, 아마 저희가 조사할 때 주의하지 못했나 봅니다. 정말 죄송합니다.

A 没注意？太过分了吧！万一吃坏了怎么办？
Méi zhùyì? Tài guòfèn le ba! Wànyī chī huài le zěnme bàn?
주의하지 않았다고요? 너무하시네요! 만약 먹어서 잘못됐으면 어쩌죠?

> '너무하네!' 정도로 해석됩니다. 각종 크고 작은 항의 표시의 시작을 열 때 참 유용하게 쓸 수 있는 표현입니다.

B 要不，我给您换一个新的吧，再送您一盒牛奶。
Yàobù, wǒ gěi nín huàn yí ge xīn de ba, zài sòng nín yì hé niúnǎi.
아니면, 새 제품으로 바꿔 드릴게요. 그리고 우유 하나 드리겠습니다.

A 不用了，退了吧。
Búyòng le, tuì le ba.
필요 없어요. 환불해 주세요.

오늘의 일기

🔊 026-03

我今天中午没时间吃饭，所以去便利店买了个三明治。
Wǒ jīntiān zhōngwǔ méi shíjiān chīfàn, suǒyǐ qù biànlìdiàn mǎi le ge sānmíngzhì.
나는 오늘 점심에 밥 먹을 시간이 없었다. 그래서 편의점에 가서 샌드위치를 샀다.

回办公室才发现已经过期了，所以带着小票回去退。
Huí bàngōngshì cái fāxiàn yǐjīng guòqī le, suǒyǐ dàizhe xiǎopiào huíqù tuì.
사무실에 돌아온 후에야 이미 기한이 지난 것을 발견했다. 그래서 영수증을 들고 환불하러 다시 갔다.

老板说给我换一个新的，还送我一盒牛奶。
Lǎobǎn shuō gěi wǒ huàn yí ge xīn de, hái sòng wǒ yì hé niúnǎi.
사장님이 새것으로 바꿔 주고, 우유 하나도 그냥 주겠다고 말했다.

但是我不想吃他们家的东西了，所以退了。
Dànshì wǒ bù xiǎng chī tāmen jiā de dōngxi le, suǒyǐ tuì le.
하지만 나는 그 집의 음식은 먹고 싶지 않아 환불했다.

샨샨의 실수 방지 중국 생활

중국에서 잠시 생활할 때, '내가 중국에서 일상을 보내고 있구나'라고 느꼈던 때가 바로 슈퍼마켓에서 장을 볼 때였습니다. 한국과 풍경만 달랐지 저녁에 슈퍼에 들러 찬거리를 사고, 유통기한이 얼마 남지 않아 싸게 파는 물건을 득템하고 좋아하는 내 모습에, 중국에서의 일상에 푹 빠졌구나 싶어 혼자 피식 웃기도 했습니다. 저는 시간 여유가 있는 날은 물품 포장지에 적힌 모르는 중국어를 찾아보기도 하고, 관심 있는 판매 코너에 머무르며 모르는 단어를 죄다 적어 보기도 했는데요, 현지인이 보기에는 괴이해 보이는 모습이지만, 중국어 학습자에게는 아주 꿀 같은 시간이라고 할 수 있습니다.
슈퍼마켓에 있는 단어들은 대부분 생활밀착형 단어이다 보니 익히기도 쉽고, 주변에 쇼핑하시는 분들을 죄다 선생님으로 삼을 수 있어 발음하기 어려운 단어는 아무나 붙잡고 물어보기도 했습니다. 그러다가 알게 된 것이 중국의 생산일자 중심의 유통기한 표시법입니다. 중국에서도 통상 년(年), 월(月), 일(日)로 표시하지만, 겉봉에 생산일자(生产日期 shēngchǎn rìqī)가 써 있고, 품질 보증 기간(保质期 bǎozhìqī)이 따로 표시되어 있는 경우도 있으니 주의해야 합니다. 예를 들면 생산일자가 2017년 3월 1일, 품질 보증 기간이 8일(8天 bā tiān)이면, 유통기한은 3월 8일까지입니다. 유통기한 확인은 쇼핑의 기본이니 잊지 마세요.

생일케이크 주문하기

🔘 027 - 01

Ⓐ 你好，我想订一个生日蛋糕。
Nǐ hǎo, wǒ xiǎng dìng yí ge shēngrì dàngāo.
안녕하세요, 저 생일케이크 하나 주문하고 싶어서요.

Ⓑ 您什么时候要?
Nín shénme shíhou yào?

我们这儿需要提前一天预订。
Wǒmen zhèr xūyào tíqián yì tiān yùdìng.
언제 필요하세요? 저희는 하루 전에 예약하셔야 해요.

Ⓐ 那正好，我儿子明天过生日。
Nà zhènghǎo, wǒ érzi míngtiān guò shēngrì.
그럼 딱 좋네요. 제 아들 생일이 내일이에요.

Ⓑ 您看一下图册，要什么样子的。
Nín kàn yíxià túcè, yào shénme yàngzi de.
여기 사진첩 보세요. 어떤 모양을 원하시는지요.

Ⓐ 我要这个心型的吧，这是什么口味儿的?
Wǒ yào zhège xīnxíng de ba, zhè shì shénme kǒuwèir de?
하트 모양으로 할게요. 이건 어떤 맛이에요?

Ⓑ 这个是草莓味儿的，
Zhège shì cǎoméi wèir de,

孩子们都喜欢。
háizimen dōu xǐhuan.
딸기 맛이에요. 아이들이 다 좋아해요.

> 케이크, 아이스크림 등을 주문할 때 '맛'을 고르게 되죠. 딸기 맛은 '草莓味儿 cǎoméi wèir', 초콜릿 맛은 '巧克力味儿 qiǎokèlì wèir', 바닐라 맛은 '香草味儿 xiāngcǎo wèir'입니다. 또 하나, '味儿 wèir'은 얼화(儿)가 습관화된 북방식 표현이기도 해요. 남방지역에서는 '味儿 wèir' 대신 '味道 wèidào'라고 합니다.

Ⓐ 好的，上面可以写字吗?
Hǎo de, shàngmiàn kěyǐ xiě zì ma?
좋아요. 위에 글씨 쓸 수 있나요?

Ⓑ 可以，您把要写的字写在这张纸上吧。
Kěyǐ, nín bǎ yào xiě de zì xiě zài zhè zhāng zhǐ shang ba.
가능해요. 쓰고 싶은 문구를 이 종이에 적어 주세요.

단어+표현   🔘 027 - 02

订 dìng 주문하다
生日蛋糕 shēngrì dàngāo 생일 케이크
什么时候 shénme shíhou 언제
提前一天 tíqián yì tiān 하루 전날
正好 zhènghǎo 딱 좋다
儿子 érzi 아들
过生日 guò shēngrì 생일을 보내다
图册 túcè 사진첩
样子 yàngzi 모양
心型 xīnxíng 하트 모양
口味儿 kǒuwèir 맛
草莓味儿 cǎoméi wèir 딸기 맛
孩子们 háizimen 아이들
上面 shàngmiàn 위에
写字 xiě zì 글씨를 쓰다
纸 zhǐ 종이
上 shàng ~위에, ~에

오늘의 일기　　　　　　　　　　　　　　　　　　　　　　　027-03

平时我工作很忙，没时间陪家人。
Píngshí wǒ gōngzuò hěn máng, méi shíjiān péi jiārén.
평소에 나는 일이 바빠서 가족과 보낼 시간이 없다.

明天是我儿子的生日，我打算早点儿回家，和家人一起给他过生日。
Míngtiān shì wǒ érzi de shēngrì, wǒ dǎsuàn zǎo diǎnr huíjiā, hé jiārén yìqǐ gěi tā guò shēngrì.
내일은 아들의 생일이라, 일찍 집에 가서 가족과 함께 생일을 보내기로 결심했다.

我为他订了一个心型的蛋糕，是草莓味儿的，上面写着"我爱你"。
Wǒ wèi tā dìng le yí ge xīnxíng de dàngāo, shì cǎoméi wèir de, shàngmiàn xiězhe "wǒ ài nǐ".
나는 아들을 위해 하트 모양의 딸기 맛 케이크를 주문했는데, 케이크 위에 '나는 너를 사랑해'라고 쓰여 있다.

我希望儿子身体健康，天天开心。
Wǒ xīwàng érzi shēntǐ jiànkāng, tiāntiān kāixīn.
나는 아들이 건강하고 매일 행복하길 바란다.

샨샨의 실수 방지 중국 생활

중국에서 장기체류를 하다 보면 자연스레 중국인 친구들도 늘어나기 마련이고, 생일, 결혼, 출산, 승진 등 축하해 줄 자리도 종종 생깁니다. 중국어를 처음 배우기 시작하면 알게 되는 축하 표현 중 기본적인 것은 '生日快乐! Shēngrì kuàilè! (생일 축하해요!)' 정도입니다. 관용구처럼 굳어진 축하, 기원 표현들을 익혀 두는 것은 인간관계를 풍요롭게 하는 데 도움이 됩니다.

결혼하는 친구에게는 '祝你们白头偕老，早生贵子。Zhù nǐmen báitóuxiélǎo, zǎo shēng guìzǐ. (백년해로 하시고, 예쁜 아기 빨리 낳으세요.)', 출산한 친구에게는 '恭喜! 祝你的孩子健健康康! Gōngxǐ! Zhù nǐ de háizi jiànjiànkāngkāng! (축하해요! 아이가 항상 건강하길!)', 승진한 친구에게는 '祝贺你高升! Zhùhè nǐ gāoshēng! (승진 축하합니다!)'라고 축하해 주세요.

아침식사 테이크아웃하기

🔊 028 - 01

Ⓐ 喂，你出门了吗?
Wéi, nǐ chūmén le ma?
여보세요, 너 나왔어?

Ⓑ 当然，还有十分钟就到学校了，你呢?
Dāngrán, háiyǒu shí fēnzhōng jiù dào xuéxiào le, nǐ ne?
당연하지. 10분 있으면 곧 학교 도착이야. 너는?

Ⓐ 我已经到学校门口了。
Wǒ yǐjīng dào xuéxiào ménkǒu le.

你吃早饭了吗?
Nǐ chī zǎofàn le ma?
나 벌써 학교 입구야. 너 아침 먹었어?

> '早上的点心 zǎoshang de diǎnxin'의 줄임 표현으로, 아침에 먹는 간단한 요기거리를 뜻해요. 그런데 여기에 '儿 er' 하나를 붙이면 '早点儿 zǎo diǎnr', 즉 '일찍', '빨리 좀~'이란 뜻으로 확 바뀌네요!

Ⓑ 没呢，我想去学校门口的早点铺买点儿。
Méi ne, wǒ xiǎng qù xuéxiào ménkǒu de zǎodiǎnpù mǎidiǎnr.
아직. 학교 입구의 아침 노점에서 사려고.

Ⓐ 我就在这儿呢，你吃什么? 我给你带吧。
Wǒ jiù zài zhèr ne, nǐ chī shénme? Wǒ gěi nǐ dài ba.
나 지금 거기야. 너 뭐 먹을래? 내가 가져다 줄게.

> 먹고 가는 대신 포장해 가고자 할 때 '테이크아웃(take out)할게요.'라고 하죠. 중국어로는 '我要带走。Wǒ yào dàizǒu.'라고 해요.

Ⓑ 那就谢谢你啦。我要一份小米粥，
Nà jiù xièxie nǐ la. Wǒ yào yí fèn xiǎomǐzhōu,

半屉小笼包。
bàn tì xiǎolóngbāo.
그럼 고맙지. 좁쌀죽 한 그릇이랑 샤오롱바오 반 시루 먹을래.

Ⓐ 你不是喜欢吃油条吗? 刚炸出来的，要不要?
Nǐ bú shì xǐhuan chī yóutiáo ma? Gāng zhá chūlái de, yào bu yào?
너 요우탸오 좋아하지 않아? 갓 튀긴 거 있는데, 먹을래?

Ⓑ 不行，我得减肥，以后不吃油条了。
Bùxíng, wǒ děi jiǎnféi, yǐhòu bù chī yóutiáo le.
안 돼. 나 다이어트 해야 해. 앞으로 요우탸오 안 먹으려고.

단어+표현 🔊 028 - 02

出门 chūmén
집에서 나오다, 외출하다

就 jiù 곧, 바로

学校 xuéxiào 학교

门口 ménkǒu 입구

早饭 zǎofàn 아침(밥)

早点铺 zǎodiǎnpù 아침 노점

给……带 gěi……dài
~에게 가져다주다

那就 nà jiù 그러면, 그렇다면

小米粥 xiǎomǐzhōu 좁쌀죽

半 bàn 반

屉 tì 시루

小笼包 xiǎolóngbāo
샤오롱바오 [중국식 만두 요리]

油条 yóutiáo
요우탸오 [발효된 밀가루를 길쭉한 모양으로 만들어 튀겨낸 것]

刚 gāng 방금, 막

炸 zhá (기름에) 튀기다

不行 bùxíng 안 된다

减肥 jiǎnféi
살을 빼다, 다이어트하다

以后 yǐhòu 이후

오늘의 일기

我们学校附近有一家小吃店，每天早上六点多就开门了。
Wǒmen xuéxiào fùjìn yǒu yì jiā xiǎochīdiàn, měitiān zǎoshang liù diǎn duō jiù kāimén le.
우리 학교 근처에 간이 식당이 하나 있는데, 매일 아침 6시 넘어 문을 연다.

我经常在那儿买早点，带到教室和同学一起吃。
Wǒ jīngcháng zài nàr mǎi zǎodiǎn, dài dào jiàoshì hé tóngxué yìqǐ chī.
나는 자주 그곳에서 아침을 사는데, 교실에 가져와 반 친구들과 함께 먹는다.

那儿的油条和小笼包都挺好吃的，还有豆浆、粥和茶鸡蛋。
Nàr de yóutiáo hé xiǎolóngbāo dōu tǐng hǎochī de, háiyǒu dòujiāng, zhōu hé chájīdàn.
그곳의 요우탸오와 샤오롱바오는 모두 정말 맛있는데, 더우장과 죽, 그리고 차계란도 있다.

我以前常常吃油条，但是最近减肥，所以不吃了。
Wǒ yǐqián chángcháng chī yóutiáo, dànshì zuìjìn jiǎnféi, suǒyǐ bù chī le.
나는 예전에는 자주 요우탸오를 먹었지만, 요즘은 다이어트를 하고 있어서 먹지 않겠다.

샨샨의 실수 방지 중국 생활

이른 아침 사람들이 노점에서 파는 김이 모락모락 나는 만두나 차계란을 사는 모습은 중국의 출근길과 등굣길의 일상적인 풍경입니다. 여기서 차계란은 계란을 녹차, 계피, 빠쟈오, 월계수 잎, 간장 등을 넣은 물에 끓여 내는 것으로 계란 장조림과 비슷한 간식입니다. 이처럼 평범해 보이는 차계란이 중국 대륙과 대만의 정치적 대립의 중심에 선 사건이 있었습니다. 대만의 한 창업을 주제로 하는 TV프로그램에서 한 학생이 대륙에는 인구가 많으니 인당 차계란 하나씩만 팔아도 부자가 될 것이라며 의견을 냈습니다. 이때 멘토인 교수가 "실패할 아이디어다. 대륙 사람들은 가난한 사람들이 많아 모두 차계란을 살 수 있는 것이 아니다."라고 평가했다고 합니다. 이 일로 인해 대륙의 중국인들은 분노했고, 차계란은 이제 순수한 차계란 이상의 것이 되었습니다. "나는 집이나 차는 없어도, 차계란은 있어. (我没有房子没有车，但是我有茶鸡蛋。Wǒ méiyǒu fángzi méiyǒu chē, dànshì wǒ yǒu chájīdàn.)"이라고 하면, '부자는 아니더라도 먹고 살만은 해.'라는 뜻이 됩니다. 아주 오래 전에 있었던 일이라지만, '茶鸡蛋 chájīdàn'은 여전히 풍자조로 통용되고 있는 관용어로 자리 잡고 있습니다.

에피소드 029

야식 먹기

🔊 029 - 01

A 阿姨，麻辣烫怎么卖？
　　Āyí, málàtàng zěnme mài?
　　아주머니, 마라탕 어떻게 팔아요?

B 绿筐子的5毛，红筐子的1块，自己拿就行了。
　　Lǜ kuāngzi de wǔ máo, hóng kuāngzi de yí kuài, zìjǐ ná jiùxíng le.
　　녹색 바구니에 있는 건 0.5위안, 붉은 바구니에 있는 건 1위안이에요. 직접 꺼내시면 돼요.

A 我吃点儿蔬菜，蘑菇就行了。你要什么？
　　Wǒ chī diǎnr shūcài, mógu jiùxíng le. Nǐ yào shénme?
　　나는 채소류 먹으려고. 버섯이면 돼. 너 뭐 먹을래?

C 我吃不了辣的。我喝啤酒，吃羊肉串。
　　Wǒ chī bùliǎo là de. Wǒ hē píjiǔ, chī yángròuchuàn.
　　나 매운 거 못 먹어. 나는 맥주 마시고 양꼬치 먹을 거야.

🔊 029 - 02

A 那小龙虾呢？ 吃得惯吗？
　　Nà xiǎolóngxiā ne? Chī de guàn ma?
　　그럼 가재는? 먹을 수 있어?

C 还行，
　　Hái xíng,
　　我来十个就差不多了。
　　wǒ lái shí ge jiù chàbuduō le.
　　그런대로 괜찮아. 10개면 될 것 같아.

A 好，那就十个板筋，十个肉串，二十只小龙虾。
　　Hǎo, nà jiù shí ge bǎnjīn, shí ge ròuchuàn, èrshí zhī xiǎolóngxiā.
　　그래, 그러면 소 힘줄 10개, 양꼬치 10개, 가재 20마리 하자.

C 这么多？还有麻辣烫呢，吃得下吗？
　　Zhème duō? Háiyǒu málàtàng ne, chī de xià ma?
　　이렇게나 많이? 마라탕도 있잖아. 먹을 수 있겠어?

단어+표현

阿姨 āyí 아주머니
麻辣烫 málàtàng 마라탕
绿 lǜ 녹색
筐子 kuāngzi 바구니
毛 máo 마오 [중국의 화폐 단위, 위안의 1/10]
红 hóng 붉은색
蔬菜 shūcài 야채(류), 채소
蘑菇 mógu 버섯
就行了 jiùxíng le ~면 된다
辣的 là de 매운 것
啤酒 píjiǔ 맥주
羊肉串 yángròuchuàn 양꼬치
小龙虾 xiǎolóngxiā 가재
~得惯 ~de guàn ~하는 것이 익숙하다
板筋 bǎnjīn 소 힘줄
肉串 ròuchuàn 꼬치
只 zhī 마리
吃得下 chī de xià 다 먹을 수 있다

먹는 것이 습관이 되거나 혹은 비위에 맞아 '먹을 수 있다'라는 의미예요. 중국인 친구에게 청국장, 김치가 입에 맞는지 물을 때 '吃得惯吗? Chī de guàn ma?'라고 하면 됩니다. 중국 사람들은 외국인에게 "中国菜吃得惯吗? Zhōngguócài chī de guàn ma? (중국 음식이 입에 맞니?)"라고 자주 묻습니다. 원어민 선생님 말씀이 보통 "已经习惯了。Yǐjīng xíguàn le. (이미 습관이 되었어요.)"라고 대답하는데, 현지인에겐 어색하게 들린다고 하시더라고요. 이럴 때는 '吃得惯 chī de guàn' 또는 '吃不惯 chī bu guàn'으로 대답하시면 됩니다.

오늘의 일기

昨天晚上我突然有点儿饿，所以叫同屋一起出去吃宵夜。
Zuótiān wǎnshang wǒ tūrán yǒudiǎnr è, suǒyǐ jiào tóngwū yìqǐ chūqù chī xiāoyè.
어제저녁 나는 갑자기 배가 약간 고파서 룸메이트와 함께 야식을 먹으러 나갔다.

家门口有个小吃摊，有麻辣烫、羊肉串，还有小龙虾。
Jiā ménkǒu yǒu ge xiǎochītān, yǒu málàtàng, yángròuchuàn, háiyǒu xiǎolóngxiā.
집 앞에 간식 노점이 있는데, 마라탕, 양꼬치, 가재도 있다.

我饿死了，什么都想吃，所以点了一大堆。
Wǒ è sǐ le, shénme dōu xiǎng chī, suǒyǐ diǎn le yídàduī.
나는 너무 배가 고파서 뭐든 먹고 싶었고, 그래서 잔뜩 시켰다.

我们俩一边吃一边喝啤酒，把减肥的事忘得干干净净了。
Wǒmen liǎ yìbiān chī yìbiān hē píjiǔ, bǎ jiǎnféi de shì wàng de gāngānjìngjìng le.
우리 둘은 먹으면서 맥주를 마셨고, 다이어트에 대한 일은 완전히 깨끗하게 잊었다.

샨샨의 실수 방지 중국 생활

'못 먹겠어'라는 표현은 '배가 불러서 못 먹겠다' 또는 '징그러워서 못 먹겠다'라는 뜻일 것입니다. 또는 '돈이 없어 사 먹지 못하겠다'라는 의미일 수도 있겠네요. 이처럼 소리글자인 한국어는 같은 표현이라도 상황에 따라 뜻이 다르게 해석됩니다. 반면, 뜻글자인 중국어는 표현을 달리하여 각기 다른 정황을 전달합니다. '吃 chī', 즉 '먹다'라는 단어를 중심으로 몇 가지 예를 들면 다음과 같습니다.

吃不惯 chībuguàn : 먹는 것이 습관(惯)이 안 되었다. 즉 징그럽거나 비위에 맞지 않아 못 먹겠다.
吃不完 chībuwán : 양이 너무 많아 다 먹는 것을 완성(完)하지 못하겠다.
吃不下 chībuxià : 입맛이 없거나 아파서, 혹은 배불러서 먹는 것이 뱃속에서 아래로 내려(下)가지 못한다.
吃不起 chībuqǐ : 돈이 없거나, 너무 비싸서 못 사 먹는다.

만약 누군가가 밑도 끝도 없이 '못 먹겠어'를 중국어로 번역하라고 한다면 바로 직역해서 '不能吃 bùnéng chī'라고 할 것이 아니라, 어떤 경우의 못 먹겠는 상황인지 되묻는 것이 정답입니다. 그리고 참고로 '不能吃 bùnéng chī'는 '누군가가 강력히 금지하여 먹을 수 없다'라는 의미입니다.

패스트푸드점에서 햄버거 주문하기

🔊 030 - 01

A 欢迎光临，两位点什么？
Huānyíng guānglín, liǎng wèi diǎn shénme?
어서오세요. 두 분 무엇을 주문하시겠습니까?

B 我要一个烤肉汉堡，再要一杯健怡可乐。
Wǒ yào yí ge kǎoròu hànbǎo, zài yào yì bēi jiànyí kělè.
저는 불고기 버거 하나랑, 다이어트 콜라 한 잔 주세요.

> 건강(健)하고 유쾌한(怡) 콜라! 제로 칼로리의 다이어트 콜라를 가리키는 단어에요.

A 您需要套餐吗？
Nín xūyào tàocān ma?

> '세트 음식'이란 뜻입니다. 무엇을 먹을지 몰라 망설여질 땐 세트 메뉴를 고르는 게 편하죠. 식당에 가면 '有套餐吗? Yǒu tàocān ma? (세트 메뉴 있나요?)'라고 묻는 것도 방법이에요.

加5块的话，送一份薯条。
Jiā wǔ kuài dehuà, sòng yí fèn shǔtiáo.
세트 메뉴를 원하세요? 5위안을 더 내시면 감자튀김이 추가됩니다.

B 薯条是炸的，热量太高，不要了，单点吧。
Shǔtiáo shì zhá de, rèliàng tài gāo, búyào le, dāndiǎn ba.
감자튀김은 튀긴 거잖아요. 열량이 너무 높아요. 괜찮아요, 단품으로 주문할게요.

C 我要披萨套餐，包括饮料和沙拉，对吧？
Wǒ yào pīsà tàocān, bāokuò yǐnliào hé shālā, duì ba?
저는 피자세트 주세요. 음료랑 샐러드 포함인 거 맞죠?

A 是的，这里是披萨、沙拉和饮料的种类，
Shì de, zhèlǐ shì pīsà、shālā hé yǐnliào de zhǒnglèi,

您选一下。
nín xuǎn yíxià.
맞습니다. 여기 피자, 샐러드 그리고 음료 종류가 있습니다. 선택해 주세요.

C 我要土豆披萨、凯撒沙拉、
Wǒ yào tǔdòu pīsà、kǎisā shālā、

饮料要橙汁行吗？
yǐnliào yào chéngzhī xíng ma?
감자 피자, 시저 샐러드요. 음료는 오렌지 주스 가능한가요?

단어+표현 🔊 030 - 02

烤肉汉堡 kǎoròu hànbǎo 불고기 버거
健怡可乐 jiànyí kělè 다이어트 콜라
薯条 shǔtiáo 감자튀김
热量 rèliàng 열량
高 gāo 높다
单点 dāndiǎn 단품으로 주문하다
披萨 pīsà 피자
包括 bāokuò 포함하다
沙拉 shālā 샐러드
种类 zhǒnglèi 종류
选一下 xuǎn yíxià 선택하세요
土豆 tǔdòu 감자
凯撒沙拉 kǎisā shālā 시저 샐러드
橙汁 chéngzhī 오렌지 주스
行 xíng ~면 된다
可乐 kělè 콜라
或 huò 혹은
雪碧 xuěbì 사이다
补 bǔ 보충하다
差价 chājià 차액

Ⓐ 套餐的饮料是可乐或雪碧,
Tàocān de yǐnliào shì kělè huò xuěbì,

换橙汁的话要补两块差价。
huàn chéngzhī dehuà yào bǔ liǎng kuài chājià.

세트 메뉴의 음료는 콜라나 사이다입니다. 오렌지 주스로 바꾸시려면 2위안을 더 내셔야 돼요.

오늘의 일기

天天中午在学校食堂吃米饭炒菜,已经吃腻了。
Tiāntiān zhōngwǔ zài xuéxiào shítáng chī mǐfàn chǎocài, yǐjīng chī nì le.
매일 점심마다 학교 식당에서 밥과 볶음 요리를 먹으려니, 벌써 질렸다.

今天中午,我想换换口味,所以和朋友一起去吃快餐。
Jīntiān zhōngwǔ, wǒ xiǎng huànhuan kǒuwèi, suǒyǐ hé péngyou yìqǐ qù chī kuàicān.
오늘 점심에는 입맛을 좀 바꿔 보고 싶어서 친구와 함께 패스트푸드를 먹으러 갔다.

朋友的饭量比较大,点了一个披萨套餐。
Péngyou de fànliàng bǐjiào dà, diǎn le yí ge pīsà tàocān.
친구는 식사량이 많은 편이어서 피자세트를 주문했다.

我要减肥,只单点了一个鸡肉汉堡和零度可乐,没要薯条。
Wǒ yào jiǎnféi, zhǐ dāndiǎn le yí ge jīròu hànbǎo hé líng dù kělè, méi yào shǔtiáo.
나는 다이어트를 하려고 치킨 버거와 제로콜라만 시켰고, 감자튀김은 시키지 않았다.

샨샨의 실수 방지 중국 생활

한 한국인 친구가 중국 식당의 메뉴판은 꼭 책을 보는 것 같다고 한 적이 있습니다. 그 말에 격하게 공감했었는데요, 특히 고급 음식점에 가면 더욱 실감 납니다. 그런데 사실 중국의 음식들은 대부분 이름만 봐도 음식의 재료나 조리법을 알 수 있어요. '위샹러우쓰(鱼香肉丝 yúxiāngròusī)'는 길게 채를 썬 고기에 어향소스를 넣어 볶은 요리, '탕추러우(糖醋肉 tángcùròu)'는 달달한 설탕과 식초를 넣어 볶은 고기라는 뜻입니다. 하지만 고급식당에는 그 컨셉에 맞게 음식명을 정하는데, 중국인들도 도통 알아볼 수가 없어 되물어야 하는 경우도 있습니다. 예를 들어 '火山飘雪 huǒshānpiāoxuě'를 직역하면 '붉은 산에 눈이 흩날리는' 음식인데, 이는 토마토 채썬 것에 설탕을 뿌린 요리입니다. 그리고 '母子相会 mǔzǐxiānghuì'는 '모자상봉'이라는 뜻인데, 노란콩과 그 콩이 자란 콩나물을 함께 무친 요리입니다. 뜻풀이를 들으면 무릎을 '탁' 칠만한 멋스러운 작명이지만, 어떤 음식인지 바로 알아보기는 어렵겠죠? 그러니 메뉴에 대해 이것저것 질문하는 것을 두려워하거나 멋쩍어하지 마세요.

에피소드 031

훠궈 주문하기

🔊 031 - 01

A 您现在点菜吗?
Nín xiànzài diǎn cài ma?
지금 주문하시겠습니까?

B 好。火锅菜单太复杂了！怎么点啊？
Hǎo. Huǒguō càidān tài fùzá le! Zěnme diǎn a?
네. 훠궈 메뉴판 엄청 복잡하네요! 어떻게 주문하나요?

A 您先挑锅底吧，有麻辣的，三鲜的，番茄的，您要哪个？
Nín xiān tiāo guōdǐ ba, yǒu málà de, sānxiān de, fānqié de, nín yào nǎge?
우선 탕 재료를 골라 주세요. 마라, 삼선, 토마토가 있습니다. 어떤 거 원하세요?

🔊 031 - 02

B 我看中国朋友都点鸳鸯锅底，一半红汤，一半白汤。
Wǒ kàn Zhōngguó péngyou dōu diǎn yuānyāngguōdǐ, yíbàn hóngtāng, yíbàn báitāng.
보니까 중국 친구들은 모두 원앙탕을 시키던데요. 반은 홍탕, 반은 백탕이요.

담백한 탕과 매운 탕이 함께 있는 구성으로, 치킨의 프라이드 반, 양념 반 처럼 선택의 어려움을 단박에 해결해 주는 메뉴죠. 이 구성을 처음 개발한 곳의 훠궈탕 그릇 안쪽에 '원앙(鸳鸯 yuānyāng)' 그림이 그려져 있어서 그렇게 부르기 시작했다고 합니다.

A 好的。小料有麻酱和香油的。
Hǎo de. Xiǎoliào yǒu májiàng hé xiāngyóu de.
네, 소스는 땅콩장이랑 참기름이 있습니다.

일반적으로 '양념'은 '调料 tiáoliào'라고 하는데, 훠궈 재료들을 찍어 먹는 양념장을 가리켜 특별히 '小料 xiǎoliào'라고 해요.

B 我要麻酱的。
Wǒ yào májiàng de.
땅콩장 주세요.

A 好。然后点肉、海鲜和蔬菜。您喜欢吃什么就点什么。
Hǎo. Ránhòu diǎn ròu、hǎixiān hé shūcài. Nín xǐhuan chī shénme jiù diǎn shénme.
네. 그러고 나서 고기, 해물, 채소류를 주문하시면 됩니다. 드시고 싶은 대로 주문하시면 돼요.

B 羊肉吧。蔬菜怎么点？
Yángròu ba. Shūcài zěnme diǎn?
양고기로 주세요. 채소류는 어떻게 주문하나요？

단어+표현 🔊 031 - 02

复杂 fùzá 복잡하다
挑 tiāo 고르다
锅底 guōdǐ 탕 재료
麻辣 málà 마라 맛
三鲜 sānxiān 삼선 [해삼·새우·죽순·버섯·닭고기 가운데 3가지 재료로 만든 음식]
番茄 fānqié 토마토
鸳鸯锅底 yuānyāngguōdǐ 원앙탕
一半 yíbàn 반
红汤 hóngtāng 홍탕
白汤 báitāng 백탕
小料 xiǎoliào 소스
麻酱 májiàng 땅콩장
香油 xiāngyóu 참기름
然后 ránhòu 그 다음
海鲜 hǎixiān 해물
喜欢……什么就……什么
xǐhuan …… shénme jiù ……shénme
~을 좋아하면 바로 ~하다
羊肉 yángròu 양고기
拼盘 pīnpán 모듬 요리
什么都有 shénme dōu yǒu 모든 게 다 있다

Ⓐ **要不您选蔬菜拼盘和蘑菇拼盘怎么样？什么都有。**
Yàobù nín xuǎn shūcài pīnpán hé mógu pīnpán zěnmeyàng? Shénme dōu yǒu.
아니면 채소 모둠과 버섯 모둠 선택하시는 것이 어떨까요? 모든 게 다 들어있습니다.

Ⓑ **好啊，那再要一个海鲜拼盘吧。**
Hǎo a, nà zài yào yí ge hǎixiān pīnpán ba.
좋아요. 그럼 해물 모둠도 주세요.

오늘의 일기

🎧 031 - 03

我特别爱吃火锅，可是菜单太复杂，我看不懂。
Wǒ tèbié ài chī huǒguō, kěshì càidān tài fùzá, wǒ kànbudǒng.
나는 훠궈 먹는 것을 무척 좋아하는데, 메뉴판이 너무 복잡해서 이해할 수가 없다.

每次去火锅店都是中国朋友负责点菜。
Měi cì qù huǒguōdiàn dōu shì Zhōngguó péngyou fùzé diǎn cài.
매번 훠궈 집에 가면 중국 친구가 도맡아 주문했었다.

这次我陪韩国来的朋友一起去，不得不自己点。
Zhè cì wǒ péi Hánguó lái de péngyou yìqǐ qù, bùdébù zìjǐ diǎn.
이번에는 내가 한국 친구들을 데리고 간 것이라 내가 주문할 수밖에 없었다.

我跟服务员学了一个办法，什么都点拼盘就行了，真方便。
Wǒ gēn fúwùyuán xué le yí ge bànfǎ, shénme dōu diǎn pīnpán jiùxíng le, zhēn fāngbiàn.
나는 직원에게 한 가지 방법을 배웠는데, 어떤 것이든 모둠을 시키면 된다는 것이다. 정말 간편하다.

샨샨의 실수 방지 중국 생활

훠궈는 중국식 샤부샤부를 말합니다. 홍탕(红汤 hóngtāng)이나 백탕(白汤 báitāng)에 고기, 야채류를 넣어 익힌 후 건져 먹는데, 한번 빠지면 헤어나올 수 없는 것이 마라샹궈에 버금갑니다. 하지만 훠궈 전문점에 가서 메뉴판을 펼치면 우선 그 복잡함에 깜짝 놀라게 됩니다. 당황하지 마시라고 주문법과 저만의 주문 노하우를 간략히 설명해 드리려고 합니다.

훠궈 주문의 시작은 탕 종류 고르기! 닭, 버섯, 토마토 등을 넣고 끓인 백탕과 고추, 화쟈오 등을 넣고 끓인 홍탕 중에 고르면 되는데, 짬짜면처럼 두 가지를 다 맛볼 수 있는 '鸳鸯锅底 yuānyāngguōdǐ'를 고르는 것이 가장 무난합니다. 그 다음은 소고기(牛肉 niúròu), 돼지고기(猪肉 zhūròu), 양고기(羊肉 yángròu) 등 고기류를 선택합니다. 다음으로는 채소, 버섯, 해산물, 구근류 등을 선택해야 하는데, 보통은 그림이 없는 경우가 많습니다. 그럴 땐 모둠(拼盘 pīnpán)을 시키는 겁니다. 채소 모둠(蔬菜拼盘 shūcài pīnpán), 버섯 모둠(菌类拼盘 jūnlèi pīnpán), 해산물 모둠(海鲜拼盘 hǎixiān pīnpán) 등을 시키면, 단품 메뉴들을 골고루 맛볼 수 있습니다. 모둠류를 먹다 보면 특히 더 입맛에 맞는 재료가 생기는데요, 종업원에게 각각의 이름을 물어보고 메모해 두었다가 다음에는 그 단품 위주로 주문을 하는 겁니다. 저는 이런 방식으로 애배추(娃娃菜 wáwácài)와 팽이버섯(金针菇 jīnzhēngū)을 알게 되었답니다. 이렇게 하면 먹을 만큼만 시키게 되고, 또 맛있는 것만 골라 먹을 수 있는 데다 중국어 단어도 익히게 되니, 일석삼조라 할 수 있습니다.

오늘의 일기 새 단어 알고 가기

에피소드 001

爱 ài 좋아하다
辣的 là de 매운 것
朋友 péngyou 친구
推荐 tuījiàn 추천하다
家 jiā 집, 점포, 공장 등을 세는 단위
正宗的 zhèngzōng de 정통의, 원조의
四川 Sìchuān 쓰촨 [지역 이름]
打算 dǎsuàn ~할 계획이다
和……一起 hé……yìqǐ ~와 함께
好朋友 hǎopéngyou 친한 친구
所以 suǒyǐ 그래서
打电话 dǎ diànhuà 전화를 걸다
可是 kěshì 그러나, 하지만
那家餐厅 nà jiā cāntīng 그 식당
生意 shēngyi 장사, 영업
特别 tèbié 특별히, 아주
火 huǒ 번창하다, 인기가 많다
当天 dàngtiān 그날, 당일
只好 zhǐhǎo ~할 수밖에 없다
第二天 dì èr tiān 다음날

에피소드 002

明天 míngtiān 내일
生日 shēngrì 생일
邀请 yāoqǐng 초대하다, 초청하다
过生日 guò shēngrì 생일을 보내다
大包间 dà bāojiān 큰 방
但是 dànshì 그러나
只 zhǐ 단지, 오직

剩 shèng 남다
服务员 fúwùyuán 종업원
不得不 bùdébù 어쩔 수 없이
同意 tóngyì 동의하다, 허락하다
还 hái 또, 더
告诉 gàosu 말하다, 알리다

에피소드 003

昨天 zuótiān 어제
火锅 huǒguō 훠궈 [중국식 샤부샤부]
排队 páiduì 줄을 서다
旁边 pángbiān 옆쪽
等位 děng wèi 자리를 기다리다
一边……一边…… yìbiān……yìbiān…… ~하면서 ~하다
这样 zhèyàng 이렇다, 이와 같다
……的话 ……dehuà ~하다면, ~이면
一……就…… yī……jiù…… ~하자마자 ~하다
轮到 lúndào 차례가 되다
节约 jiéyuē 절약하다
时间 shíjiān 시간

에피소드 004

吃饭 chīfàn 밥(饭)을 먹다(吃)
提前 tíqián (예정된 시간을) 앞당기다
安排 ānpái 배정하다
想要 xiǎng yào 원하다, ~하려고 하다
亮 liàng 밝다
一点儿 yìdiǎnr 약간, 조금
坐下 zuòxià 앉다

새 단어 쓰기 연습장

说好 shuō hǎo (어떻게 하기로) 약속하다
空 kōng 비다
让 ràng ~하게 하다, ~하도록 시키다

에피소드 005

附近 fùjìn 부근, 근처
环境 huánjìng 환경
不错 búcuò 나쁘지 않다, 좋다
价格 jiàgé 가격
不贵 bú guì 비싸지 않다
口碑 kǒubēi 입소문
味道 wèidào 맛
一点儿也不…… yìdiǎnr yě bù…… 조금도(一点儿) ~하지 않다
油腻 yóunì 느끼하다
大家 dàjiā 모두들, 여러분
满意 mǎnyì 만족하다, 만족스럽다

에피소드 006

刚 gāng 방금, 막
中国 Zhōngguó 중국
汉语 Hànyǔ 중국어
不太 bú tài 그다지 ~지 않다
最 zuì 가장
头疼 tóuténg 머리 아프다
因为 yīnwèi 왜냐하면
中国菜 Zhōngguócài 중국 음식
种类 zhǒnglèi 종류
菜名 càimíng 음식 이름
看不懂 kànbudǒng 못 알아보다, 이해할 수 없다

韩国朋友 Hánguó péngyou 한국 친구
最好 zuìhǎo ~하는 게 가장 좋다
搭配好了 dāpèi hǎo le 구성이 잘 맞춰졌다
容易 róngyì ~하기 쉽다
比较 bǐjiào 비교적
实惠 shíhuì 실속 있다

에피소드 007

……的时候 ……de shíhou ~일 때
中国人 Zhōngguórén 중국인
韩国人 Hánguórén 한국인
不一样 bù yíyàng 다르다
地方 dìfang 부분, 점
一般 yìbān 보통이다, 일반적이다
夏天 xiàtiān 여름
冰水 bīngshuǐ 차가운 물
热茶 rèchá 뜨거운 차
白开水 báikāishuǐ 끓여 식힌 상온의 물
一样 yíyàng 같다, 동일하다
喜欢 xǐhuan 좋아하다
越来越…… yuè lái yuè 점점 ~하다
习惯 xíguàn 적응하다
热水 rèshuǐ 뜨거운 물
还是 háishi 여전히, 아직도
喝不了 hē bùliǎo 마실 수 없다

에피소드 008

出差 chūchāi 출장 가다
请……吃饭 qǐng……chīfàn ~에게 밥을 사 주다

새단어 쓰기 연습장

白酒 báijiǔ 고량주
度数 dùshù 도수
高 gāo 높다
送 sòng 선물하다
交 jiāo 내다

带 dài 인솔하다, 이끌다
西餐厅 xīcāntīng 레스토랑
给……推荐 gěi……tuījiàn ~에게 추천해 주다
受欢迎 shòu huānyíng 환영받다, 인기 있다
劝 quàn 권하다
试试 shìshi 한번 해 보다

에피소드 009

为了 wèile ~를 하기 위해
缓解 huǎnjiě 해소하다
工作压力 gōngzuò yālì 업무 스트레스
下班 xiàbān 퇴근하다
以后 yǐhòu 이후
常常 chángcháng 종종
约 yuē 약속하다
酒吧 jiǔbā 바(bar)
鸡尾酒 jīwěijiǔ 칵테일
而且 érqiě 게다가
看起来 kàn qǐlái 보아하니 ~하다
优雅 yōuyǎ 우아하다
要是……的话 yàoshi ……dehuà 만약 ~한다면
晚饭 wǎnfàn 저녁 식사
再 zài 더, 또
意大利面 yìdàlìmiàn 스파게티
就行了 jiùxíng le ~하면 된다

에피소드 011

韩国 Hánguó 한국
又 yòu 또, 다시

에피소드 012

第一次 dì yī cì 처음
教 jiāo 가르치다
怎么 zěnme 어떻게
苏子叶 sūzǐyè 깻잎

에피소드 013

人 rén 사람
上菜 shàng cài 음식이 나오다
慢 màn 느리다
两个 liǎng ge 두 개
另一个 lìng yí ge 나머지 하나
还 hái 아직
好几次 hǎo jǐ cì 몇 번
一点儿用也没有 yìdiǎnr yòng yě méiyǒu 전혀 소용이 없다
但是 dànshì 하지만

에피소드 010

女朋友 nǚpéngyou 여자친구
生日 shēngrì 생일
那天 nà tiān 그 날

🖊 새 단어 쓰기 연습장

气死我了 qì sǐ wǒ le 화가 많이 났다

真不讲理 zhēn bù jiǎnglǐ 정말 억지스럽다

에피소드 014

小饭馆儿 xiǎo fànguǎnr 작은 식당
餐具 cānjù 식기류
……着……着 ……zhe……zhe ~하다 보니
发现 fāxiàn 발견하다
汤 tāng 탕
里 li 안, 속
一根 yì gēn 한 올
自己 zìjǐ 스스로
重做 chóngzuò 다시 한번 만들다
根本 gēnběn 도저히

에피소드 016

除了 chúle ~이외에
结账 jiézhàng 결제하다
盘子 pánzi 음식 접시, 쟁반
撤 chè 치우다
试了试 shì le shì 한번 해 봤다
听懂了 tīng dǒng le 알아들었다
太……了 tài……le 너무 ~하다
开心 kāixīn 기쁘다

에피소드 017

两个人 liǎng ge rén 두 사람
点 diǎn 주문하다

에피소드 015

什么都 shénme dōu 뭐든 다
只有 zhǐyǒu ~만 있다
一点 yì diǎn 한 가지
受不了 shòu bùliǎo 못 참다
每次 měi cì 매번
之前 zhīqián ~전에
拍照片 pāi zhàopiàn 사진을 찍다
顿顿都 dùn dùn dōu 끼니마다 모두
麻烦 máfan 귀찮다
没有必要 méiyǒu bìyào 필요 없다
更 gèng 더
问 wèn 묻다
为什么 wèishénme 왜

에피소드 018

朋友们 péngyǒumen 친구들
聚餐 jùcān 회식하다
见面 jiànmiàn 만나다
离 lí ~에서
远 yuǎn 멀다
再加上 zài jiāshàng 게다가
路上 lùshang 길에
空着肚子 kōngzhe dùzi 뱃속(肚子)이 빈 채(空着)로
三大杯 sān dà bēi 큰 잔으로 세 잔
喝醉了 hē zuì le (술을 마셔) 취하다

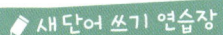

에피소드 019

接待 jiēdài 접대하다
客户 kèhù 고객
酒量 jiǔliàng 주량
感情 gǎnqíng 감정, 애정
深 shēn 두텁다, 돈독하다
一口闷 yì kǒu mēn 원샷하다
一直 yìzhí 계속
一口干 yì kǒu gān 원샷하다
下属 xiàshǔ 부하직원
给……倒酒 gěi……dàojiǔ ~에게 술을 따르다
最后 zuìhòu 결국
断片儿 duànpiānr 필름이 끊겼다
回 huí 되돌아오다, 되돌아가다
酒店 jiǔdiàn 호텔

에피소드 020

周末 zhōumò 주말
和……约会 hé……yuēhuì ~와 데이트 약속을 하다
男朋友 nánpéngyou 남자친구
打算 dǎsuàn ~할 계획이다
先……然后…… xiān……ránhòu…… 우선 ~하고 나서 ~하다
看电影 kàn diànyǐng 영화를 보다
之后 zhīhòu 이후
水果 shuǐguǒ 과일
胖 pàng 살찌다
怎么办 zěnme bàn 어떡하지?
什么时候才能……? shénme shíhou cái néng……?
언제쯤 비로소 ~할 수 있는 거지?
减肥 jiǎnféi 살을 빼다, 다이어트하다

에피소드 021

公司 gōngsī 회사
好吃 hǎochī 맛있다
星期六 xīngqīliù 토요일
建议 jiànyì 건의하다

에피소드 022

常常 chángcháng 항상, 자주
聊聊 liáoliao 이야기하다
工作 gōngzuò 업무, 일
事 shì 일
家里 jiāli 집안
我们俩 wǒmen liǎ 우리 둘
没什么 méi shénme 별로 없다
钱 qián 돈
AA制 AAzhì 더치페이
表示 biǎoshì 표시하다, 나타내다
祝贺 zhùhè 축하하다

에피소드 023

最近 zuìjìn 최근
忙 máng 바쁘다
没时间 méi shíjiān 시간이 없다
买 mǎi 사다
东西 dōngxi 물건
冰箱 bīngxiāng 냉장고
空 kōng 텅 비다
早 zǎo (때가) 이르다

✏ 새 단어 쓰기 연습장

去了趟 qù le tàng (한 번) 갔다
菜市场 cài shìchǎng 청과 시장
平时 píngshí 평소
同一个 tóng yí ge 같은
摊位 tānwèi 노점
老板 lǎobǎn 사장님
认识 rènshi 알다
打折 dǎzhé 할인하다

不了 bùliǎo ~할 수 없다
听……说 tīng……shuō ~의 말을 듣자 하니
网上 wǎngshàng 온라인
又……又…… yòu……yòu…… ~기도 하고 ~기도 하다
便宜 piányi 싸다
方便 fāngbiàn 편리하다, 간편하다
决定 juédìng 결정하다
努力 nǔlì 노력하다
上网 shàngwǎng 인터넷을 하다

에피소드 024

大超市 dà chāoshì 대형 슈퍼마켓
经常 jīngcháng 자주
打折活动 dǎzhé huódòng 할인행사
有一天 yǒu yì tiān 어느 날
售货员 shòuhuòyuán 판매원
虽然 suīrán 비록 ~하지만
划算 huásuàn 수지가 맞다
担心 dānxīn 걱정하다
……不完 ……bù wán ~를 완료하지 못하다
长 cháng 길다
不用 búyòng ~할 필요가 없다

에피소드 026

便利店 biànlìdiàn 편의점
办公室 bàngōngshì 사무실
已经 yǐjīng 이미, 벌써
还 hái 또, 더, 게다가

에피소드 027

平时 píngshí 평소
陪 péi 동반하다
家人 jiārén 가족
早点儿 zǎodiǎnr 일찍
回家 huíjiā 집에 가다
为 wèi ~를 위하여
希望 xīwàng 희망하다, 바라다
身体健康 shēntǐ jiànkāng 몸이 건강하다
天天开心 tiāntiān kāixīn 매일 행복하다

에피소드 025

白开水 báikāishuǐ 끓여서 식힌 물
矿泉水 kuàngquánshuǐ 생수
一箱 yì xiāng 한 박스
重 zhòng 무겁다
拿 ná 쥐다, 잡다

새 단어 쓰기 연습장

에피소드 028

- 小吃店 xiǎochīdiàn 간이 식당
- 每天 měitiān 매일
- 早上 zǎoshang 아침
- 开门 kāimén 문을 열다
- 那儿 nàr 거기
- 教室 jiàoshì 교실
- 同学 tóngxué 반 친구
- 挺……的 tǐng……de 아주 ~하다
- 还有 háiyǒu 그리고, 또
- 豆浆 dòujiāng 더우장(콩국)
- 粥 zhōu 죽
- 茶鸡蛋 chájīdàn 차계란
- 以前 yǐqián 예전

에피소드 029

- 突然 tūrán 갑자기
- 饿 è 배고프다
- 叫 jiào 부르다
- 同屋 tóngwū 룸메이트
- 出去 chūqù 나가다
- 宵夜 xiāoyè 야식
- 家门口 jiā ménkǒu 집 문 앞
- 小吃摊 xiǎochītān 간식노점
- 饿死了 è sǐ le 배고파 죽겠다
- 一大堆 yídàduī 산처럼 쌓인
- 一边……一边…… yìbiān……yìbiān…… ~하면서 ~하다
- 忘 wàng 잊다
- 干干净净 gāngānjìngjìng 깨끗하다

에피소드 030

- 天天 tiāntiān 매일
- 食堂 shítáng (학교, 회사 등의) 구내식당
- 米饭 mǐfàn 쌀밥
- 炒菜 chǎocài 볶음 요리
- ……腻了 ……nì le ~하기 질렸다
- 口味 kǒuwèi 입맛
- 快餐 kuàicān 패스트푸드
- 饭量 fànliàng 식사량
- 套餐 tàocān 세트 메뉴
- 鸡肉汉堡 jīròu hànbǎo 치킨 버거
- 零度可乐 líng dù kělè 제로콜라

에피소드 031

- 火锅店 huǒguōdiàn 훠궈집
- 负责 fùzé 도맡다, 책임을 맡다
- 这次 zhè cì 이번
- 陪……一起 péi……yìqǐ ~와 동반해 함께
- 跟……学 gēn……xué ~에게 배우다
- 办法 bànfǎ 방법

새 단어 쓰기 연습장

걷기 편
行

중국은 가 볼 곳도 참 많은 나라입니다. 광활한 영토에 냉대 기후, 온대 기후, 열대 기후, 건조 기후가 공존하고 있으니 중국만큼 다채로운 여행이 가능한 곳도 없을 것입니다. 러시아와 국경을 접하고 있는 만저우리(满洲里)에서는 혹한으로 추위에 떨 때, 베트남과 이웃하는 윈난성(云南省)의 쿤밍(昆明)에서는 선선한 가을을 만날 수 있습니다. 같은 나라 안에서 한 곳은 영하 19도, 다른 한 곳은 영상 10도라니, 경이롭기까지 해요. 중국 서쪽 사막의 도시 둔황(敦煌)은 어떻고요! 건조 기후 지대의 메마른 공기와 이글거리는 태양 속을 지나는 낙타 행렬에서 장엄함마저 느껴집니다.

걷기(行) 편에서는 각종 교통수단을 이용하고, 숙소를 구하고, 돌발상황을 해결하는 에피소드를 담았습니다. 중국 어디를 가더라도 보편적인 도움이 될 수 있도록 담백하게 쓰려고 노력했지만, 순간순간 떠오르는 여행의 추억은 숨길 수가 없어 몇 가지 에피소드에 녹아들기도 했습니다. 자, 그럼 걷기 편을 시작해 볼까요?

교통카드 만들기

🔊 032 - 01

A 你好，我想办一张公交卡。
Nǐ hǎo, wǒ xiǎng bàn yì zhāng gōngjiāokǎ.
안녕하세요, 교통카드 한 장 만들려고요.

> 교통카드, 은행 입출금 카드, 학생식당 카드 등 각종 카드를 발급받을 때는 동사 '办 bàn' 하나로 다 해결돼요. '카드 발급해 주세요.'는 '我要办卡。Wǒ yào bàn kǎ.'라고 하면 됩니다.

B 20块押金，最少充25块。
Èrshí kuài yājīn, zuìshǎo chōng èrshíwǔ kuài.
20위안 보증금에, 최소 충전금액은 25위안입니다.

A 好的，我先问一下，
Hǎo de, wǒ xiān wèn yíxià,

这张卡也可以坐地铁，是吧？
zhè zhāng kǎ yě kěyǐ zuò dìtiě, shì ba?
네, 하나 여쭤볼게요. 이 카드로 지하철도 탈 수 있죠, 그죠?

B 对，公交、地铁都可以，还可以打车，买东西。
Duì, gōngjiāo、dìtiě dōu kěyǐ, hái kěyǐ dǎchē, mǎi dōngxi.
네. 버스, 지하철 다 됩니다. 그리고 택시도 탈 수 있고, 물건 구매도 가능해요.

A 是吗？餐厅、超市都可以吗？
Shì ma? Cāntīng、chāoshì dōu kěyǐ ma?
그래요? 식당, 슈퍼마켓에서 모두 사용할 수 있나요?

B 看情况吧，每个地方的规定都不一样。
Kàn qíngkuàng ba, měi ge dìfang de guīdìng dōu bù yíyàng.
상황에 따라 달라요. 장소마다 규정이 다 달라서요.

A 好的，那我先充100吧。
Hǎo de, nà wǒ xiān chōng yìbǎi ba.
네. 우선 100위안 충전해 주세요.

> 카드를 충전할 때는 동사 '充 chōng'을 써서 '我充100(충전금액)块。Wǒ chōng yìbǎi kuài.'라고 하면 됩니다.

B 好，充好了。给您。
Hǎo, chōng hǎo le. Gěi nín.
네, 충전됐습니다. 여기요.

단어+표현 🔊 032 - 02

办 bàn 처리하다, 다루다
一张 yì zhāng 한 장
公交卡 gōngjiāokǎ 교통카드
押金 yājīn 보증금
最少 zuìshǎo 최소한
充 chōng 보충하여 채우다
这张卡 zhè zhāng kǎ 이 카드
坐 zuò (교통수단을) 타다
地铁 dìtiě 지하철
公交 gōngjiāo 버스
还 hái 또, 더, 게다가
打车 dǎchē 택시(车)를 타다(打)
餐厅 cāntīng 식당
超市 chāoshì 슈퍼마켓
看情况 kàn qíngkuàng 상황(情况)을 보다(看)
每个 měi ge 매 ~마다
地方 dìfang 장소, 곳
规定 guīdìng 규정
不一样 bù yíyàng 다르다
充好了 chōng hǎo le 충전이 되다
一般 yìbān 보통이다, 일반적이다
公交总站 gōngjiāo zǒngzhàn 버스(公交)터미널(总站)
退 tuì 반환하다, 물리다

Ⓐ 啊，对了！不用的话，怎么办？
À, duì le! Búyòng dehuà, zěnme bàn?
아, 맞다! 필요 없게 되면 어떻게 해요?

Ⓑ 一般公交总站都可以退。
Yìbān gōngjiāo zǒngzhàn dōu kěyǐ tuì.
보통은 버스터미널에서 반납 가능합니다.

오늘의 일기

🔊 032-03

在中国生活过的朋友告诉我，出租车司机的话根本听不懂。
Zài Zhōngguó shēnghuó guo de péngyou gàosu wǒ, chūzūchē sījī de huà gēnběn tīngbudǒng.
중국에서 생활해 본 적 있는 친구가 가르쳐 주길, 택시 기사님의 말은 완전 못 알아듣겠다고 한다.

所以，我到北京以后，先去办公交卡。
Suǒyǐ, wǒ dào Běijīng yǐhòu, xiān qù bàn gōngjiāokǎ.
그래서 나는 베이징에 도착한 후, 우선 교통카드를 만들러 갔다.

我去了学校附近的地铁站，那里有办卡的窗口。
Wǒ qù le xuéxiào fùjìn de dìtiězhàn, nàlǐ yǒu bàn kǎ de chuāngkǒu.
나는 학교 근처의 지하철역에 갔는데, 그곳에 카드를 발급해 주는 창구가 있었다.

没想到，中国的公交卡不但能坐车，还能买东西，真方便。
Méi xiǎngdào, Zhōngguó de gōngjiāokǎ búdàn néng zuòchē, hái néng mǎi dōngxi, zhēn fāngbiàn.
생각지도 못했는데, 중국의 교통카드는 차를 탈 수 있을 뿐 아니라 물건도 살 수 있다. 정말 편리하다.

샨샨의 실수 방지 중국 생활

중국에는 각 지역마다 교통카드가 있습니다. 베이징에서는 '이카통(一卡通 yìkǎtōng)' 즉 '하나로 통하는 카드'라고 칭하는데, 선전(深圳)에 거주하는 친구에게 물어보니 선전에서는 '선전 카드(深圳卡 shēnzhènkǎ)'라고도 부른다고 합니다. 물론 어느 지역이든 '교통카드(交通卡 jiāotōngkǎ)'라고 부르면 다 통합니다. 교통카드는 발급된 그 지역에서만 사용 가능합니다. 카드 발급처는 주로 버스정류장 앞 소매점이나 지하철역 창구로, 20위안 정도의 보증금을 내고 원하는 금액을 충전하여 사용합니다. 더 이상 사용할 일이 없어 반납하고 싶은 경우에는 몇몇 지정된 장소에서만 처리 가능한데, 어디서 가능한지 구매처에 물어보면 쉽게 알 수 있습니다. 교통카드가 없는 경우 버스나 지하철을 이용할 때마다 표를 구매하면 되지만, 무척 번거로운 일입니다. 거리에 따라 금액이 달라지는 버스의 경우 잔돈까지 챙겨 내고, 남자 성인의 엄지손가락만한 작은 종이를 받아야 하는 불편함도 감수해야 합니다. 최근 교통카드는 점점 진화하여 거의 체크카드처럼 사용할 수 있어서, 차비 계산은 물론 물건값 계산도 가능해요. 상하이에서 MBA 유학을 한 제 친구의 말에 따르면, 기숙사, 도서관 출입, 식당카드로도 통용된다고 하더라고요. 중국에서의 편리한 생활을 위해서라면 교통카드 발급은 필수입니다.

에피소드 033

택시 타기

🔊 033 - 01

A 您去哪儿?
Nín qù nǎr?
어디 가십니까?

B 师傅，我去三里屯的幸福公寓。
Shīfu, wǒ qù Sānlǐtún de xìngfú gōngyù.
기사님, 산리툰의 행복 아파트로 가 주세요.

A 您认识路吧? 我不太熟。
Nín rènshi lù ba? Wǒ bú tài shú.
길 아시죠? 저는 익숙하질 않아서요.

B 那我开导航吧，我手机里有软件。
Nà wǒ kāi dǎoháng ba, wǒ shǒujī li yǒu ruǎnjiàn.
그럼 제가 네비게이션 켤게요. 제 휴대전화에 앱이 있어요.

A 好，谢谢啊。
Hǎo, xièxie a.
좋아요. 고맙습니다.

> 스마트폰 네비게이션이 보편화 되면서 등장한 신종 길 설명법이에요. 기사님이 길을 잘 모르실 땐 기사님께 '开导航吧. Kāi dǎoháng ba. (네비게이션 켜시죠.)'라고 하거나 '我开导航吧. Wǒ kāi dǎoháng ba. (제가 네비게이션 켤게요.)'라고 하면 간단히 해결됩니다.

B 北京真难打车，我等了半个多小时。
Běijīng zhēn nán dǎchē, wǒ děng le bàn ge duō xiǎoshí.
베이징은 택시 잡기가 너무 어렵네요. 30분 이상 기다렸어요.

A 现在是晚高峰，太堵了。车都不出来。
Xiànzài shì wǎngāofēng, tài dǔ le. Chē dōu bù chūlái.
지금이 저녁 러시아워예요. 엄청 막혀서 택시가 다 안 나와요.

한 시간 후

B 终于到了，门口靠边停吧。
Zhōngyú dào le, ménkǒu kàobiān tíng ba.
给您钱，我要发票。
Gěi nín qián, wǒ yào fāpiào.
드디어 도착했네요. 입구 옆에 세워 주세요. 여기 돈이요. 영수증 주세요.

단어+표현

🔊 033 - 02

师傅 shīfu 기사님
三里屯 Sānlǐtún 산리툰 [베이징 소재 지역명]
幸福公寓 xìngfú gōngyù 행복(幸福) 아파트(公寓)
路 lù 길
不太熟 bú tài shú 익숙하지 않다
开导航 kāi dǎoháng 네비게이션(导航)을 켜다(开)
手机 shǒujī 휴대전화
软件 ruǎnjiàn 앱
难 nán 힘들다, 어렵다
半个多小时 bàn ge duō xiǎoshí 30분 이상
晚高峰 wǎngāofēng 저녁 러시아워
太堵了 tài dǔ le 정말 막힌다
终于 zhōngyú 결국
到了 dào le 도착했다
靠边 kàobiān (길) 옆으로 붙다
停 tíng 멈추다, 서다
钱 qián 돈
发票 fāpiào 영수증

084

오늘의 일기

🔊 033 - 03

北京是中国的首都，人多车多，经常堵车。
Běijīng shì Zhōngguó de shǒudū, rén duō chē duō, jīngcháng dǔchē.
베이징은 중국의 수도로, 사람도 많고 차도 많아 항상 차가 막힌다.

上下班高峰的时候，堵得更厉害。
Shàngxiàbān gāofēng de shíhou, dǔ de gèng lìhai.
출퇴근 러시아워일 때는, 막히는 정도가 더욱 심해진다.

昨天晚上和朋友吃饭，我怕迟到，是打车去的。
Zuótiān wǎnshang hé péngyou chīfàn, wǒ pà chídào, shì dǎchē qù de.
어제저녁 친구와 같이 저녁을 먹었는데, 늦을까 봐 택시를 탔다.

正好是晚高峰，迟到了一个多小时。
Zhènghǎo shì wǎngāofēng, chídào le yí ge duō xiǎoshí.
마침 저녁 러시아워이어서 1시간 넘게 늦었다.

샨샨의 실수 방지 중국 생활

베이징은 중국의 수도(首都 shǒudū)이면서, 동시에 최고로 막히는 곳(首堵 shǒudǔ)이라는 애칭이 있습니다. 같은 발음의 다른 성조를 이용한 고급진 유머인데요, 이런 애칭에 맞게 베이징은 어느 시간대이든 항상 길이 막힙니다. 더불어 택시 잡기도 하늘의 별따기입니다. 겨우 택시를 잡았는데 기사님이 창문만 빼꼼히 열고 알 수 없는 말을 하곤 휙 가버리는 경우도 종종 있습니다. 이럴 때 너무 화내지 마세요. 보통은 택시 교대 시간인 경우가 대부분입니다. 아마도 기사님이 '交班 jiāobān' 아니면 "我要换班。 Wǒ yào huànbān. (교대하러 가요.)"라고 했을 겁니다. 그리고 택시를 타고 행선지를 말씀하실 때는 가려는 곳의 명칭이 영어이더라도 중국식으로 바꿔서 말해야 기사님이 알아듣습니다. 예를 들어 쉐라톤이나 웨스틴 등 다국적 기업의 호텔 체인이 행선지일 경우, 쉐라톤은 중국어로 '喜来登 xǐláidēng (시라이덩)', 웨스틴은 '威斯汀 wēisīdīng (웨이스딩)'이라고 해야 기사님이 알아듣답니다. 영어 표현과 전혀 다른 발음이기 때문에 따로 익혀 두지 않으면 무척 난감해집니다.

길 묻기

🔊 034 - 01

A 咱们学校附近有新华书店吗?
Zánmen xuéxiào fùjìn yǒu Xīnhuá shūdiàn ma?
우리 학교 근처에 신화서점이 있니?

B 这附近没有，市中心有一个。
Zhè fùjìn méiyǒu, shì zhōngxīn yǒu yí ge.
이 근처에는 없고, 시내에 하나 있어.

A 走着去远吗?
Zǒuzhe qù yuǎn ma?
걸어서 가면 멀어?

B 走着去有点儿远，得走四十多分钟吧。
Zǒuzhe qù yǒudiǎnr yuǎn, děi zǒu sìshí duō fēnzhōng ba.
걸어가면 좀 멀어. 40분 넘게 걸릴 거야.

A 是吗? 那地铁能到吗?
Shì ma? Nà dìtiě néng dào ma?
그래? 지하철로 갈 수 있어?

B 地铁也不太方便，你坐公交车吧，102路，
Dìtiě yě bú tài fāngbiàn, nǐ zuò gōngjiāochē ba, yāo líng èr lù,

不到十站。
búdào shí zhàn.
지하철로도 불편하니 버스를 타. 102번 타면 열 정거장 안돼.

> 버스 노선은 '路 lù'로 표기해요. 예를 들어 102번 버스는 '102路车'라고 합니다. 이때 102를 '一百零二路 yībǎi líng èr lù'로 읽지 않도록 주의하세요. 버스 노선을 읽을 때는 숫자를 하나하나 띄어서 'yāo líng èr'이라고 읽어야 해요. 숫자 '一 yī'는 세 자리수 이상에서 단독으로 읽어야 하는 경우에는 'yāo'로 발음합니다.

A 好，不好意思，再问一下，
Hǎo, bù hǎoyìsi, zài wèn yíxià,

公交车站怎么走?
gōngjiāochēzhàn zěnme zǒu?
좋아, 미안한데 하나만 더 물을게. 버스 정류장은 어떻게 가?

B 出校门左拐，一直往前走，走50米左右就是。
Chū xiàomén zuǒ guǎi, yìzhí wǎng qián zǒu, zǒu wǔshí mǐ zuǒyòu jiùshì.
교문 나간 다음에 왼쪽으로 돌아서 쭉 앞으로 가. 한 50미터쯤 걸으면 바로야.

단어+표현   🔊 034 - 02

新华书店 Xīnhuá shūdiàn 신화서점
市中心 shì zhōngxīn 시(市) 중심(中心), 시내
走着去 zǒuzhe qù 걸어가다
远 yuǎn 멀다
得 děi 필요하다, 걸리다
不太方便 bú tài fāngbiàn 별로 편리하지 않다
坐公交车 zuò gōngjiāochē 버스(公交车)를 타다(坐)
102路 yāo líng èr lù 102번 버스
10站 shí zhàn 열 정거장
公交车站 gōngjiāochēzhàn 버스 정류장
出 chū 나가다
校门 xiàomén 교문
左拐 zuǒ guǎi 좌회전
一直 yìzhí 곧장, 곧바로
往前走 wǎng qián zǒu 앞으로 가다
米 mǐ 미터(m)
就是 jiùshì 바로 그것이다 [강조, 확정]
地下 dìxià 지하
不太好找 bú tài hǎo zhǎo 찾기 쉽지 않다
下车 xiàchē 차에서 내리다
迷路 mílù 길(路)을 잃다(迷)

Ⓐ 好，谢谢你。
Hǎo, xièxie nǐ.
응, 고마워.

Ⓑ 书店在地下，不太好找，你下车以后再问问，别迷路。
Shūdiàn zài dìxià, bú tài hǎo zhǎo, nǐ xiàchē yǐhòu zài wènwen, bié mílù.
서점이 지하에 있어서 찾기 어려워. 차에서 내리면 다시 물어 봐, 길 잃지 말고.

오늘의 일기

🔊 034 - 03

周末，我想去书店买一本汉语语法书。
Zhōumò, wǒ xiǎng qù shūdiàn mǎi yì běn Hànyǔ yǔfǎshū.
주말에 나는 서점에 가서 중국어 문법책 한 권을 사고 싶었다.

我听说新华书店最大最好，书的种类也最多。
Wǒ tīngshuō Xīnhuá shūdiàn zuì dà zuì hǎo, shū de zhǒnglèi yě zuì duō.
듣자 하니 신화서점이 제일 크고 좋으며, 책 종류도 가장 많다고 한다.

同学说学校附近没有新华书店，市中心才有。
Tóngxué shuō xuéxiào fùjìn méiyǒu Xīnhuá shūdiàn, shì zhōngxīn cái yǒu.
학교 친구가 학교 근처에는 신화서점이 없고, 시내에 나가야 있다고 했다.

但是走着去比较远，地铁也不方便，得坐公交车。
Dànshì zǒuzhe qù bǐjiào yuǎn, dìtiě yě bù fāngbiàn, děi zuò gōngjiāochē.
그러나 걸어가기에는 약간 멀고 지하철도 불편하니, 버스를 타야 한다고 했다.

샨샨의 실수 방지 중국 생활

중국에서 택시를 타서 행선지를 말해야 하는 것은 중국어 초보자에게는 어려운 숙제입니다. 누구나 알 수 있는 특정 건물명이 있거나 유명 관광지가 있다면 좋겠지만, 이런 경우가 아니라면 곤란하겠죠? 이럴 때 가장 간단한 방법은 가는 곳의 동네 이름과 길 이름을 함께 말하는 것입니다. 예를 들어 '산리툰의 행복로(三里屯幸福路 sānlǐtún xìngfúlù)'라고 말하면 일단 1차 통과! 근처쯤 갔을 때 이 길의 끝이라든지, 중간이라든지, 육교 아래라든지 등을 말하면 원하는 목적지에 갈 수 있습니다. 베이징에서는 이 방법이 완벽히 통합니다. 베이징의 도로는 철저히 계획하에 만들어져 도로 구분이 명확하기 때문입니다.
이에 반해 상하이에서 행선지를 말하는 방법은 조금 달라요. 상하이에서는 교차도로가 일반적입니다. 때문에 택시 기사님께는 교차하는 두 도로명을 이어서 말씀드려야 합니다. 예를 들면 '银珠路 yínzhūlù', '红宝石路 hóngbǎoshílù', 이렇게 먼저 말해요. 그 다음에 이어서 그 두 길이 교차하는 지점을 기준으로 행선지가 동쪽인지 북쪽인지, 혹은 교차로쯤인지를 밝히면 됩니다.

횡단보도 건너기

🔊 035 - 01

Ⓐ 快走，快走，要迟到了。
Kuài zǒu, kuài zǒu, yào chídào le.
빨리 가자, 빨리 가자. 늦겠어.

Ⓑ 别从这儿走，走人行横道吧，就在前面。
Bié cóng zhèr zǒu, zǒu rénxíng héngdào ba, jiù zài qiánmiàn.
여기로 가지 말고 횡단보도로 가자. 바로 앞에 있잖아.

Ⓐ 好的，好的，知道了。
Hǎo de, hǎo de, zhīdào le.
응, 응, 알았어.

> '횡단보도로를 건너다'라는 뜻이죠. 반대 표현은 '闯红灯 chuǎng hóngdēng'으로, 빨간 신호등(红灯)에 돌진(闯)하다, 즉 '무단횡단하다'라는 뜻이에요.

횡단보도 앞

Ⓑ 等一下！现在是红灯！
Děng yíxià! Xiànzài shì hóngdēng!
기다려! 지금 빨간불이잖아!

Ⓐ 别人都过呢，走吧。
Biérén dōu guò ne, zǒu ba.
다른 사람도 다 건너잖아. 가자.

Ⓑ 为了节约几分钟，连命都不要了？
Wèile jiéyuē jǐ fēnzhōng, lián mìng dōu búyào le?
몇 분 아끼자고 생명도 필요 없는 거야?

Ⓐ 哎呀，行了，知道了。比我妈妈还唠叨。
Āiyā, xíng le, zhīdào le. Bǐ wǒ māma hái láodao.
아이고, 됐어, 알았어. 우리 엄마보다 더 잔소리야.

Ⓑ 好了，绿灯亮了，走吧。
Hǎo le, lǜdēng liàng le, zǒu ba.
됐어, 녹색불 켜졌어. 가자.

Ⓐ 啊呀！明明咱们是绿灯，这车怎么还走啊？
Āyā! Míngmíng zánmen shì lǜdēng, zhè chē zěnme hái zǒu a?
어머! 분명 녹색불인데 저 차는 어쩜 그냥 가지?

단어+표현 🔊 035 - 02

快走 kuài zǒu 빨리(快) 가다(走)
迟到 chídào 지각하다
从 cóng ~부터
人行横道 rénxíng héngdào 횡단보도
前面 qiánmiàn 앞쪽
红灯 hóngdēng 빨간불
别人 biérén 다른 사람
过 guò 가다, 건너다
为了 wèile ~을 하기 위해
节约 jiéyuē 절약하다
几分钟 jǐ fēnzhōng 몇 분
连 lián ~조차도, ~마저도
命 mìng 생명
比……还 bǐ……hái ~보다(比) 더
唠叨 láodao 잔소리하다
绿灯 lǜdēng 녹색불
亮了 liàng le 밝았다, 켜지다
明明 míngmíng 분명히
车 chē 차
所以啊 suǒyǐ a 그러니까

Ⓑ 所以啊，我跟你说了吧，小心点儿。
Suǒyǐ a, wǒ gēn nǐ shuō le ba, xiǎoxīn diǎnr.
그러니까. 내가 너한테 말했잖아, 조심하라고.

오늘의 일기

🔘 035 - 03

在中国，我最看不惯的是行人不遵守交通规则。
Zài Zhōngguó, wǒ zuì kàn bu guàn de shì xíngrén bù zūnshǒu jiāotōng guīzé.
중국에서 가장 보기 불편한 것이 행인들이 교통법규를 지키지 않는 것이다.

人行横道上红灯亮着的时候，大家也不管，想走就走。
Rénxíng héngdào shàng hóngdēng liàngzhe de shíhou, dàjiā yě bùguǎn, xiǎng zǒu jiù zǒu.
횡단보도에 빨간불이 켜져 있어도 모두 상관하지 않고, 가고 싶으면 그냥 간다.

其实，来中国以前，我听说中国人大部分是慢性子。
Qíshí, lái Zhōngguó yǐqián, wǒ tīngshuō Zhōngguórén dàbùfen shì màn xìngzi.
사실, 중국에 오기 전에 중국인들 대부분은 느긋한 성격이라고 들었다.

可是，过马路的时候，看起来每个人都是急性子。
Kěshì, guò mǎlù de shíhou, kàn qǐlái měi ge rén dōu shì jí xìngzi.
하지만 길을 건널 때는 모두들 급한 성격인 것처럼 보인다.

샨샨의 실수 방지 중국 생활

타국 생활에서는 어떤 것이든 조심 또 조심해야 하지만, 중국에서 횡단보도를 건널 때는 특히 조심해야 합니다. 사람들이 빨간불일 때도 곡예를 하듯 차를 피해 길을 건너는 것이 빈번하며, 이에 비례해 차도 신호를 무시하고 마구 달리는 경우가 많기 때문입니다. 빨간불인데 차가 지나가고 있지 않으니 바쁜 마음에 건널 수 있겠다 싶지만, 차가 빽빽하게 밀려 오는데 이 사이를 건너는 모습을 보면 서커스를 보는 것처럼 아슬아슬합니다. 물론 녹색불에 달리는 차도 적지 않으니, 피장파장인 터라 보행자도 운전자 쪽도 가해자이자 피해자 입장입니다. 경제 발전 속도에 비해 사람들의 의식 변화 속도가 그만큼 따라오지 못하는 경우는 어느 나라나 있을 수 있는 현상이므로 폄하하고 싶지는 않습니다. 하지만 저 역시도 녹색불에 횡단보도를 건너는데 막무가내로 비집고 머리를 들이미는 차가 많아 화를 벌컥 냈던 경험이 많습니다. 위반한 운전자 모두가 미안한 기색이 전혀 없이 무심한 얼굴로 쳐다보기만 해서 더 화가 났어요. 더 따져 물을 것도 아니니 나중에는 정신 건강을 위해 저도 무심한 얼굴로 2초간 째려보는 것으로 대신했습니다. 중국 친구에게 물어보니 위반 시 벌금을 내는 제도가 있다고는 하지만, 잘 시행되고 있는 것 같지는 않습니다. 사고가 나면 큰일이니 보행자 스스로 조심, 또 조심하세요.

에피소드 036

지하철 보안검색대 통과하기

◉ 036 - 01

Ⓐ 这是什么？坐地铁也要安检吗？
Zhè shì shénme? Zuò Dìtiě yě yào ānjiǎn ma?
이게 뭐야? 지하철도 보안검색을 해야 돼?

> '安全检查 ānquán jiǎnchá'의 줄임 표현으로, '보안검색'을 가리키는 말이에요.

Ⓑ 对啊，你没见过吗？
Duì a, nǐ méi jiàn guo ma?
맞아. 본 적 없어?

Ⓐ 是啊，我来北京以后第一次坐地铁，
Shì a, wǒ lái Běijīng yǐhòu dì yī cì zuò dìtiě,
水能带吗？
shuǐ néng dài ma?
응, 베이징 오고 처음으로 지하철 타 봐. 물은 가지고 있어도 돼?

Ⓑ 可以，跟机场不太一样，就是不能带危险品。
Kěyǐ, gēn jīchǎng bú tài yíyàng, jiùshì bùnéng dài wēixiǎnpǐn.
응. 공항과는 좀 달라. 위험 물품만 소지 불가야.

가방을 검색대에 통과시킨 후

Ⓒ 这是谁的包？打开检查一下。
Zhè shì shéi de bāo? Dǎkāi jiǎnchá yíxià.
이 가방 어느 분 것인가요? 열어 주시면 검사하겠습니다.

Ⓐ 是我的，有问题吗？
Shì wǒ de, yǒu wèntí ma?
제 거예요. 문제 있나요?

Ⓒ 里面有一把刀吧？刀不能带上地铁。
Lǐmiàn yǒu yì bǎ dāo ba? Dāo bùnéng dàishang dìtiě.
안에 칼이 한 자루 있죠? 지하철에는 칼을 가지고 탈 수 없습니다.

Ⓐ 啊？是我刚买的菜刀，那怎么办？
Á? Shì wǒ gāng mǎi de càidāo, nà zěnme bàn?
아? 방금 산 과도인데, 그럼 어쩌죠?

단어＋표현 ◉ 036 - 02

安检 ānjiǎn 보안검색
没见过 méi jiàn guo 본 적이 없다
北京 Běijīng 베이징
第一次 dì yī cì 처음
水 shuǐ 물
机场 jīchǎng 공항
不太一样 bú tài yíyàng 다르다
危险品 wēixiǎnpǐn 위험 물품
谁 shéi 누구
包 bāo 가방
打开 dǎkāi 열다
检查一下 jiǎnchá yíxià 검사하다
问题 wèntí 문제
里面 lǐmiàn 안에, 내부에
一把 yì bǎ 한 자루
刀 dāo 칼
带上 dàishang 지니다
菜刀 càidāo 과도

오늘의 일기

周末，朋友带我去超市买日用品。
Zhōumò, péngyou dài wǒ qù chāoshì mǎi rìyòngpǐn.
주말에 친구가 나를 슈퍼마켓에 데려가 줘서 생필품을 샀다.

我打算自己做饭，所以买了很多厨具，包括一把菜刀。
Wǒ dǎsuàn zìjǐ zuòfàn, suǒyǐ mǎi le hěn duō chújù, bāokuò yì bǎ càidāo.
나는 직접 밥을 할 생각이라, 칼 한 자루를 포함해 많은 주방용품을 샀다.

没想到，北京的地铁里有安检，刀是危险品，不能带。
Méi xiǎngdào, Běijīng de dìtiě li yǒu ānjiǎn, dāo shì wēixiǎnpǐn, bùnéng dài.
베이징 지하철 안에 보안검색대가 있을지는 생각도 못했다. 칼은 위험 물품이기 때문에 소지할 수 없다고 한다.

所以，我不得不打车回学校。
Suǒyǐ, wǒ bùdébù dǎchē huí xuéxiào.
그래서 나는 택시를 타고 학교로 돌아갈 수밖에 없었다.

샨샨의 실수 방지 중국 생활

중국에서 가장 신기했던 것이 지하철에도 보안검색대가 있다는 사실이었습니다. 아주 어설프지만 공항과 유사한 구색을 갖추었고 보안요원도 2~3명이나 배치되어 있더라고요. 검색이 공항만큼 철저하지는 않지만, 휴대 금지 품목은 명확히 정의되어 있습니다. 우선 주방 칼, 과도, 커터칼 등 모든 칼류는 절대 안 된다고 명시되어 있고, 망치, 도끼, 송곳 등 무기가 될 수 있는 것들도 금지 품목입니다. 또한 화재 위험이 있는 것들도 휴대를 금지하고 있어요. 라이터는 5개까지, 성냥은 10갑 이내로, 총 200개까지만 허용하며, 매니큐어 리무버, 헤어젤이나 무스도 안 됩니다. 지인이 이야기해 주길, 주류(酒类 jiǔlèi) 휴대도 제약이 있다고 하는데, 2000ml까지만 휴대 가능하다고 합니다. 대부분의 지하철 검색이 그리 까다롭지는 않지만 베이징의 천안문 광장역 주변은 아주 철저하니, 천안문 관광을 가시기 전이라면 휴대품 점검 잊지 마세요.

버스-지하철 환승하기

🔘 037 - 01

Ⓐ 喂，我马上出发，怎么走？
Wéi, wǒ mǎshàng chūfā, zěnme zǒu?
여보세요, 나 곧 출발하는데 어떻게 가?

> 길에서 낯선이에게 목적지로 가는 방법을 물을 땐 '怎么走? Zěnme zǒu? (어떻게 가요?)' 라고 합니다. 예를 들면, '천안문 광장은 어떻게 가나요?'는 '天安门广场怎么走? Tiān'ānmén guǎngchǎng zěnme zǒu?' 라고 합니다.

Ⓑ 你坐车来还是开车来？
Nǐ zuòchē lái háishi kāichē lái?
너 버스 타고 와 아니면 운전하고 와?

Ⓐ 不是要喝酒吗？我不开车了，坐车吧。
Bú shì yào hē jiǔ ma? Wǒ bù kāichē le, zuòchē ba.
술 마시려는 거 아니었어? 나 운전 안 할 거야, 버스 타야지.

Ⓑ 那得先坐地铁，然后再换公交车。
Nà děi xiān zuò dìtiě, ránhòu zài huàn gōngjiāochē.
그럼 우선 지하철을 타고, 버스로 바꿔타야 해.

Ⓐ 说具体一点儿吧。
Shuō jùtǐ yìdiǎnr ba.
자세히 이야기해 봐.

Ⓑ 坐2号线，东直门下车，然后换113，到后海。
Zuò èr hàoxiàn, Dōngzhímén xiàchē, ránhòu huàn yāo yāo sān, dào Hòuhǎi.
2호선 타고 동즈먼에서 내려. 그 다음에 113번 버스로 환승하고 호우하이로 와.

Ⓐ 下车就到了吗？
Xiàchē jiù dào le ma?
차에서 내리면 바로 도착이야?

Ⓑ 这个地方不太好找，你到了给我打电话，我去接你。
Zhège dìfang bú tài hǎo zhǎo, nǐ dào le gěi wǒ dǎ diànhuà, wǒ qù jiē nǐ.
이 곳은 찾기 좀 힘들어. 도착하면 전화해, 마중 나갈게.

단어+표현 🔘 037 - 02

- 马上 mǎshàng 금방, 곧
- 出发 chūfā 출발하다
- 开车 kāichē 운전하다
- 不是……吗? bú shì……ma? ~아니야? [부정의문문]
- 喝酒 hē jiǔ 술 마시다
- 具体 jùtǐ 구체적이다
- 一点儿 yìdiǎnr 조금
- 2号线 èr hàoxiàn 2호선
- 东直门 Dōngzhímén 동즈먼 [지역 이름]
- 后海 Hòuhǎi 호우하이 [지역이름]
- 下车 xiàchē 차에서 내리다
- 打电话 dǎ diànhuà 전화를 걸다
- 接 jiē 마중하다
- 麻烦 máfan 귀찮다, 번거롭다
- 打的 dǎdī 택시를 타다
- 上车 shàngchē (차에) 타다, 오르다
- 把 bǎ ~을
- 司机 sījī 기사, 운전사
- 告诉 gàosu 말하다, 알리다

Ⓐ 算了，太麻烦了，我打的去吧。
Suàn le, tài máfan le, wǒ dǎdī qù ba.
됐어, 너무 귀찮아. 택시 타고 갈게.

Ⓑ 那行，你上车以后把手机给司机，我告诉他。
Nà xíng, nǐ shàngchē yǐhòu bǎ shǒujī gěi sījī, wǒ gàosu tā.
그것도 괜찮고. 차 타면 휴대전화를 기사님께 넘겨. 내가 (오는 법을) 말씀 드릴게.

오늘의 일기

🔊 037 - 03

朋友说后海有很多不错的酒吧，约我周末过去坐坐。
Péngyou shuō Hòuhǎi yǒu hěn duō búcuò de jiǔbā, yuē wǒ zhōumò guòqù zuòzuo.
친구가 말하길 호우하이에 괜찮은 술집이 많다고 해서, 주말에 가서 놀기로 약속했다.

我出发之前给朋友打电话，问他怎么走。
Wǒ chūfā zhīqián gěi péngyou dǎ diànhuà, wèn tā zěnme zǒu.
나는 출발 전에 친구에게 전화를 걸어 어떻게 가는지 물었다.

她说得先坐地铁，然后再换公交车，下车还要走一段。
Tā shuō děi xiān zuò dìtiě, ránhòu zài huàn gōngjiāochē, xiàchē hái yào zǒu yí duàn.
친구는 우선 지하철을 타고 가서 버스로 갈아탄 후, 내려서도 좀 걸어야 한다고 했다.

我觉得太麻烦了，最后决定打的去。
Wǒ juéde tài máfan le, zuìhòu juédìng dǎdī qù.
나는 너무 귀찮을 거 같아 결국 택시를 타고 가기로 했다.

샨샨의 실수 방지 중국 생활

타지에서 외국인으로 살다 보면, 타인에게 질문할 일도 많아집니다. 그러다 보면 성격이 한껏 밝아지고, 낯선 사람에게 대뜸 말을 거는 일도 어색하지 않게 됩니다. 이것이 외국생활이 가져다 주는 장점 중의 하나입니다. 타인에게 말을 걸어야 하는 경우는 보통 길을 물을 때인데요, 목적지로 가려면 어떤 교통수단을 이용해야 하는지, 혹은 어떤 경로로 가야 하는지를 묻게 되는데 우리말로는 둘 다 '어떻게 가요?'입니다. 하지만 중국어로 전자는 '怎么去? Zěnme qù?', 후자는 '怎么走? Zěnme zǒu?'입니다. 즉, 친구네 집에 놀러 가는데 버스를 탈지 지하철을 탈지 또는 걸어갈지 등의 이용해야 할 교통수단을 물을 때는 '怎么去? Zěnme qù?', 버스를 탈 건데 몇 정거장을 가서 내리는지, 환승이 필요한지 등의 경로를 물으려면 '怎么走? Zěnme zǒu?'입니다. 예를 들어 볼게요! 버스 정류장에서 옆 사람에게 천단공원을 가려면 몇 번 버스를 타야 하는지 묻고 싶다면, "我要去天坛公园，怎么走? Wǒ yào qù Tiāntán gōngyuán, zěnme zǒu? (천단공원 가려고 하는데, 어떻게 가죠?)"라고 하시면 됩니다. 여전히 복잡하게 느껴진다면, 간편하게 지도 앱을 이용하실 것을 추천합니다. 사실 요즘은 바이두 지도와 같은 앱이 잘되어 있어, 타인을 붙잡고 물을 필요가 없어졌습니다.

낯선 현지인과 친해지기

🔘 038 - 01

Ⓐ 阿姨，您坐这儿吧。
Āyí, nín zuò zhèr ba.
아주머니, 여기 앉으세요.

Ⓑ 你坐吧，你拿着这么多东西呢。
Nǐ zuò ba, nǐ názhe zhème duō dōngxi ne.
앉아 있어요. 짐도 이렇게 많이 들었는데.

Ⓐ 没事儿，您坐吧，我马上就下车了。
Méi shìr, nín zuò ba, wǒ mǎshàng jiù xiàchē le.
아니에요, 앉으세요. 저 곧 내려요.

Ⓑ 好，那谢谢啦。小姑娘，你是哪儿人啊?
Hǎo, nà xièxie la. Xiǎo gūniang, nǐ shì nǎr rén a?
네, 그럼 고마워요. 아가씨, 어디 사람이에요?

Ⓐ 我是韩国人。
Wǒ shì Hánguórén.
한국인이에요.

Ⓑ 是吗? 你的中文说的真不错!
Shì ma? Nǐ de Zhōngwén shuō de zhēn búcuò!
来中国多长时间了?
Lái Zhōngguó duō cháng shíjiān le?
그래요? 중국어 정말 잘하네요! 중국에 온지 얼마나 됐어요?

Ⓐ 半年多了。您过奖了，我的水平还差得远呢。
Bàn nián duō le. Nín guòjiǎng le, wǒ de shuǐpíng hái chà de yuǎn ne.
반년 넘었어요. 과찬이십니다. 제 수준으로는 아직 멀었는걸요.

Ⓑ 对了! 正好我女儿想学韩语。
Duì le! Zhènghǎo wǒ nǚ'ér xiǎng xué Hányǔ.
你有微信吗?
Nǐ yǒu wēixìn ma?
맞다! 마침 우리 딸이 한국어 배우고 싶어하는데. 위챗(아이디) 있어요?

> 예전에는 전화번호를 교환했다면, 요즘은 위챗(微信) 친구를 맺어 연락처를 교환해요. 위챗은 중국의 카카오톡이라고 보시면 됩니다. 중국의 가장 보편적인 무료 메신저 서비스입니다.

단어+표현　🔘 038 - 02

阿姨 āyí 아주머니
拿着 názhe 든 채로, 들고
东西 dōngxi 물건
没事儿 méi shìr 괜찮다
小姑娘 xiǎo gūniang 아가씨
哪儿人 nǎr rén 어디 사람
韩国人 Hánguórén 한국인
中文 Zhōngwén 중국어
半年 bàn nián 반년
过奖了 guòjiǎng le 과찬이십니다
水平 shuǐpíng 수준
还 hái 아직
差得远 chà de yuǎn 아직 멀었다
女儿 nǚ'ér 딸
学 xué 배우다
韩语 Hányǔ 한국어
微信 wēixìn 위챗 [중국 대표 SNS]
加 jiā 추가하다
二维码 èrwéimǎ QR 코드
扫一下 sǎo yíxià 스캔하세요

Ⓐ 有，我加您吧。
Yǒu, wǒ jiā nín ba.
있어요, 제가 추가할게요.

> 요즘은 명함도 QR코드로 주고받는 시대죠.
> 'QR코드 스캔하세요.'라는 표현 익혀 두세요.

Ⓑ 好，这是我的二维码，你扫一下。
Hǎo, zhè shì wǒ de èrwéimǎ, nǐ sǎo yíxià.
좋아요, 여기 내 QR 코드예요. 스캔하세요.

오늘의 일기

🔊 038-03

有一天，我坐公交车，有一个空座位，我坐下了。
Yǒu yì tiān, wǒ zuò gōngjiāochē, yǒu yí ge kòng zuòwèi, wǒ zuòxià le.
어느 날 버스를 탔는데, 빈자리가 하나 있어서 앉았다.

后来，上来一位阿姨。她站不稳，所以我给她让坐。
Hòulái, shànglái yí wèi āyí. Tā zhàn bù wěn, suǒyǐ wǒ gěi tāràngzuò.
잠시 후 아주머니 한 분이 타셨는데, 잘 서 계시지 못해 자리를 양보해 드렸다.

她说我的汉语很好，让我教她女儿韩语。
Tā shuō wǒ de Hànyǔ hěn hǎo, ràng wǒ jiāo tā nǚ'ér Hányǔ.
아주머니는 내가 중국어를 잘한다고 하시며 본인의 딸에게 한국어를 가르쳐 달라고 했다.

所以我们加了微信，还说好了以后去她家玩儿。
Suǒyǐ wǒmen jiā le wēixìn, hái shuō hǎo le yǐhòu qù tā jiā wánr.
그래서 우리는 위챗을 (서로) 추가했고, 다음에 집에 놀러가기로 약속했다.

샨샨의 실수 방지 중국 생활

중국에서 낯선 현지인과 빠르게 친해질 수 있는 것이 외국인의 장점이라는 생각을 하곤 했습니다. 현지인이 듣기에는 어눌한 말투가 친근감을 불러일으키는 게 아닐까 싶어요. 학생 시절 베이징 여행길의 버스에서 한 할머니께 자리를 양보한 적이 있습니다. 그 덕분에 할머니 댁에 초대받게 되었고, 그렇게 만난 할머니의 손녀와는 아직도 연락하고 지냅니다. 중국에서 버스를 타신다면 주위에 어떤 사람들이 있나 유심히 둘러 보세요. 우연치 않은 특별한 인연이 기다리고 있을지도 모릅니다. 한국에서는 무심한 일상이 외국인이 된 중국에서는 특별한 인연을 만드는 이벤트가 된다는 것이 외국어를 꾸준히 공부하는 데 힘이 되는 것 같습니다.
그런데 혹시 대화 중에 상대방이 '어디 사람이세요? (哪儿人？ Nǎr rén?)'이라고 묻는다면, '내 중국어 실력이 좀 늘었구나'라고 생각하시면 됩니다. 중국은 땅이 넓다 보니, 각 지역의 특색 있는 발음이 존재합니다. 어디 사람이냐고 묻는 것은 상대가 나를 중국의 한 지방 사람으로 여기고 있기 때문입니다. '어느 나라 사람이에요?(哪国人？ Nǎ guó rén?)'이라는 질문을 받았다면, 좀 더 분발하세요!

항공권 예약하기

🔊 039-01

Ⓐ 你好，我想订机票，从北京到仁川的。
Nǐ hǎo, wǒ xiǎng dìng jīpiào, cóng Běijīng dào Rénchuān de.
안녕하세요, 비행기 표 예약하려고요. 베이징에서 인천 가는 거요.

Ⓑ 您要单程的还是往返的？
Nín yào dānchéng de háishi wǎngfǎn de?
편도를 원하시나요, 아니면 왕복을 원하시나요?

> 편도는 '单程 dānchéng',
> 왕복은 '往返 wǎngfǎn'이라
> 고 한다는 것 기억해 두세요!

Ⓐ 往返，5月1号出发，5月5号回来。
Wǎngfǎn, wǔ yuè yī hào chūfā, wǔ yuè wǔ hào huílái.
왕복이요. 5월 1일에 출발하고, 5월 5일에 돌아오는 거요.

Ⓑ 要几点的？
Yào jǐ diǎn de?
몇 시 거요?

Ⓐ 出发的越早越好，
Chūfā de yuè zǎo yuè hǎo,
回来的晚上六点左右吧。
huílái de wǎnshang liù diǎn zuǒyòu ba.
출발 시간은 이르면 이를수록 좋고, 돌아오는 건 저녁 6시 정도요.

Ⓑ 5月1号最早的航班是七点十五分的，可以吗？
Wǔ yuè yī hào zuì zǎo de hángbān shì qī diǎn shíwǔ fēn de, kěyǐ ma?
5월 1일 가장 빠른 항공편은 7시 15분인데, 괜찮으신가요?

Ⓐ 可以，就要这个吧。
Kěyǐ, jiùyào zhège ba.
괜찮아요, 그걸로 해 주세요.

Ⓑ 回来的晚一点儿可以吗？八点左右有票。
Huílái de wǎn yìdiǎnr kěyǐ ma? Bā diǎn zuǒyòu yǒu piào.
돌아오는 건 더 늦게는 괜찮으세요? 8시쯤에 표가 있습니다.

Ⓐ 更早呢，有票吗？
Gèng zǎo ne, yǒu piào ma?
더 빠른 것은 표가 있나요?

단어+표현 🔊 039-02

订机票 dìng jīpiào 비행기 표를 예약하다
从……到…… cóng……dào…… ~부터 ~까지
仁川 Rénchuān 인천
单程 dānchéng 편도
往返 wǎngfǎn 왕복
出发 chūfā 출발하다
回来 huílái 돌아오다
越……越…… yuè……yuè…… ~할수록 ~하다
左右 zuǒyòu 쯤, 가량
最早 zuì zǎo 가장 이른
航班 hángbān 항공편
晚一点儿 wǎn yìdiǎnr 조금만 더 늦게
更 gèng 더욱, 훨씬
没票了 méi piào le 표가 없다
旺季 wàngjì 성수기
(票)紧张 (piào) jǐnzhāng (표가) 부족하다

Ⓑ 都没票了，旺季，票特别紧张。
Dōu méi piào le, wàngjì, piào tèbié jǐnzhāng.
다 없습니다. 성수기라서 표가 특히 부족하네요.

> 표가 '긴장(紧张)' 상태라는 것은 표가 얼마 안 남았다는 뜻이에요. 시간이 얼마 남지 않았다는 표현은 '时间很紧张. Shíjiān hěn jǐnzhāng.'이라고 해요.

오늘의 일기

🔊 039-03

五一放假，加上周末一共休五天，我打算回首尔一趟。
Wǔ-Yī fàngjià, jiāshàng zhōumò yígòng xiū wǔ tiān, wǒ dǎsuàn huí Shǒu'ěr yí tàng.
노동절 연휴에 주말까지 더하면 총 5일 동안 휴가라, 서울에 다녀올 계획이다.

我想早点儿到家，所以买了最早的航班。
Wǒ xiǎng zǎo diǎnr dào jiā, suǒyǐ mǎi le zuì zǎo de hángbān.
나는 집에 일찍 가고 싶어서, 가장 이른 항공편을 샀다.

回来的时候我想坐六点的飞机。
Huílái de shíhou wǒ xiǎng zuò liù diǎn de fēijī.
(베이징으로) 돌아올 때 나는 6시 비행기를 타고 싶었다.

但是旺季的票特别紧张，我只好订了晚上八点的票。
Dànshì wàngjì de piào tèbié jǐnzhāng, wǒ zhǐhǎo dìng le wǎnshang bā diǎn de piào.
하지만 성수기라 표가 없었고, 나는 저녁 8시 표를 예약할 수밖에 없었다.

샨샨의 실수 방지 중국 생활

직접 항공사에 연락해 비행기 표를 구매하는 방법도 있지만, 할인 티켓을 구매할 수 있는 사이트나 앱(APP)을 통해 구매하는 것이 더욱 경제적이고 간편합니다. 대표적으로 '시트립(携程 xiéchéng Ctrip)', '취날(去哪儿 qù nǎr)' 등이 있습니다. 비행기 표뿐만 아니라 기차표나 숙소 예약도 가능하니, 사이트 하나를 정하고 고정으로 이용할 것을 추천합니다. 포인트 적립이 가능해 할인율을 높일 수 있기 때문입니다. 또한 취소나 변경도 용이해 아주 편리합니다. 특히 시트립의 경우 한국어 버전을 이용할 수 있어요. 마음이 급할 때는 한국인 직원과 전화 통화를 통해 처리하는 것도 가능합니다. 혹시 중국인 직원과의 통화에 도전하신다면, 직원이 "车票紧张. Chēpiào jǐnzhāng."이라고 할 경우 티켓이 '긴장'하고 있다는 것이 아니라, 표가 얼마 남지 않았다는 뜻이라는 것을 꼭 기억해 두세요.

공항에서 자율 탑승 수속하기

🔊 040 - 01

Ⓐ 请问，国航是在这儿办登机手续吗?
Qǐngwèn, guóháng shì zài zhèr bàn dēngjī shǒuxù ma?
말씀 좀 여쭙겠습니다. 중국항공 여기서 탑승 수속 하나요?

Ⓑ 您看一下那边的大屏幕，那里写得很清楚。
Nín kàn yíxià nàbiān de dà píngmù, nàlǐ xiě de hěn qīngchu.
저쪽에 대형 모니터를 보세요. 거기에 정확히 적혀 있습니다.

Ⓐ 好的，谢谢。
Hǎo de, xièxie.
네, 고맙습니다.

🔊 040 - 02

수속 창구의 위치를 확인한 후

Ⓐ 请问，我没有要托运的行李，怎么办理登机牌?
Qǐngwèn, wǒ méiyǒu yào tuōyùn de xíngli, zěnme bànlǐ dēngjīpái?
말씀 좀 여쭐게요. 저는 운송 맡길 짐이 없는데, 어떻게 수속하나요?

Ⓑ 在那边自助设备上办，请跟我来。
Zài nàbiān zìzhù shèbèi shang bàn, qǐng gēn wǒ lái.
저쪽에 있는 자율기기에서 처리 가능합니다. 저를 따라오세요.

Ⓐ <mark>我汉语不太好，这个怎么用?</mark>
Wǒ Hànyǔ bú tài hǎo, zhège zěnme yòng?
저는 중국어를 잘 못해서요. 이거 어떻게 사용하나요?

> 중국어가 서투를 때는 '我是外国人，我汉语不太好。Wǒ shì wàiguórén, wǒ Hànyǔ bú tài hǎo.'로 시작하며 도움을 청하세요.

Ⓑ 您可以选择英语或韩语，把护照放在这儿，
Nín kěyǐ xuǎnzé Yīngyǔ huò Hányǔ, bǎ hùzhào fàng zài zhèr,

选个座位就行。
xuǎn ge zuòwèi jiùxíng.
영어나 한국어를 선택하실 수 있어요. 여권을 여기다 대시고, 자리를 선택하시면 됩니다.

Ⓐ 越靠前越好。
Yuè kào qián yuè hǎo.
앞쪽일수록 좋아요.

단어+표현

国航 guóháng
중국항공(에어차이나)

登机手续 dēngjī shǒuxù
탑승 수속

大屏幕 dà píngmù 대형 모니터

写得 xiě de 쓰여진(写) 정도(得)가

很清楚 hěn qīngchu
아주 분명하다

托运 tuōyùn (짐, 화물을) 탁송하다

行李 xíngli 짐, 수화물

办理 bànlǐ 처리하다, (수속을) 밟다

登机牌 dēngjīpái 탑승권

自助设备 zìzhù shèbèi
자율기기

跟我来 gēn wǒ lái
나를 따라오세요

选择 xuǎnzé 고르다, 선택하다

英语 Yīngyǔ 영어

韩语 Hányǔ 한국어

护照 hùzhào 여권

座位 zuòwèi 좌석

靠前 kào qián 앞쪽

前排 qiánpái 맨 앞줄

靠窗 kào chuāng 창가 (좌석)

靠走道 kào zǒudào 복도 쪽 (좌석)

只有 zhǐyǒu ~만 있다, ~밖에 없다

中间 zhōngjiān 가운데

B 前排没有靠窗或者靠走道的座位了，只有中间的。
Qiánpái méiyǒu kào chuāng huòzhě kào zǒudào de zuòwèi le, zhǐyǒu zhōngjiān de.
맨 앞줄은 창가 자리나 복도 자리가 없네요. 가운데 자리만 남았습니다.

A 好的，没问题，谢谢。
Hǎo de, méi wèntí, xièxie.
네, 괜찮습니다. 감사합니다.

> '~쪽', '~가까이에'란 뜻으로, 비행기의 특정 좌석을 요구할 때 필요한 표현입니다. 창가 쪽은 '靠窗 kào chuāng', 복도 쪽은 '靠走道 kào zǒudào'라고 합니다.

오늘의 일기 🔊 040-03

五一长假一共五天，我打算回韩国休假。
Wǔ-Yī chángjià yígòng wǔ tiān, wǒ dǎsuàn huí Hánguó xiūjià.
노동절의 긴 연휴가 모두 5일이라 한국에 돌아가 휴가를 보내려고 했다.

到了机场才发现，排队的人特别多，人山人海。
Dào le jīchǎng cái fāxiàn, páiduì de rén tèbié duō, rénshān rénhǎi.
공항에 도착하고 나서야 줄을 선 사람들이 매우 많은 것을 발견했다. 인산인해다.

机场工作人员说，不托运行李的话，可以自助办登机牌。
Jīchǎng gōngzuò rényuán shuō, bù tuōyùn xíngli dehuà, kěyǐ zìzhù bàn dēngjīpái.
공항에서 일하시는 분이 말하길, 운송 맡길 짐이 없으면 자율 탑승 수속기에서 탑승권 발부가 가능하다고 했다.

扫一下护照，再选个座位就行，非常方便。
Sǎo yíxià hùzhào, zài xuǎn ge zuòwèi jiùxíng, fēicháng fāngbiàn.
여권을 스캔한 후 좌석을 선택하면 된다. 무척 편리하다.

샨샨의 실수 방지 중국 생활

몇 년 전 베이징 수도공항(北京首都机场 Běijīng Shǒudū jīchǎng)에서 탑승을 목전에 둬 마음이 조급한 사람들을 타깃으로 한 신종 서비스(?)를 경험한 적이 있습니다. 제가 짐을 들고 공항수속대의 긴 줄에 합류하려는데, 한 아주머니가 오더니 "替您办登机，300块。Tì nín bàn dēngjī, sānbǎi kuài. (탑승 수속 대행, 300위안입니다.)"라고 속삭이는 겁니다. 그냥 무시하고 줄을 섰고, 한참 뒤 제 차례 직전에 그분이 다시 오더니, 세상 가장 가련한 표정으로 "탑승시간이 임박했으니, 먼저 할 수 있게 도와주세요."라고 하는 것입니다. 어찌나 황당하던지요. 알고 보니 새치기 서비스였습니다. 한 번에 300위안이면 한국 돈으로 5만 원 가량이니, 별 어려움 없이 간단하게 고소득이 보장되는 신종 사기입니다. 세상에는 머리 비상한 사람이 많다는 사실을 새삼 알게 된 일화입니다.

중량초과한 짐 부치기

🔊 041-01

A 每个人只能托运一件行李。
Měi ge rén zhǐ néng tuōyùn yí jiàn xíngli.
개인당 짐은 하나만 부칠 수 있습니다.

> 공항에서 짐을 부쳐야 한다면 "我要托运。Wǒ yào tuōyùn."이라고 요구하세요.

B 那托运箱子吧，这个包我背着。
Nà tuōyùn xiāngzi ba, zhège bāo wǒ bēizhe.
그럼 상자는 부쳐주시고, 이 가방은 제가 멜게요.

A 23公斤，超重了，得拿出来点儿。
Èrshísān gōngjīn, chāozhòng le, děi ná chūlái diǎnr.
23kg이라서 중량초과입니다. (짐을) 좀 꺼내셔야 할 것 같아요.

B 我们两个人是一起的，她的行李不太重。
Wǒmen liǎng ge rén shì yìqǐ de, tā de xíngli bú tài zhòng.
우리 둘이 함께예요. 이 친구 짐은 별로 안 무거운데요.

A 每个箱子不能超过20公斤，
Měi ge xiāngzi bùnéng chāoguò èrshí gōngjīn,
你把东西放在她箱子里吧。
nǐ bǎ dōngxi fàng zài tā xiāngzi li ba.
매 상자마다 20kg을 넘을 수 없어요. 그럼 짐을 이 분 상자 속에 넣으시죠.

B 太麻烦了，那我交费吧。
Tài máfan le, nà wǒ jiāofèi ba.
너무 번거롭네요. 그냥 비용 낼게요.

A 不管重量是多少，罚款都是两千块。
Bùguǎn zhòngliàng shì duōshao, fákuǎn dōu shì liǎngqiān kuài.
중량을 얼마나 초과하는지에 상관없이 벌금은 2천 위안입니다.

B 两千块？太贵了！
Liǎngqiān kuài? Tài guì le!
那我还是拿出来吧。
Nà wǒ háishi ná chūlái ba.
2천 위안이요? 너무 비싸요! 그냥 물건을 덜어내는 편이 좋겠어요.

단어+표현 🔊 041-02

每个人 měi ge rén 사람마다
只能 zhǐ néng ~할 수밖에 없다
一件 yí jiàn 한 가지, 한 개
箱子 xiāngzi 상자
背 bēi 짊어지다, 업다
着 zhe ~하고 있다
公斤 gōngjīn 킬로그램(kg)
超重 chāozhòng 규정된 중량을 초과하다
拿出来点儿 ná chūlái diǎnr 좀(点儿) 꺼내다(拿出来)
一起 yìqǐ 함께
不太重 bú tài zhòng 별로 무겁지 않다
超过 chāoguò 초과하다, 넘다
放在 fàng zài ~에(在) 두다(放)
交费 jiāofèi 비용을 지불하다
不管 bùguǎn ~에 관계없이
重量 zhòngliàng 중량
多少 duōshao 얼마, 몇
罚款 fákuǎn 벌금을 부과하다
还是 háishi ~하는 편이 (더) 좋다
就这样吧 jiù zhèyàng ba 이렇게 하자

Ⓐ 21公斤，就这样吧。
Èrshíyī gōngjīn, jiù zhèyàng ba.
21kg, 이렇게 하시죠.

Ⓑ 好的，谢谢您!
Hǎo de, xièxie nín!
네, 고맙습니다!

오늘의 일기

🔊 041 - 03

回国的时候，我准备了很多礼物。
Huíguó de shíhou, wǒ zhǔnbèi le hěn duō lǐwù.
귀국할 때 나는 선물을 많이 준비했다.

可是，每人只能托运一件行李，而且不能超过20公斤。
Kěshì, měi rén zhǐ néng tuōyùn yí jiàn xíngli, érqiě bùnéng chāoguò èrshí gōngjīn.
하지만 개인당 짐은 하나만 탁송 가능하고, 게다가 20kg을 초과할 수 없다고 한다.

我背着的包已经装满了，托运的箱子还是超重。
Wǒ bēizhe de bāo yǐjīng zhuāngmǎn le, tuōyùn de xiāngzi háishi chāozhòng.
내가 등에 멘 가방은 이미 꽉 찼고, 탁송하는 상자는 뜻밖에도 중량을 초과했다.

罚款太贵了，所以我只好把东西放在了朋友的箱子里。
Fákuǎn tài guì le, suǒyǐ wǒ zhǐhǎo bǎ dōngxi fàng zài le péngyou de xiāngzi li.
벌금이 너무 비싸서, 물건을 친구의 상자 속에 넣을 수밖에 없었다.

샨샨의 실수 방지 중국 생활

한국인에게 '김치'란 생활에서 빼놓을 수 없는 식량입니다. 유학생이 방학을 이용해 한국에 다녀갈 때 엄마가 바리바리 싸 주시는 것들 중 필수 아이템이기도 하죠. 하지만 특유의 시큼한 냄새 때문에 비행기에 실게 해 줄까 걱정되기도 합니다. 처음 김치를 들고 중국에 가던 날, 봉지로 여러 겹 포장하여 쇼핑백에 넣고 공항검색대를 통과하려고 했습니다. 짐칸에 싣는 것보다 직접 들고 가는 것이 더 안전할 것이라는 계산에서였는데요, 그러나 앞에서 바로 제지당했습니다. 상자에 넣어 부치라는 것이었습니다. 다시 탑승 수속 창구로 나왔고, 바로 근처 공항 안에 있는 택배 운송회사 창구에서 박스를 구매해 무사히 김치를 가져갈 수 있었습니다. 참고로 이런 경우 검색대에서도 편의를 봐 줘 박스를 부치고 오면 빠르게 통과할 수 있게 도와줍니다.

공항 보안검색대 통과하기

◉ 042-01

A 这边安检! 电脑, IPAD,
Zhèbiān ānjiǎn! Diànnǎo, IPAD,

充电宝都提前拿出来。
chōngdiànbǎo dōu tíqián ná chūlái.
보안검색은 이쪽입니다! 컴퓨터[노트북], 아이패드, 보조 배터리 모두 미리 꺼내세요.

> 중국 공항에서는 '태블릿 PC (平板电脑 píngbǎn diànnǎo)'를 흔히들 '아이패드'로 통칭해요.

> 알아듣지 못해 지시에 따르지 못하면 곤란하겠죠? 보조 배터리는 '充电宝 chōngdiànbǎo'라고 합니다.

B 手机呢?
Shǒujī ne?
휴대전화는요?

A 手机放筐里吧, 我看一下您的护照和登机牌。
Shǒujī fàng kuāng li ba, wǒ kàn yíxià nín de hùzhào hé dēngjīpái.
휴대전화는 바구니에 담으세요. 여권과 탑승권 확인하겠습니다.

B 给您。
Gěi nín.
여기 있습니다.

A 您把外套脱了, 围巾摘了, 也放筐里。
Nín bǎ wàitào tuō le, wéijīn zhāi le, yě fàng kuāng li.
외투 벗으시고 목도리도 빼시고, 바구니에 담으세요.

B 好的。
Hǎo de.
네.

A 好了, 您过去吧。
Hǎo le, nín guòqù ba.
됐습니다. 지나가세요.

검색대 통과 후

C 您这边请, 请把靴子脱掉, 换上拖鞋。
Nín zhèbiān qǐng, qǐng bǎ xuēzi tuōdiào, huànshàng tuōxié.
이쪽으로 오세요. 부츠는 벗으시고, 슬리퍼로 갈아신으세요.

단어+표현 ◉ 042-02

- 安检 ānjiǎn 보안검색
- 电脑 diànnǎo 컴퓨터[노트북]
- 充电宝 chōngdiànbǎo 보조 배터리
- 提前 tíqián 미리, 사전에
- 筐 kuāng 바구니
- 登机牌 dēngjīpái 탑승권
- 外套 wàitào 외투
- 脱 tuō 벗다
- 围巾 wéijīn 목도리
- 摘 zhāi 벗다
- 靴子 xuēzi 부츠, 장화
- 脱掉 tuōdiào 벗어 버리다
- 换上 huànshàng 갈아입다
- 拖鞋 tuōxié 슬리퍼
- 查 chá 조사하다
- 真严 zhēn yán 정말(真) 엄격하다(严)
- 哪位 nǎ wèi 어느 분
- 雨伞 yǔsǎn 우산

B 哇！查得真严。
Wā! Chá de zhēn yán.
와! 검색이 정말 까다롭네요.

C 这是哪位的包？里面有雨伞，请拿出来。
Zhè shì nǎ wèi de bāo? Lǐmiàn yǒu yǔsǎn, qǐng ná chūlái.
이거 어느 분 가방이죠? 안에 우산 있습니다. 꺼내 주세요.

오늘의 일기

🔊 042-03

虽然机场的安检方式都差不多。
Suīrán jīchǎng de ānjiǎn fāngshì dōu chàbuduō.
물론 공항의 보안검색 방식은 다 비슷하다.

但是在北京首都机场安检的时候，我特别紧张。
Dànshì zài Běijīng Shǒudū jīchǎng ānjiǎn de shíhou, wǒ tèbié jǐnzhāng.
하지만 베이징 수도공항에서 보안검색을 할 때, 나는 특히 긴장이 됐다.

因为安检口的工作人员说话特别快，而且要求特别多。
Yīnwèi ānjiǎnkǒu de gōngzuò rényuán shuōhuà tèbié kuài, érqiě yāoqiú tèbié duō.
왜냐하면 보안검색 입구에 있는 직원의 말이 특히 빨랐고, 요구사항도 너무 많았기 때문이다.

我一开始根本听不懂，现在好多了，大概能明白他们说什么。
Wǒ yì kāishǐ gēnběn tīngbudǒng, xiànzài hǎo duō le, dàgài néng míngbai tāmen shuō shénme.
처음에는 전혀 못 알아들었는데, 지금은 많이 나아져서 대략 무슨 말을 하는지 알아들을 수 있다.

샨샨의 실수 방지 중국 생활

공항 보안검색의 절차는 어느 나라나 비슷합니다. 검색대 입구에 줄을 서 있으면 카메라, 노트북, 스마트폰 등의 전자제품은 가방에서 꺼내 놓는다거나 모자나 외투는 벗으라는 등, 보안요원들이 목청을 높이며 반복하여 안내하는 소리를 들을 수 있어요. 처음 중국에 갔을 때는 빠른 멘트에 정신이 쏙 빠질 정도였지만, 점점 알아들을 수 있게 되니 뿌듯한 마음이 들기도 했답니다. 재미있는 것은 멘트 중에 "태블릿 PC를 꺼내 놓으세요."가 있는데, 이때 태블릿 PC를 '平板电脑 píngbǎn diànnǎo'라 하지 않고, 아이패드(IPAD)라고 한다는 점입니다. 다들 알다시피 아이패드는 미국 애플사(社)의 태블릿 PC 브랜드명이죠. '대일밴드'나 '스카치 테이프'처럼 특정 브랜드명이 일반명사화된 경우입니다. 한국 제품이 아닌 것이 조금은 아쉽습니다.

에피소드 043

보안검색대에서 재검 받기

🔘 043 - 01

Ⓐ 这是哪位的包？
Zhè shì nǎ wèi de bāo?
이거 어느 분 가방이죠?

Ⓑ 是我的，怎么了？有问题吗？
Shì wǒ de, zěnme le? Yǒu wèntí ma?
제 것입니다. 왜요? 문제 있나요?

Ⓐ 请打开一下，里面有水杯吧？
Qǐng dǎkāi yíxià, lǐmiàn yǒu shuǐbēi ba?
열어 보세요. 안에 물병 있죠?

Ⓑ 啊，对！保温杯里有水，我忘了。
À, duì! Bǎowēnbēi li yǒu shuǐ, wǒ wàng le.
아, 맞다! 보온병 안에 물이 있어요. 까먹었네요.

Ⓐ 水倒掉重新过一下。
Shuǐ dàodiào chóngxīn guò yíxià.
물은 따라 버리시고, 다시 통과하세요.

> 보안검색대에서 들을 수 있는 한 마디! "다시 통과하세요!"

Ⓑ 好的，真不好意思。
Hǎo de, zhēn bù hǎoyìsi.
네, 정말 죄송합니다.

Ⓐ 外面的口袋里是不是有打火机？
Wàimiàn de kǒudài li shì bu shì yǒu dǎhuǒjī?
바깥쪽 주머니 안에 라이터 있습니까?

Ⓑ 啊！对！我忘了扔掉。
À! duì! Wǒ wàng le rēngdiào.
아! 맞다! 버리는 걸 잊었어요.

Ⓐ 您拿出来吧。
Nín ná chūlái ba.
꺼내세요.

단어+표현 🔘 043 - 02

问题 wèntí 문제
请 qǐng (상대가 어떤 일을 하기 바라는 의미로) ~하세요
打开 dǎkāi 열다
水杯 shuǐbēi 물병
保温杯 bǎowēnbēi 보온병
忘了 wàng le 잊다
倒掉 dàodiào
(물, 액체를) 따라 버리다
重新 chóngxīn 다시, 재차
过一下 guò yíxià 지나가다
外面 wàimiàn 바깥쪽
口袋 kǒudài 주머니
打火机 dǎhuǒjī 라이터
扔掉 rēngdiào 버리다

오늘의 일기

🔊 043 - 03

通过安检的时候，我提前把电脑什么的都拿出来了。
Tōngguò ānjiǎn de shíhou, wǒ tíqián bǎ diànnǎo shénme de dōu ná chūlái le.
보안검색을 통과할 때, 나는 미리 컴퓨터[노트북] 등을 모두 꺼냈다.

但是，没想到，还是发生了问题。
Dànshì, méi xiǎngdào, háishi fāshēng le wèntí.
하지만 생각지도 못하게 또 문제가 생겼다.

保温杯里有一点儿水，而且我忘了把打火机扔掉。
Bǎowēnbēi li yǒu yìdiǎnr shuǐ, érqiě wǒ wàng le bǎ dǎhuǒjī rēngdiào.
보온병 안에 물이 약간 있었던 데다가 라이터 버리는 것을 잊었다.

很多人在后面排队，都看着我，我特别紧张。
Hěn duō rén zài hòumiàn páiduì, dōu kànzhe wǒ, wǒ tèbié jǐnzhāng.
많은 사람들이 뒤에 줄을 선 채로 모두 나를 보고 있어서, 너무 긴장됐다.

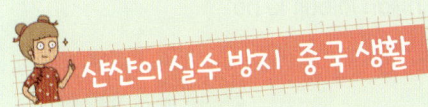

중국에서는 공항은 물론 기차역과 지하철 안, 심지어 박물관이나 전시회장 안에서도 보안검색대를 만날 수 있습니다. 제복을 입은 보안요원이 심각한 얼굴로 삼엄한 분위기를 조성하는데, 검색 당하는 입장에서는 무척 번거로운 일입니다. 소지하는 물건은 되도록 간단히 하는 것이 불필요한 검문을 줄일 수 있는 방법입니다. 무슨 검색대가 이리 많을까 싶지만, 어마어마한 인구와 다양한 민족이 모여 살다 보면 예상치 못한 돌발 사건이 일어날 수 있고, 이를 방지해야 하니 이해가 되는 풍경이기도 합니다. 검색대에 소지품을 한 번 통과시키기만 하면 되므로 크게 긴장할 일도 아니고 말입니다. 자주 마주치는 이 보안검색대에서 가장 많이 지적 받는 요주의 물품이 있는데, 바로 물병입니다. 가방 안에 물병 하나 달랑 들었을 뿐인데, 박물관에 들어가려다 이 물병 때문에 종종 저지당하게 됩니다. 혹 수상한 액체가 들은 것은 아닐까 하는 이유에서입니다. 제 한 친구는 앞에서 검문 받던 사람이 물병을 버리는 것을 보고, 가지고 있던 음료수를 원샷했던 적이 있었다고 합니다. 하지만 사실 방금 산 음료수를 버린다거나 다 마셔 버릴 필요는 없습니다. 보통은 수상한 액체가 아닌지 마셔 보라고 한 후 통과시켜 주기 때문입니다.

공항에서 액체용품 보관하기

🔊 044-01

A 你好，包里有液体物品吧？
Nǐ hǎo, bāo li yǒu yètǐ wùpǐn ba?
안녕하세요, 가방 안에 액체용품이 있죠?

B 啊！是这个吧？是爽肤水。
À! Shì zhège ba? Shì shuǎngfūshuǐ.
아, 이거죠? 토너예요.

A 是120ml的，
Shì yìbǎi èrshí háoshēng de,

按照规定不能带100ml以上的液体物品。
ànzhào guīdìng bùnéng dài yìbǎi háoshēng yǐshàng de yètǐ wùpǐn.
120ml네요. 규정에 따르면 100ml 이상의 액체용품을 휴대할 수 없습니다.

B 啊，怎么办？这是昨天刚买的。
À, zěnme bàn? Zhè shì zuótiān gāng mǎi de.
아, 어쩌죠? 이거 어제 막 산 건데.

A 可以出去托运。
Kěyǐ chūqù tuōyùn.
나가서 부칠 수 있습니다.

B 还有二十分钟就要登机了，时间来不及了吧？
Háiyǒu èrshí fēnzhōng jiùyào dēngjī le, shíjiān láibují le ba?
20분 뒤엔 탑승해야 하는데, 시간 못 맞추겠죠?

> 제시간 안에 도착할 수 있는지, 시간을 맞출 수 있는지 묻고 싶을 땐 '来得及吗? Láidejí ma? (제때 맞출 수 있나요?)', '来不及了吧? Láibují le ba? (시간을 못 맞추겠죠?)' 등으로 물어볼 수 있어요.

A 你还回来吗？
Nǐ hái huílái ma?

回来的话就在机场保管一下。
Huílái dehuà jiù zài jīchǎng bǎoguǎn yíxià.
다시 돌아오시나요? 다시 오시는 거면 공항에 보관하세요.

B 好的，在哪儿保管？
Hǎo de, zài nǎr bǎoguǎn?
네. 어디에 보관하나요?

단어+표현 🔊 044-02

液体物品 yètǐ wùpǐn 액체용품
爽肤水 shuǎngfūshuǐ 토너(toner), 스킨
毫升 háoshēng 밀리리터(ml)
按照 ànzhào ~에 따르다
规定 guīdìng 규정
以上 yǐshàng ~이상
出去 chūqù 나가다
托运 tuōyùn 탁송하다
就要 jiùyào 머지않아, 곧
登机 dēngjī 탑승하다
时间 shíjiān 시간
来不及 láibují 제시간에 댈 수 없다
回来 huílái 되돌아오다
机场 jīchǎng 공항
保管 bǎoguǎn 보관하다
台子 táizi 데스크
填 tián 기입하다
张 zhāng 장 [종이나 가죽을 세는 단위]
单子 dānzi 리스트, 목록

Ⓐ 那边有个台子，在那儿填张单子就行了。
Nàbiān yǒu ge táizi, zài nàr tián zhāng dānzi jiùxíng le.
저쪽에 데스크가 있어요. 거기서 리스트에 기입하시면 됩니다.

Ⓑ 太好了，我马上回来。
Tài hǎo le, wǒ mǎshàng huílái.
잘됐네요. 금방 올게요.

오늘의 일기

044-03

北京的空气特别干，所以我总是随身带着爽肤水。
Běijīng de kōngqì tèbié gān, suǒyǐ wǒ zǒngshì suíshēn dàizhe shuǎngfūshuǐ.
베이징의 공기는 특히 건조해서 나는 항상 토너를 휴대한다.

这次去旅游的时候忘了托运，安检的时候被发现了。
Zhè cì qù lǚyóu de shíhou wàng le tuōyùn, ānjiǎn de shíhou bèi fāxiàn le.
이번에 여행갔을 때 탁송하는 것을 잊어버리고 보안검색을 할 때 발견됐다.

还有二十分钟就要登机了，出去办托运的话肯定来不及了。
Háiyǒu èrshí fēnzhōng jiùyào dēngjī le, chūqù bàn tuōyùn dehuà kěndìng láibují le.
수속완료까지는 20분밖에 남지 않아서, 나가서 탁송하려면 분명히 시간이 안 된다.

还好机场里有保管处，回来的时候可以取。
Hái hǎo jīchǎng li yǒu bǎoguǎnchù, huílái de shíhou kěyǐ qǔ.
다행히 공항 안에 보관소가 있어서, 돌아올 때 찾을 수 있었다.

샨샨의 실수 방지 중국 생활

공항검색대를 무사히 통과하려면 액체류가 대부분인 화장품은 부치는 짐에 넣어 두는 것이 가장 안전합니다. 하지만 저는 건조한 피부인지라 비행기를 탈 때 간단한 로션이나 미스트는 규정에 맞게 총 100ml 이하로 준비해 투명파우치에 넣어 휴대하는 편입니다. 비행기 안은 무척 건조하기 때문에 어쩔 수 없습니다. 그런데 베이징에서 잠시 체류했을 때, 한 번은 정신을 어디에다 뒀는지 전날에 구매한 대용량 로션을 가방에 무심코 넣어 보안검색대를 통과한 적이 있습니다. 이미 검색대 앞에 늘어선 긴 줄을 지나온 터라 무척 난감했습니다. 그리고 비싼 화장품을 버려야 하나 걱정이 되었고요. 다행히도 한 달간 보관해 주는 서비스가 있었고, 검색대로 되돌아 올 때는 직원용 통로를 통해 빠르게 지날 수 있었습니다. 어느 상황에서나 방법을 찾으면 살 길이 있기 마련이구나라는 진리를 깨닫는 순간이었습니다.

에피소드 045

항공편 취소로 숙소 배정받기

🔊 045 - 01

A 已经等了两个小时了，怎么还不起飞？
Yǐjīng děng le liǎng ge xiǎoshí le, zěnme hái bù qǐfēi?
이미 두 시간이나 기다렸어요. 왜 아직도 이륙을 안 하나요?

B 刚刚得到通知，由于天气原因，
Gānggāng dédào tōngzhī, yóuyú tiānqì yuányīn,
本次航班取消。
běn cì hángbān qǔxiāo.
막 통보가 왔는데, 기상 원인으로 이번 항공편은 취소됐습니다.

> 항공편 운항의 취소나 지연의 대부분이 날씨인 경우가 많으니 이 표현은 숙지해 두세요.

A 什么？那我们住在哪儿？
Shénme? Nà wǒmen zhù zài nǎr?
뭐라고요? 그럼 우린 어디서 묵죠?

B 请各位旅客拿好行李，下飞机，
Qǐng gè wèi lǚkè ná hǎo xíngli, xià fēijī,
我们安排了车和酒店。
wǒmen ānpái le chē hé jiǔdiàn.
손님 여러분, 짐을 잘 챙기시고 비행기에서 내려 주십시오. 저희가 차량과 호텔을 배정했습니다.

A 什么酒店？
Shénme jiǔdiàn?
무슨 호텔이요?

B 是机场附近的快捷酒店。
Shì jīchǎng fùjìn de kuàijié jiǔdiàn.
공항 근처의 익스프레스 호텔입니다.

A 是一人一个房间吗？
Shì yì rén yí ge fángjiān ma?
1인 1실인가요?

B 不好意思，是标准间，两位一个房间。
Bù hǎoyìsi, shì biāozhǔnjiān, liǎng wèi yí ge fángjiān.
죄송합니다. 일반실이고, 2인 1실입니다.

단어+표현

🔊 045 - 02

- **起飞** qǐfēi 이륙하다
- **刚刚** gānggāng 지금, 막
- **得到** dédào 얻다, 획득하다
- **通知** tōngzhī 통지, 알리다
- **由于** yóuyú ~때문에
- **天气** tiānqì 기상, 날씨
- **原因** yuányīn 원인
- **本次航班** běn cì hángbān 이번 항공편
- **取消** qǔxiāo 취소하다
- **请** qǐng 부탁하다, 요구하다
- **旅客** lǚkè 여행객
- **安排** ānpái 배정하다
- **酒店** jiǔdiàn 호텔
- **快捷酒店** kuàijié jiǔdiàn 익스프레스(express) 호텔
- **一人一个房间** yì rén yí ge fángjiān 1인 1실
- **标准间** biāozhǔnjiān 일반실
- **多不方便啊** duō bù fāngbiàn a 얼마나 (多) 불편(不方便) 하겠어
- **不认识** bú rènshi 모르다, 안면이 없다
- **克服** kèfú 참고 견디다

Ⓐ 那多不方便啊！都是不认识的人。
　　Nà duō bù fāngbiàn a! Dōu shì bú rènshi de rén.
　　그럼 얼마나 불편하겠어요! 전부 잘 모르는 사람들인데.

Ⓑ 真不好意思，请您克服一下。
　　Zhēn bù hǎoyìsi, qǐng nín kèfú yíxià.
　　정말 죄송합니다. 참아주세요.

오늘의 일기

🔊 045-03

今天真倒霉，趁周末出去旅游，回北京的时候下暴雨了。
Jīntiān zhēn dǎoméi, chèn zhōumò chūqù lǚyóu, huí Běijīng de shíhou xià bàoyǔ le.
오늘 정말 재수가 없다. 주말을 이용해 여행을 갔다가 베이징으로 돌아올 때 폭우가 내렸다.

在飞机里等了两个小时，结果航班取消了。
Zài fēijī li děng le liǎng ge xiǎoshí, jiéguǒ hángbān qǔxiāo le.
비행기 안에서 2시간을 기다렸는데, 결국에는 항공편이 취소됐다.

航空公司给我们安排了机场附近的快捷酒店。
Hángkōng gōngsī gěi wǒmen ānpái le jīchǎng fùjìn de kuàijié jiǔdiàn.
항공사는 우리에게 공항 근처의 익스프레스 호텔을 배정해 줬다.

我得和陌生人住一个房间，真不方便！
Wǒ děi hé mòshēngrén zhù yí ge fángjiān, zhēn bù fāngbiàn!
낯선 사람과 한방에서 지내야 한다니, 정말 불편하다!

샨샨의 실수 방지 중국 생활

중국에서 한두 시간 비행기 이륙 지연은 빈번한 일입니다. 심지어 대여섯 시간을 기다리는 일도 허다합니다. 공항에서 한참을 기다리다 지쳐, 지연사유를 아무리 따져 물어도 대부분은 명확히 설명해 주지 않기 때문에 그저 하염없이 기다릴 수밖에 없습니다. 이륙 지연을 처음 접한 사람들은 항공사 측에 화를 내며 항의하지만 이미 자주 겪은 사람들은 보통 달관한 표정으로 그 상황을 묵묵히 견뎌냅니다. 화를 내 봤자 나만 손해고, 어차피 기다릴 만큼 기다려야 비행기가 뜬다는 것을 잘 알고 있기 때문입니다. 물론 지연으로 인해 중요한 회의에 참석하지 못하는 사태가 발생한다면 마냥 느긋할 수만은 없습니다. 하지만 연착은 불가항력인지라 상대가 양해해 주는 경우가 대부분입니다. 상황에 따라 다르지만 예전에는 날씨, 항공기 고장 등의 이유로 6시간 이상 이륙 지연이나 항공편이 취소되었는데 자정을 넘겼다면 항공사 측에서 숙소와 식사를 제공해 줬습니다. 하지만 2017년 1월 1일을 기점으로 탑승자가 부담하는 것으로 변경되었습니다. 연착되고 지연되는 것도 억울한데 예정에 없던 비용도 지출해야 한다니, 생각만 해도 원통합니다.

기내식 먹기

🔘 046 - 01

A 您好，牛肉面还是鸡肉饭？
Nín hǎo, niúròumiàn háishi jīròufàn?
안녕하세요. 소고기면 하시겠습니까? 닭고기 덮밥 하시겠습니까?

B 我要鸡肉饭。
Wǒ yào jīròufàn.
닭고기 덮밥 주세요.

A 给您，您喝点儿什么？
Gěi nín, nín hē diǎnr shénme?
여기 있습니다. 무엇을 마시겠습니까?

B 我要啤酒。
Wǒ yào píjiǔ.
맥주 주세요.

A 好的。旁边这位女士，您需要什么？
Hǎo de. Pángbiān zhè wèi nǚshì, nín xūyào shénme?
네. 옆에 계신 여성분은 무엇으로 드릴까요?

C 我要牛肉面，热茶有吗？
Wǒ yào niúròumiàn, rèchá yǒu ma?
소고기면 주시고요, 따뜻한 차 있나요?

A 有，给您。
Yǒu, gěi nín.
네, 드리겠습니다.

B 再给我一杯咖啡吧，不要糖，不要奶。
Zài gěi wǒ yì bēi kāfēi ba, búyào táng, búyào nǎi.
커피 한 잔도 주세요. 설탕 없이, 크림 없이요.

A 好的，给您，还需要别的吗？
Hǎo de, gěi nín, hái xūyào biéde ma?
네, 드리겠습니다. 더 필요하신 게 있나요?

> 기내에서 커피를 주문할 때, 설탕과 크림이 필요하면 '加糖，加奶 jiā táng, jiā nǎi'라고 요청하세요.

단어+표현 🔘 046 - 02

牛肉面 niúròumiàn 소고기면
鸡肉饭 jīròufàn 닭고기 덮밥
给 gěi (~에게) ~를 주다
啤酒 píjiǔ 맥주
旁边 pángbiān 옆
这位 zhè wèi 이 분
女士 nǚshì 여사, 숙녀
需要 xūyào 필요하다
热茶 rèchá 따뜻한 차
咖啡 kāfēi 커피
糖 táng 설탕
奶 nǎi 크림
别的 biéde 다른 것

B 不要了，谢谢!
Búyào le, xièxie!
없어요, 감사합니다!

오늘의 일기

🔊 046 - 03

飞机餐虽然不太好吃，但是不得不吃。
Fēijīcān suīrán bú tài hǎochī, dànshì bùdébù chī.
기내식이 비록 별로 맛은 없지만, 어쩔 수 없이 먹어야 한다.

我一般每次都要鸡肉饭，还有一听啤酒。
Wǒ yìbān měi cì dōu yào jīròufàn, háiyǒu yì tīng píjiǔ.
보통은 매번 닭고기 덮밥, 그리고 맥주 한 캔을 시킨다.

另外，我吃完饭以后有喝咖啡的习惯。
Lìngwài, wǒ chī wán fàn yǐhòu yǒu hē kāfēi de xíguàn.
또 하나, 나는 밥을 다 먹은 후 커피를 마시는 습관이 있다.

因为要减肥，所以不要糖也不要奶，只喝黑咖啡。
Yīnwèi yào jiǎnféi, suǒyǐ búyào táng yě búyào nǎi, zhǐ hē hēi kāfēi.
다이어트를 해야 하기 때문에 설탕이나 크림은 넣지 않고, 블랙커피로만 마신다.

샨샨의 실수 방지 중국 생활

그 나라 음식을 고루 먹어 보는 것도 좋은 공부가 될 수 있습니다. 그래서 한국 음식을 지양하고 중국 현지식을 주식으로 삼겠다고 결심하는 유학생들도 많습니다. 중국에는 어딜 가나 한국 음식점이 있으니 한국 음식만 먹고 지낼 수도 있겠지만, 비용 문제는 둘째 치더라도 현지식을 주식으로 삼는 것이 '현지 생활자'로서의 예의라고 생각합니다. 그래도 기름진 중국 음식을 먹다 보면, 매콤 칼칼한 고추장이 종종 아쉬울 때가 있습니다. 고슬고슬한 중국 볶음밥에 고추장을 살살 비벼 먹으면, 이만한 퓨전음식도 없습니다. 중국에서 유학을 하거나 장기체류를 하는 상황이라면 현지 한국 슈퍼마켓에 고추장 정도야 브랜드별로 모두 있으니 쉽게 구매할 수 있습니다. 그런데 출장자라면 고추장을 들고 가기도 번거로울 텐데 묘책은 있습니다. 주로 한국 국적기를 타고 출장 가는 저는 기내식에서 제공해 주는 작은 튜브 고추장을 챙겨둡니다. 기내식을 나눠줄 때 튜브 고추장이 제공되지 않았을 경우, 따로 요구하면 가져다 줍니다. 하나 더 달라고 해서 두 개 정도 챙겨 두면 아주 요긴합니다. 중국 음식이 입에 맞지 않아 고생하는 동료에게 주면 얼마나 고마워 한다고요! 소소한 팁이지만 아주 유용하니 기억해 두세요.

입국 신고하기

🔊 047 - 01

Ⓐ 入境卡填了吗?
Rùjìngkǎ tián le ma?
입국 신고서 기입하셨나요?

Ⓑ 啊!我忘了!
À! Wǒ wàng le!
아! 잊었어요!

Ⓐ 在那边填一下再过来吧。
Zài nàbiān tián yíxià zài guòlái ba.
저쪽에서 기입하시고 다시 오세요.

입국 신고서 기입 후

Ⓑ 填好了,给您。
Tián hǎo le, gěi nín.
다 적었어요, 여기요.

Ⓐ 来北京学习吗? 去哪个学校?
Lái Běijīng xuéxí ma? Qù nǎge xuéxiào?
베이징에 공부하러 오시는 건가요? 어느 학교 가시죠?

Ⓑ 去北京大学,学一年汉语。
Qù Běijīng Dàxué, xué yì nián Hànyǔ.
베이징 대학교에 갑니다. 중국어를 1년 공부하려고요.

Ⓐ 地址和联系方式呢? 怎么没写?
Dìzhǐ hé liánxì fāngshì ne? Zěnme méi xiě?
주소와 연락처는요? 왜 안 적으셨어요?

Ⓑ 我打算住大学宿舍,手机号码还没有呢。
Wǒ dǎsuàn zhù dàxué sùshè, shǒujī hàomǎ hái méiyǒu ne.
저는 대학 기숙사에서 살 예정이에요. 휴대전화번호는 아직 없어요.

Ⓐ 那地址就写北京大学,然后留一个宿舍电话。
Nà dìzhǐ jiù xiě Běijīng Dàxué, ránhòu liú yí ge sùshè diànhuà.
그러면 주소는 베이징 대학교라고 쓰신 다음에 기숙사 전화번호를 남겨 주세요.

단어+표현 🔊 047 - 02

入境卡 rùjìngkǎ 입국 신고서
填 tián 기입하다, 써 넣다
过来 guòlái 오다, 다가오다
填好了 tián hǎo le 기입을 마치다
学习 xuéxí 배우다, 공부하다
学校 xuéxiào 학교
北京大学 Běijīng Dàxué 베이징 대학교
一年 yì nián 1년
地址 dìzhǐ 주소
联系方式 liánxì fāngshì 연락처
写 xiě 쓰다, 적다
打算 dǎsuàn ~할 계획이다
住 zhù 살다, 거주하다
宿舍 sùshè 기숙사
手机号码 shǒujī hàomǎ 휴대전화번호
然后 ránhòu 그 다음에
留 liú 남기다
宿舍电话 sùshè diànhuà 숙소 전화번호
明白了 míngbai le 알겠습니다, 이해했습니다

'중국어를 1년 공부한 적 있어요.'라고 할 때 많은 분들이 '学过汉语一年。Xué guo Hànyǔ yì nián.'이라고 하는데, '学过一年(的)汉语。Xué guo yì nián (de) Hànyǔ.'가 맞습니다. '동사+시간사+목적어' 순으로 시간, 기간을 나타내는 표현이 목적어를 꾸며 주는 형태입니다.

B 好的，明白了。
Hǎo de, míngbai le.
네, 알겠습니다.

오늘의 일기

047-03

我决定休学一年，去北京留学，好好学习汉语。
Wǒ juédìng xiūxué yì nián, qù Běijīng liúxué, hǎohǎo xuéxí Hànyǔ.
나는 1년 휴학하기로 결정하고, 베이징에 유학 가서 중국어를 마음껏 공부해 보기로 했다.

北京大学特别有名，所以我申请了那儿的语言课程。
Běijīng Dàxué tèbié yǒumíng, suǒyǐ wǒ shēnqǐng le nàr de yǔyán kèchéng.
베이징 대학교는 아주 유명하기 때문에, 나는 그곳의 어학 과정을 신청했다.

办入境手续的时候，工作人员问了我很多问题。
Bàn rùjìng shǒuxù de shíhou, gōngzuò rényuán wèn le wǒ hěn duō wèntí.
입국 절차를 밟을 때 직원이 나에게 많은 질문을 했다.

他说得很快，而且不清楚，我有点儿紧张。
Tā shuō de hěn kuài, érqiě bù qīngchu, wǒ yǒudiǎnr jǐnzhāng.
그는 말하는 속도가 빠른 데다가 불분명해서 나는 좀 긴장했다.

샨샨의 실수 방지 중국 생활

중국 어디를 가는 항공편이든 착륙 전에 기내 안에서 입국 신고서를 나눠 줍니다. 성명, 여권과 비자 번호, 숙소와 연락처 등의 정보를 기입하는 손바닥만 한 종이카드인데요, 착륙 후 공항 로비에도 비치되어 있지만 빠른 입국 수속을 위해서는 되도록 기내에서 작성하고 여권에 끼워두는 것이 좋습니다. 숙소 정보는 어디로 적어야 하나 고민할 수 있는데, 출장길이라면 머무는 호텔명을, 유학길이라면 학교명을 간단히 적으면 됩니다. 그리고 입국 신고서 작성을 위한 볼펜이 없다면, 승무원에게 요청하면 됩니다. 보통 여분을 주머니에 넣고 다니며, 탑승객이 요청할 경우 건네줍니다. 볼펜 여분이 부족할 때는 다시 돌려달라고 하기도 하지만, 보통은 그냥 가져갈 수 있게 하고 따로 거둬 가지는 않습니다. 항공사 로고가 있는 펜을 주기도 하는데, 기념으로 삼기 좋습니다. 그리고 또 하나, 혹시 공항에서 여행사를 통해서 온 단체 관광객이 보이면, 빠른 걸음으로 그들을 앞서가는 것이 상책입니다. 규모가 있는 공항은 단체와 개인의 탑승 수속 창구를 구분하지만, 중국의 소도시 공항은 그렇지 않거든요. 만약 단체 골프여행객과 마주치게 되면 그들이 짐을 다 실을 때까지 한참을 기다려야 하는 사태가 벌어집니다.

비행기 이륙 지연으로 식사 제공받기

🔊 048 - 01

Ⓐ 不是十二点十分登机吗？现在都快一点了！
Bú shì shí'èr diǎn shí fēn dēngjī ma? Xiànzài dōu kuài yī diǎn le!
12시 10분 탑승 아닌가요? 지금 벌써 1시예요!

Ⓑ 不好意思，还要再等一下。
Bù hǎoyìsi, hái yào zài děng yíxià.
죄송합니다. 조금만 더 기다려 주셔야 합니다.

Ⓐ 为什么？飞机不是到了吗？
Wèishénme? Fēijī bú shì dào le ma?
왜죠? 비행기 도착한 거 아닌가요?

Ⓑ 飞机刚到，需要打扫一下。
Fēijī gāng dào, xūyào dǎsǎo yíxià.
비행기가 방금 도착해서 청소가 필요합니다.

Ⓐ 那什么时候可以起飞？
Nà shénme shíhou kěyǐ qǐfēi?
그러면 언제 이륙 가능하죠?

> 이륙 지연 상황에서 답답한 마음에 꼭 한번 쓰게 되는 한 마디. "언제 이륙하죠?!"

Ⓑ 现在还不知道，您在附近等一下广播通知。
Xiànzài hái bù zhīdào, nín zài fùjìn děng yíxià guǎngbō tōngzhī.
지금은 아직 모릅니다. 근처에서 안내방송을 기다려 주세요.

Ⓐ 我连早饭都没吃，快饿死了。
Wǒ lián zǎofàn dōu méi chī, kuài è sǐ le.
저 아침밥도 못 먹었어요. 배고파 죽겠네요.

Ⓑ 这儿有饼干，您先吃点儿吧，还有矿泉水。
Zhèr yǒu bǐnggān, nín xiān chī diǎnr ba, háiyǒu kuàngquánshuǐ.
여기 과자류가 있으니 우선 좀 드세요. 그리고 생수도 있습니다.

Ⓐ 好的，快点儿吧！
Hǎo de, kuài diǎnr ba!
알겠습니다. 빨리 좀요!

단어+표현 🔊 048 - 02

不是……吗 bú shì……ma ~아닌가요?
登机 dēngjī 탑승하다
现在 xiànzài 지금
都 dōu 이미, 벌써
快 kuài 곧, 머지않아
刚到 gāng dào 방금(刚) 도착하다(到)
打扫 dǎsǎo 청소하다
起飞 qǐfēi 이륙하다
附近 fùjìn 부근, 근처
广播通知 guǎngbō tōngzhī 안내방송
连……都 lián……dōu ~조차도, ~마저도
早饭 zǎofàn 아침밥
快饿死了 kuài è sǐ le 곧(快) 배고파 죽겠다(饿死了)
饼干 bǐnggān 과자
矿泉水 kuàngquánshuǐ 생수
快点儿 kuài diǎnr 빨리
耐心 nàixīn 참을성이 있다

B 请您耐心地等一下，马上就好。
Qǐng nín nàixīn de děng yíxià, mǎshàng jiù hǎo.
인내심을 가지고 기다려 주세요. 금방 됩니다.

오늘의 일기

🔊 048-03

在中国的机场，飞机经常晚点，今天也不例外。
Zài Zhōngguó de jīchǎng, fēijī jīngcháng wǎndiǎn, jīntiān yě bú lìwài.
중국 공항에서는 비행기가 자주 연착되는데, 오늘도 예외가 아니었다.

应该十二点十分登机，等了快一个小时。
Yīnggāi shí'èr diǎn shí fēn dēngjī, děng le kuài yí ge xiǎoshí.
분명 12시 10분 탑승인데 한 시간 가까이 기다렸다.

工作人员告诉我，飞机刚到，需要打扫，还要等。
Gōngzuò rényuán gàosu wǒ, fēijī gāng dào, xūyào dǎsǎo, hái yào děng.
직원이 알려 주길, 비행기가 막 도착해 청소가 필요해서 더 기다려야 한단다.

我连早饭都没吃，快饿死了，真倒霉！
Wǒ lián zǎofàn dōu méi chī, kuài è sǐ le, zhēn dǎoméi!
나는 아침밥도 못 먹었는데, 곧 배고파 죽을 것 같다. 정말 운이 없다!

샨샨의 실수 방지 중국 생활

앞에서 말씀드렸다시피 중국에서 이륙 지연은 참 자주 일어나는 일입니다. 한두 시간은 기본이고, 5시간 이상을 대기했는데 돌연 이륙이 취소되기도 합니다. 항공사에 지연 이유를 물어도 기상 악화, 비행기 점검 지연 등 그저 통상적인 답변으로 일관하니 더 답답한 노릇입니다. 어느 해에 베이징, 난징, 상하이, 선전을 지나는 출장을 다녀온 적이 있습니다. 난징에서 상하이로 넘어가는 때였던 것으로 기억하는데, 이륙 지연으로 공항에서 장시간 대기하다 어둑해져서야 겨우 탑승했습니다. 그렇게 탑승을 하고도 한참을 대기했는데, 승무원이 오더니 밥을 나눠 주는 겁니다. 좁은 국내선에 앉아 몇 숟가락 입에 넣었을까요? 갑자기 부웅~ 하며 이륙을 하더라고요. 아주 스릴 있는 한 끼였습니다. 친구 하나가 농담처럼 말하길, "이륙 지연입니다. (航班延误。Hángbān yánwù.)"보다 "먼저 식사하세요. (先吃饭吧。Xiān chīfàn ba.)"라는 말이 더 두렵다고 하더라고요. 이는 장시간 대기해야 한다는 뜻이기 때문입니다. 피할 수 없으면 견뎌야겠죠! 이륙 지연을 대비한 책이나 영화 몇 편은 항상 구비하시길 추천합니다.

전화로 호텔 예약하기

🔊 049-01

A 你好，幸福酒店吧？明天有空房间吗？
Nǐ hǎo, xìngfú jiǔdiàn ba? Míngtiān yǒu kòng fángjiān ma?
안녕하세요, 행복호텔이죠? 내일 빈방 있나요?

B 您稍等，我查一下。有，您要几间？
Nín shāo děng, wǒ chá yíxià. Yǒu, nín yào jǐ jiān?
잠시 기다려 주세요, 찾아볼게요. 있습니다. 몇 개 원하시나요?

A 一间，住两晚，30号退房。
Yì jiān, zhù liǎng wǎn, sānshí hào tuìfáng.
하나요. 이틀 밤 묵을 거고, 30일에 체크아웃하려고요.

> '방 하나에, 이틀 밤 투숙'이란 뜻입니다. 숙소 예약 시 몇 개의 방에서 며칠 묵을 것인지는 필수 정보죠. '~间, 住~晚'으로 암기해 두세요.

B 大床没有了，双床可以吗？
Dàchuáng méiyǒu le, shuāngchuáng kěyǐ ma?
킹 사이즈 침대는 없고, 더블 침대 괜찮으세요?

A 没问题，我们正好两个人。
Méi wèntí, wǒmen zhènghǎo liǎng ge rén.
괜찮습니다. 우리는 마침 두 명이에요.

B 请告诉我一下您的名字和联系方式。
Qǐng gàosu wǒ yíxià nín de míngzi hé liánxì fāngshì.
성함과 연락처 알려주세요.

A 我姓金，金娜娜，手机号码12345678。
Wǒ xìng Jīn, Jīn Nàna, shǒujī hàomǎ yāo èr sān sì wǔ liù qī bā.
김 씨고, 김나나입니다. 휴대전화번호는 12345678입니다.

B 好，金小姐，明天入住，双床，两晚，订好了。
Hǎo, Jīn xiǎojiě, míngtiān rùzhù, shuāngchuáng, liǎng wǎn, dìng hǎo le.
네, 미스 김, 내일 체크인하시고, 더블 침대, 이틀, 예약 완료했습니다.

A 对了，能不能早点儿入住？
Duì le, néng bu néng zǎodiǎnr rùzhù?

我明天早上就到了。
Wǒ míngtiān zǎoshang jiù dào le.
맞다, 일찍 체크인 가능한가요? 저는 내일 아침에 도착해요.

단어+표현 🔊 049-02

空房间 kōng fángjiān 빈방
稍等 shāo děng 잠깐 기다리다
查一下 chá yíxià 찾아보다
几间 jǐ jiān (방) 몇 개, 몇 칸
一间 yì jiān (방) 하나, 한 칸
住 zhù 숙박하다, 살다
两晚 liǎng wǎn 이틀 저녁, 이틀
退房 tuìfáng 체크아웃하다
大床 dàchuáng 킹 사이즈 침대
双床 shuāngchuáng 더블 침대
正好 zhènghǎo 딱 맞다, 마침
两个人 liǎng ge rén 두 명
告诉 gàosu 말하다, 알리다
金小姐 Jīn xiǎojiě 미스 김
入住 rùzhù 숙박하다, 체크인하다
订好了 dìng hǎo le 예약을 마치다
早点儿 zǎodiǎnr 일찍
以后 yǐhòu 이후
帮 bāng 돕다, 거들다

Ⓑ 您到了以后，我帮您看看有没有空房间吧。
Nín dào le yǐhòu, wǒ bāng nín kànkan yǒu méiyǒu kòng fángjiān ba.
도착하신 후에 빈방이 있는지 없는지 확인해 드리겠습니다.

오늘의 일기

🔊 049 - 03

好朋友来北京找我玩儿，我的宿舍太小了，住不下。
Hǎo péngyou lái Běijīng zhǎo wǒ wánr, wǒ de sùshè tài xiǎo le, zhùbuxià.
친한 친구가 베이징에 놀러오는데, 내 숙소는 너무 작아서 지내기 어렵다.

我本来打算订个快捷酒店，跟她一起住。
Wǒ běnlái dǎsuàn dìng ge kuàijié jiǔdiàn, gēn tā yìqǐ zhù.
원래는 익스프레스 호텔을 예약해 함께 지낼 예정이었다.

但是她想住得舒服点儿，所以订了五星级酒店。
Dànshì tā xiǎng zhù de shūfu diǎnr, suǒyǐ dìng le wǔxīngjí jiǔdiàn.
하지만 친구는 편한 곳에 묵길 원해서 5성급 호텔을 예약했다.

一天差不多一千块，心疼死我了。
Yì tiān chàbuduō yìqiān kuài, xīnténg sǐ wǒ le.
하루에 약 1000위안이라니, 아까워 죽겠다.

샨샨의 실수 방지 중국 생활

호텔, 게스트하우스, 여관 등 어느 숙박시설에 묵든지 침대 타입 외에도 선택할 수 있는 다른 조건이 무엇일지 생각하고 꼼꼼히 물어야 합니다. 특히 저는 호텔의 경우 비싼 돈을 주고 묵는 것이니 가능한 선에서 요구 조건을 적극적으로 말하는 편입니다. 예를 들면, '10층 이상에 바다가 보이고, 그전 투숙객이 흡연을 하지 않은 금연 방을 달라'는 식입니다. 금연 방이라고 내주는데 종종 흡연의 흔적이 강한 방을 주며 공기청정기를 넣어 주겠다고 하는 경우가 있어요. 이럴 때는 과감히 방을 바꿔달라고 요구합니다. 호텔 근처 위락시설로 인해 밤에 소음이 심한 경우에도 조용한 방으로 달라 말하곤 하는데요, 이 정도는 비용을 내고 조용히 쉴 권리를 구매한 투숙객으로서 당연히 요구할 수 있는 것이라고 생각합니다.

117

에피소드 050

호텔 체크인하기

🔊 050 - 01

A 你好，入住。
Nǐ hǎo, rùzhù.
안녕하세요, 체크인할게요.

'체크인할게요.'란 뜻입니다. 반대로 '체크아웃할게요.'는 '退房 tuìfáng'입니다. 무언가를 상대에게 요청할 때는 '要+동사'를 써서 '我要入住[退房]. Wǒ yào rùzhù[tuìfáng].'라고 해야 할 것 같지만, '요구'를 강조하는 것으로 들릴 수 있으므로, '入住', '退房'이라고 말하는 것이 더 자연스럽습니다.

B 您好，您用什么名字预订的?
Nín hǎo, nín yòng shénme míngzi yùdìng de?
안녕하세요, 어떤 성함으로 예약하셨나요?

A 金娜娜，黄金的金，女字旁的娜。
Jīn Nàna, huángjīn de jīn, nǚ zì páng de nà.
김나나요. 황금(금)의 '금', 계집 여 자가 있는 글자 '나'입니다.

B 好的，查到了。您订了一个标准间。
Hǎo de, chádào le. Nín dìng le yí ge biāozhǔnjiān.
네, 확인했습니다. 일반실 하나 예약하셨네요.

A 对，我要双床，无烟房，房费已经付了。
Duì, wǒ yào shuāngchuáng, wúyānfáng, fángfèi yǐjīng fù le.
맞아요, 더블 침대에 금연 방이요. 숙박료는 이미 냈습니다.

B 好的，请给我护照，我复印一下。
Hǎo de, qǐng gěi wǒ hùzhào, wǒ fùyìn yíxià.
네, 여권 주세요. 복사하겠습니다.

A 给。啊，对了! 包括早餐吧?
Gěi. À, duì le! Bāokuò zǎocān ba?
여기요. 아, 맞다! 조식 포함이죠?

B 对，包括两位的早餐，
Duì, bāokuò liǎng wèi de zǎocān,

六点半到九点半在一楼用餐。
liù diǎn bàn dào jiǔ diǎn bàn zài yī lóu yòngcān.
맞습니다. 두 분의 조식이 포함되어 있습니다. 6시 반에서 9시 반까지 1층에서 드시면 됩니다.

A 好的，拿房卡过去就行吧?
Hǎo de, ná fángkǎ guòqù jiùxíng ba?
네. 방 카드 가져가면 되는 거죠?

단어 + 표현 🔊 050 - 02

用 yòng 쓰다, 사용하다
预订 yùdìng 예약하다
黄金 huángjīn 황금
女字旁 nǚ zì páng
계집여자변(부수)
查到 chádào 찾아내다, 알아내다
标准间 biāozhǔnjiān 일반실
无烟房 wúyānfáng 금연 방
房费 fángfèi 숙박료
付 fù 돈을 지불하다
护照 hùzhào 여권
复印 fùyìn 복사하다
包括 bāokuò 포함하다
早餐 zǎocān 조식
用餐 yòngcān 식사를 하다
拿 ná 쥐다, 잡다
房卡 fángkǎ 방 카드
过去 guòqù 가다
房间 fángjiān 방
层 céng 층

B 对，这是房卡，您的房间在20层。
Duì, zhè shì fángkǎ, nín de fángjiān zài èrshí céng.
네, 여기 방 카드입니다. 방은 20층입니다.

오늘의 일기

🔊 050 - 03

旅游的时候很累，所以住宿条件非常重要。
Lǚyóu de shíhou hěn lèi, suǒyǐ zhùsù tiáojiàn fēicháng zhòngyào.
여행할 때는 피곤하므로, 숙소 조건이 무척 중요하다.

我一般上网找特价的高级酒店。
Wǒ yìbān shàngwǎng zhǎo tèjià de gāojí jiǔdiàn.
그래서 나는 보통 온라인에서 특가의 고급호텔을 찾는다.

这次，我去上海旅游，订了一家五星级酒店。
Zhè cì, wǒ qù Shànghǎi lǚyóu, dìng le yì jiā wǔxīngjí jiǔdiàn.
이번에 나는 상하이 여행을 가는데, 5성급 호텔을 예약했다.

早餐很好吃，床也很舒服，我非常满意。
Zǎocān hěn hǎochī, chuáng yě hěn shūfu, wǒ fēicháng mǎnyì.
조식이 맛있고 침대도 편해서 나는 무척 만족스럽다.

샨샨의 실수 방지 중국 생활

숙박시설에서는 보통 숙박료 이외에 보증금, 즉 '押金 yājīn'을 받습니다. 물론 퇴실 시 돌려주는 돈입니다. 저는 대학생 시절, 실크로드를 따라 배낭여행을 다녀온 적이 있는데, 첫 숙박 장소인 게스트하우스에서 숙박료 외에 돈을 또 달라고 해서 안되는 중국어로 한참을 싸웠던 기억이 있습니다. 첫 해외여행에서 속지 말아야겠다는 생각이 강한 나머지 상대의 이야기에 귀를 기울이지 못했고, 더불어 중국어를 잘 알아듣지 못해 생긴 일입니다. 물론 '押金 yājīn'이라는 단어를 몰랐다는 것이 핵심입니다. 지금 생각해 보면, 죄 없는 종업원에게 너무 당당히 화를 냈던 것이 미안하기 그지없습니다. '押金 yājīn'은 숙박료 미납부, 열쇠 분실, 기물 파손 등을 대비해 받아 두었다가 돌려주는 돈입니다. 따라서 퇴실 시 문제가 없다면 바로 환불해 주니 안심하시고, 영수증만 잃어버리지 않도록 잘 챙겨 두시면 됩니다.

오션뷰 방 요청하기

🔊 051-01

A 你好，请问标准间还有吗?
Nǐ hǎo, qǐngwèn biāozhǔnjiān háiyǒu ma?
안녕하세요. 일반실 아직 있나요?

B 有，您住几天?
Yǒu, nín zhù jǐ tiān?
있습니다. 며칠 묵으시나요?

A 三天，30号退房。
Sān tiān, sānshí hào tuìfáng.
另外，能不能加一张床?
Lìngwài, néng bu néng jiā yì zhāng chuáng?
3일이고, 30일에 체크아웃하려고요. 그리고 침대 하나 추가할 수 있나요?

B 好的，没问题，需要再加一百块，可以吗?
Hǎo de, méi wèntí, xūyào zài jiā yìbǎi kuài, kěyǐ ma?
네, 가능합니다. 100위안을 추가해야 하는데, 괜찮으신가요?

A 这么贵? 那早餐是三个人的吗?
Zhème guì? Nà zǎocān shì sān ge rén de ma?
그렇게 비싸요? 조식은 3인 포함인가요?

B 对，可以包含三位的早餐。
Duì, kěyǐ bāohán sān wèi de zǎocān.
맞습니다. 3인 조식 포함 가능합니다.

A 好吧，那就这样吧。有海景房吗?
Hǎo ba, nà jiù zhèyàng ba. Yǒu hǎijǐngfáng ma?
좋아요, 그럼 이렇게 해 주세요. 오션뷰 방 있나요?

> 바다를 보러 간 여행이라면 이왕이면 바다가 보이는 방으로 요청하세요.
> '我要海景房! Wǒ yào hǎijǐngfáng!'

B 不好意思，海景房都住满了，只有山景房了。
Bù hǎoyìsi, hǎijǐngfáng dōu zhù mǎn le, zhǐyǒu shānjǐngfáng le.
죄송합니다. 오션뷰 방은 다 찼고, 마운틴뷰 방만 있습니다.

A 那明天有海景房的话，可以换一下吗?
Nà míngtiān yǒu hǎijǐngfáng dehuà, kěyǐ huàn yíxià ma?
그럼 내일 오션뷰 방 나오면 바꿀 수 있나요?

단어+표현 🔊 051-02

几天 jǐ tiān 며칠
三天 sān tiān 3일
另外 lìngwài 이외에, 이밖에
加 jiā 추가하다
一张床 yì zhāng chuáng 침대 하나
一百块 yìbǎi kuài 100위안
三个人 sān ge rén 3인, 3명
包含 bāohán 포함하다
就这样吧 jiù zhèyàng ba 이렇게 하자
海景房 hǎijǐngfáng 오션뷰 방
住满了 zhù mǎn le 숙박(住)이 다 찼다(满了)
只有 zhǐyǒu ~만 있다, ~밖에 없다
山景房 shānjǐngfáng 마운틴뷰 방
如果 rúguǒ 만약
安排 ānpái 배정하다, 일을 처리하다

🅑 没问题，如果有的话，我帮您安排。
Méi wèntí, rúguǒ yǒu dehuà, wǒ bāng nín ānpái.
네, 만약 나오면 배정해 드리겠습니다.

오늘의 일기

🔊 051 - 03

儿子放暑假了，我们一家三口去海边度假。
Érzi fàng shǔjià le, wǒmen yì jiā sān kǒu qù hǎibian dùjià.
아들이 여름방학을 맞아, 우리 가족 세 명이 바닷가에 가서 휴가를 보냈다.

我上网找了半天，订了一个评价最高的海边酒店。
Wǒ shàngwǎng zhǎo le bàntiān, dìng le yí ge píngjià zuì gāo de hǎibian jiǔdiàn.
나는 인터넷에서 한참을 찾아서, 가장 높은 평가를 받은 해변가 호텔을 예약했다.

我本来打算要个海景房，一边喝红酒一边看海。
Wǒ běnlái dǎsuàn yào ge hǎijǐngfáng, yìbiān hē hóngjiǔ yìbiān kàn hǎi.
나는 원래 오션뷰 방에서 와인을 마시며 해변을 볼 계획이었다.

可是服务员说都住满了，只剩山景房了，太可惜了！
Kěshì fúwùyuán shuō dōu zhù mǎn le, zhǐ shèng shānjǐngfáng le, tài kěxī le!
하지만 직원이 (오션뷰 방은) 이미 다 찼고, 마운틴뷰 방만 남아있다고 했다. 정말 아쉬웠다!

샨샨의 실수 방지 중국 생활

호텔 객실은 크기, 고급진 정도, 위치에 따라 등급이 있습니다. 기본 객실인 스탠다드 룸(strandard room)은 뜻 그대로 '标准间 biāozhǔnjiān'이라고 합니다. 그리고 슈페리어 룸(superior room)은 '高级房 gāojífáng', 디럭스 룸(deluxe room)은 '豪华房 háohuáfáng', 이그제큐티브 룸(executive room)은 '商务间 shāngwùjiān', 스위트 룸(suite room)은 '豪华套房 háohuá tàofáng'입니다. 호텔과 관련된 용어는 대부분 영어인데요, 하지만 각 표현들을 중국어로 하면 무엇인지 찾아보는 것이 중국어 학습자의 기본 자세라고 생각합니다. 재미있는 것은, 영어로는 잘 안 와 닿았던 개념이 뜻글자인 중국어로 보면 딱~ 알겠는 경험을 하게 된다는 점입니다.

호텔 편의시설 이용하기

🔊 052 - 01

A 你好。请问，能打印文件吗?
Nǐ hǎo. Qǐngwèn, néng dǎyìn wénjiàn ma?
안녕하세요. 뭐 하나 여쭙겠습니다. 서류 프린팅 가능한가요?

> 의외로 퍼뜩 안 떠오르는 사무실용 단어. '인쇄하다'는 '打印 dǎyìn', '복사하다'는 '复印 fùyìn'이에요. '스캔하다'는 '扫描 sǎomiáo'입니다.

B 5楼有商务中心，打印、复印、发传真都可以。
Wǔ lóu yǒu shāngwù zhōngxīn, dǎyìn, fùyìn, fā chuánzhēn dōu kěyǐ.
5층에 비즈니스 센터가 있어요. 프린팅, 복사, 팩스 전송 모두 가능합니다.

A 收费吗?
Shōufèi ma?
유료인가요?

> 서비스 이용 시 유료 유무를 확인하는 것은 필수죠. 개인적으로 '무료인가요? (免费吗? Miǎnfèi ma?)'라고 묻기보다는 '유료인가요? (收费吗? Shōufèi ma?)'가 더 고급지게 느껴져요.

B 对，费用可以加在房费里。
Duì, fèiyòng kěyǐ jiā zài fángfèi li.
맞습니다. 비용은 숙박료에 포함하실 수 있습니다.

A 好的，知道了。还有，健身房在哪儿?
Hǎo de, zhīdào le. Háiyǒu, jiànshēnfáng zài nǎr?
네, 알겠습니다. 그리고 피트니스 센터는 어디 있나요?

B 健身房和游泳池在地下一层，
Jiànshēnfáng hé yóuyǒngchí zài dìxià yī céng,
出示房卡就可以，都是免费的。
chūshì fángkǎ jiù kěyǐ, dōu shì miǎnfèi de.
피트니스 센터와 수영장은 지하 1층에 있습니다. 방 카드 제시하시면 되고요, 모두 무료입니다.

A 好的，健身房提供运动服吗?
Hǎo de, jiànshēnfáng tígōng yùndòngfú ma?
네. 피트니스 센터에서 운동복 주나요?

B 是的，付50块押金，
Shì de, fù wǔshí kuài yājīn,
用完了可以退给您。
yòng wán le kěyǐ tuì gěi nín.
네. 보증금으로 50위안을 내시면, 사용 후 환불해 드립니다.

단어+표현 🔊 052 - 02

打印 dǎyìn 프린트하다
文件 wénjiàn 서류
楼 lóu 층
商务中心 shāngwù zhōngxīn 비즈니스 센터
发传真 fā chuánzhēn 팩스를 보내다
收费 shōufèi 비용을 받다, 유료로 하다
费用 fèiyòng 비용
加在 jiā zài ~에(在) 더하다(加)
健身房 jiànshēnfáng 피트니스 센터
游泳池 yóuyǒngchí 수영장
地下一层 dìxià yī céng 지하 1층
出示 chūshì 제시하다
提供 tígōng 제공하다
运动服 yùndòngfú 운동복
押金 yājīn 보증금
用完了 yòng wán le 사용(用)을 끝내다(完了)
退给您 tuì gěi nín 당신(您)에게(给) 환불해(退) 주다
开门 kāimén 문을 열다

Ⓐ 几点开门呢?
Jǐ diǎn kāimén ne?
몇 시에 여나요?

Ⓑ 早上六点半到晚上十点。
Zǎoshang liù diǎn bàn dào wǎnshang shí diǎn.
아침 6시 반부터 저녁 10시까지입니다.

오늘의 일기

🔘 052 - 03

我去出差,特别忙,周末也要在酒店里工作。
Wǒ qù chūchāi, tèbié máng, zhōumò yě yào zài jiǔdiàn li gōngzuò.
출장을 갔는데 너무 바빠서 주말에도 호텔에서 일을 했다.

我整理好材料以后,去商务中心打印。
Wǒ zhěnglǐ hǎo cáiliào yǐhòu, qù shāngwù zhōngxīn dǎyìn.
자료를 정리한 후에, 비즈니스 센터에 가서 출력했다.

那儿什么都有,跟办公室差不多。
Nàr shénme dōu yǒu, gēn bàngōngshì chàbuduō.
그곳에는 뭐든 있어서 사무실과 별반 차이가 없었다.

然后,我去健身房做了一会儿运动,还游了一会儿泳。
Ránhòu, wǒ qù jiànshēnfáng zuò le yíhuìr yùndòng, hái yóu le yíhuìr yǒng.
그러고 난 후, 피트니스 센터에 가서 운동을 좀 하고, 수영도 잠시 했다.

샨샨의 실수 방지 중국 생활

출장지에서 바쁘게 업무를 보다 보면, 투숙하는 호텔이 아무리 좋은 곳이라 해도 잠만 자다 나오는 경우가 많습니다. 어느 날은 심지어 일정 때문에 호텔비에 포함되어 있는 조식도 못 챙겨먹는 경우가 있죠. 배고픈 건 둘째 치더라도 경비 낭비라는 생각이 듭니다. 이럴 때는 카운터에 조식 테이크아웃이 되는지 문의해 보시길 추천합니다. 어느 정도 규모 있는 호텔의 경우 출근 전 잠시 조식 식당에 들러 테이크아웃을 요청하면 커피 또는 차와 함께 샌드위치나 빵, 과일 등을 도시락처럼 싸 주는데, 저도 최근 들어서야 알게 된 것입니다. 내가 투숙하는 곳은 이런 서비스가 없을 것이라 예단하지 마시고, 직원에게 꼭 물어보시길 바랍니다. 무리한 요청이 아니라면 서비스란 요구한 만큼 누릴 수 있는 것이고, 때로는 없던 혜택도 만들어 낼 수 있습니다.

에피소드 **053**

숙소 내 문제 발생 시 도움 요청하기

🔊 053-01

Ⓐ 你好，1024房间。
Nǐ hǎo, yāo líng èr sì fángjiān.
안녕하세요, 1024호 방인데요.

Ⓑ 你好，需要帮忙吗？
Nǐ hǎo, xūyào bāngmáng ma?
안녕하세요. 무엇을 도와드릴까요?

Ⓐ 马桶好像堵了，水流不下去。
Mǎtǒng hǎoxiàng dǔ le, shuǐ liú bú xiàqù.
변기가 막힌 것 같아요. 물이 안 내려가네요.

'변기가 막혔어요.' 이런 긴박한 상황은 언제든 있을 수 있어요. 기억해 두세요.

Ⓑ 好的，您稍等，我们马上派人过去。
Hǎo de, nín shāo děng, wǒmen mǎshàng pài rén guòqù.
네, 잠시만요. 바로 사람 보내겠습니다.

잠시 후

Ⓒ 您好，您的马桶堵了，是吗？
Nín hǎo, nín de mǎtǒng dǔ le, shì ma?
안녕하세요. 변기가 막혔죠?

Ⓐ 对，您看一下吧。
Duì, nín kàn yíxià ba.
맞아요. 봐 주세요.

Ⓒ 是不是什么东西掉进去了？
Shì bu shì shénme dōngxi diào jìnqù le?
혹시 어떤 물건을 안에 빠뜨리셨어요?

Ⓐ 不知道，我刚入住，什么都没用呢。
Bù zhīdào, wǒ gāng rùzhù, shénme dōu méi yòng ne.
모르겠어요. 방금 체크인했고, 아무것도 사용하지 않았어요.

Ⓒ 要不然，给您换个房间，您看怎么样？
Yào bùrán, gěi nín huàn ge fángjiān, nín kàn zěnmeyàng?
아니면 방을 바꿔 드릴게요. 어떠세요?

🔊 053-02

帮忙 bāngmáng 도움을 주다
马桶 mǎtǒng 변기
好像 hǎoxiàng 마치 ~와 같다
堵 dǔ 막히다
流不下去 liú bú xiàqù 아래로 흘러내려가지 못하다
派人过去 pài rén guòqù 사람을 파견(派人)해서 가게 하다(过去)
东西 dōngxi 물건
掉 diào 떨어뜨리다
进去 jìnqù 들어가다
没用 méi yòng 사용하지 않았다
要不然 yào bùrán 그렇지 않으면
换 huàn 교환하다, 바꾸다
老顾客 lǎogùkè 단골손님
发生 fāshēng 발생하다
这样 zhèyàng 이와 같다
问题 wèntí 문제
应该 yīnggāi ~해야 한다
升级 shēngjí 격상하다, 업그레이드하다

A 我是老顾客了，发生这样的问题，是不是应该升级？
Wǒ shì lǎogùkè le, fāshēng zhèyàng de wèntí, shì bu shì yīnggāi shēngjí?
저 여기 단골인데, 이런 문제가 발생했으면 업그레이드 해 주셔야 하는 거 아니에요?

오늘의 일기

🔊 053-03

这次出差还是住在老地方，分公司附近的连锁酒店。
Zhè cì chūchāi háishi zhù zài lǎodìfang, fēn gōngsī fùjìn de liánsuǒ jiǔdiàn.
이번 출장에서도 늘 묵던 곳에서 지냈는데, (회사)지점 부근의 체인 호텔이다.

可是刚入住就发现马桶堵了，水流不下去。
Kěshì gāng rùzhù jiù fāxiàn mǎtǒng dǔ le, shuǐ liú bú xiàqù.
하지만 막 체크인했을 때, 변기가 막혀 물이 안 내려가는 것을 발견했다.

我给前台打了电话，马上就有人过来，给我换了房间。
Wǒ gěi qiántái dǎ le diànhuà, mǎshàng jiù yǒurén guòlái, gěi wǒ huàn le fángjiān.
서비스 데스크에 전화를 하니 직원이 바로 왔고, 방을 바꿔 줬다.

虽然有点儿麻烦，但是我对这里的服务态度很满意。
Suīrán yǒudiǎnr máfan, dànshì wǒ duì zhèlǐ de fúwù tàidù hěn mǎnyì.
비록 좀 귀찮았지만, 이곳의 서비스 태도에 무척 만족했다.

샨샨의 실수 방지 중국 생활

외국에서 생활하다 보면 다채롭고 풍부한 경험을 할 것 같지만, 개인에 따라 국내와 별반 다를 바 없거나, 오히려 더 단조로울 수 있습니다. 제가 아는 분은 상하이에서 한국인을 상대로 교육 사업을 하시는데요, 한인촌에서 주로 한국인을 상대하다 보니 체류기간이 8년을 넘었지만 겨우 기초 중국어 정도만 하실 수 있는 것을 보고 놀란 적이 있습니다. 유학생들의 경우 학교와 숙소만 오가는 생활이 지속되면 혹시 내가 현지에서 생생하게 배울 수 있는 표현을 놓치고 있는 건 아닌가 조바심이 날 때가 있을 거예요. 그럴 때는 '경험을 상상하기'를 권해 봅니다. 특정 상황을 상상하고, 그 상황에서 나올 수 있는 표현을 중국인 친구나 선생님 앞에서 말해 보고 수정받는 겁니다. 예를 들면, '헤어드라이어가 망가졌을 때는 어떻게 말해요?', '그런데 헤어드라이어는 중국어로 뭐라고 하죠?' 등등 이렇게 이어가다 보면, 직접 경험하지 않고도 다양한 표현을 익힐 수 있습니다. 만약 슈퍼마켓에 세제를 사러 갔다면, 점원에게 각종 세제류를 중국어로 뭐라고 하는지 혹은 세제병에 적혀 있는 글자를 어떻게 읽고, 무슨 뜻인지를 물어보는 것도 방법입니다. 이렇게 일상생활에서도 얼마든지 풍부한 어휘 확장이 가능해집니다.

호텔 체크아웃하기

🔘 054 - 01

Ⓐ 你好，退房。1503房间，这是房卡。
Nǐ hǎo, tuìfáng. Yāo wǔ líng sān fángjiān, zhè shì fángkǎ.
안녕하세요. 체크아웃이요. 1503호이고, 방 카드입니다.

Ⓑ 好的，您有消费吗？
Hǎo de, nín yǒu xiāofèi ma?
네, (방에서) 사용하신 것 있나요?

> 숙소에서 체크아웃할 때 꼭 듣는 말이에요. 방 안의 미니바(mini bar) 등 유료용품을 소비했냐고 묻는 것입니다.

Ⓐ 没有。
Méiyǒu.
없어요.

Ⓑ 您确认一下。协议价一天是850，
Nín quèrèn yíxià. Xiéyìjià yì tiān shì bābǎiwǔ,
两天一共1700。
liǎng tiān yígòng yìqiān qī.
확인해 주세요. 계약가는 하루 850위안이고, 이틀에 총 1700위안입니다.

Ⓐ 嗯，没错。
Ǹg, méi cuò.
네, 맞아요.

Ⓑ 没问题的话，请您在这儿签字。
Méi wèntí dehuà, qǐng nín zài zhèr qiānzì.
문제없으면 여기에 사인해 주세요.

Ⓐ 啊，对了，能不能换一张卡结帐？
À, duì le, néng bu néng huàn yì zhāng kǎ jiézhàng?
아, 맞다. 카드 바꿔서 결제해도 되나요?

Ⓑ 可以，请给我之前的卡，
Kěyǐ, qǐng gěi wǒ zhīqián de kǎ,
我帮您取消预授权。
wǒ bāng nín qǔxiāo yùshòuquán.
가능합니다. 먼저 주셨던 카드 주세요. 예약금 취소하겠습니다.

단어+표현 🔘 054 - 02

消费 xiāofèi 소비하다
确认一下 quèrèn yíxià 확인하다
协议价 xiéyìjià 계약가
一天 yì tiān 하루
两天 liǎng tiān 이틀
没错 méicuò 맞다, 틀림없다
在这儿 zài zhèr 여기에
签字 qiānzì 사인하다, 서명하다
一张卡 yì zhāng kǎ 카드 한 장
结账 jiézhàng 결제하다
之前 zhīqián ~이전
取消 qǔxiāo 취소하다
预授权 yùshòuquán 예약금
开一下 kāi yíxià 어 세요, 발행하세요
抬头 táitóu 수취인명, 타이틀
钱 qián 돈
一周 yì zhōu 일주일
之内 zhīnèi ~이내
退回 tuìhuí 돌려주다
注意一下 zhùyì yíxià 주의해 주세요

🅐 给您。还有，帮我开一下发票，抬头是这个。
　　Gěi nín. Háiyǒu, bāng wǒ kāi yíxià fāpiào, táitóu shì zhège.
　　여기 있습니다. 그리고 영수증 발행해 주세요. 수취인명은 이거에요.

🅑 好，您稍等。钱一周之内退回卡里，您注意一下。
　　Hǎo, nín shāo děng. Qián yì zhōu zhīnèi tuì huí kǎ li, nín zhùyì yíxià.
　　네, 잠시만요. 돈은 일주일 내에 카드로 환불됩니다. 주의해 주세요.

오늘의 일기

054 - 03

出差的时候，我一般住我们公司的协议酒店。
Chūchāi de shíhou, wǒ yìbān zhù wǒmen gōngsī de xiéyì jiǔdiàn.
출장 갈 때, 나는 보통 우리 회사와 계약된 호텔에 묵는다.

拿我们公司的名片就可以打八五折，挺划算的。
Ná wǒmen gōngsī de míngpiàn jiù kěyǐ dǎ bā wǔ zhé, tǐng huásuàn de.
회사 명함을 가져가면 15% 할인이 되니, 참 이득이다.

报销出差费用的时候，公司的规定很严格。
Bàoxiāo chūchāi fèiyòng de shíhou, gōngsī de guīdìng hěn yángé.
출장 비용을 정산할 때 회사 규정이 무척 엄격하다.

所以得用指定的卡付房费，发票也要开公司的抬头。
Suǒyǐ děi yòng zhǐdìng de kǎ fù fángfèi, fāpiào yě yào kāi gōngsī de táitóu.
그래서 지정한 카드로 숙박비를 내야 하고, 영수증도 회사명으로 발행해야 한다.

샨샨의 실수 방지 중국 생활

숙박시설의 퇴실 시간은 보통은 12시입니다. 12시를 넘어서 퇴실할 경우 추가요금을 내야 하기 때문에 시간을 지켜야 합니다. 하지만 사정상 퇴실을 미뤄야 할 경우가 생기기도 하죠. 예를 들면, 귀국 항공편 탑승 전 시간이 많이 남거나, 전날의 숙취로 인해 늦잠을 자고 싶은 경우입니다. 카운터에 "좀 늦게 퇴실해도 될까요?(晚点儿退房可以吗? Wǎn diǎnr tuìfáng kěyǐ ma?)"라고 문의해 보세요. 객실이 여유가 있는 경우 편의를 봐 주기도 하기 때문입니다. 짐을 맡겨 두고 잠시 주변을 돌아보고 싶다면 "짐을 맡아 주실 수 있나요?(能存行李吗? Néng cún xíngli ma?)"라고 하시면 됩니다. 어느 곳이나 예외라는 것은 존재함을 잊지 마세요. 흔히들 말하는 case by case, 중국어로는 '그때는 그때고, 지금은 지금이다(此一时彼一时 cǐ yìshí bǐ yìshí)'입니다. 규정을 지키지 말라는 것이 아니라 혹시 가능한지 물어보라는 뜻입니다.

장거리 여객버스 타기

◉ 055 - 01

Ⓐ 工作忙得差不多了，咱们明天去爬华山吧！
Gōngzuò máng de chàbuduō le, zánmen míngtiān qù pá huàshān ba!
일 바쁜 것은 거의 마쳤으니, 우리 내일 화산으로 등산가자!

Ⓑ 好啊。我查一下火车票。
Hǎo a. Wǒ chá yíxià huǒchēpiào.
좋아. 내가 기차표 검색할게.

Ⓐ 火车站太远了，看看市内有没有长途汽车吧.
Huǒchēzhàn tài yuǎn le, kànkan shìnèi yǒu méiyǒu chángtú qìchē ba.
기차역 너무 멀어. 시내에 장거리 버스 있는지 보자.

Ⓑ 好的，我查一下。
Hǎo de, wǒ chá yíxià.

哇！咱们酒店门口就有去华山的车。
Wā! Zánmen jiǔdiàn ménkǒu jiù yǒu qù huàshān de chē.
응, 내가 찾아볼게. 와! 우리 호텔 입구에 화산 가는 차가 있네.

Ⓐ 是吗？太好了！几点出发？
Shì ma? Tài hǎo le! Jǐ diǎn chūfā?
그래? 너무 잘됐다! 몇 시에 출발하는 거야?

Ⓑ 有七点四十的，还有八点半的。
Yǒu qī diǎn sìshí de, háiyǒu bā diǎn bàn de.
7시 40분, 그리고 8시 반에 있어.

Ⓐ 早点儿走吧，早去早回，
Zǎo diǎnr zǒu ba, zǎo qù zǎo huí,

晚上还能逛逛夜市。
wǎnshang hái néng guàngguang yèshì.
일찍 가자. 일찍 갔다가 일찍 돌아오자고. 저녁에는 또 야시장 구경할 수 있잖아.

'빨리 갔다 빨리 오다'를 중국어로 말하면 이렇게 글자수가 확 줄어요!

Ⓑ 好的，那我就订票了，七点四十的两张。
Hǎo de, nà wǒ jiù dìngpiào le, qī diǎn sìshí de liǎng zhāng.
좋아, 그럼 표 예매한다. 7시 40분 표 두 장으로.

단어+표현　◉ 055 - 02

工作 gōngzuò 일
忙得 máng de 바쁜(忙) 정도(得)가
差不多了 chàbuduō le 웬만큼 됐다
爬华山 pá huàshān 화산을 등산하다
火车票 huǒchēpiào 기차표
火车站 huǒchēzhàn 기차역
太远了 tài yuǎn le 너무 멀다
市内 shìnèi 시내
长途汽车 chángtú qìchē 장거리 버스
酒店 jiǔdiàn 호텔
门口 ménkǒu 입구
出发 chūfā 출발하다
早去早回 zǎo qù zǎo huí 일찍 가서 일찍 오다
晚上 wǎnshang 저녁
逛逛 guàngguang 구경하다
夜市 yèshì 야시장
订票 dìngpiào 표를 예매하다
两张 liǎng zhāng 두 장

오늘의 일기 055-03

我和同事一起去西安出差。
Wǒ hé tóngshì yìqǐ qù Xī'ān chūchāi.
나는 동료와 함께 시안으로 출장을 갔다.

工作忙得差不多了，我们俩周末打算去爬华山。
Gōngzuò máng de chàbuduō le, wǒmen liǎ zhōumò dǎsuàn qù pá huàshān.
일 바쁜 것을 거의 마쳐서, 우리 둘은 주말에 화산에 가려고 했다.

动车虽然很快，但是火车站离我们酒店太远了。
Dòngchē suīrán hěn kuài, dànshì huǒchēzhàn lí wǒmen jiǔdiàn tài yuǎn le.
고속철은 비록 빠르기는 하지만, 기차역이 우리 호텔에서 너무 멀었다.

我们打算在酒店门口坐长途车，早去早回，晚上还能逛夜市。
Wǒmen dǎsuàn zài jiǔdiàn ménkǒu zuò chángtúchē, zǎo qù zǎo huí, wǎnshang hái néng guàng yèshì.
우리는 호텔 앞에서 장거리 버스를 타기로 했다. 일찍 가서 일찍 돌아오게 되면 저녁에는 야시장도 구경할 수 있다.

샨샨의 실수 방지 중국 생활

장거리 여객버스는 한국으로 치면 고속터미널에서 타는 시외버스라고 할 수 있습니다. 비용면에서는 비행기나 기차에 비해 저렴할 수 있지만, 개인적으로 저는 선호하지 않습니다. 어디서나 길이 막히는 중국의 교통상황을 고려했을 때 기동력이 생각보다 떨어질 수 있고, 지역에 따라 버스의 상태가 좋지 않은 경우가 있기 때문입니다. 무더운 여름에 에어컨이 고장 난 버스를 타고 장거리를 가야 하는 사태가 벌어진다면, 생각만해도 끔찍합니다. 또 하나 다른 교통편에 비해 기사님의 피로도와 도로 상황에 의해 안전사고가 일어날 가능성이 좌우됩니다. 비포장 도로를 달리면서 반쯤 감은 눈으로 졸음운전을 하는 차를 타 보면, 다시는 장거리 버스를 타지 않겠다고 결심하게 됩니다. 또 어느 기사분은 휴대전화로 통화를 하며 굽은 고갯길을 아슬아슬 운전하기도 했는데, 이 또한 무서웠습니다. 장거리 여객버스를 타더라도 특히 밤에는 더더욱 피하는 것이 좋습니다. 잠든 사이에 귀중품이 사라지는 경우도 발생할 수 있기 때문입니다.

에피소드 056

기차표를 분실했을 때 재발급 요청하기

🔊 056-01

A 您好，问一下。票丢了，应该怎么办？
Nín hǎo, wèn yíxià. Piào diū le, yīnggāi zěnme bàn?
안녕하세요. 뭐 하나 여쭐게요. 표를 잃어버렸는데, 어떻게 해야 하죠?

B 您是哪趟车？
Nín shì nǎ tàng chē?
어떤 차편이죠?

A 六点出发的，到北京的高铁。
Liù diǎn chūfā de, dào Běijīng de gāotiě.
6시에 출발이고요, 베이징에 가는 고속철입니다.

B 还有半个小时发车，现在可以补票，
Háiyǒu bàn ge xiǎoshí fāchē, xiànzài kěyǐ bǔpiào,

请给我身份证。
qǐng gěi wǒ shēnfènzhèng.
30분 후에 출발하는 차편이네요. 지금 재발급 가능합니다. 신분증 주세요.

> 직역하면 '표를 보충(补)하다'로, '표를 재발급하다'라는 뜻이에요. 예매한 기차를 아깝게 놓쳤다면 바로 창구로 가서 '我要补票。Wǒ yào bǔpiào.'라고 하시면 됩니다.

A 我用护照买的，给您。
Wǒ yòng hùzhào mǎi de, gěi nín.
저는 여권으로 산 거예요. 여기 있습니다.

B 手续费2块。
Shǒuxùfèi liǎng kuài.
2위안의 수수료가 있습니다.

수수료를 지불한 후

B 这是您的票。
Zhè shì nín de piào.

补一次就不能再改签了，只能退票。
Bǔ yí cì jiù bùnéng zài gǎiqiān le, zhǐ néng tuìpiào.
이건 차표고요. 1회 재발급하면 다시 변경은 안 되고 환불만 가능합니다.

단어+표현 🔊 056-02

- 票 piào 표
- 丢 diū 잃다, 분실하다
- 哪趟车 nǎ tàng chē 어느(어떤) 편(趟)의 차(车)
- 高铁 gāotiě 고속철, 까오티에
- 半个小时 bàn ge xiǎoshí 30분
- 发车 fāchē 차가 출발하다
- 补票 bǔpiào 표를 재발급하다
- 身份证 shēnfènzhèng 신분증
- 手续费 shǒuxùfèi 수수료
- 补 bǔ 메우다, 보충하다
- 一次 yí cì 한 번, 1회
- 就……了 jiù……le ~한다면(어떠한 조건이면) 즉 ~하다
- 改签 gǎiqiān (표, 티켓 등을) 변경하다
- 只能 zhǐnéng ~할 수밖에 없다
- 退票 tuìpiào 표를 환불하다
- 小心一点儿 xiǎoxīn yìdiǎnr 주의하다
- 重新 chóngxīn 다시, 재차

Ⓐ 好的，没问题。
Hǎo de, méi wèntí.
네, 알겠습니다.

Ⓑ 您小心一点儿，上车以后再丢的话，就只能重新买了。
Nín xiǎoxīn yìdiǎnr, shàngchē yǐhòu zài diū dehuà, jiù zhǐ néng chóngxīn mǎi le.
주의하세요. 승차 후 또 분실하시면 다시 구매하셔야 해요.

오늘의 일기

🔊 056-03

我是个马大哈，总是丢三落四。
Wǒ shì ge mǎdàhā, zǒngshì diū sān là sì.
나는 덜렁이라서 항상 무언가를 잘 잃어버린다.

这次从西安回北京的时候，突然发现火车票不见了。
Zhè cì cóng Xī'ān huí Běijīng de shíhou, tūrán fāxiàn huǒchēpiào bú jiàn le.
이번에 시안에서 베이징으로 돌아올 때 갑자기 기차표가 없어진 것을 발견했다.

还好，离开车时间还有半个小时，可以补票。
Hái hǎo, lí kāichē shíjiān háiyǒu bàn ge xiǎoshí, kěyǐ bǔpiào.
다행히도 차 떠나기 전에 30분이 남아서 재발급이 가능했다.

如果离发车时间不到二十分钟的话，就得重新买了。
Rúguǒ lí fāchē shíjiān bú dào èrshí fēnzhōng dehuà, jiù děi chóngxīn mǎi le.
만약 차 떠나기 20분 전이었으면, 다시 사야만 했다.

샨샨의 실수 방지 중국 생활

기차표를 분실하는 일은 한국에서도 놀랄 수 있는 일인데, 타국에서라면 말도 잘 통하지 않으니 더욱 당황스럽기 그지없는 상황입니다. 우선, 역 창구에 가서 여권(또는 신분증)을 제시하며 분실한 표의 출발지, 도착지, 시간을 말합니다. 표값을 지불하면 '挂失补票 guàshī bǔpiào'라고 적힌 표를 발급해 주는데 그 표를 소지하고 기차에 올라타면 됩니다. 그리고 기차 안 역무원에게 재발급 표임을 말하면, '客运单 kèyùndān'이라는 종이에 경위서를 적어 줍니다. 역무원이 언제 어디서 어떻게 분실했는지를 묻는데, 이때 나름 절박한 상황이니 중국어 방언이 터지는 기적을 경험하게 됩니다. 목적지에 도착한 후 표 반납창구(退票窗口 tuìpiào chuāngkǒu)에 가서 여권, '挂失补票 guàshī bǔpiào'라고 적힌 기차표, '客运单 kèyùndān'을 제출하면, 2위안의 수수료를 제하고 표값을 환불해 줍니다.

기차를 놓쳤을 때 다음 차편으로 바꾸기

🔘 057 - 01

Ⓐ 您好，我没赶上火车，能改签吗？
Nín hǎo, wǒ méi gǎnshàng huǒchē, néng gǎiqiān ma?
안녕하세요. 기차를 놓쳤는데 시간 바꿀 수 있나요?

> 비행기, 열차표의 시간 변경이 필요한 경우 '能改签吗? Néng gǎiqiān ma? (변경 가능한가요?)' 라고 묻습니다.

Ⓑ 您是哪趟车？
Nín shì nǎ tàng chē?
어느 기차였나요?

Ⓐ 六点去北京的。
Liù diǎn qù Běijīng de.
6시에 베이징 가는 거요.

Ⓑ 开车半个小时了，要收手续费。
Kāichē bàn ge xiǎoshí le, yào shōu shǒuxùfèi.
출발한 지 30분 지났네요. 수수료를 내셔야만 합니다.

Ⓐ 行，手续费是多少？
Xíng, shǒuxùfèi shì duōshao?
네, 수수료는 얼마예요?

Ⓑ 票面的20%。
Piàomiàn de bǎi fēn zhī èrshí.
표 가격의 20%입니다.

Ⓐ 没问题，那帮我改签下一趟吧。
Méi wèntí, nà bāng wǒ gǎiqiān xià yí tàng ba.
알겠습니다. 다음 차편으로 바꿔 주세요.

Ⓑ 没位子了，最早的是晚上十一点的。
Méi wèizi le, zuì zǎo de shì wǎnshang shíyī diǎn de.
자리가 없습니다. 가장 이른 것이 저녁 11시 거예요.

Ⓐ 十一点？太晚了。
Shíyī diǎn? Tài wǎn le.

能不能改成明天的？
Néng bu néng gǎichéng míngtiān de?
11시요? 너무 늦네요. 내일 것으로 바꿀 수 있나요?

단어+표현 🔘 057 - 02

没赶上 méi gǎnshàng ~를 놓치다
火车 huǒchē 기차
开车 kāichē 차가 출발하다
收 shōu 받다, 거두다
多少 duōshao 얼마, 몇
票面 piàomiàn 표 액면가
下一趟 xià yí tàng 다음 차편
没位子 méi wèizi 자리가 없다
最早 zuì zǎo 가장 이른
太晚了 tài wǎn le 너무 늦다
改成 gǎichéng ~으로 고치다
不行 bùxíng 안 된다
已经 yǐjīng 이미, 벌써
必须 bìxū 반드시
改 gǎi 바꾸다, 변경하다
当天 dàngtiān 당일

B 不行，火车已经开了，必须改当天的。
Bùxíng, huǒchē yǐjīng kāi le, bìxū gǎi dàngtiān de.
안 됩니다. 기차가 이미 출발했기 때문에 반드시 당일 내의 것으로 변경해야 합니다.

오늘의 일기

🔊 057 - 03

从西安回北京的时候，我在网上订了动车票。
Cóng Xī'ān huí Běijīng de shíhou, wǒ zài wǎngshàng dìng le dòngchēpiào.
시안에서 베이징으로 돌아올 때, 온라인에서 고속철 표를 예매했다.

我打车去火车站。可是路上特别堵，我没赶上火车。
Wǒ dǎchē qù huǒchēzhàn. Kěshì lùshang tèbié dǔ, wǒ méi gǎnshàng huǒchē.
택시를 타고 기차역으로 갔는데, 차가 너무 막혀 기차를 놓쳐 버렸다.

还好可以改签，只要交20%的手续费就行了。
Hái hǎo kěyǐ gǎiqiān, zhǐyào jiāo bǎi fēn zhī èrshí de shǒuxùfèi jiùxíng le.
다행히 기차 시간 변경이 가능했는데, 20%의 수수료만 내면 됐다.

但是下一趟车没位子了，我只好换了晚上十一点的。
Dànshì xià yí tàng chē méi wèizi le, wǒ zhǐhǎo huàn le wǎnshang shíyī diǎn de.
그런데 바로 다음 편에는 자리가 없어서, 저녁 11시 기차로 바꿔야만 했다.

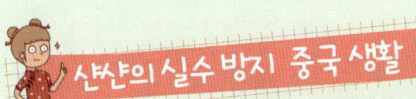

샨샨의 실수 방지 중국 생활

'외국인' 신분으로 사는 것은 참 독특한 경험입니다. 자신을 '한국인입니다'라는 말로 소개해야 하고, 어눌한 말투 때문에 나이와 상관없이 어린아이 취급을 받기도 합니다. 스스로가 젊어졌다는 느낌에 새로운 것에도 쉽게 도전하게 되는 것은 큰 장점이라고 할 수 있겠네요. 하지만 한국에서라면 당연하게 여겨지는 의외의 변수가 외국에서는 큰 돌발 사고처럼 느껴지기도 합니다. 기차를 놓쳤을 때도 비슷한 경우입니다. 한국에서 기차를 놓쳤을 경우 자연스레 창구에 가서 수수료 일부를 떼고 환불을 받습니다. 중국에서도 마찬가지입니다. 최근 규정을 찾아보니, 우선 출발 전 15일 이상 기한이 남았다면 무료입니다. 그리고 15일에서 2일 전이면 5%, 1~2일 전이라면 10%, 당일에는 20%의 수수료를 제하고 환불해 줍니다. 기차를 놓쳤다고 당황하지 마시고 한국에서처럼 절차에 따라 환불받으시거나 다른 시간으로 교환하면 됩니다. 하지만 너무 당황한 나머지 이런 당연한 절차를 잊어버리는 경우가 종종 발생합니다.

에피소드 058

차량 렌트하기

🔊 058 - 01

A 你好, 我想包车, 明天去长城。
Nǐ hǎo, wǒ xiǎng bāochē, míngtiān qù Chángchéng.
안녕하세요. 차를 대여하고 싶어요. 내일 만리장성에 가려고요.

> '包车 bāochē'는 '차량을 대여하다'라는 뜻이에요.

B 你们几个人? 要多大的车?
Nǐmen jǐ ge rén? Yào duō dà de chē?
몇 명이세요? 얼마나 큰 차를 원하시나요?

A 我们五个人, 想要一辆七座的车。
Wǒmen wǔ ge rén, xiǎng yào yí liàng qī zuò de chē.
저희는 5명이고, 7인승 한 대 대여하고 싶습니다.

> 차량 대여 시 당연히 몇 인승을 원하는지 선택해야겠죠. '~座的车 ~zuò de chē'로 표현합니다. 따라서 7인승은 '七座的车 qī zuò de chē'라고 하면 됩니다.

B 好的, 我给您安排一辆商务车。
Hǎo de, wǒ gěi nín ānpái yí liàng shāngwùchē.
네, 밴(van) 한 대 배정해 드릴게요.

A 是新车吗? 空调没问题吧?
Shì xīnchē ma? Kōngtiáo méi wèntí ba?
새 차인가요? 에어컨 문제없죠?

> 차량을 대여할 때 필수 질문이니 기억해 두세요. 대여비용이 너무 저렴하다 싶으면 차량 상태를 의심해 봐야 합니다.

B 放心吧, 没问题。我的车刚跑了半年。
Fàngxīn ba, méi wèntí. Wǒ de chē gāng pǎo le bàn nián.
안심하세요, 문제없습니다. 제 차는 갓 반년 됐어요.

A 我们想去八达岭长城, 一天多少钱?
Wǒmen xiǎng qù Bādálǐng Chángchéng, yì tiān duōshao qián?
저희는 팔달령장성에 가고 싶은데, 하루에 얼마에요?

B 一天800块。
Yì tiān bābǎi kuài.
하루에 800위안입니다.

A 行。我们在假日酒店,
Xíng. Wǒmen zài jiàrì jiǔdiàn,

明天早上七点出发可以吗?
míngtiān zǎoshang qī diǎn chūfā kěyǐ ma?
알겠습니다. 저희는 홀리데이인 호텔에 있고요, 내일 아침 7시에 출발 가능한가요?

단어+표현 🔊 058 - 02

包车 bāochē 차를 대절하다
长城 Chángchéng 만리장성
多大 duō dà 얼마나 큰
一辆 yí liàng (차) 1대
七座 qī zuò 7인승
给 gěi ~에게
安排 ānpái 배정하다
商务车 shāngwùchē 밴(van)
新车 xīnchē 새차
空调 kōngtiáo 에어컨
放心吧 fàngxīn ba 안심하세요
跑 pǎo (차량이) 달리다
半年 bàn nián 반년
八达岭长城 Bādálǐng Chángchéng 팔달령장성
假日酒店 jiàrì jiǔdiàn 홀리데이인 호텔
准时 zhǔnshí 제때에
接 jiē 마중하다

🅑 **好嘞，我明天早上七点准时去酒店接您。**
Hǎolei, wǒ míngtiān zǎoshang qī diǎn zhǔnshí qù jiǔdiàn jiē nín.
알겠습니다. 내일 아침 7시에 호텔로 모시러 갈게요.

오늘의 일기

🔊 058-03

我到北京出差，听中国同事说"不到长城非好汉"。
Wǒ dào Běijīng chūchāi, tīng Zhōngguó tóngshì shuō "Bú dào Chángchéng fēi hǎohàn."
베이징에 출장차 갔는데, 중국 동료에게서 '만리장성에 오르지 않으면 대장부가 아니다'라는 말을 들었다.

所以，我和几个韩国朋友打算周末包车去长城。
Suǒyǐ, wǒ hé jǐ ge Hánguó péngyou dǎsuàn zhōumò bāochē qù Chángchéng.
그래서 나는 몇 명의 한국 친구들과 주말에 차를 대절해 만리장성에 갈 계획이다.

我打电话问了一下，七座的商务车一天800块。
Wǒ dǎ diànhuà wèn le yíxià, qī zuò de shāngwùchē yì tiān bābǎi kuài.
렌트카 회사에 전화해서 문의해 보니, 7인승 밴이 하루에 800위안이라고 한다.

这样的话，我们一个人平均100多，价格还可以。
Zhèyàng dehuà, wǒmen yí ge rén píngjūn yìbǎi duō, jiàgé hái kěyǐ.
이러면 인당 평균 100위안 남짓 정도이니, 가격은 그 정도면 괜찮았다.

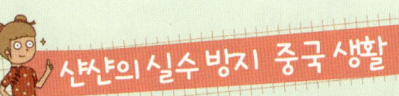
샨샨의 실수 방지 중국 생활

중국에서 기사님을 포함한 차량를 빌리는 것을 '包车 bāochē'라고 합니다. 베이징, 상하이, 선전 등 대도시를 조금만 벗어나도 택시 잡기가 쉽지 않기 때문에 여러 명이 함께 여행을 다니는 경우 차량을 대여하는 것이 훨씬 편리하고 경제적입니다. '包车 bāochē'를 할 때는 믿을 만한 여행사를 통해 보험이 되는지 잘 확인해야 합니다. 중국 어느 지역이나 공항 혹은 기차역을 나서면 택시도 아닌데 차가 있다며 호객행위를 하는 분들이 다가옵니다. 낯선 도시에서 정체를 알 수 없는 차량에 탑승하는 것은 무척 위험한 일입니다. 이런 차량들을 보통 '黑车 hēichē'라고 불러요. 바가지를 쓸 염려도 크니 친절해 보이는 분이 짐을 적극적으로 들어 주며 차량 이용을 권하더라도 쿨하게 무시해야 합니다.

에피소드 059

대리운전 부르기

🔊 059 - 01

A 不行了，今天喝得太多了，头有点儿晕。
Bùxíng le, jīntiān hē de tài duō le, tóu yǒudiǎnr yūn.
안 되겠어, 오늘 너무 많이 마셨어. 머리도 좀 어지럽네.

> '머리가 어질어질하다'는 '头晕 tóuyūn'이에요. '头疼 tóuténg'은 말 그대로 '두통'인데 감기증상의 하나를 지칭하거나, '골치가 아프다'를 형용할 때 쓰여요.

B 我也是。
Wǒ yě shì.

我一会儿打的回去，你怎么走?
Wǒ yíhuìr dǎdī huíqù, nǐ zěnme zǒu?
나도. 나는 좀 이따가 택시 타고 가려고. 너는 어떻게 가?

A 我开车来的，可是肯定开不了了。
Wǒ kāichē lái de, kěshì kěndìng kāi bùliǎo le.
나는 운전해서 왔어. 하지만 분명 운전할 수 없겠지.

B 当然! 叫代驾吧。
Dāngrán! Jiào dàijià ba.
당연하지! 대리운전 부르자.

A 我没叫过，贵不贵?
Wǒ méi jiào guo, guì bu guì?
나는 불러 본 적 없어. 비싸?

B 我有代驾软件，
Wǒ yǒu dàijià ruǎnjiàn,

我看看，从这儿到你家100块，不贵吧?
wǒ kànkan, cóng zhèr dào nǐ jiā yìbǎi kuài, bú guì ba?
나 대리운전 앱 있어. 한번 보자, 여기서 너네 집까지 100위안이야. 안 비싸지?

A 嗯，不贵。帮我叫一个吧。
Ǹg, bú guì. Bāng wǒ jiào yí ge ba.
응, 안 비싸네. 나 하나 불러 줘.

B 好，已经发了，等一会儿吧。
Hǎo, yǐjīng fā le, děng yíhuìr ba.
좋아, 벌써 (정보를) 발송했어. 잠시만 기다려.

단어+표현
🔊 059 - 02

不行了 bùxíng le
안 된다, 안 되겠다

喝得 hē de 마신(喝) 정도(得)가

头 tóu 머리

有点儿 yǒudiǎnr 약간, 조금

晕 yūn 어지럽다

打的 dǎdī 택시를 타다

回去 huíqù 돌아가다

怎么走 zěnme zǒu
어떻게(怎么) 가나요(走)

开车 kāichē 차를 운전하다

肯定 kěndìng 확실히

开不了了 kāi bùliǎo le
운전하지(开) 못하게 되다(不了了)

当然 dāngrán 당연하다

叫 jiào 부르다

代驾 dàijià 대리운전

没叫过 méi jiào guo
불러 본 적 없다

软件 ruǎnjiàn 앱

从……到…… cóng……dào……
~부터 ~까지

发 fā 발송하다

오늘의 일기

🔊 059 - 03

我升职了，所以昨天请同事们吃饭，一高兴就喝多了。
Wǒ shēngzhí le, suǒyǐ zuótiān qǐng tóngshìmen chīfàn, yì gāoxìng jiù hē duō le.
나는 승진을 해서 어제 동료들에게 한턱냈는데, 기쁜 나머지 너무 (술을) 많이 마셨다.

我是开车去的，不知道应该怎么回家。
Wǒ shì kāichē qù de, bù zhīdào yīnggāi zěnme huíjiā.
차를 운전해서 왔는데, 어떻게 집에 가야 할지를 몰랐다.

同事用代驾软件帮我叫了一个司机，价格不太贵。
Tóngshì yòng dàijià ruǎnjiàn bāng wǒ jiào le yí ge sījī, jiàgé bú tài guì.
동료가 대리운전 앱을 사용해 기사님을 불러 줬는데, 가격도 별로 안 비쌌다.

现在智能手机里的应用越来越多，真方便！
Xiànzài zhìnéng shǒujī li de yìngyòng yuè lái yuè duō, zhēn fāngbiàn!
요즘 스마트폰 속 앱이 점점 많아지고 있는데, 정말 편리하다!

샨샨의 실수 방지 중국 생활

중국에서 정착하고 생활하는 경우가 아니라면, 외국인이 직접 운전할 일은 거의 없습니다. 하지만 현지인들과 교류하다 보면 대리운전을 부르는 일이 자연스레 있을 수 있어 이번 에피소드를 꾸며 봤습니다. 음주운전은 중국어로 '酒驾 jiǔjià' 혹은 '醉驾 zuìjià'라고 합니다. 음주운전은 하면 절대 안 되니 이를 방지하기 위해 등장한 서비스가 바로 '대리운전'인데요, '代驾 dàijià'라고 합니다. '酒驾 jiǔjià', '醉驾 zuìjià', '代驾 dàijià'는 각각 '술/취하다/대신하다'라는 단어에 '驾 jià (운전하다)'를 조합하여 만들어졌습니다. 대리운전은 한국에서는 이미 일반적인 서비스이지만, 중국에서는 음주운전에 대한 처벌이 강화되면서 최근 2년 사이에 등장한 개념입니다. 한국은 주로 대리운전 서비스 업체에 전화를 걸어 이용하는 것이 보편적이고 최근 들어 앱을 활용한 서비스가 등장했는데, 대리운전 앱은 전화로 일일이 자신의 위치를 알릴 필요 없이 앱으로 자신의 위치와 도착지를 지정하고 기다리기만 하면 되니 정말 편리합니다. 재미있는 것은 중국은 대리운전의 개념이 한국보다 늦게 등장했으나, 전화로 사람을 부르는 단계를 훌쩍 생략하고 바로 대리운전 앱이 일찌감치 자리잡았다는 점입니다.

비행기와 기차 선택하기

🔊 060 - 01

A 周末咱们去西安玩儿吧。
Zhōumò zánmen qù Xī'ān wánr ba.
우리 주말에 시안 가서 놀자.

B 好啊！我也想去兵马俑。那我现在查一下飞机票。
Hǎo a! Wǒ yě xiǎng qù Bīngmǎyǒng. Nà wǒ xiànzài chá yíxià fēijīpiào.
좋아! 나도 병마용에 가 보고 싶었어. 그러면 내가 지금 비행기 표 찾아볼게.

A 从北京到西安有动车，听说只要五个小时，
Cóng Běijīng dào Xī'ān yǒu dòngchē, tīngshuō zhǐ yào wǔ ge xiǎoshí,

坐动车吧。
zuò dòngchē ba.
베이징에서 시안까지 가는 고속철이 있어. 듣기로는 5시간이면 된다던데. 고속철 타자.

B 五个小时？时间太长了吧？
Wǔ ge xiǎoshí? Shíjiān tài cháng le ba?
5시간? 너무 길지 않나?

A 其实差不多，你想想，
Qíshí chàbuduō, nǐ xiǎngxiang,

从这儿到机场还得一个小时呢。
cóng zhèr dào jīchǎng hái děi yí ge xiǎoshí ne.
사실 비슷해. 생각해 봐, 여기서 공항까지 한 시간 걸리잖아.

B 也是，再加上安检，等飞机的时间……，
Yě shì, zài jiāshàng ānjiǎn, děng fēijī de shíjiān……,

差不多了。
chàbuduō le.
그렇네. 게다가 검색대 통과하고 비행기 기다리는 시간하면……, 비슷하네.

A 而且 飞机经常晚点。
Érqiě fēijī jīngcháng wǎndiǎn.

'晚点 wǎndiǎn'은 '연착하다'란 뜻인데, 다른 표현으로는 '延误 yánwù'라고도 해요. 따라서 '飞机经常延误. Fēijī jīngcháng yánwù.'라고 할 수 있습니다.

最近天气不好，说不定还会取消。
Zuìjìn tiānqì bù hǎo, shuōbudìng hái huì qǔxiāo.
게다가 비행기는 자주 연착되잖아. 최근에 날씨도 안 좋으니 취소될 수도 있고.

단어+표현 🔊 060 - 02

西安 Xī'ān 시안 [지역 이름]
玩儿 wánr 놀다
兵马俑 Bīngmǎyǒng 병마용
飞机票 fēijīpiào 비행기 표
动车 dòngchē 고속철, 동차
听说 tīngshuō 듣자 하니
小时 xiǎoshí 시간
长 cháng 길다
其实 qíshí 사실
差不多 chàbuduō 차이가 없다
想想 xiǎngxiang 생각을 좀 하다
机场 jīchǎng 공항
加上 jiāshàng 더하다, 첨가하다
安检 ānjiǎn 보안검색
飞机 fēijī 비행기
经常 jīngcháng 항상
晚点 wǎndiǎn 늦다
最近 zuìjìn 최근
天气 tiānqì 기상, 날씨
说不定 shuōbudìng 짐작건대 ~일지도 모른다
会 huì ~할 가능성이 있다
取消 qǔxiāo 취소하다

Ⓑ 好的，好的，坐动车吧。
Hǎo de, hǎo de, zuò dòngchē ba.
좋아, 좋아. 고속철 타자.

오늘의 일기

🔊 060-03

周末我和朋友想去西安参观兵马俑。
Zhōumò wǒ hé péngyou xiǎng qù Xī'ān cānguān Bīngmǎyǒng.
주말에 나는 친구와 시안에 가서 병마용을 보고 싶었다.

最近天气不好，坐飞机的话，时间不能保证。
Zuìjìn tiānqì bù hǎo, zuò fēijī dehuà, shíjiān bùnéng bǎozhèng.
최근 날씨가 좋지 않아, 비행기를 타면 시간을 보장할 수 없다.

所以我们决定坐动车去，反正只要五个小时。
Suǒyǐ wǒmen juédìng zuò dòngchē qù, fǎnzhèng zhǐyào wǔ ge xiǎoshí.
그래서 우리는 고속철을 타기로 결정했다. 어차피 5시간밖에 안 걸린다.

而且，坐动车最大的好处是不用关手机。
Érqiě, zuò dòngchē zuì dà de hǎochù shì búyòng guān shǒujī.
게다가 고속철을 탈 때 가장 좋은 점은 휴대전화를 끌 필요가 없다는 것이다.

샨샨의 실수 방지 중국 생활

비행기는 탑승 수속이 참 오래 걸립니다. 그래서 경우에 따라서는 차라리 기차를 타는 것이 더욱 편리할 때가 있어요. 중국은 철도가 잘 발달되어 있는 나라입니다. 가장 빠른 기차인 '까오티에(高铁 gāotiě)'는 평균 시속이 300~250km에 이릅니다. 상하이-쑤저우는 사람들이 보통 묶어서 가는 여행 코스인데, 까오티에를 타면 30분 안에 갑니다. 이동거리로만 보면 서울 강남에서 강북 중심지까지 걸리는 시간 정도입니다. 베이징-텐진도 까오티에 아래 단계인 평균 시속 200km의 '둥처(动车 dòngchē)'를 타면 역시 30분 안에 갑니다. 중국 전역을 여행할 계획이라면, 시간과 비용을 잘 감안해서 비행기와 기차를 적절히 활용하는 것이 중요합니다. 예를 들어 볼게요. 만약 베이징 거주자가 공자의 도시 취푸(曲阜 Qūfù)에 놀러가는 경우, 밤 11시 30분에 출발하는 침대기차를 타면 아침 8시 즈음 도착하게 됩니다. 하루종일 알차게 놀다가 같은 코스로 돌아오면 기차 안에서 숙박을 하게 되니 참 경제적인 방법입니다. 주머니 사정이 여의치 않은 젊고 튼튼한 유학생들에게 추천해 봅니다.

오늘의 일기 — 새 단어 알고 가기

에피소드 032

生活 shēnghuó 생활하다
过 guo ~한 적이 있다
出租车司机 chūzūchē sījī 택시 기사
话 huà 말
根本 gēnběn 전혀, 도무지
听不懂 tīngbudǒng 알아들을 수 없다
到 dào (어느 곳에) 이르다, 도착하다
北京 Běijīng 베이징
办公交卡 bàn gōngjiāokǎ 교통카드(公交卡)를 만들다(办)
地铁站 dìtiězhàn 지하철역
窗口 chuāngkǒu 창구
没想到 méi xiǎngdào 생각지 못하다
不但A也/还B búdàn A yě/hái B A뿐 아니라 B도
能 néng 할 수 있다
坐车 zuòchē 차를(车) 타다(坐)
方便 fāngbiàn 편리하다, 간편하다

에피소드 033

首都 shǒudū 수도
人多 rén duō 사람(人)이 많다(多)
车多 chē duō 채(车)가 많다(多)
上下班 shàngxiàbān 출퇴근하다
更 gèng 더욱, 훨씬
厉害 lìhai 대단하다
怕 pà 무서워하다, 두려워하다
迟到 chídào 지각하다, 늦다
打车 dǎchē 택시(车)를 타다(打)

에피소드 034

买一本 mǎi yì běn 한 권의 (책)(一本)을 사다(买)
语法书 yǔfǎshū 문법책
听说 tīngshuō 듣자 하니
书 shū 책
种类 zhǒnglèi 종류
同学 tóngxué 학교 친구
才有 cái yǒu 겨우[비로소](才) 있다(有)
地铁 dìtiě 지하철
不方便 bù fāngbiàn 편리하지 않다
得 děi ~해야 한다

에피소드 035

看不惯 kàn bu guàn 눈에 거슬리다
行人 xíngrén 행인
遵守 zūnshǒu 준수하다, 지키다
交通规则 jiāotōng guīzé 교통법규
上 shàng ~에서
亮着 liàngzhe 켜진 채로 있다
不管 bùguǎn ~에 관계없다
想走就走 xiǎng zǒu jiù zǒu 가고 싶을 때(想走) 바로 간다(就走)
其实 qíshí 사실
以前 yǐqián 이전, 예전
大部分 dàbùfen 대부분
慢性子 màn xìngzi 느긋한 성격, 성격이 느긋한 사람
可是 kěshì 하지만, 그러나

새 단어 쓰기 연습장

看起来 kàn qǐlái 보아하니 ~하다
每个人 měi ge rén 사람마다
急性子 jí xìngzi 조급한, 성급한 사람

에피소드 036

日用品 rìyòngpǐn 생필품
做饭 zuòfàn 밥을 하다
厨具 chújù 주방용품
包括 bāokuò 포함하다
不得不 bùdébù 어쩔 수 없이
回 huí 되돌아오다, 되돌아가다
学校 xuéxiào 학교

에피소드 037

酒吧 jiǔbā 술집
过去 guòqù 가다
坐坐 zuòzuo 놀아보다 [구어]
出发 chūfā 출발하다
……之前 ……zhīqián ~전에
给……打电话 gěi……dǎ diànhuà ~에게 전화를 걸다
先……然后再…… xiān……ránhòu zài……
우선 ~하고, 그 다음에 다시 ~하다
走一段 zǒu yí duàn 한 구간(一段)을 걷다(走)
觉得 juéde ~라고 생각하다
最后 zuìhòu 최후의, 결국
决定 juédìng 결정하다
打的去 dǎdī qù 택시를 타고 가다

에피소드 038

有一天 yǒu yì tiān 어느 날
空座位 kōng zuòwèi 빈(空)자리(座位)
坐下 zuòxià 앉다
后来 hòulái 그 후
上来 shànglái 올라오다
一位 yí wèi 한 분
站不稳 zhàn bù wěn 똑바로 서 있지 못하다
让坐 ràngzuò 자리(坐)를 양보하다(让)
加 jiā 추가하다, 더하다
说好了 shuō hǎo le 약속하다
家 jiā 집
玩儿 wánr 놀다

에피소드 039

五一 Wǔ-Yī 5월 1일 노동절의 약칭
放假 fàngjià (학교나 직장이) 쉬다
加上 jiāshàng 더하다, 첨가하다
一共 yígòng 모두, 전부
休 xiū 쉬다
五天 wǔ tiān 5일
首尔 Shǒu'ěr 서울
趟 tàng 차례, 번
最早 zuì zǎo 가장 이른
飞机 fēijī 비행기
旺季 wàngjì 성수기
票 piào 표
只好 zhǐhǎo ~할 수밖에 없다

새 단어 쓰기 연습장

에피소드 040

长假 chángjià 장기 휴가, 장기 방학
休假 xiūjià 쉬다, 휴가를 보내다
机场 jīchǎng 공항
发现 fāxiàn 발견하다
排队 páiduì 줄을 서다
人山人海 rénshān rénhǎi 인산인해
工作人员 gōngzuò rényuán 직원
托运行李 tuōyùn xíngli 짐(行李)을 부치다(托运)
……的话 ~dehuà ~하다면, ~이면
自助 zìzhù 스스로 돕다, 셀프
办 bàn 처리하다
扫一下 sǎo yíxià 스캔하다
再 zài 재차, 또
非常 fēicháng 대단히, 매우

에피소드 041

回国 huíguó 귀국하다
准备 zhǔnbèi 준비하다
礼物 lǐwù 선물
装满了 zhuāng mǎn le 가득 실려있다
还是 háishi 의외로, 뜻밖에

에피소드 042

虽然 suīrán 비록 ~일지라도
方式 fāngshì 방식
差不多 chàbuduō 비슷하다
北京首都机场 Běijīng Shǒudū jīchǎng 베이징 수도 공항

紧张 jǐnzhāng 긴장하다
安检口 ānjiǎnkǒu 보안검색 입구
说话 shuōhuà 말하다, 이야기하다
快 kuài 빠르다
要求 yāoqiú 요구
一开始 yì kāishǐ 맨 처음 시작
现在 xiànzài 지금
好多了 hǎo duō le 많이 좋아졌다
大概 dàgài 대략
明白 míngbai 알다, 이해하다

에피소드 043

通过 tōngguò 통과하다, 건너가다
提前 tíqián 미리, 사전에
什么的 shénme de 기타 등등
还是 háishi 또, 여전히, 아직도
发生 fāshēng 발생하다
后面 hòumiàn 뒤
看着我 kànzhe wǒ 나를 바라보다

에피소드 044

空气 kōngqì 공기
干 gān 건조하다
总是 zǒngshì 늘, 줄곧
随身 suíshēn 몸에 지니다, 휴대하다
带着 dàizhe ~을 가지고
旅游 lǚyóu 여행하다
被 bèi ~에 의해 ~당하다 [피동형]

새 단어 쓰기 연습장

出去 chūqù 나가다
肯定 kěndìng 확실히
还好 hái hǎo 다행히
保管处 bǎoguǎnchù 보관소
取 qǔ 가지다, 취하다, 얻다

에피소드 045

真倒霉 zhēn dǎoméi 정말(真) 재수가 없다(倒霉)
趁 chèn ~을 틈타, (시간, 기회 등을) 이용하여
下暴雨了 xià bàoyǔ le 폭우(暴雨)가 내렸다
结果 jiéguǒ 결과적으로
航空公司 hángkōng gōngsī 항공사
陌生人 mòshēngrén 낯선 사람

에피소드 046

飞机餐 fēijīcān 기내식
不太好吃 bú tài hǎochī 별로 맛이 없다
一听 yì tīng 한 캔
另外 lìngwài 또 하나
吃完饭 chī wán fàn 밥을 다 먹다
以后 yǐhòu 이후
有……的习惯 yǒu……de xíguàn ~하는 습관(习惯)이 있다(有)
黑咖啡 hēi kāfēi 블랙(黑)커피(咖啡)

에피소드 047

休学 xiūxué 휴학하다
留学 liúxué 유학하다

好好 hǎohǎo 잘, 마음껏, 충분히
特别有名 tèbié yǒumíng 특히(特别) 유명하다(有名)
申请 shēnqǐng 신청하다
那儿 nàr 그곳, 저곳
语言课程 yǔyán kèchéng 어학 과정
办入境手续 bàn rùjìng shǒuxù 입국수속(入境手续)을 처리하다(办)
问题 wèntí 질문, 문제
说得很快 shuō de hěn kuài 말하는 것이(说得) 빠르다(很快)
不清楚 bù qīngchu 분명하지 않다

에피소드 048

晚点 wǎndiǎn 연착하다
不例外 bú lìwài 예외가 아닌
应该 yīnggāi ~해야 한다
一个小时 yí ge xiǎoshí 한 시간
倒霉 dǎoméi 재수 없는 일을 당하다

에피소드 049

来 lái 오다
宿舍 sùshè 숙소
太小了 tài xiǎo le 너무 작다
住不下 zhù bú xià 지내기(住) 어렵다
舒服点儿 shūfu diǎnr 비교적(点儿) 쾌적하다[편안하다](舒服)
五星级酒店 wǔxīngjí jiǔdiàn 오성급 호텔
一天 yì tiān 하루
一千块 yìqiān kuài 1000위안
心疼死了 xīnténg sǐ le 아까워(心疼) 죽겠다(死了)

✏️ 새 단어 쓰기 연습장

에피소드 050

累 lèi 피곤하다
住宿条件 zhùsù tiáojiàn 숙소 조건
重要 zhòngyào 중요하다
上网 shàngwǎng 인터넷을 하다
特价 tèjià 특가
高级 gāojí 고급인
上海 Shànghǎi 상하이
床 chuáng 침대
舒服 shūfu 편하다
满意 mǎnyì 만족하다, 만족스럽다

에피소드 051

儿子 érzi 아들
放暑假 fàng shǔjià 여름방학(暑假)을 하다(放)
一家三口 yì jiā sān kǒu 한 집안 세 식구
海边 hǎibian 해변
度假 dùjià 휴가를 보내다
……了半天 ……le bàntiān ~을 한참 하다
评价最高 píngjià zuì gāo 평가(评价)가 가장 높다(最高)
喝红酒 hē hóngjiǔ 와인(红酒)을 마시다(喝)
看海 kàn hǎi 바다를 보다
剩 shèng 남다
太可惜了 tài kěxī le 정말 아쉽다

에피소드 052

出差 chūchāi 출장 가다
酒店 jiǔdiàn 호텔
整理 zhěnglǐ 정리하다
材料 cáiliào 자료
什么都有 shénme dōu yǒu 무엇이든(什么) 다(都) 있다(有)
跟……差不多 gēn……chàbuduō ~와(跟) 차이가 없다(差不多)
然后 ránhòu 그런 후에
做 zuò 하다
一会儿 yíhuìr 잠깐 동안, 잠시
运动 yùndòng 운동하다
游了一会儿泳 yóu le yíhuìr yǒng 수영을 잠시 하다

에피소드 053

住在 zhù zài ~에 살다, 거주하다
老地方 lǎodìfang 본래의 자리, 늘 만나던 장소
分公司 fēn gōngsī 분점, 지점
连锁酒店 liánsuǒ jiǔdiàn 체인 호텔
入住 rùzhù 숙박하다, 체크인하다
前台 qiántái 프런트, 카운터
打了电话 dǎ le diànhuà 전화(电话)를 걸었다(打了)
有人过来 yǒurén guòlái 어떤 사람이 건너오다
给 gěi ~에게
有点儿 yǒudiǎnr 조금, 약간
对 duì ~에 대해
这里 zhèlǐ 이곳
服务态度 fúwù tàidù 서비스 태도

새 단어 쓰기 연습장

에피소드 054

住 zhù 숙박하다, 살다, 거주하다
公司 gōngsī 회사
协议酒店 xiéyì jiǔdiàn 협약 호텔
名片 míngpiàn 명함
就 jiù 곧, 바로
打八五折 dǎ bā wǔ zhé 15% 할인하다
划算 huásuàn 수지가 맞다
报销 bàoxiāo 정산하다
出差费用 chūchāi fèiyòng 출장 비용
规定 guīdìng 규정
严格 yángé 엄격하다
用 yòng 쓰다, 사용하다
指定 zhǐdìng 지정하다
卡 kǎ 카드
付 fù 지불하다
房费 fángfèi 방값, 숙박료
发票 fāpiào 영수증
开 kāi 열다, 발행하다

에피소드 055

同事 tóngshì 동료
西安 Xī'ān 시안 [지역 이름]
动车 dòngchē 고속철, 동차
快 kuài 빠르다
离 lí ~에서, ~로부터

에피소드 056

马大哈 mǎdàhā 덜렁이, 부주의한 사람
丢三落四 diū sān là sì 이일 저일 잘 잊어버리다[잃어버리다]
从 cóng ~부터
突然 tūrán 갑자기, 문득
不见了 bú jiàn le 보이지 않다
开车时间 kāichē shíjiān 출발 시간
补票 bǔpiào 표를 재발급하다
如果 rúguǒ 만약
发车时间 fāchē shíjiān 차 출발 시간
分钟 fēnzhōng 분

에피소드 057

动车票 dòngchēpiào 고속철 표
打车 dǎchē 택시(车)를 잡다[타다](打)
路上 lùshang 길가, 길 위
堵 dǔ 막히다
只要 zhǐyào ~하기만 하면
交 jiāo 내다, 건네다
只好 zhǐhǎo ~할 수밖에 없다

에피소드 058

到……出差 dào……chūchāi ~(으)로 출장 가다
听……说 tīng……shuō ~의 말을 듣자 하니
非 fēi ~이 아니다

好汉 hǎohàn 사내대장부
问了一下 wèn le yíxià 문의했다, 질문했다
一个人 yí ge rén 1인, 1인당
平均 píngjūn 평균
100多 yìbǎi duō 100위안 남짓(多)
价格 jiàgé 가격
还可以 hái kěyǐ 그런대로 괜찮다

에피소드 059

升职 shēngzhí 승진하다
同事们 tóngshìmen 동료들
高兴 gāoxìng 기쁘다
喝多了 hē duō le 많이 마셨다
用 yòng 쓰다, 사용하다
代驾软件 dàijià ruǎnjiàn 대리운전 앱
司机 sījī 기사, 운전사
不太贵 bú tài guì 별로 안 비싸다
智能手机 zhìnéng shǒujī 스마트폰
应用 yìngyòng 어플리케이션, 응용 프로그램
越来越多 yuè lái yuè duō 점점(越来越) 많아지다(多)

에피소드 060

参观 cānguān 참관하다
坐飞机 zuò fēijī 비행기(飞机)를 타다(坐)
保证 bǎozhèng 보장하다
反正 fǎnzhèng 아무튼
好处 hǎochù 장점, 좋은 점
关手机 guān shǒujī 휴대전화를 끄다

새 단어 쓰기 연습장

살기 편
住

타지에서, 그것도 외국에서 장기간 체류하려면 필요한 것도 많고 챙겨야 할 것도 참 많습니다. 비자 문제도 신경 써야 하고, 부동산 계약에 생활비, 학비 환전, 각종 관리비 납부 등 놓치면 안 되는 아이템들이 수두룩합니다. 이 때문에 살기(住) 편을 쓰기가 가장 까다로웠습니다. 생활자로서 꼭 필요한 에피소드가 무엇일까 참 고민이 많았답니다. 제 경험치에도 한계가 있음을 인정하고, 주변에 부지런히 물어가며 고생해서 완성한 부분이라 가장 정이 많이 가는 편(篇)이기도 합니다.

'사랑하면 알게 되고, 알게 되면 보이나니, 그때 보이는 것은 전과 같지 않으리라'

조선 정조 때의 문장가 유한준이 남긴 명언이지만, 유홍준 교수가 『나의 문화 유산 답사기』 제1권의 서문에 남겨 더욱 대중적으로 알려지게 된 말입니다. 여행자가 아닌, 생활자로서 중국을 만나는 이라면 꼭 마음에 새겨야 할 구절이기도 합니다. 어디서든 생활이 항상 즐거울 수는 없을 텐데요, 힘들고 지칠 때나 처음의 설레던 마음이 점차 사라져감을 느낄 때, 한 번쯤 떠올려 보시길 권합니다.

에피소드 061

부동산에서 집 구하기

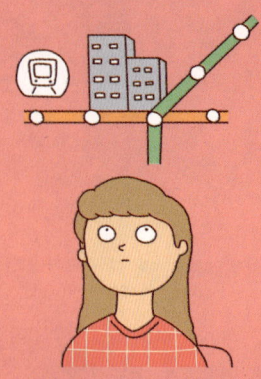

🔊 061 - 01

Ⓐ **你好，我想找地铁站附近的公寓。**
Nǐ hǎo, wǒ xiǎng zhǎo dìtiězhàn fùjìn de gōngyù.
안녕하세요. 저는 지하철역 부근의 아파트를 찾고 싶어요.

> 주택 형태는 일반적으로 '아파트(公寓 gōngyù)'와 '일반주택(民宅 mínzhái)'으로 나뉩니다. 그리고 공간 간 구분 없이 탁 트인 형태를 원룸(one room)이라고 하는데, 중국어로는 '开间 kāijiān', 투룸(two room)은 '两居 liǎngjū'라고 해요.

Ⓑ **好，您想租还是想买？**
Hǎo, nín xiǎng zū háishi xiǎng mǎi?
네. 임대를 원하세요, 아니면 매매를 원하세요?

Ⓐ **租，我想找离地铁站近一点儿的，**
Zū, wǒ xiǎng zhǎo lí dìtiězhàn jìn yìdiǎnr de,
走路十分钟以内。
zǒulù shí fēnzhōng yǐnèi.
임대요. 지하철역에서 가까운 곳을 찾고 싶어요. 걸어서 10분 이내로요.

Ⓑ **没问题，那边有好几个不错的小区，**
Méi wèntí, nàbiān yǒu hǎo jǐ ge búcuò de xiǎoqū,
您要几居的？
nín yào jǐ jū de?
문제없습니다. 그쪽에 좋은 주택단지 몇 곳이 있어요. 방은 몇 개 원하세요?

Ⓐ **我要一室一厅，40平米左右就可以。**
Wǒ yào yí shì yì tīng, sìshí píngmǐ zuǒyòu jiù kěyǐ.
방 하나 거실 하나 원해요. 40제곱미터 정도면 돼요.

Ⓑ **小户型可能不太多，我尽量给您找，**
Xiǎohùxíng kěnéng bú tài duō, wǒ jǐnliàng gěi nín zhǎo,
还有别的要求吗？
háiyǒu biéde yāoqiú ma?
소형은 아마 별로 없을 텐데, 최대한 찾아보겠습니다. 다른 요구사항 있으신가요?

Ⓐ **最好是朝南的，楼层高一点儿。**
Zuìhǎo shì cháo nán de, lóucéng gāo yìdiǎnr.
남향이고, 층은 약간 높으면 가장 좋겠어요.

단어+표현 🔊 061 - 02

地铁站 dìtiězhàn 지하철역
租 zū 임대하다
离……近 lí……jìn ~에서 가깝다
走路 zǒulù 걷다
以内 yǐnèi 이내
那边 nàbiān 그쪽
好几个 hǎo jǐ ge 여럿, 여러 개
小区 xiǎoqū 주택단지
居 jū 거주구역, 방
一室一厅 yí shì yì tīng 방 하나와 거실 하나
平米 píngmǐ 제곱미터
小户型 xiǎohùxíng 소형
可能 kěnéng 아마도
尽量 jǐnliàng 가능한, 최대 한도로
要求 yāoqiú 요구하다
最好 zuìhǎo ~하는 게 제일 좋다
朝南 cháo nán 남향
楼层 lóucéng (건물의) 층
预算 yùsuàn 예산
大概 dàgài 대략
学生 xuésheng 학생
超过 chāoguò 넘다

B **一室一厅，朝南，高层。您的预算大概是多少？**
　　Yí shì yì tīng, cháo nán, gāocéng. Nín de yùsuàn dàgài shì duōshao?
　　방 하나 거실 하나, 남향, 고층이요. 예산이 대략 얼마나 되나요?

> 방 하나 거실 하나, 남향에 고층. 집 구할 때 꼼꼼하게 요구하세요!

A **我是学生，没有钱，最好不要超过2000块。**
　　Wǒ shì xuésheng, méiyǒu qián, zuìhǎo búyào chāoguò liǎngqiān kuài.
　　저는 학생이라 돈이 없어요. 2000위안을 안 넘는 것이 가장 좋습니다.

오늘의 일기

🔊 061 - 03

我的交换生申请通过了，要在北京留学一年。
Wǒ de jiāohuànshēng shēnqǐng tōngguò le, yào zài Běijīng liúxué yì nián.
나는 교환학생 신청이 통과되어 베이징에서 1년을 유학하게 됐다.

可是，学校宿舍已经住满了，我不得不在外边租房子。
Kěshì, xuéxiào sùshè yǐjīng zhù mǎn le, wǒ bùdébù zài wàibian zū fángzi.
하지만 학교 숙소는 이미 차서, 나는 할 수 없이 외부에서 숙소를 빌려야 했다.

我想找个地铁站附近的一室一厅，2000块左右的。
Wǒ xiǎng zhǎo ge dìtiězhàn fùjìn de yí shì yì tīng, liǎngqiān kuài zuǒyòu de.
나는 지하철역 부근의 방 하나 거실 하나이고 2000위안 정도의 방을 찾고 싶었다.

但是中介说按照我的预算，住不了公寓，只能住民宅。
Dànshì zhōngjiè shuō ànzhào wǒ de yùsuàn, zhù bùliǎo gōngyù, zhǐnéng zhù mínzhái.
하지만 부동산에서는 내 예산으로 아파트에서는 살 수 없고, 주택만 가능하다고 했다.

샨샨의 실수 방지 중국 생활

집을 구할 때는 몇 평을 원하는지가 첫 조건일 텐데요, 중국에서는 제곱미터(m²)로 방의 면적을 표시하는데 우리에게 익숙한 개념인 평(平)으로 보면 1평 = 3.3m²입니다. 중국에서 집을 구할 때 50m²의 방을 보셨다면, 이를 얼른 3.3으로 나눠 보세요. 15평 남짓의 소형 평수입니다. 그 다음으로 필요한 정보는 방이 몇 개인가입니다. 우선 한 공간 안에 침실과 주방이 함께 있는 원룸은 '一居室 yìjūshì'라고 합니다. 그리고 방 하나가 따로 있고 거실이 있는 구조는 '一室一厅 yí shì yì tīng', 방이 두 개면 '两室一厅 liǎng shì yì tīng'입니다. 방의 개수를 정했다면 그 다음 차례는 집의 방향입니다. 일단, 무조건 남향집(朝南 cháo nán)을 요구하는 것이 좋습니다. 빛의 방향과 정도가 생활의 질에 지대한 영향을 주는 것은 한국에서나 중국에서나 동일하기 때문입니다.

에피소드 062

집주인에게 소형가전 요구하기

🔊 062-01

Ⓐ 怎么样？我家装修不错吧？
　　Zěnmeyàng? Wǒ jiā zhuāngxiū búcuò ba?
　　어때요? 저희 집 인테리어 괜찮죠?

Ⓑ 是，挺好的，东西看起来都挺贵的。
　　Shì, tǐng hǎo de, dōngxi kàn qǐlái dōu tǐng guì de.
　　네, 너무 좋네요. 물건들이 모두 비싸 보여요.

Ⓐ 真有眼光，我本来打算自己住，
　　Zhēn yǒu yǎnguāng, wǒ běnlái dǎsuàn zìjǐ zhù,
　　所以材料都是最好的。
　　suǒyǐ cáiliào dōu shì zuì hǎo de.
　　정말 눈썰미 있으시네요. 원래는 제가 거주하려고 했던 거라, 원자재들이 모두 제일 좋은 거예요.

> (물건이나 사람) 볼 줄 아는 눈썰미를 가졌다고 칭찬할 때 사용해요. 그런데 만약 '眼光真高 yǎnguāng zhēn gāo'라고 하면, '눈이 정말 높다'라는 뜻이에요.

Ⓑ 啊，原来是这样。我的运气真好！
　　Á, yuánlái shì zhèyàng. Wǒ de yùnqi zhēn hǎo!
　　아, 그러셨군요. 제가 운이 정말 좋네요!

> '아, 그렇군요' 정도로 해석됩니다. 상대의 말을 경청하고 있음을 표시할 때, 맞장구칠 때 쓰면 적절해요.

Ⓐ 而且家具、家电也都是新的。怎么样？满意吗？
　　Érqiě jiājù, jiādiàn yě dōu shì xīn de. Zěnmeyàng? Mǎnyì ma?
　　게다가 가구, 가전들 모두 새것이에요. 어때요? 만족하시나요?

Ⓑ 满意，满意。不过……，能不能加一个微波炉？
　　Mǎnyì, mǎnyì. Búguò……, néng bu néng jiā yí ge wēibōlú?
　　만족해요, 만족해요. 하지만……, 전자레인지 하나 추가할 수 있을까요?

Ⓐ 这煤气灶不是挺好的吗？进口的！
　　Zhè méiqìzào bú shì tǐng hǎo de ma? Jìnkǒu de!
　　이 가스레인지 굉장히 좋지 않나요? 수입품이에요!

Ⓑ 我一个人住，懒得做饭，一般叫外卖吃，
　　Wǒ yí ge rén zhù, lǎnde zuòfàn, yìbān jiào wàimài chī,
　　热一热就行了。
　　rè yi rè jiùxíng le.
　　저는 혼자 사는 데다 게을러서 밥은 잘 안 해먹어요. 보통은 배달시켜서 데워 먹으면 그만인데요 뭐.

단어+표현　🔊 062-02

装修 zhuāngxiū
장식하고 꾸미다, 인테리어하다

挺好的 tǐng hǎo de 아주 좋다

有眼光 yǒu yǎnguāng
눈썰미 있다

本来 běnlái 원래

材料 cáiliào 재료

环保 huánbǎo 친환경

原来 yuánlái 알고 보니

运气 yùnqi 운

家具 jiājù 가구

家电 jiādiàn 가전

满意 mǎnyì 만족하다

不过 búguò 하지만

微波炉 wēibōlú 전자레인지

煤气灶 méiqìzào 가스레인지

进口 jìnkǒu 수입하다

懒得 lǎnde 귀찮아하다

叫 jiào 부르다, 시키다

外卖 wàimài 테이크아웃, 배달

热一热 rè yi rè 데우다

房租 fángzū 월세, 집세

扣 kòu 공제하다, 빼다

好人 hǎorén 좋은 사람

150

Ⓐ 那你自己买吧，然后费用从房租里扣。
　　Nà nǐ zìjǐ mǎi ba, ránhòu fèiyòng cóng fángzū li kòu.
　　그럼 직접 사시고, 나중에 비용은 월세에서 제하죠.

Ⓑ 谢谢，您真是好人。我买了以后，把发票拍照发给您。
　　Xièxie, nín zhēn shì hǎorén. Wǒ mǎi le yǐhòu, bǎ fāpiào pāizhào fā gěi nín.
　　감사합니다. 정말 좋은 분이시네요. 제가 구입한 후에 영수증은 사진 찍어 보내 드릴게요.

오늘의 일기

🔊 062 - 03

我租了学校附近的一室一厅，很适合一个人住。
Wǒ zū le xuéxiào fùjìn de yí shì yì tīng, hěn shìhé yí ge rén zhù.
나는 학교 부근의 방 하나 거실 하나 있는 곳에 세 들었는데, 혼자 살기에 적합하다.

装修材料都是环保的，而且家具家电都是新的。
Zhuāngxiū cáiliào dōu shì huánbǎo de, érqiě jiājù jiādiàn dōu shì xīn de.
인테리어 재료들은 모두 친환경인 데다 가구와 가전들이 모두 새것이다.

房东本来打算自己住，但是突然要出国，所以出租。
Fángdōng běnlái dǎsuàn zìjǐ zhù, dànshì tūrán yào chūguó, suǒyǐ chūzū.
집주인이 원래 본인이 살려고 했는데, 갑자기 외국으로 나가게 되어 세를 놓는다고 했다.

我说要微波炉，他马上就同意了。我运气真好。
Wǒ shuō yào wēibōlú, tā mǎshàng jiù tóngyì le. Wǒ yùnqi zhēn hǎo.
내가 전자레인지를 요구하자 집주인이 바로 동의했다. 운이 정말 좋다.

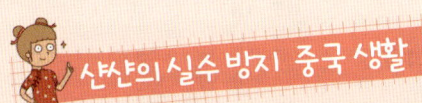

중국에서는 집에 가구, 가전을 모두 갖춘 상태에서 세를 놓습니다. 소파와 침대부터 TV, 냉장고, 세탁기까지 풀옵션인 경우가 대부분이에요. 그렇기 때문에 부동산 계약서에도 물건의 품목과 개수를 세세히 적습니다. 그러나 종종 소소하지만 추가하고 싶은 소형가전들이 생기기도 합니다. 물론 직접 사서 쓰고 계약만기 후 들고 나가도 되지만, 중국에 1~2년 머물다 귀국할 상황에서 짐을 늘릴 필요가 없고, 또 밑져야 본전이니 집주인에게 요구할 것을 권합니다. 직접 말하기 껄끄러우면 부동산 중개인을 통해 요구하면 됩니다.

가구와 가전 바꾸기

🔊 063 - 01

A 刚才的房子还不错，不过家具家电我不太满意。
Gāngcái de fángzi hái búcuò, búguò jiājù jiādiàn wǒ bú tài mǎnyì.
방금 본 방 괜찮네요. 그런데 가구와 가전이 별로 맘에 들지 않아요.

B 您对什么不满意？我帮您问房东能不能换。
Nín duì shénme bù mǎnyì? Wǒ bāng nín wèn fángdōng néng bu néng huàn.
어떤 부분이 만족스럽지 않으신가요? 집주인에게 바꿀 수 있는지 물어볼게요.

A 冰箱，洗衣机还凑合，
Bīngxiāng, xǐyījī hái còuhe,

可是客厅的电视是不是太旧了？
kěshì kètīng de diànshì shì bu shì tài jiù le?
냉장고, 세탁기는 아쉬운 대로 쓸만한데, 거실의 TV는 너무 오래되지 않았어요?

🔊 063 - 02

B 是，还有其他的吗？
Shì, háiyǒu qítā de ma?
네, 그리고 다른 것은요?

A 还有，再加一个加湿器，行不行？
Háiyǒu, zài jiā yí ge jiāshīqì, xíng bu xíng?
그리고 가습기 하나 추가해 주실 수 있나요?

B 这个有点儿困难。
Zhège yǒudiǎnr kùnnan.
그건 좀 곤란하겠는데요.

A 北京空气太干了，我的嗓子疼死了。
Běijīng kōngqì tài gān le, wǒ de sǎngzi téng sǐ le.
베이징은 공기가 너무 건조해요. 목이 아파 죽겠어요.

B 我试试吧，房东不同意的话，
Wǒ shìshi ba, fángdōng bù tóngyì dehuà,

我个人送给您一个。
wǒ gèrén sòng gěi nín yí ge.
한번 시도해 보죠. 집주인이 동의 안 하면 제가 개인적으로 하나 사 드릴게요.

단어+표현

刚才 gāngcái 방금, 막
房子 fángzi 집
不太 bú tài 그다지 ~하지 않다
对 duì ~에 대하여
房东 fángdōng 집주인
冰箱 bīngxiāng 냉장고
洗衣机 xǐyījī 세탁기
凑合 còuhe 그런대로 ~할만하다
客厅 kètīng 거실
电视 diànshì 텔레비전
旧 jiù 낡다
其他 qítā 그 밖에, 기타
加湿器 jiāshīqì 가습기
困难 kùnnan 곤란하다
空气 kōngqì 공기
干 gān 건조하다
嗓子 sǎngzi 목
疼死了 téng sǐ le 아파죽겠다
同意 tóngyì 동의하다
个人 gèrén 개인
送 sòng 주다, 증정하다

嗓子 vs 脖子 : 두 단어 모두 '목'으로 번역되지만, '嗓子 sǎngzi'는 목구멍을 뜻하고, '脖子 bózi'는 머리를 받치고 있는 목을 말해요. 예를 들어, '(감기로 인해) 목이 아프다'는 '嗓子疼. Sǎngzi téng.', '(장시간 컴퓨터 작업으로) 목이 아프다'는 '脖子疼. Bózi téng.'이라고 합니다.

오늘의 일기

🔊 063-03

我找了好几天，终于找到了一个比较满意的房子。
Wǒ zhǎo le hǎo jǐ tiān, zhōngyú zhǎodào le yí ge bǐjiào mǎnyì de fángzi.
나는 며칠을 찾다가 마침내 비교적 만족스러운 방을 찾았다.

交通、环境、价格都不错，就是家具家电有点儿旧。
Jiāotōng、huánjìng、jiàgé dōu búcuò, jiùshì jiājù jiādiàn yǒudiǎnr jiù.
교통, 환경, 가격 모두 좋은데, 가구 가전이 좀 오래되었다.

我让中介去问问房东，能不能换个新的电视和沙发。
Wǒ ràng zhōngjiè qù wènwen fángdōng, néng bu néng huàn ge xīn de diànshì hé shāfā.
나는 중개인에게 TV와 소파를 새것으로 바꿔 줄 수 있는지 집주인에게 물어보라고 했다.

另外，北京的空气太干，我还想要一个加湿器。
Lìngwài, Běijīng de kōngqì tài gān, wǒ hái xiǎng yào yí ge jiāshīqì.
또 하나, 베이징의 공기는 무척 건조해서 가습기도 한 대 추가하고자 했다.

샨샨의 실수 방지 중국 생활

이번에는 집주인에게 요구해 볼 만한 자취생의 취향을 저격하는 물품 몇 가지 추천해 봅니다.
번호는 요구 난이도 순서입니다. 번호가 높을수록 요구해서 얻어내기 어려움을 의미합니다.

① 가습기(加湿器 jiāshīqì) : 베이징은 특히 겨울에 무척 건조하기 때문에 집안에 가습기 한 대는 꼭 두는 것이 좋습니다.
② 전자레인지(微波炉 wēibōlú) : 편의점에서 사 온 레토르트 식품이라도 데워 먹으려면 꼭 필요한 아이템입니다. 옵션에 없다면 요구하세요.
③ 스탠드등(台灯 táidēng) : 열공해야 하는 자취생의 필수품이죠. 크게 비싼 것은 아니지만, 필요한 것을 요구하고 얻어냈을 때의 성취감이 무척 큽니다. 도전해 보세요.
④ 진공청소기(吸尘器 xīchénqì) : 유학을 마치고 돌아갈 때 가지고 가기 곤란한 물품 중의 하나죠. 요구해 봅시다!
⑤ 정수기(净水器 jìngshuǐqì) : 중국의 물은 석회질이 많아 씻는 물도 정화해서 쓰는 것이 좋아요. 욕실에 정수시설을 설치해 사용합니다.
⑥ 빨래 건조대(晾衣架 liàngyījià) : 보통은 직접 구매해야 하는 경우가 많지만, 필수품의 하나이니 집주인에게 요구해 보세요.

에피소드 064

집 계약 전 꼼꼼히 요구하기

🔊 064 - 01

Ⓐ 一室一厅，朝南，离地铁站近。
Yí shì yì tīng, cháo nán, lí dìtiězhàn jìn.

您的要求都满足了吧?
Nín de yāoqiú dōu mǎnzú le ba?
방 하나 거실 하나에 남향이고, 지하철에서 가깝고요. 요구조건이 다 만족되신 거죠?

Ⓑ 不错，价格也还可以，你辛苦了。
Búcuò, jiàgé yě hái kěyǐ, nǐ xīnkǔ le.
좋아요, 가격도 괜찮고. 고생하셨어요.

Ⓐ 应该的。那您今天能签合同吗? 〔계약을 체결하다〕
Yīnggāi de. Nà nín jīntiān néng qiān hétóng ma?
당연한 겁니다. 그러면 오늘 계약하실 수 있나요?

Ⓑ 可以。啊! 对了，还有一个小问题，
Kěyǐ. À! Duì le! Háiyǒu yí ge xiǎo wèntí,

这窗帘太脏了，能不能换?
zhè chuānglián tài zāng le, néng bu néng huàn?
네. 아, 맞다! 작은 문제가 하나 있어요. 커튼이 너무 더러운데 교체 가능한가요?

Ⓐ 我觉得还好啊，看起来挺新的。
Wǒ juéde hái hǎo a, kàn qǐlái tǐng xīn de.
제 생각에는 괜찮은데, 보기에는 새것 같아요.

Ⓑ 你看看这上面的灰，至少得洗一洗吧?
Nǐ kànkan zhè shàngmiàn de huī, zhìshǎo děi xǐ yi xǐ ba?
위쪽에 먼지 보세요. 최소한 세탁해야 하지 않겠어요?

Ⓐ 那这样吧，我去找干洗店，给您洗一下。
Nà zhèyàng ba, wǒ qù zhǎo gānxǐdiàn, gěi nín xǐ yíxià.
그러면 이렇게 합시다. 제가 세탁소에 가서 세탁해 드릴게요.

Ⓑ 好，费用是房东付吧? 〔집 계약할 때 '비용은 집주인이 내는 거죠?'라는 말만큼 중요한 말이 있을까요?〕
Hǎo, fèiyòng shì fángdōng fù ba?
좋아요, 비용은 집주인이 내는 거죠?

단어+표현 🔊 064 - 02

满足 mǎnzú 만족하다
价格 jiàgé 가격
还可以 hái kěyǐ 괜찮다
辛苦 xīnkǔ 고생하다
应该的 yīnggāi de 당연한 것이다
签合同 qiān hétóng 계약서(合同)를 쓰다(签), 계약하다
小问题 xiǎo wèntí 작은 문제
窗帘 chuānglián 커튼
脏 zāng 더럽다
还好 hái hǎo 그럭저럭 괜찮다
挺新的 tǐng xīn de 아주 새것이다
上面 shàngmiàn 위쪽
灰 huī 먼지
至少 zhìshǎo 최소한
洗 xǐ 씻다, 빨다
干洗店 gānxǐdiàn 세탁소
保洁 bǎojié 청소하다
搬家 bānjiā 이사하다
之前 zhīqián ~전에
办好 bàn hǎo 잘 처리하다

A 对，我跟他说。还有保洁，您搬家之前我都帮您办好。
　　Duì, wǒ gēn tā shuō. Háiyǒu bǎojié, nín bānjiā zhīqián wǒ dōu bāng nín bàn hǎo.
　　맞습니다. 제가 집주인에게 말할게요. 그리고 청소는 이사 하시기 전에 제가 다 준비해 뒀습니다.

오늘의 일기

🔘 064-03

我终于找到了一个能满足我所有要求的房子。
Wǒ zhōngyú zhǎodào le yí ge néng mǎnzú wǒ suǒyǒu yāoqiú de fángzi.
마침내 내 모든 요구조건을 만족시키는 방을 찾았다.

一室一厅，朝南，离地铁站近，而且价格也合适。
Yí shì yì tīng, cháo nán, lí dìtiězhàn jìn, érqiě jiàgé yě héshì.
방 하나 거실 하나에 남향이고, 지하철역에서 가까운 데다가 가격도 적당하다.

就是房间太脏了，窗帘上也都是灰。
Jiùshì fángjiān tài zāng le, chuānglián shàng yě dōu shì huī.
다만 방이 너무 지저분해서 커튼 위에도 모두 먼지다.

中介说在我搬家之前做好保洁，而且干洗一下窗帘。
Zhōngjiè shuō zài wǒ bānjiā zhīqián zuò hǎo bǎojié, érqiě gānxǐ yíxià chuānglián.
중개인이 내가 이사하기 전에 청소해 주고, 커튼도 드라이클리닝 해 주겠다고 했다.

샨샨의 실수 방지 중국 생활

집 구하기는 한국에서도 무척 중요하고 어려운 일인데, 외국에서라면 더 어렵게 느껴질 것입니다. 말이 통하지 않으니 더더욱 난감한 일이죠. 중국에서는 조선족 중개인의 도움을 받을 수 있어서 소통의 문제는 어느 정도 해결되겠지만, 낯설고 두려운 것은 마찬가지입니다. 또 혹시 외국인이라고 사기를 당하지 않을까 걱정되기 마련인데요, 어차피 외국인인 것을 숨길 수 없는 이상, 역으로 외국인임을 활용하는 것도 방법입니다. 외국인은 조금 비싸더라도 치안이 보장되는 것이 집 구하기의 일 순위 요구조건일 테고, 그러다 보니 중개인 입장에서는 최고의 고객입니다. 그러니 꼼꼼히 살펴보고 중개인을 통해 집주인에게 집안 시설이나 인테리어에 대해 당당히 요구하세요. 협상한 만큼 편리한 생활을 누릴 수 있습니다.

에피소드 065

집 계약하기

🔘 065 - 01

Ⓐ 您好，这位是您的房东。
Nín hǎo, zhè wèi shì nín de fángdōng.
안녕하세요. 이 분이 집주인이세요.

Ⓑ 房东？这么年轻就有这么好的房子。真羡慕您！
Fángdōng? Zhème niánqīng jiù yǒu zhème hǎo de fángzi. Zhēn xiànmù nín!
집주인이세요? 이렇게 젊으신데 이런 좋은 집이 있네요. 정말 부러워요!

Ⓒ 过奖了。这是我的身份证和房本，您看一下。
Guòjiǎng le. Zhè shì wǒ de shēnfènzhèng hé fángběn, nín kàn yíxià.
과찬이십니다. 여기 제 신분증과 집문서입니다. 보세요.

Ⓑ 好的，我看看，
Hǎo de, wǒ kànkan,

这里写的"押一付三"是什么意思？
zhèlǐ xiě de "yā yī fù sān" shì shénme yìsi?
네, 볼게요. 여기 적혀 있는 "押一付三"은 무슨 뜻이에요?

Ⓐ 就是付一个月的租金当押金，
Jiùshì fù yí ge yuè de zūjīn dāng yājīn,

然后每三个月付一次租金。
ránhòu měi sān ge yuè fù yí cì zūjīn.
한 달 월세를 보증금으로 삼고, 3개월에 한 번씩 월세를 낸다는 뜻이에요.

Ⓑ 啊，明白了。
Á, míngbai le.

那么这次得付四个月的租金，对吧？
Nàme zhè cì děi fù sì ge yuè de zūjīn, duì ba?
아, 이해했어요. 그럼 이번에 네 달 치 월세를 내야겠네요, 맞죠?

Ⓒ 对。合同里有我的帐号，您汇款就行。
Duì. Hétóng li yǒu wǒ de zhànghào, nín huìkuǎn jiùxíng.
맞습니다. 계약서에 제 계좌번호가 있어요. 계좌이체 해 주시면 돼요.

> 1개월 치 보증금에, 3개월에 한 번 월세를 내는 방식을 말합니다. 돈이 오가는 계약조건인 만큼 꼭 숙지해 둬야 할 표현이에요. '押一付一 yā yī fù yī'도 자주 접하는 조건인데, 1개월 보증금을 내고, 매월 월세를 내는 방식입니다.

단어+표현   🔘 065 - 02

年轻 niánqīng 젊다
羡慕 xiànmù 부럽다
过奖 guòjiǎng 과찬이십니다
身份证 shēnfènzhèng 신분증
房本 fángběn 집문서
押一付三 yā yī fù sān 한 달 월세를 보증금으로 삼고, 세 달 치 월세를 내다
意思 yìsi 뜻
付 fù 돈을 지불하다
租金 zūjīn 임대료
当 dāng ~로 삼다
合同 hétóng 계약서
帐号 zhànghào 계좌번호
汇款 huìkuǎn 계좌이체 하다
核对 héduì 대조 확인하다
床 chuáng 침대
桌子 zhuōzi 책상, 테이블
衣柜 yīguì 옷장
电卡 diànkǎ 전기 카드
煤气卡 méiqìkǎ 가스 카드
门卡 ménkǎ 대문 카드
丢 diū 잃다

A 您核对一下家具家电、电视、冰箱、床、桌子和衣柜。
Nín héduì yíxià jiājù jiādiàn, diànshì, bīngxiāng, chuáng, zhuōzi hé yīguì.
가구, 가전, TV, 냉장고, 침대, 책상과 옷장이 맞는지 보세요.

C 还有这是电卡、煤气卡和门卡。别丢了。
Háiyǒu zhè shì diànkǎ, méiqìkǎ hé ménkǎ. Bié diū le.
그리고 이것이 전기 카드, 가스 카드 그리고 대문 카드에요. 잃어버리지 마세요.

오늘의 일기

🔊 065-03

今天我终于签了房子的合同。我在中国也有家了!
Jīntiān wǒ zhōngyú qiān le fángzi de hétóng. Wǒ zài Zhōngguó yě yǒu jiā le!
나는 오늘 드디어 방을 계약했다. 중국에도 집이 생겼다!

房子不大，可设施齐全，交通方便，我很满意。
Fángzi bú dà, kě shèshī qíquán, jiāotōng fāngbiàn, wǒ hěn mǎnyì.
방이 크지는 않지만, 시설이 완비되어 있고 교통이 편리해 만족스럽다.

而且房东是个年轻的帅哥，态度也很亲切。
Érqiě fángdōng shì ge niánqīng de shuàigē, tàidù yě hěn qīnqiè.
게다가 집주인이 젊은 미남인데, 태도도 친절하다.

合同非常复杂，中介一项一项地解释，我终于都明白了。
Hétóng fēicháng fùzá, zhōngjiè yí xiàng yí xiàng de jiěshì, wǒ zhōngyú dōu míngbai le.
계약서가 무척 복잡했는데, 중개인이 한 항목씩 설명해 줘서, 결국에는 다 이해할 수 있었다.

샨샨의 실수 방지 중국 생활

맘에 들고 가격도 맞는 방을 골랐다면, 이제 계약만이 남았습니다. 계약 전에 확인해야 할 사항을 정리해 보겠습니다.

① 가장 먼저 계약 상대가 진짜 집주인(房东 fángdōng)이 맞는지 확인해야 합니다. 집문서(房产证 fángchǎnzhèng, 房本 fángběn)와 신분증(身份证 shēnfènzhèng) 대조가 필수입니다.
② 집세 납부 방식을 확인합니다. 만약 '押一付三 yā yī fù sān'이라면, 보증금인 '押金 yājīn'은 한 달 치를 내고, 월세는 3개월에 한 번씩 내는 방식입니다. 최초 납부 금액은 보증금을 포함해야 하니 네 달 치를 준비합니다. 보증금은 계약기간이 끝나면 돌려받는 돈입니다.
③ 계약서 상에 있는 내용을 위반했을 시 책임 부분 및 배상주체를 확인합니다. 거주과정에서 집안의 기물이 파손되면 거주자가 배상하는 것이 일반적입니다. 입주 시작 전에 집주인과 기물 하나하나의 원래 상태를 꼭 확인해야 합니다.
④ 중국에서는 전기, 수도, 가스비는 충전을 통한 선납방식입니다. 카드에 납부금액만큼 충전해 두고 쓰는 것입니다. 입주 전에 충전잔량이 얼마인지 확인하고 퇴실 시 그만큼 남겨 두고 나가거나, 초과하여 남아 있는 금액은 집주인에게 돌려받습니다. 그리고 건물 관리비는 얼마인지 확인하고, 계약서 상의 납부 주체가 누구인지 확인해 볼 필요가 있습니다. 보통은 집주인이 납부합니다.

주숙등기 하기

🔘 066 - 01

Ⓐ 好了，合同终于签好了。有问题给我打电话。
Hǎo le, hétóng zhōngyú qiān hǎo le. Yǒu wèntí gěi wǒ dǎ diànhuà.
됐습니다. 계약도 마침내 잘 됐네요. 문제 있으면 저에게 전화 주세요.

Ⓑ 您专门从上海过来签合同，真是辛苦了。
Nín zhuānmén cóng Shànghǎi guòlái qiān hétóng, zhēn shì xīnkǔ le.
계약하시려고 일부러 상하이에서 오셨다니, 정말 고생하셨네요.

Ⓐ 没事儿，应该的。
Méi shìr, yīnggāi de.

啊，对了，你知道住宿登记怎么办吗？
À, duì le, nǐ zhīdào zhùsù dēngjì zěnme bàn ma?
아니에요, 당연히 그래야죠. 아, 맞다, 주숙등기 어떻게 하는지 아세요?

Ⓑ 住宿登记？是什么呀？
Zhùsù dēngjì? Shì shénme ya?
주숙등기? 그게 뭔가요?

Ⓐ 外国人住在中国得登记，你不知道吗？
Wàiguórén zhù zài Zhōngguó děi dēngjì, nǐ bù zhīdào ma?
외국인이 중국에 거주하려면 반드시 등기를 해야 하는데, 모르세요?

Ⓑ 啊？我不知道，酒店没告诉我啊。
Á? Wǒ bù zhīdào, jiǔdiàn méi gàosu wǒ a.
네? 몰랐어요. 호텔에서 안 가르쳐 줬는데.

Ⓐ 住酒店不用，但是搬出来之后，
Zhù jiǔdiàn búyòng, dànshì bān chūlái zhīhòu,

24小时内必须登记。
èrshísì xiǎoshí nèi bìxū dēngjì.
호텔에서 지내면 필요 없어요. 하지만 나오고 난 후에는 24시간 내에 반드시 등기를 해야 해요.

Ⓑ 那今天之内得办好，是吧？
Nà jīntiān zhīnèi děi bàn hǎo, shì ba?
그럼 오늘 내에 처리해야 하는 거죠?

단어+표현 🔘 066 - 02

好了 hǎo le 완료되다, 마무리되다
签 qiān 서명하다
好 hǎo 동작이 잘 완성되었거나 마무리되었음을 나타냄
问题 wèntí 문제
专门 zhuānmén 특별히, 일부러
上海 Shànghǎi 상하이
从……过来 cóng……guòlái ~에서 오다
住宿登记 zhùsù dēngjì 주숙등기
外国人 wàiguórén 외국인
登记 dēngjì 등기하다, 등록하다
搬出来 bān chūlái 이사 나오다
之后 zhīhòu ~후에
小时 xiǎoshí 시간
内 nèi 이내
必须 bìxū 반드시 ~해야 한다
之内 zhīnèi ~안에
要不然 yào bùrán 그렇지 않으면
该 gāi ~해야 한다
罚款 fákuǎn 벌금을 부과하다
物业 wùyè 관리사무소
代办 dàibàn 대신 해주다

Ⓐ 没错，要不然就该罚款了。
Méicuò, yào bùrán jiù gāi fákuǎn le.

你去问问物业能不能代办。
Nǐ qù wènwen wùyè néng bu néng dàibàn.

맞아요, 그렇지 않으면 벌금을 내야 해요. 관리사무소에 가서 대리 처리 가능한지 물어보세요.

> '벌금을 내다'라는 뜻이에요. '罚钱 fáqián'이라고도 합니다. '벌주를 마시다'는 '款 kuǎn' 대신 '酒 jiǔ'로 살짝 바꿔 '罚酒 fájiǔ'라고 해요.

Ⓑ 好的，谢谢您。物业就在一楼吧？我马上就去。
Hǎo de, xièxie nín. Wùyè jiù zài yī lóu ba? Wǒ mǎshàng jiù qù.

네, 고맙습니다. 관리사무소는 1층이죠? 바로 가야겠어요.

오늘의 일기
🔊 066-03

真没想到，外国人住在中国还需要办住宿登记。
Zhēn méi xiǎngdào, wàiguórén zhù zài Zhōngguó hái xūyào bàn zhùsù dēngjì.
정말 생각지도 못했다. 외국인이 중국에 살려면 주숙등기가 필요하다니.

住在酒店的时候不用，因为酒店会帮我代办。
Zhù zài jiǔdiàn de shíhou búyòng, yīnwèi jiǔdiàn huì bāng wǒ dàibàn.
호텔에서 지내면 (주숙등기를 할) 필요가 없는데, 왜냐하면 호텔에서 대신 처리해 주기 때문이다.

但是搬出来之后，24小时之内必须登记。
Dànshì bān chūlái zhīhòu, èrshísì xiǎoshí zhīnèi bìxū dēngjì.
하지만, (호텔에서) 나온 후에는 24시간 내에 반드시 등기를 해야 한다.

幸亏房东告诉我了，要不然就该罚款了。
Xìngkuī fángdōng gàosu wǒ le, yào bùrán jiù gāi fákuǎn le.
다행히 집주인이 가르쳐 줬는데, 그렇지 않았으면 벌금을 내야 한다.

샨샨의 실수 방지 중국 생활

중국은 외국인의 체류 및 거주 관리를 위해 중국 입국 후 24시간 내에 거주지 관할 공안국(즉 파출소)에 거주신고를 하게 되어 있습니다. 이를 주숙등기(住宿登记 zhùsù dēngjì)라고 부릅니다. 위반 시 1000~5000위안의 벌금이 부과되는데, 비자 연장을 해야 할 경우 주숙등기가 되어 있지 않으면 거부당할 수도 있기 때문에 각별히 신경 써야 하는 부분입니다. 물론 호텔이나 기숙사에 머무는 경우에는 호텔이나 기숙사에서 일괄 처리해 주기 때문에 직접 챙길 필요는 없습니다. 하지만 개인이 집을 구하고 중국 내 거주가 확정되었다면, 필요 서류를 챙겨 가까운 파출소에 24시간 내에 가야 합니다. 기숙사나 외부 숙소에 거주가 확정되면 '거주 증명서'를 발급받게 되는데, 거기에 적힌 날짜를 기준으로 24시간이므로 주숙등기 일정을 감안한 일정 조절이 필요합니다.

주숙등기에 필요한 서류 준비하기

🔊 067 - 01

Ⓐ 您好，我要办住宿登记，能代办吗?
Nín hǎo, wǒ yào bàn zhùsù dēngjì, néng dàibàn ma?
안녕하세요. 주숙등기 하려고 하는데, 대신 처리 가능한가요?

Ⓑ 可以，把租房合同和护照给我，我复印一下。
Kěyǐ, bǎ zūfáng hétóng hé hùzhào gěi wǒ, wǒ fùyìn yíxià.
가능합니다. 월세계약서랑 여권 주세요. 복사하겠습니다.

여권을 확인한 후

Ⓑ 你是留学生啊?
Nǐ shì liúxuéshēng a?

那得先去学校开一个校外住宿证明。
Nà děi xiān qù xuéxiào kāi yí ge xiàowài zhùsù zhèngmíng.
유학생이시죠? 그럼 학교에 가서 교외 주숙증명서를 떼 오셔야 해요.

Ⓐ 啊? 现在已经四点多了，来不及了。
Á? Xiànzài yǐjīng sì diǎn duō le, láibují le.
네? 이미 4시가 넘었는데, 늦을 것 같아요.

Ⓑ 那明天办好再来吧。
Nà míngtiān bàn hǎo zài lái ba.
그럼 내일 처리해서 다시 오세요.

Ⓐ 明天可以吗? 房东告诉我24小时以内必须登记。
Míngtiān kěyǐ ma? Fángdōng gàosu wǒ èrshísì xiǎoshí yǐnèi bìxū dēngjì.
내일 가능한가요? 집주인이 24시간 내에 반드시 등기해야 한다고 알려 주셨어요.

Ⓑ 你不是刚签了合同吗? 今天就搬过来住吗?
Nǐ bú shì gāng qiān le hétóng ma? Jīntiān jiù bān guòlái zhù ma?
방금 계약서에 사인한 거 아니에요? 오늘 바로 이사 오시나요?

Ⓐ 啊，我忘了! 今天我还要住酒店呢。
À, wǒ wàng le! Jīntiān wǒ hái yào zhù jiǔdiàn ne.
아, 잊었다! 오늘은 호텔에서 지낼 거예요.

단어+표현 🔊 067 - 02

把……给我 bǎ……gěi wǒ ~을 나에게 주다
租房合同 zūfáng hétóng 월세 계약서
留学生 liúxuéshēng 유학생
开 kāi 발행하다, 떼다
校外 xiàowài 학교 외부
住宿证明 zhùsù zhèngmíng 주숙증명서
来不及 láibují 늦었다
搬过来 bān guòlái 이사 오다
所以 suǒyǐ 그래서
着急 zháojí 급하다
那天 nà tiān 그날
就行了 jiùxíng le ~하면 돼요
刚才 gāngcái 방금
急死我了 jí sǐ wǒ le 초초해 죽겠어

B 所以不用着急，搬过来那天去登记就行了。
Suǒyǐ búyòng zháojí, bān guòlái nà tiān qù dēngjì jiùxíng le.
그러니까 급할 필요 없어요. 이사 오는 날에 등록하시면 돼요.

A 谢谢您！刚才急死我了。
Xièxie nín! Gāngcái jí sǐ wǒ le.
감사합니다! 방금 너무 마음이 급해 죽는 줄 알았어요.

> 한국어에서도 '급해 죽겠다', '더워 죽겠다' 등 상태를 강조하는 의미에서 '~해서 죽겠다'라고들 하죠. 중국어에도 동일한 표현이 있어요. 예를 들어 '급하다(急 jí)'라는 단어에 '死 sǐ'를 붙여서 '急死(我)了。Jí sǐ (wǒ) le.'라고 해요. 자주 쓰는 말로는 '배고파 죽겠다(饿死我了。È sǐ wǒ le.)', '화나 죽겠다(气死我了。Qì sǐ wǒ le.)', '피곤해 죽겠다(累死我了。Lèi sǐ wǒ le.)'가 있습니다.

오늘의 일기

🔊 067 - 03

我急急忙忙去物业，让他们帮我办住宿登记。
Wǒ jíjímángmáng qù wùyè, ràng tāmen bāng wǒ bàn zhùsù dēngjì.
나는 부랴부랴 관리사무소에 가서 주숙등기를 처리해 줄 것을 요청했다.

他说复印我的租房合同和护照，然后拿到派出所就行了。
Tā shuō fùyìn wǒ de zūfáng hétóng hé hùzhào, ránhòu nádào pàichūsuǒ jiùxíng le.
그는 월세계약서와 여권을 복사해서 파출소에 가져가면 된다고 했다.

但是复印的时候，他发现我的签证是学习签证。
Dànshì fùyìn de shíhou, tā fāxiàn wǒ de qiānzhèng shì xuéxí qiānzhèng.
그러나 복사할 때 그는 내 비자가 학생비자인 것을 발견했다.

所以我还得去留学生办公室，开一个校外住宿证明。
Suǒyǐ wǒ hái děi qù liúxuéshēng bàngōngshì, kāi yí ge xiàowài zhùsù zhèngmíng.
그래서 나는 유학생 사무실에 가서 교외 주숙증명서를 떼야 했다.

샨샨의 실수 방지 중국 생활

주숙등기에 필요한 서류를 정리해 봅니다. 우선 거주증명서, 여권, 여권사본, 집 계약서, 집 계약서 사본, 집주인 신분증 사본 등이 필요합니다. 거주증명서는 계약한 집의 관리사무소에서 발급해 주고, 유학생이라면 교외 주숙등기표도 필요합니다. 교외 주숙등기표는 학교에서 발급해 주는 것인데, '이 학생은 이 학교 학생이며, 기숙사가 아닌 외부에 거주합니다'를 증명해 줍니다. 준비해야 할 서류들이 굉장히 복잡해 보이지만, 서류만 잘 챙겨 파출소에 가면 주숙등기는 5분도 걸리지 않습니다. 가장 편한 방법은 집 계약을 함께한 중개인의 도움을 받아 관련 서류들을 미리 준비하고 중개인과 동행하여 처리하는 것이니 참고하세요.

〈주숙등기에 필요한 서류〉
여권 원본 护照原件 hùzhào yuánjiàn
여권 맨 앞장 복사본 护照首页的复印件 hùzhào shǒuyè de fùyìnjiàn
비자 복사본 签证页的复印件 qiānzhèngyè de fùyìnjiàn
입국 도장 복사본 入境章的复印件 rùjìngzhāng de fùyìnjiàn

수도세, 전기세, 가스비 내기

🔊 068 - 01

Ⓐ 您好，物业。
Nín hǎo, wùyè.
안녕하세요, 관리사무소입니다.

Ⓑ 你好，我是2号楼715房间的。我家突然停电了。
Nǐ hǎo, wǒ shì èr hào lóu qī yāo wǔ fángjiān de. Wǒ jiā tūrán tíngdiàn le.
안녕하세요. 2동 715호인데요, 갑자기 전기가 나갔어요.

Ⓐ 稍等，我查一下。
Shāo děng, wǒ chá yíxià.

您的电用完了，该充了。
Nín de diàn yòng wán le, gāi chōng le.
잠시만요, 찾아보겠습니다. 전기를 다 쓰셨네요. 충전하셔야 해요.

> '충전하다'라는 뜻의 동사로, '充电 chōngdiàn (전기를 충전하다)', '充水 chōngshuǐ (물을 충전하다)' 등으로 쓰입니다. 참고로 바쁜 일상에서 벗어나 휴식을 취하는 것을 가리켜 한국어로 '(좀 쉬면서) 충전한다'라고 하는데, 중국어에서 '充电하다'는 '자기계발을 통해 지식, 기술 등을 축적하다'란 뜻으로 쓰여요. 예를 들어 '나 중국에 유학 가고 싶어. 재충전 좀 하려고.'는 '我想去中国留学，充充电。Wǒ xiǎng qù Zhōngguó liúxué, chōng chōng diàn.'이라고 할 수 있습니다.

Ⓑ 该充了？你的意思是要交钱吗？
Gāi chōng le? Nǐ de yìsi shì yào jiāo qián ma?
충전해야 돼요? 돈을 내야 한다는 뜻이죠?

Ⓐ 对，热水也不多了，也该交钱了。
Duì, rèshuǐ yě bù duō le, yě gāi jiāo qián le.
맞습니다. 온수도 많지 않네요. 돈을 내셔야 해요.

Ⓑ 好的，那现在应该怎么办？
Hǎo de, nà xiànzài yīnggāi zěnme bàn?
네, 그럼 이제 어떡해야 하죠?

Ⓐ 您拿着电卡和水卡来物业就行了。
Nín názhe diànkǎ hé shuǐkǎ lái wùyè jiùxíng le.
전기 카드와 물 카드를 관리사무소로 가져오시면 돼요.

잠시 후 관리사무소에서

Ⓑ 你好，我要充电卡和水卡，能刷卡吗？
Nǐ hǎo, wǒ yào chōng diànkǎ hé shuǐkǎ, néng shuākǎ ma?
안녕하세요. 전기 카드와 물 카드 충전하려고요. (신용)카드로 결제해도 되나요?

단어+표현 🔊 068 - 02

物业 wùyè 관리사무소
号 hào 호
楼 lóu (건물, 아파트) 동
房间 fángjiān 호실
突然 tūrán 갑자기
停电 tíngdiàn 전기(电)가 중단되다(停)
电 diàn 전기
用完了 yòng wán le 다 썼다
该……了 gāi……le ~해야 하다
充 chōng 충전하다
交钱 jiāo qián 돈을 내다
热水 rèshuǐ 온수
电卡 diànkǎ 전기 카드
水卡 shuǐkǎ 물 카드
刷卡 shuākǎ 카드로 결제하다
各 gè 각각
开发票 kāi fāpiào 영수증을 발행하다

A 可以，您充多少钱？
Kěyǐ, nín chōng duōshao qián?
가능해요. 얼마 충전할까요?

B 各充100块吧，帮我开一下发票。
Gè chōng yìbǎi kuài ba, bāng wǒ kāi yíxià fāpiào.
각각 100위안 충전해 주세요. 영수증 주시고요.

오늘의 일기

🔊 068-03

晚上，我在家写作业，灯突然灭了。
Wǎnshang, wǒ zài jiā xiě zuòyè, dēng tūrán miè le.
저녁에 집에서 숙제를 하는데 등이 갑자기 꺼졌다.

我吓了一跳，赶紧给物业中心打电话。
Wǒ xià le yí tiào, gǎnjǐn gěi wùyè zhōngxīn dǎ diànhuà.
나는 깜짝 놀라 급히 관리사무소에 전화를 걸었다.

那里的职员查了一下，说我的电用光了，得充电费。
Nàlǐ de zhíyuán chá le yíxià, shuō wǒ de diàn yòng guāng le, děi chōng diànfèi.
직원이 알아보더니, 전기를 다 써 버려 충전해야 한다고 말했다.

原来，中国和韩国不一样，得提前在电卡里充钱。
Yuánlái, Zhōngguó hé Hánguó bù yíyàng, děi tíqián zài diànkǎ li chōng qián.
알고 보니 중국과 한국은 달라서, 미리 전기 카드 안에 충전을 해 놔야 한다.

샨샨의 실수 방지 중국 생활

한국에서는 전기, 수도, 가스비 등의 비용은 쓴 만큼 매월 납부하는 후납방식이지만, 중국은 사용할 만큼 사서 쓰는 선납방식입니다. 선불 교통카드처럼 전기 카드, 수도 카드, 가스 카드에 각각 돈을 충전하고, 사용하면 차감됩니다. 선납방식이니 얼마만큼 사용하고 있는지 명확히 인지가 가능해 생활비를 아낄 수 있다는 장점이 있지만, 미리미리 충전해 두지 않으면 저녁에 갑자기 정전이 되거나 샤워를 하다가 갑자기 온수가 나오지 않는 사태를 맞이할 수도 있다는 단점이 있습니다. 관리사무소가 있는 공동주택의 경우, 당직을 두고 24시간 대기하기 때문에 언제든지 전기나 물을 충전할 수 있지만, 번거롭지 않도록 넉넉히 충전해 두는 편이 낫습니다. 충전해 두고 관리해야 할 항목을 아래와 같이 정리해 봤습니다. 참고로 전기나 가스 충전단위는 '度 dù (도)', 물은 '吨 dùn (톤)'입니다.

① 전기료(电费 diànfèi) : 야밤에 정전이 되는 사태를 만들지 않으려면, 미리미리 충전해야 합니다.
② 가스비(煤气费 méiqìfèi) : 가스레인지 사용을 위해 필요합니다.
③ 수도비/온수비((冷)水费/热水费 (lěng)shuǐfèi/rèshuǐfèi) : 사용하는 물에 대한 비용입니다.
④ 중수비(中水费 zhōngshuǐfèi) : 중수는 생활 하수·공업 폐수·빗물 등을 간단히 정수 처리한 후 사용하는 물을 말하는데, 주로 변기물이 중수입니다. 변기의 물이 시원치 않다면, 중수가 떨어진 것이니 충전하세요.

인터넷망 개설하기

🔊 069 - 01

Ⓐ 您好，营业厅吗? 我想申请宽带。
Nín hǎo, yíngyètīng ma? Wǒ xiǎng shēnqǐng kuāndài.
안녕하세요, 영업소죠? 광대역 인터넷 신청하고 싶어요.

> 광대역은 중국어로 '宽带 kuāndài' 입니다. '인터넷을 하다'라는 뜻의 上网 shàngwǎng'을 응용해서 我 想申请上网。Wǒ xiǎng shēnqǐng shàngwǎng.이라고 하지 않도록 주의하세요.

Ⓑ 您想申请包年的，
Nín xiǎng shēnqǐng bāonián de,

> 일년(年)을 포함하다(包) 즉, 일년 약정하다

还是按月付费呢?
háishi ànyuèfùfèi ne?

> 월에 따라(按月), 비용을 내다(付费)

일 년 치 일괄 지불형식을 원하세요, 아니면 매월 비용 지불형식을 원하세요?

Ⓐ 包年是什么意思? 一年的钱一起交是吗?
Bāonián shì shénme yìsi? Yì nián de qián yìqǐ jiāo shì ma?
'包年'은 무슨 뜻이에요? 일 년 치 돈을 한꺼번에 낸다는 뜻인가요?

Ⓑ 对，比按月付的便宜。初装费也免了。
Duì, bǐ àn yuè fù de piányi. Chūzhuāngfèi yě miǎn le.
맞습니다. 월별로 내는 것보다 저렴해요. 초기 설치 비용도 무료고요.

🔊 069 - 02

Ⓐ 好的，那包年吧。
Hǎo de, nà bāonián ba.
좋아요, 그럼 일 년 일괄지불로 해 주세요.

Ⓑ 要多少兆的?
Yào duōshao zhào de?

> "몇 메가 원하세요?" 인터넷 설치 시 꼭 듣게 되는 한 마디입니다.

몇 메가짜리 신청하시겠어요?

Ⓐ 最快的是多少? 一年多少钱?
Zuì kuài de shì duōshao? Yī nián duōshao qián?
가장 빠른 건 몇 메가에요? 일 년에 얼마인가요?

Ⓑ 最快的是100的， 比较贵。
Zuì kuài de shì yìbǎi de, bǐjiào guì.

家里用， 50兆差不多了。
Jiālǐ yòng, wǔshí zhào chàbuduō le.
가장 빠른 건 100메가인데, 약간 비싸요. 가정에서 사용하시는 거면 50메가면 웬만큼 됩니다.

단어+표현

营业厅 yíngyètīng 영업소
申请 shēnqǐng 신청하다
宽带 kuāndài 광대역 인터넷
包年 bāonián
일 년 치를 한꺼번에 내는 방식
按月付费 ànyuèfùfèi
매월 비용을 내는 방식
一起交 yìqǐ jiāo 함께 내다
比…… bǐ…… ~대비
便宜 piányi 싸다
初装费 chūzhuāngfèi
초기 설치 비용
免 miǎn 면하다, 제외하다
兆 zhào 메가(mega)
最快 zuì kuài 가장 빠른
家里 jiālǐ 가정
就要……吧 jiù yào……ba
바로 ~를 원하다

164

Ⓐ 好，就要50的吧。
Hǎo, jiù yào wǔshí de ba.
네, 그러면 50으로 할게요.

오늘의 일기

🔊 069 - 03

现在是网络时代，没有网的话，我一天都受不了。
Xiànzài shì wǎngluò shídài, méiyǒu wǎng dehuà, wǒ yì tiān dōu shòu bùliǎo.
지금은 인터넷 시대로, 인터넷이 없으면 나는 하루도 견딜 수 없다.

所以我一搬家就给营业厅打电话，申请宽带。
Suǒyǐ wǒ yì bānjiā jiù gěi yíngyètīng dǎ diànhuà, shēnqǐng kuāndài.
그래서 나는 이사하자마자 영업소에 전화해, 광대역망을 신청했다.

我申请了50兆包年的套餐，可以打折，而且免初装费。
Wǒ shēnqǐng le wǔshí zhào bāonián de tàocān, kěyǐ dǎzhé, érqiě miǎn chūzhuāngfèi.
50메가 1년 세트를 신청해서, 할인도 받고 게다가 초기 설치 비용도 면제된다.

师傅很快就给我打了电话，约时间过来安装，真方便。
Shīfu hěn kuài jiù gěi wǒ dǎ le diànhuà, yuē shíjiān guòlái ānzhuāng, zhēn fāngbiàn.
(설치)기사님이 빨리 전화를 주셔서, 설치하러 오실 시간을 약속했다. 참 편리하다.

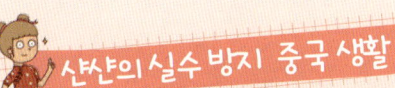
샨샨의 실수 방지 중국 생활

인터넷망을 개통하려고 영업소에 가면 "要不要办一年的套餐，可以送一个猫。Yào bu yào bàn yì nián de tàocān, kěyǐ sòng yí ge māo. (일 년 치 한번에 하실래요, 모뎀(modem)은 그냥 드려요.)"라는 말을 종종 들을 수 있습니다. 여기서 '猫 māo'는 고양이가 아니라 모뎀의 중국어 표현인 '宽带猫 kuāndàimāo'를 가리킵니다. 잘못 들으면 고양이 한 마리를 얻게 되는 것으로 착각할 수 있습니다. 어디나 그렇듯 장기계약을 하면 그만큼 가격이 할인됩니다. 다만 중도 해지 시 돈을 돌려받을 수 없으니, 체류기간을 잘 감안하여 결정해야 합니다. 그리고 집안에서 자유로운 WIFI 사용을 위해 무선공유기(无线路由器 wúxiàn lùyóuqì)는 반드시 필요합니다. 중국 현지에서 구매하는 것이 가장 좋지만(중국에서 온라인 쇼핑을 해 보는 것도 귀중한 경험이니까요!) 여의치 않다면, 한국에서 미리 구매해 가셔도 좋습니다.

청소 도우미 구하기

◉ 070-01

Ⓐ 进来吧，有点儿乱，不好意思啊。
Jìnlái ba, yǒudiǎnr luàn, bù hǎoyìsi a.
들어와. 좀 너저분한데, 부끄럽네.

Ⓑ 不是有点儿，而是非常……。
Bú shì yǒudiǎnr, érshì fēicháng…….
조금이 아닌데, 아주 많이인데…….

Ⓐ 你也知道吧。我太忙了，真没时间打扫。
Nǐ yě zhīdào ba. Wǒ tài máng le, zhēn méi shíjiān dǎsǎo.
너도 알잖아. 나는 너무 바빠서 정말 청소할 시간이 없어.

Ⓑ 我给你介绍个阿姨怎么样?
Wǒ gěi nǐ jièshào ge āyí zěnmeyàng?

打扫得特别干净，人也老实。
Dǎsǎo de tèbié gānjìng, rén yě lǎoshi.
내가 너한테 아주머니 한 분 소개해 줄게, 어때? 정말 깨끗하게 청소하시고, 게다가 성실하신 분이야.

> 중국어 '발음'의 중요성에 대해 이야기할 때 제가 자주 예로 드는 단어가 '老实 lǎoshi (성실하다)'입니다. '선생님'을 뜻하는 '老师 lǎoshī'와 비교해 보세요. 성조가 달라지면 뜻이 완전히 달라지는 것이 중국어의 특징이니, 그만큼 신경 써야 하는 것이 '성조'입니다.

Ⓐ 那太好了! 我一直想找阿姨，
Nà tài hǎo le! Wǒ yìzhí xiǎng zhǎo āyí,

就是不知道去哪儿找。
jiùshì bù zhīdào qù nǎr zhǎo.
정말 잘됐다! 나 계속 아주머니 찾으려고 했는데, 어디 가서 찾아야 하는지 몰랐어.

며칠 후

Ⓐ 您好，您是李阿姨吧?
Nín hǎo, nín shì Lǐ āyí ba?
안녕하세요. 이씨 아주머니시죠?

Ⓒ 对，是您的朋友介绍的。
Duì, shì nín de péngyou jièshào de.
맞아요, 친구분이 소개한 사람입니다.

단어+표현 ◉ 070-02

进来 jìnlái 들어오다
乱 luàn 어지럽다
不是……而是……
bú shì……érshì……
~가 아니라 ~이다
非常 fēicháng 대단히, 매우
打扫 dǎsǎo 청소하다
介绍 jièshào 소개하다
干净 gānjìng 깨끗하다
老实 lǎoshi 성실하다
一直 yìzhí 계속
找 zhǎo 찾다
李阿姨 Lǐ āyí 이씨 아주머니
有急事 yǒu jíshì
급한 일(急事)이 있다(有)
出去 chūqù 나가다
自己 zìjǐ 스스로
吸尘器 xīchénqì 청소기

Ⓐ 真不好意思，我有急事要出去，您自己打扫没问题吧？
Zhēn bù hǎoyìsi, wǒ yǒu jíshì yào chūqù, nín zìjǐ dǎsǎo méi wèntí ba?
정말 죄송한데, 제가 급한 일이 있어서 나가봐야 해요. 혼자 청소하셔도 문제없죠?

Ⓒ 您告诉我吸尘器在哪儿就行了。
Nín gàosu wǒ xīchénqì zài nǎr jiùxíng le.
진공청소기 어디 있는지만 알려 주시면 돼요.

오늘의 일기

🔊 070-03

我特别忙，一大早就出门，回家就睡觉，根本没时间打扫。
Wǒ tèbié máng, yídàzǎo jiù chūmén, huíjiā jiù shuìjiào, gēnběn méi shíjiān dǎsǎo.
나는 너무 바쁘다. 아침 일찍 나갔다가 집에 와서는 바로 자기 때문에 도저히 청소할 시간이 없다.

朋友给我介绍了一位阿姨。
Péngyou gěi wǒ jièshào le yí wèi āyí.
친구가 아주머니 한 분을 소개해 줬다.

人特别老实。而且很有经验的，打扫得很干净。
Rén tèbié lǎoshi. Érqiě hěn yǒu jīngyàn de, dǎsǎo de hěn gānjìng.
무척 성실한 분이다. 게다가 경험이 많으시고, 청소를 깨끗이 하신다.

她一次打扫三个小时，才50块，挺合算的。
Tā yí cì dǎsǎo sān ge xiǎoshí, cái wǔshí kuài, tǐng hésuàn de.
아주머니는 한 번에 세 시간씩 청소를 하시고 겨우 50위안 정도인데, 아주 이득이다.

샨샨의 실수 방지 중국 생활

유학생활 비용이 넉넉지 않더라도 일주일에 한 번쯤은 청소하시는 분의 도움을 받는 게 낫다는 것이 제 생각입니다. 청소와 빨래가 스트레스 해소의 방법인 사람이라면 상관 없지만, 청소가 스트레스 자체라면 귀한 시간을 낭비하지 말고 전문가의 도움을 받는 것이 더 이득입니다. 시간을 쪼개서 공부해야 하는 유학생에게는 시간이 곧 돈이기 때문입니다. 청소 전문가에게 부탁할 일을 정확히 전달하려면 관련된 단어를 알아야겠죠? 아래와 같이 정리해 봤습니다.

빗자루 笤帚 tiáozhou
걸레, 행주 抹布 mābù
빨래 세제 洗衣粉 xǐyīfěn

쓰레받기 簸箕 bòji
플라스틱 대야 塑料盆 sùliàopén
섬유유연제 柔顺剂 róushùnjì

밀대, 대걸레 拖布 tuōbù, 拖把 tuōbǎ
청소 솔 刷子 shuāzi
설거지 세제 洗涤灵 xǐdílíng, 洗碗液 xǐwǎnyè

수리센터에 전화하기

◉ 071 - 01

Ⓐ 你好，星星维修中心。
Nǐ hǎo, xīngxīng wéixiū zhōngxīn.
안녕하세요. 씽씽 수리센터입니다.

Ⓑ 你好，我家的空调坏了，开了半天也不凉快。
Nǐ hǎo, wǒ jiā de kōngtiáo huài le, kāi le bàntiān yě bù liángkuai.
안녕하세요. 저희 집 에어컨이 고장났어요. 한참을 켜 놨는데도 안 시원해요.

Ⓐ 您的空调是什么时候买的？
Nín de kōngtiáo shì shénme shíhou mǎi de?
에어컨 언제 구매하신 건가요?

Ⓑ 我也不知道，我的房子是租的。
Wǒ yě bù zhīdào, wǒ de fángzi shì zū de.
저도 잘 모르겠어요, 세 들어 사는 거라.

Ⓐ 那您找一下保修单吧，不到一年的话，
Nà nín zhǎo yíxià bǎoxiūdān ba, bú dào yì nián dehuà,
可以免费维修。
kěyǐ miǎnfèi wéixiū.
그럼 보증서를 한번 찾아보세요. 일 년이 안 됐으면 무상 수리가 가능합니다.

Ⓑ 好，我看看。
Hǎo, wǒ kànkan.
네, 한번 볼게요.

잠시 후

Ⓑ 我家空调已经 买了两年了。
Wǒ jiā kōngtiáo yǐjīng mǎi le liǎng nián le.
저희 집 에어컨 산 지 이미 2년이 됐네요.

Ⓐ 那保修期已经过了，得收100块 上门费。
Nà bǎoxiūqī yǐjīng guò le, děi shōu yìbǎi kuài shàngménfèi.
그렇다면 보증기간이 지나서, 방문비 100위안이 듭니다.

단어+표현　◉ 071 - 02

维修中心 wéixiū zhōngxīn 수리센터
空调 kōngtiáo 에어컨
坏了 huài le 고장났다
半天 bàntiān 한참, 한나절
凉快 liángkuai 시원하다
房子 fángzi 집
租 zū 세들어 살다
保修单 bǎoxiūdān 보증서
不到…… búdào……
(일정 수량, 기간에) 미치지 못하다
年 nián 년
免费 miǎnfèi 무료로 하다
维修 wéixiū 수리하다
保修期 bǎoxiūqī 보증기간
过了 guò le 지났다
收 shōu 받다, 거두다
上门费 shàngménfèi 방문비
能 néng 가능하다
派人 pài rén 사람을 보내다

'了 le'의 용법은 '완료', '변화' 등 다양합니다. 통상 동사 뒤에 붙으면 '완료', 문장의 마지막에 오면 '변화'의 의미가 있습니다. 예를 들면 '我在贸易公司工作了两年。Wǒ zài màoyì gōngsī gōngzuò le liǎng nián.'이라고 하면 '무역회사에서 2년 일했다', 즉 '완료'하여 '현재는 더 이상 무역회사에 있지 않다'라는 뜻이고, '工作(了)两年了。Gōngzuò (le) liǎng nián le.'는 '일한 지 2년이 지났고, 계속 일하는 중이다'라는 뜻입니다.

'上门 shàngmén' 즉 '문에 올라서다, 들어서다'라는 뜻이에요. '上门'이 '방문하다'라는 의미로 쓰여 '방문서비스'는 '上门服务 shàngmén fúwù'라고 합니다.

Ⓑ 好的，现在能派人过来吗？我住在幸福公寓。
Hǎo de, xiànzài néng pài rén guòlái ma? Wǒ zhù zài xìngfú gōngyù.
네, 지금 사람 보내 주실 수 있나요? 행복 아파트입니다.

Ⓐ 好的，半个小时以后能到。
Hǎo de, bàn ge xiǎoshí yǐhòu néng dào.
네, 30분 이후에 도착할 수 있습니다.

오늘의 일기

🔊 071-03

今天特别热，可是空调开了半天，一点儿也不凉快。
Jīntiān tèbié rè, kěshì kōngtiáo kāi le bàntiān, yìdiǎnr yě bù liángkuai.
오늘 너무 더웠는데, 에어컨을 한참 틀어 놔도 하나도 시원해지질 않았다.

我上网找了一个离我家最近的维修中心，打了个电话。
Wǒ shàngwǎng zhǎo le yí ge lí wǒ jiā zuì jìn de wéixiū zhōngxīn, dǎ le ge diànhuà.
나는 인터넷에서 집과 가장 가까운 수리센터를 찾아 전화를 걸었다.

我的空调已经过了保修期，上门维修的话得收上门费。
Wǒ de kōngtiáo yǐjīng guò le bǎoxiūqī, shàngmén wéixiū dehuà děi shōu shàngménfèi.
우리 집 에어컨은 이미 보증기간이 끝나, 방문 수리하려면 방문비가 든다.

反正房东可以报销，所以我让他们赶紧派人过来。
Fǎnzhèng fángdōng kěyǐ bàoxiāo, suǒyǐ wǒ ràng tāmen gǎnjǐn pài rén guòlái.
아무튼 비용은 집주인이 정산 가능하니, 나는 빨리 사람을 보내달라고 했다.

샨샨의 실수 방지 중국 생활

타국에 머무르는 기간이 짧으면 '여행'이지만 6개월, 1년 이상 넘어가면 '생활'이 됩니다. 부모님이나 주변에서 해결해 줬던 일을 본인 스스로 해내야 한다는 뜻이기도 합니다. 집안에서 발생하는 소소한 문제들도 관리사무소와 수리센터에 연락해서 직접 해결에 나서야 하니, 관련 문제들을 정리해 봤습니다. 최소한 어떤 문제가 발생했는지 전달할 수는 있어야 하니까요.

冰箱/电视/洗衣机坏了。Bīngxiāng/Diànshì/Xǐyījī huài le. 냉장고/TV/세탁기가 고장 났어요.
网络不稳定，上不了网。Wǎngluò bù wěndìng, shàng bùliǎo wǎng. 인터넷이 불안정하고, 온라인 접속이 안 돼요.
马桶堵了。Mǎtǒng dǔ le. 변기가 막혔어요.
停电了。Tíngdiàn le. 정전됐어요.
跳闸了。Tiàozhá le. 두꺼비집 퓨즈가 나갔어요.
水龙头漏水了。Shuǐlóngtóu lòushuǐ le. 수도꼭지에 물이 새요.

에피소드 072

전기제품 방문수리 요청하기

🔘 072-01

Ⓐ 您好，是不是您家空调不制冷？
Nín hǎo, shì bu shì nín jiā kōngtiáo bú zhìlěng?
안녕하세요. 에어컨 냉각이 안 되죠?

Ⓑ 对，已经开了一个多小时了，一点儿也不凉快。
Duì, yǐjīng kāi le yí ge duō xiǎoshí le, yìdiǎnr yě bù liángkuai.
맞아요, 한 시간 넘게 틀었는데 하나도 시원해지질 않아요.

> '조금도 ~하지 않다'란 뜻입니다. 자신의 상태나 감정을 표현하기에 아주 유용한 표현이에요. '조금도 배고프지 않아요. (一点儿也不饿。Yìdiǎnr yě bú è.)', '조금도 기쁘지 않아요. (一点儿也不高兴。Yìdiǎnr yě bù gāoxìng.)', '조금도 춥지 않아요. (一点儿也不冷。Yìdiǎnr yě bù lěng.)' 같은 표현은 알아 두면 유용합니다.

Ⓐ 可能是电机坏了，我看看吧。
Kěnéng shì diànjī huài le, wǒ kànkan ba.
모터가 고장 난 것 같네요. 한번 보겠습니다.

Ⓑ 好的，在卧室里。
Hǎo de, zài wòshì li.
네, 방 안에 있어요.

단어＋표현 🔘 072-02

制冷 zhìlěng 냉각하다
开 kāi 켜다, 틀다
一个多小时 yí ge duō xiǎoshí 한 시간 넘게
一点儿也不 yìdiǎnr yě bù 조금도(一点儿也) ~하지 않다(不)
可能 kěnéng 아마도
电机 diànjī 모터
卧室 wòshì 침실
几张 jǐ zhāng 몇 장
报纸 bàozhǐ 신문지
干净 gānjìng 깨끗하다
别……了 bié……le ~하지 말아야 하다
弄脏 nòngzāng 더럽히다
还好 hái hǎo 다행히
氟 fú 불소가스
加 jiā 더하다, 보태다
二百五 èrbǎiwǔ 250위안, 바보
正好 zhènghǎo 딱 맞다, 마침
收据 shōujù 영수증

Ⓐ 您给我几张报纸吧，您家这么干净，别弄脏了。
Nín gěi wǒ jǐ zhāng bàozhǐ ba, nín jiā zhème gānjìng, bié nòng zāng le.
신문지 몇 장 주세요. 집이 이렇게 깨끗한데 더럽히지 말아야죠.

에어컨을 정비한 후

Ⓐ 还好不是电机坏了，就是氟用完了，
Hái hǎo bú shì diànjī huài le, jiùshì fú yòng wán le,

加点儿就行了。
jiā diǎnr jiùxíng le.
다행히 모터가 고장 난 게 아니네요. 불소가스를 다 썼는데, 추가하면 됩니다.

Ⓑ 好的，您喝点儿水吧，辛苦了。
Hǎo de, nín hē diǎnr shuǐ ba, xīnkǔ le.
알겠습니다. 물 좀 드세요, 고생하셨어요.

Ⓐ 不用了，谢谢。
Búyòng le, xièxie.

上门费100，加氟150，一共250。
Shàngménfèi yìbǎi, jiā fú yìbǎiwǔ, yígòng èrbǎiwǔ.
아닙니다, 고맙습니다. 방문비 100위안, 불소 추가 150위안, 총 250위안이네요.

B 哈哈，怎么正好是"250"。您给我个收据吧。
Hāha, zěnme zhènghǎo shì "èrbǎiwǔ". Nín gěi wǒ ge shōujù ba.
하하, 어쩜 딱 250이죠. 영수증 주세요.

오늘의 일기

072 - 03

我家空调不制冷了，维修中心派人过来修。
Wǒ jiā kōngtiáo bú zhìlěng le, wéixiū zhōngxīn pài rén guòlái xiū.
우리 집 에어컨이 냉각이 안 돼서, 수리센터에 전화해 사람을 보내 고쳐달라고 했다.

他检查了一下，告诉我电机没问题，就是氟用完了。
Tā jiǎnchá le yíxià, gàosu wǒ diànjī méi wèntí, jiùshì fú yòng wán le.
수리하는 분이 검사해 보더니, 모터에 문제가 있는 것이 아니라 불소가스를 다 쓴 것이라고 했다.

上门费100块，加氟150块，一共250块。
Shàngménfèi yìbǎi kuài, jiā fú yìbǎi wǔshí kuài, yígòng èrbǎiwǔshí kuài.
방문비 100위안, 불소가스 추가비 150위안 해서 총 250위안이었다.

说到这个"250"，我们俩都笑了。
Shuōdao zhège "èrbǎiwǔ", wǒmen liǎ dōu xiào le.
"250"이란 말에, 우리 둘 다 웃었다.

샨샨의 실수 방지 중국 생활

전국시대(战国时代 Zhànguó shídài) 제왕(齐王 Qíwáng)은 아끼던 신하 소진(苏秦 sūqín)이 살해당하자 범인을 잡기 위해 꾀를 냈습니다. 소진은 본래 간신으로, 왕이 원래 죽이려 했는데 누군가가 대신 처리해 줬으니 1000냥의 상금을 주겠다고 거짓 소문을 낸 것입니다. 이 소문을 듣고 네 명이 동시에 달려왔습니다. 이를 본 왕이 분노하여 "각각 250씩 나눠 주고, 저 250들을 모두 처형하라!"라고 명령합니다. 이날 이후 바보 같고 좀 모자란 듯한 사람, 푼수, 멍청이를 가리켜 '250(二百五 èrbǎiwǔ)'라고 하게 되었습니다. 재미있는 것은 상점에서 물건값이 250위안이 나오면 1위안 정도는 빼 준다는 점입니다. 그럴 때 "太好了，我不是二百五了! Tài hǎo le, wǒ bú shì èrbǎiwǔ le! (제가 바보가 아니니 기쁘네요!)"라고 위트있게 화답해 보세요.

171

에피소드 073

변기가 막혔을 때 수리 요청하기

🔊 073-01

Ⓐ 你好，物业吧？我家马桶堵了。
Nǐ hǎo, wùyè ba? Wǒ jiā mǎtǒng dǔ le.
안녕하세요, 관리사무소죠? 저희 집 변기가 막혔어요.

Ⓑ 是不是有东西掉进去了？
Shì bu shì yǒu dōngxi diào jìnqù le?
안에다 물건을 떨어뜨리셨나요?

Ⓐ 我也不知道，您派人过来看看吧。
Wǒ yě bù zhīdào, nín pài rén guòlái kànkan ba.

2号楼715号。
Èr hào lóu qī yāo wǔ hào.
저도 잘 모르겠어요. 사람 보내서 한번 봐 주세요. 2동 715호입니다.

'사람을 보내다', '파견하다'는 동사 '派 pài'를 써서 '派人 pài rén'이라고 합니다. 예를 들어 '회사가 나를 파견해 상하이에 와서 일하게 되었다'는 '公司派我来上海工作。Gōngsī pài wǒ lái Shànghǎi gōngzuò.'라고 해요.

Ⓑ 好的，您稍等，我马上安排人过去。
Hǎo de, nín shāo děng, wǒ mǎshàng ānpái rén guòqù.
네, 잠시만 기다리세요. 제가 바로 사람 보내겠습니다.

잠시 후

Ⓐ 您好，洗手间在那边，
Nín hǎo, xǐshǒujiān zài nàbiān,

水都快流出来了，急死我了。
shuǐ dōu kuài liú chūlái le, jí sǐ wǒ le.
안녕하세요. 화장실은 저쪽이에요. 물이 곧 넘칠 뻔 했어요. 조급해 죽을 뻔했네요.

수리 직원이 수리하고 난 후

Ⓒ 不行啊，估计里面有东西，堵住了。
Bùxíng a, gūjì lǐmiàn yǒu dōngxi, dǔzhù le.
안 되겠어요. 아마도 어떤 물건이 안에 들어가서 막힌 것 같아요.

Ⓐ 啊，我的梳子不见了。
Á, wǒ de shūzi bú jiàn le.

단어+표현 🔊 073-02

马桶 mǎtǒng 변기
堵 dǔ 막히다
掉进去 diào jìnqù 떨어트려 들어가다, 빠지다
安排 ānpái 배정하다
洗手间 xǐshǒujiān 화장실
快……了 kuài……le 머지않아, 곧 ~하다
流出来 liú chūlái 넘치다
不行 bùxíng 안 된다
估计 gūjì 짐작하다
里面 lǐmiàn 안에
堵住 dǔzhù 틀어막다, 메우다
梳子 shūzi 빗
不见 bú jiàn le 보이지 않다
这样的话 zhèyàng dehuà 이런 경우
管道疏通公司 guǎndào shūtōng gōngsī 파이프 뚫는 회사
专业 zhuānyè 전문
机器 jīqì 기계

可能是梳子掉进去了。
Kěnéng shì shūzi diào jìnqù le.
아, 제 빗이 안 보이네요. 아마도 빗이 떨어져 들어간 것 같아요.

这样的话，得找管道疏通公司，用专业的机器。
Zhèyàng dehuà, děi zhǎo guǎndào shūtōng gōngsī, yòng zhuānyè de jīqì.
이런 경우에는 파이프 뚫는 회사를 찾아서 전용 기계를 써야 해요.

오늘의 일기

073-03

洗手间的马桶突然堵了，水流出来了，地上都是水。
Xǐshǒujiān de mǎtǒng tūrán dǔ le, shuǐ liú chūlái le, dì shang dōu shì shuǐ.
화장실 변기가 갑자기 막혔다. 물이 넘쳤고, 바닥이 온통 물이었다.

物业派人过来，修了半天，一点儿用也没有。
Wùyè pài rén guòlái, xiū le bàntiān, yìdiǎnr yòng yě méiyǒu.
관리사무소에서 사람이 와서, 한참을 수리해도 전혀 소용이 없었다.

他说可能是有东西掉进去了，得用专业的机器。
Tā shuō kěnéng shì yǒu dōngxi diào jìnqù le, děi yòng zhuānyè de jīqì.
그는 아마도 어떤 물건이 떨어져 들어간 것 같으니, 전용 기계를 써야 한다고 했다.

可是今天是星期天，管道疏通公司不上班，怎么办啊？
Kěshì jīntiān shì xīngqītiān, guǎndào shūtōng gōngsī bú shàngbān, zěnme bàn a?
하지만 오늘은 일요일이라 파이프 뚫는 회사는 영업을 안 하는데, 어쩌면 좋지?

샨샨의 실수 방지 중국 생활

화장실 변기가 막혔다든가, 샤워기에 물이 샌다든가 하면 참 난감합니다. 이를 대비해 필요한 것이 변기를 뚫어 주는 이른바 '뚫어뻥 (搋子 chuāizi)'입니다. 참고로 '뚫다'는 '搋 chuāi'인데요, '뚫어뻥으로 뚫다'는 '用搋子搋 yòng chuāizi chuāi'라고 합니다. 중국, 특히 베이징은 수질이 나빠 석회 성분이 샤워기 안에 머물면서 샤워기의 물 분출구를 막는다고 해요. 이 때문에 샤워기가 막히는 황당한 문제가 발생하기도 합니다. '변기가 막혔어요. (马桶堵了。Mǎtǒng dǔ le.)', '수도가 새요. (水管漏水。Shuǐguǎn lòushuǐ.)', '수도가 꽉 안 잠겨요. (水龙头关不紧。Shuǐlóngtóu guānbujǐn.)', '샤워기가 막혔어요. (淋浴喷头堵了。Línyù pēntóu dǔ le.)', '거울이 깨졌어요. (镜子碎了。Jìngzi suì le.)', '타일이 깨졌어요. (瓷砖碎了。Cízhuān suì le.)' 등이 화장실에서 일어날 수 있는 일입니다. 가장 큰 문제는 위층에서 물이 새서 내 숙소 벽이나 방바닥까지 젖게 만드는 경우입니다. 이럴 때는 스스로 해결하려 들지 말고, 집주인이 해결할 수 있도록 빨리 알리는 게 우선입니다.

수도꼭지에서 물이 샐 때 수리 요청하기

🔊 074 - 01

Ⓐ 你好，物业吧？我家水龙头突然漏水。
Nǐ hǎo, wùyè ba? Wǒ jiā shuǐlóngtóu tūrán lòushuǐ.
안녕하세요, 관리사무소죠? 저희 집의 수도꼭지가 갑자기 물이 새요.

Ⓑ 是哪里的？洗手间还是厨房？
Shì nǎlǐ de? Xǐshǒujiān háishi chúfáng?
어디요? 화장실인가요, 주방인가요?

> 화장실 세면대는 손을 씻는 웅덩이이니 '洗手池 xǐshǒuchí', 주방에서 야채를 씻는 싱크대는 '洗菜池 xǐcàichí'라고 해요.

Ⓐ 是厨房的，漏得挺厉害的，您快派人过来吧。
Shì chúfáng de, lòu de tǐng lìhai de, nín kuài pài rén guòlái ba.
주방이요, 심하게 새요. 빨리 사람 보내 주세요.

Ⓑ 马上去。您先把阀门关上。
Mǎshàng qù. Nín xiān bǎ fámén guānshàng.
바로 가겠습니다. 우선 수도꼭지 밸브를 잠그세요.

Ⓐ 好的。我家是2号楼715号，
Hǎo de. Wǒ jiā shì èr hào lóu qī yāo wǔ hào,

您快点儿啊，拜托了。
nín kuài diǎnr a, bàituō le.
네, 저희 집은 2동 715예요. 빨리 좀 와 주세요, 부탁드립니다.

단어+표현 🔊 074 - 02

잠시 후

Ⓑ 你好，水龙头怎么了？
Nǐ hǎo, shuǐlóngtóu zěnme le?
안녕하세요. 수도꼭지가 어떻게 된 거죠?

Ⓐ 漏水特别厉害，关不紧。
Lòu shuǐ tèbié lìhai, guānbujǐn.
물이 심하게 새요. 꽉 안 잠겨요.

Ⓑ 我看看。啊呀！水龙头坏了，得买个新的换上。
Wǒ kànkan. Āyā! Shuǐlóngtóu huài le, děi mǎi ge xīn de huànshàng.
제가 한번 볼게요. 아이고! 수도꼭지가 고장 났네요. 새것으로 교체하셔야 해요.

水龙头 shuǐlóngtóu 수도꼭지
漏水 lòushuǐ 물이 새다
哪里 nǎlǐ 어디, 어느 곳
厨房 chúfáng 주방
漏 lòu 새다
挺……的 tǐng……de 아주 ~하다
厉害 lìhai 심하다
把……关上 bǎ……guānshàng ~을 잠그다
阀门 fámén 밸브
楼 lóu (건물, 아파트의) 동
号 hào 호
拜托 bàituō 부탁하다
关不紧 guānbujǐn 꽉 안 잠기다
换上 huànshàng 교체하다

오늘의 일기

我住的公寓特别旧，家里的设施动不动就坏。
Wǒ zhù de gōngyù tèbié jiù, jiā li de shèshī dòng bu dòng jiù huài.
내가 사는 아파트는 많이 낡아서, 집 안의 시설들이 빈번히 고장 난다.

一会儿马桶堵了，一会儿跳闸了，这次水龙头又漏水了。
Yíhuìr mǎtǒng dǔ le, yíhuìr tiàozhá le, zhè cì shuǐlóngtóu yòu lòushuǐ le.
어느 날엔 변기가 막히고 어느 날엔 두꺼비집 퓨즈가 나가고, 이번에는 또 수도꼭지 누수다.

物业人员说得换个新的，可是我不知道应该买什么样的。
Wùyè rényuán shuō děi huàn ge xīn de, kěshì wǒ bù zhīdào yīnggāi mǎi shénmeyàng de.
관리사무소 직원이 새것으로 교체하면 된다고 했는데, 어떤 것을 사야 할지 몰랐다.

没办法，我只好拜托物业的大叔，让他帮我买。
Méi bànfǎ, wǒ zhǐhǎo bàituō wùyè de dàshū, ràng tā bāng wǒ mǎi.
할 수 없이 관리사무소 아저씨께 부탁드려 대신 사 달라고 할 수밖에 없었다.

샨샨의 실수 방지 중국 생활

얼마 전 제 중국 블로그에 양꼬치 집 사진을 올린 적이 있습니다. 중국의 양꼬치 집을 그대로 옮겨 온 듯한 풍경이라, 사진을 올리고 중국 친구들에게 여기가 한국인지 아니면 중국인지 맞춰 보라고 물었는데요, 한 친구가 "한국, 금속젓가락을 쓰잖아. (韩国，因为用铁筷子。Hánguó, yīnwèi yòng tiě kuàizi."라는 일리 있는 답변을 내놨습니다.
한국과 중국은 모두 젓가락(筷子 kuàizi)을 사용하는 문화권이지만 한국은 주로 금속젓가락을 사용하고, 중국은 나무 소재의 젓가락을 주로 사용합니다. 그래서 중국 친구들에게 한국의 젓가락은 낯설면서도 무겁게 느껴질 수 있습니다. 말이 나온 김에 자취에 필요한 주방용품, 중국어로 정리해 봅니다.

젓가락 筷子 kuàizi	숟가락 勺子 sháozi	그릇 碗 wǎn	냄비 锅 guō
후라이팬 平锅 píngguō	국자 汤勺 tāngsháo	뒤집개 铲子 chǎnzi	바구니 篮子 lánzi
부엌칼 菜刀 càidāo	도마 案板 ànbǎn	가위 剪子 jiǎnzi	

계약 만료 시 보증금 환급받기

🔘 075-01

Ⓐ 您好，我是中介小王。
Nín hǎo, wǒ shì zhōngjiè Xiǎo Wáng.

您的房子马上到期，还住吗?
Nín de fángzi mǎshàng dàoqī, hái zhù ma?

안녕하세요. 저는 부동산 중개인 샤오왕입니다. 방 계약기간이 곧 끝나는데, 계속 거주하실 건가요?

Ⓑ 啊，我也正好要跟你联系呢。
À, wǒ yě zhènghǎo yào gēn nǐ liánxì ne.

我要回国，不住了。
Wǒ yào huíguó, bú zhù le.

아, 저도 마침 연락 드리려고 했어요. 저 귀국해야 해서 이제 거주 안 해요.

🔘 075-02

Ⓐ 行，房东这次有事，来不了。我替他过去。
Xíng, fángdōng zhè cì yǒu shì, lái bùliǎo. Wǒ tì tā guòqù.

네. 집주인이 이번에 일이 있어서 못 오고, 제가 대신 갑니다.

Ⓑ 好的，押金能马上退给我吗?
Hǎo de, yājīn néng mǎshàng tuì gěi wǒ ma?

네. 보증금은 바로 환급해 주시나요?

Ⓐ 到时候我看一下，没问题的话，当时就能退给您。
Dào shíhou wǒ kàn yíxià, méi wèntí dehuà, dāngshí jiù néng tuì gěi nín.

그때 가서 제가 볼게요. 문제없으면 그때 바로 환급해 드립니다.

Ⓑ 好的，现金不太方便，
Hǎo de, xiànjīn bú tài fāngbiàn,

微信或者支付宝转账行吗?
wēixìn huòzhě zhīfùbǎo zhuǎnzhàng xíng ma?

좋습니다. 현금은 불편하니, 위챗이나 알리페이로 이체해 주실래요?

Ⓐ 没问题。下周您哪天方便?
Méi wèntí. Xiàzhōu nín nǎ tiān fāngbiàn?

有半个小时就够了。
Yǒu bàn ge xiǎoshí jiù gòu le.

알겠습니다. 다음 주 언제 괜찮으세요? 30분이면 충분해요.

단어+표현

中介 zhōngjiè 부동산 중개인
到期 dàoqī 만기가 되다
联系 liánxì 연락하다
回国 huíguó 귀국하다
这次 zhè cì 이번
有事 yǒu shì 일이 있다
来不了 lái bùliǎo 못 오다
替 tì 대신하다
退 tuì 반환하다
到时候 dào shíhou 그때 가서, 그때 되면
当时 dāngshí 당시
现金 xiànjīn 현금
方便 fāngbiàn 편리하다
微信 wēixìn 위챗 [중국 대표 SNS]
支付宝 zhīfùbǎo 알리페이 [중국 모바일 전자 결제 앱]
转账 zhuǎnzhàng 이체하다
下周 xiàzhōu 다음 주
哪天 nǎ tiān 어느 날, 언제
够 gòu 충분하다
周一 zhōuyī 월요일
……之前 zhīqián ~하기 전에

> '언제 시간 돼?'라고 물을 때 '哪天有时间? Nǎ tiān yǒu shíjiān?'이라고 직역하는 것보다 '언제가 편해?(哪天方便? Nǎ tiān fāngbiàn?)'라고 하는 것이 훨씬 자연스러운 표현입니다. 지금 전화통화가 괜찮은지, 잠시 메신저 연락이 가능한지 물을 때도 '现在方便吗? Xiànzài fāngbiàn ma?'라고 묻습니다. 하지만 주의하세요. '我去方便一下。Wǒ qù fāngbiàn yíxià.'라고 하면 잠시 화장실을 다녀오겠다는 뜻이에요.

Ⓑ 周一下午吧，一点以后我都在。
Zhōuyī xiàwǔ ba, yī diǎn yǐhòu wǒ dōu zài.
월요일 오후요. 1시 이후에 (집에) 계속 있습니다.

Ⓐ 行，那我过去之前给您打电话。
Xíng, nà wǒ guòqù zhīqián gěi nín dǎ diànhuà.
네, 그럼 제가 가기 전에 전화 드릴게요.

오늘의 일기

◉ 075-03

时间过得真快啊！一转眼，我来中国都一年了。
Shíjiān guò de zhēn kuài a! Yìzhuǎnyǎn, wǒ lái Zhōngguó dōu yì nián le.
시간이 정말 빨리 간다! 눈 깜박할 사이에 중국에 온 지 일 년이 지났다.

中介给我打电话，问我什么时候退房。
Zhōngjiè gěi wǒ dǎ diànhuà, wèn wǒ shénme shíhou tuìfáng.
부동산 중개인이 전화해서, 언제 방을 뺄 수 있는지 물었다.

他要替房东结算水电费，还有退给我押金。
Tā yào tì fángdōng jiésuàn shuǐdiànfèi, háiyǒu tuì gěi wǒ yājīn.
그가 집주인 대신 수도와 전기세를 정산하고, 보증금을 돌려준다고 했다.

收现金太麻烦了，我让他用微信或者支付宝给我转账。
Shōu xiànjīn tài máfan le, wǒ ràng tā yòng wēixìn huòzhě zhīfùbǎo gěi wǒ zhuǎnzhàng.
현금으로 받으면 불편해서, 나는 위챗이나 알리페이로 이체해 달라고 요청했다.

샨샨의 실수 방지 중국 생활

시작만큼 마무리도 중요하지요. 주거지의 계약기간이 끝나간다면 슬슬 퇴실 준비를 해야 합니다. 우선 계약서에 기입되어 있던 비품이 처음과 달라진 게 있는지를 살핍니다. 또 파손되거나 분실된 것은 없는지 확인하고, 보상해야 할 것이 있다면 보증금에서 제하고 받도록 조치하는 것이 편리합니다. 또 하나, 반납해야 할 전기, 수도세 충전 카드와 열쇠 등이 잘 있는지도 봐야 해요. 카드, 열쇠류는 부주의해서 잃어버리는 경우가 종종 있으니, 아예 처음부터 정해 둔 고정된 장소에 두는 것이 좋습니다. 특히 집주인에게 받아만 놓고 사용하지 않게 되는 우편함 열쇠는 잃어버리기 쉬운데, 집 계약서 봉투에 넣어 두고 아예 꺼내지 않는 것도 방법입니다. 그리고 무엇보다 보증금을 잊지 않도록 챙겨야 합니다. 대부분 퇴실 당일 집주인이 직접 방문하여 비품을 확인하고 보증금을 돌려줍니다. 그리고 퇴실 당일 아침에는 각종 충전 카드 내에 얼마가 남아 있는지 확인하는 것도 잊지 마세요. 카드 안에 남아 있는 금액만큼 돌려받아야 하기 때문입니다. 복잡해 보이지만 부동산 중개인의 도움을 받아 처리하면 어렵지 않습니다. 입주부터 퇴실까지 챙기는 것이 중개인의 의무이기도 하니, 퇴실과 관련해 질문이 있다면 주저 없이 중개인을 찾으시면 됩니다.

에피소드 076

휴대전화 구매하기

🔊 076 - 01

Ⓐ 你好，我买手机。
Nǐ hǎo, wǒ mǎi shǒujī.
안녕하세요. 휴대전화 사려고요.

Ⓑ 您要什么牌子的？国产的还是三星或苹果的？
Nín yào shénme páizi de? Guóchǎn de háishi Sānxīng huò Píngguǒ de?
어떤 브랜드 원하세요? 국산 아니면 삼성이나 애플 거요?

Ⓐ 品牌无所谓。我想要屏幕大一点儿，而且省电的。
Pǐnpái wúsuǒwèi. Wǒ xiǎng yào píngmù dà yìdiǎnr, érqiě shěngdiàn de.
브랜드는 상관 없어요. 화면이 크고 절전되는 걸 원해요.

> 화면 크고, 소비전력 좋은 것. 스마트폰 구매자가 주로 선호하는 조건이에요.

🔊 076 - 02

牌子 páizi 브랜드
国产 guóchǎn 국산
三星 Sānxīng 삼성 [브랜드명]
苹果 Píngguǒ 애플 [브랜드명]
品牌 pǐnpái 상표, 브랜드
无所谓 wúsuǒwèi 상관 없다
屏幕 píngmù 화면
省电 shěngdiàn 절전되다
这款 zhè kuǎn 이 제품
寸 cùn 인치
待机时间 dàijī shíjiān 대기시간
样子 yàngzi 모양, 외관
还不错 hái búcuò 괜찮다
质量 zhìliàng 품질
放心 fàngxīn 안심하다
大品牌 dàpǐnpái 유명 브랜드
绝对 juéduì 절대
另外 lìngwài 이외에
挑 tiāo 고르다
尾号 wěihào 뒷자리 (번호)
这样的 zhèyàng de 이런 것
选号费 xuǎnhàofèi
번호 선택 비용

Ⓑ 这款怎么样？大屏幕，5.5寸，待机时间也特别长。
Zhè kuǎn zěnmeyàng? Dà píngmù, wǔ diǎn wǔ cùn, dàijī shíjiān yě tèbié cháng.
이 제품 어떠세요? 화면이 커요. 5.5인치에 대기시간도 무척 길어요.

Ⓐ 嗯，样子还不错。质量怎么样？
Ńg, yàngzi hái búcuò. Zhìliàng zěnmeyàng?
네, 외관은 괜찮네요. 품질은 어떤가요?

Ⓑ 这个您放心。这是大品牌，质量绝对没问题。
Zhège nín fàngxīn. Zhè shì dà pǐnpái, zhìliàng juéduì méi wèntí.
그 부분은 안심하세요. 유명 브랜드라서 품질은 절대 문제없습니다.

Ⓐ 好吧，就要这个吧。另外，我还得要个电话号码。
Hǎo ba, jiùyào zhège ba. Lìngwài, wǒ hái děi yào ge diànhuà hàomǎ.
좋아요, 이걸로 주세요. 또 하나, 전화번호도 필요해요.

Ⓑ 这儿都是。您自己挑吧，看看喜欢哪个。
Zhèr dōu shì. Nín zìjǐ tiāo ba, kànkan xǐhuan nǎ ge.
여기 (전화번호들) 있는데, 직접 골라 보세요. 어떤 것이 좋은지요.

A 有没有尾号是四个8或者四个6，而且没有4的？
Yǒu méiyǒu wěihào shì sì ge bā huòzhě sì ge liù, érqiě méiyǒu sì de?
뒷번호 네 개가 8 또는 6이고, 4는 없는 것이 있을까요?

B 这样的号码都得收选号费，有点儿贵……。
Zhèyàng de hàomǎ dōu děi shōu xuǎnhàofèi, yǒudiǎnr guì…….
이런 번호들은 번호 선택 비용을 받아요. 좀 비싼데…….

오늘의 일기

🔊 076-03

来中国之前，我的韩国手机合同期正好过了。
Lái Zhōngguó zhīqián, wǒ de Hánguó shǒujī hétóngqī zhènghǎo guò le.
중국에 오기 전, 내 한국 휴대전화의 약정기간이 마침 끝났다.

所以，我想在中国买一部新款的智能手机。
Suǒyǐ, wǒ xiǎng zài Zhōngguó mǎi yí bù xīnkuǎn de zhìnéng shǒujī.
그래서 나는 중국에서 새 스마트폰을 사고 싶었다.

服务员推荐了一款，屏幕很大，待机时间也很长。
Fúwùyuán tuījiàn le yì kuǎn, píngmù hěn dà, dàijī shíjiān yě hěn cháng.
직원이 한 제품을 추천해 줬는데, 화면도 크고 대기시간도 길었다.

可是，我挑的号码得交选号费，郁闷死了。
Kěshì, wǒ tiāo de hàomǎ děi jiāo xuǎnhàofèi, yùmèn sǐ le.
그러나 내가 고른 번호가 선택 비용이 든다니, 좀 답답했다.

샨샨의 실수 방지 중국 생활

한국인들은 럭키세븐이라 해서 7을 행운의 숫자라고 여겨요. 중국에서는 주로 재물이나 장수(長壽)와 관련된 숫자를 길하게 여깁니다. '8(八 bā)'은 '发财 fācái (재물을 벌다)'의 '发 fā'와 발음이 유사해 좋아하고, '6(六 liù)'은 '六六大顺 liùliùdàshùn (모든 일이 순조롭다)'라는 성어와 관련지어 좋아합니다. '9(九 jiǔ)'는 '长长久久 chángchángjiǔjiǔ (길고 오래되다)'와 연관돼 '영원함'을 의미해 선호합니다. 따라서 중국에서는 9월 9일을 결혼일 또는 창업일로 삼는 경우가 많습니다. 중국인의 숫자 사랑은 생각보다 대단합니다. 8로 시작하는 전화번호나 자동차 번호는 웃돈을 주고 거래될 정도입니다. '8888'처럼 8이 연속으로 들어가는 번호는 상상할 수도 없는 가격에 팔리기도 합니다.

휴대전화 데이터 요금제 선택하기

🔘 077 - 01

Ⓐ 您好，我想办个话费套餐，
Nín hǎo, wǒ xiǎng bàn ge huàfèi tàocān,

流量包月的那种。
liúliàng bāoyuè de nà zhǒng.

> '월별 약정'을 뜻합니다. 일 년 치 약정은 '包年 bāonián'입니다.

안녕하세요. 휴대전화 요금제 신청하려고 해요. 데이터가 월정액인 종류로요.

Ⓑ 您一个月话费大概是多少？
Nín yí ge yuè huàfèi dàgài shì duōshao?

한 달에 통화료가 대략 얼마 나오나요?

Ⓐ 我刚到中国，还不太清楚。
Wǒ gāng dào Zhōngguó, hái bú tài qīngchu.

제가 중국에 갓 와서 아직 잘 몰라요.

Ⓑ 您平时经常用手机看视频、玩儿游戏吗？
Nín píngshí jīngcháng yòng shǒujī kàn shìpín、wánr yóuxì ma?

> '동영상'이라는 뜻입니다. '영상'은 한자 그대로 직역하면 '(动)映象 (dòng)yìngxiàng'인데, 중국어로 '映象'은 영화 속의 영상, 이미지란 뜻입니다. 우리가 보통 말하는 유튜브에서 볼 수 있는 동영상은 '视频 shìpín'이라고 해요. 참고로 '영상통화'는 '视频通话 shìpín tōnghuà'입니다.

평소에 휴대전화로 자주 동영상을 보거나 게임을 하나요?

Ⓐ 嗯……，有时候看电视剧，不玩儿游戏。
Ǹg……, yǒu shíhou kàn diànshìjù, bù wánr yóuxì.

음……, 가끔 드라마는 보는데 게임은 안 해요.

Ⓑ 那您先买3G的试试吧，一个月100块。
Nà nín xiān mǎi sān G de shìshi ba, yí ge yuè yìbǎi kuài.

그럼 우선 3G로 한번 해 보세요. 한달에 100위안이에요.

Ⓐ 用不完的话，下个月可以继续用吗？
Yòng bù wán dehuà, xià ge yuè kěyǐ jìxù yòng ma?

다 사용 못 하면, 다음 달에 계속 사용할 수 있는 건가요?

Ⓑ 可以，万一不够也可以买流量包，
Kěyǐ, wànyī búgòu yě kěyǐ mǎi liúliàngbāo,

10块钱100兆。
shí kuàiqián yìbǎi zhào.

> '流量 liúliàng'과 관련한 두 가지 표현 알려 드릴게요. '데이터가 다 됐어.'는 '流量不够了。Liúliàng búgòu le.', '데이터 낭비다'는 '费流量 fèi liúliàng'이라고 해요.

가능합니다. 만약 부족하시면 데이터 패키지를 구매하시면 돼요. 10위안에 100메가입니다.

단어+표현 🔘 077 - 02

办 bàn 신청하다
话费 huàfèi 통화료
流量 liúliàng 데이터
包月 bāoyuè 월별로 계약하다
那种 nà zhǒng 그런 종류
大概 dàgài 대략
不太清楚 bú tài qīngchu 잘 모르다
平时 píngshí 평소
经常 jīngcháng 자주, 항상
视频 shìpín 동영상
玩儿游戏 wánr yóuxì 게임하다
有时候 yǒu shíhou 가끔씩
电视剧 diànshìjù 드라마
电话 diànhuà 전화
用不完 yòng bù wán 다 사용 못하다
下个月 xià ge yuè 다음 달
继续 jìxù 계속하다
万一 wànyī 만약에, 혹시
不够 búgòu 부족하다
流量包 liúliàngbāo 데이터 패키지

오늘의 일기

今天我买了新手机，去营业厅办流量套餐。
Jīntiān wǒ mǎi le xīn shǒujī, qù yíngyètīng bàn liúliàng tàocān.
나는 오늘 새 휴대전화를 사서, 영업매장에 가서 데이터 요금제를 선택했다.

工作人员告诉我，流量用不完的话，可以转到下个月。
Gōngzuò rényuán gàosu wǒ, liúliàng yòng bù wán dehuà, kěyǐ zhuǎndào xià ge yuè.
직원이 데이터를 다 사용하지 못하면 다음 달로 이월이 가능하다고 알려 줬다.

而且，不够的话，可以买流量包，也不太贵。
Érqiě, búgòu dehuà, kěyǐ mǎi liúliàngbāo, yě bú tài guì.
게다가 부족하면 데이터 패키지를 살 수 있는데, 별로 안 비싸다고 했다.

所以，我先办了一个100块的套餐，看看情况。
Suǒyǐ, wǒ xiān bàn le yí ge yìbǎi kuài de tàocān, kànkan qíngkuàng.
그래서 나는 우선 100위안 요금제를 신청하고, 상황을 보기로 했다.

샨샨의 실수 방지 중국 생활

중국에서 휴대전화를 개통할 때 가장 먼저 해야 할 일은 통신사 선택입니다. 중국의 3대 통신사는 차이나 모바일(China Mobile 中国移动), 차이나 유니콤(China Unicom 中国联通), 차이나 텔레콤(China Telecom 中国电信)입니다. 각 통신사에 대한 평가를 명확히 내릴 수는 없지만, 저에게는 각각 SKT, LGT, KT처럼 느껴집니다. 통신사를 선택할 때 이것저것 따져 보고 알아봐야 하는 것이 원칙이겠지만, 보통 가장 편리한 기준은 '주변에서 많이 쓰는 것인가'라고 할 수 있겠습니다. 만약 학교에 소속된 학생이라면 학교와 연계된 할인 프로모션 상품을 이용하는 것이 좋습니다. 요즘은 한국인 사업자가 운영하는 유학생 대상 맞춤상품도 많습니다. 그리고 중국의 휴대전화 요금은 '선불제'로 운영하고 있어요. 약정을 하되 후불인 한국과 가장 큰 차이점입니다. 예를 들어 월 100위안 약정제일 경우 500위안을 충전해 두면, 다섯 달에 걸쳐 요금이 자동 차감됩니다. 충전금액이 다 소진될 때쯤 알림 문자가 수시로 오기 때문에 데이터나 전화가 모르고 끊겨 버리는 일은 없습니다. 주의할 점은 요금제가 '전국 요금제(全国套餐 quánguó tàocān)'와 '내륙 요금제(本地套餐 běndì tàocān)'로 나뉜다는 것입니다. '내륙 요금제'는 내륙을 벗어나 홍콩과 대만, 마카오 지역으로 나가는 경우 추가요금이 발생하는 구조입니다. 또 요금제 중에는 성내(省内)에서만 할인되는 구조도 있어요. 본인 거주 성(省)을 벗어나면 추가요금이 부과되는 것입니다. 자신의 활동 반경을 감안해 선택해야 할 부분입니다. 예전에는 길거리 가판대에서 신문이나 껌을 사듯 선불 유심(usim) 카드를 구입해 한국에서 가져간 스마트폰에 끼워 사용했는데 휴대전화 실명제가 시행되면서 불가능해졌습니다. 때문에 중국에 장기체류 계획이 있다면, 현지 스마트폰 요금제에 가입하여 사용하시길 추천합니다. 가입하러 갈 때 여권 챙겨가는 것 잊지 마세요!

휴대전화 데이터 충전하기

🔊 078-01

Ⓐ 哎呀，我的手机停机了！怎么办？
Āiyā, wǒ de shǒujī tíngjī le! Zěnme bàn?

在哪儿买电话卡？
Zài nǎr mǎi diànhuàkǎ?

아이고, 나 휴대전화 끊겼어! 어떡하지? 어디서 전화카드 살 수 있어?

Ⓑ 你真土，现在谁还用电话卡呀？
Nǐ zhēn tǔ, xiànzài shéi hái yòng diànhuàkǎ ya?

너 정말 촌스럽다. 요즘 누가 아직도 전화카드를 쓰니?

> 우리도 '토속적이다', '촌스럽다'라고 말하죠. 중국어는 '土 tǔ'를 써서 표현해요.

Ⓐ 那怎么充值呢？
Nà zěnme chōngzhí ne?

그러면 어떻게 충전해?

Ⓑ 有很多办法呀，微信、支付宝、淘宝都可以。
Yǒu hěn duō bànfǎ ya, wēixìn, zhīfùbǎo, táobǎo dōu kěyǐ.

많은 방법이 있지. 위챗, 알리페이, 타오바오 다 가능해.

Ⓐ 微信也能充值？
Wēixìn yě néng chōngzhí?

위챗도 충전 가능해?

Ⓑ 是啊，微信钱包最方便了。
Shì a, wēixìn qiánbāo zuì fāngbiàn le.

응, 위챗페이가 제일 편해.

Ⓐ 怎么用？快教教我！
Zěnme yòng? Kuài jiāojiāo wǒ!

어떻게 사용하는 거야? 빨리 나 좀 가르쳐 줘!

Ⓑ 打开微信钱包，里面就有"手机充值"的选项。
Dǎkāi wēixìn qiánbāo, lǐmiàn jiù yǒu "shǒujī chōngzhí" de xuǎnxiàng.

위챗페이를 열면 안에 바로 '휴대전화 충전' 항목이 있어.

Ⓐ 哇！真高级！我上次来中国的时候还要买卡呢。
Wā! Zhēn gāojí! Wǒ shàng cì lái Zhōngguó de shíhou hái yào mǎi kǎ ne.

와! 정말 고급스럽다! 지난번에 중국에 왔을 때 (전화)카드를 샀어야 했는데.

단어+표현 🔊 078-02

停机 tíngjī 전화가 끊기다
电话卡 diànhuàkǎ 전화카드
土 tǔ 촌스럽다
充值 chōngzhí 충전하다
办法 bànfǎ 방법
淘宝 táobǎo 타오바오 [중국 최대 인터넷 상거래 사이트]
钱包 qiánbāo 지갑
最 zuì 제일, 가장
教教我 jiāojiāo wǒ 나를 좀 가르쳐 주세요
打开 dǎkāi 열다
选项 xuǎnxiàng 항목을 고르다, 항목
高级 gāojí 고급
上次 shàng cì 지난 번
卡 kǎ 카드
年代 niándài 시대
承认 chéngrèn 인정하다, 긍정하다
落后 luòhòu 뒤떨어지다

182

Ⓑ 你说的那是什么年代啊?
Nǐ shuō de nà shì shénme niándài a?
네가 말하는 그때가 언제야?

Ⓐ 好的，好的。我承认，我落后了。
Hǎo de, hǎo de. Wǒ chéngrèn, wǒ luòhòu le.
알았어, 알았어. 인정해, 나 뒤떨어진 거.

오늘의 일기

以前，我在上海留过学。今年，公司派我到北京工作。
Yǐqián, wǒ zài Shànghǎi liú guo xué. Jīnnián, gōngsī pài wǒ dào Běijīng gōngzuò.
예전에 나는 상하이에서 유학한 적이 있다. 올해는 회사 파견으로 베이징에서 일한다.

我还记得，五年前，给手机充值的时候，特别麻烦。
Wǒ hái jìde, wǔ nián qián, gěi shǒujī chōngzhí de shíhou, tèbié máfan.
5년 전에 휴대전화를 충전할 때 무척 귀찮았던 걸로 기억한다.

先买卡，然后打电话，按照语音提示一步一步地操作。
Xiān mǎi kǎ, ránhòu dǎ diànhuà, ànzhào yǔyīn tíshì yí bù yí bù de cāozuò.
우선 전화카드를 산 후 전화를 걸어 안내음에 따라 하나하나 처리해야 했다.

现在，电子支付方式越来越多，太方便了。
Xiànzài, diànzǐ zhīfù fāngshì yuè lái yuè duō, tài fāngbiàn le.
지금은 전자결제 방식이 점점 많아져서 정말 편리하다.

샨샨의 실수 방지 중국 생활

중국에서 편리한 생활을 하려면 중국어 공부도 중요하지만, 다양한 앱을 익히는 것이 먼저입니다. 대표적인 앱 세 가지를 소개합니다. 우선 지도 앱 '바이두 지도(百度地图 bǎidù dìtú)'입니다. 길 찾기는 물론 택시 부르기도 가능합니다. 중국에서는 구글 지도가 막혀 있어 사용하기 힘들기 때문에, 바이두 지도가 필수입니다. 두 번째는 맛집, 숙소 찾기 앱 '大众点评 dàzhōng diǎnpíng'입니다. 단어 뜻 그대로 대중이 평가하여 점수를 매긴 데이터를 기반으로 정보를 제공하는 앱으로, 내 주변의 맛집을 찾는 데 최적인 앱입니다. '百度地图 bǎidù dìtú'와 '大众点评 dàzhōng diǎnpíng', 이 두 가지 앱만 있으면 중국 전역 어디서나 편리하게 생활할 수 있습니다. 그리고 마지막으로 무료메신저 앱 '위챗(微信 wēixìn)'입니다. 메신저로서의 기본 기능 외에 생활비 납부, 스마트폰 데이터 충전까지 가능한 만능 앱입니다. 중국에서 사용할 스마트폰에 이 세 가지 앱은 필수로 장착하시길 추천합니다.

에피소드 079

보조 배터리 빌리기

🔊 079 - 01

Ⓐ 你有充电宝吗？我手机又没电了。
Nǐ yǒu chōngdiànbǎo ma? Wǒ shǒujī yòu méi diàn le.
보조 배터리 있어? 내 휴대전화 또 배터리 다됐어.

> 充电宝 VS 充电器: 보조 배터리와 유선충전기는 각각 이렇게 말해요.

Ⓑ 我看看……，只有两格电了，够吗？
Wǒ kànkan……, zhǐyǒu liǎng gé diàn le, gòu ma?
보자……, 두 칸밖에 없는데 괜찮아?

Ⓐ 不管了，先借我用用。我偶像马上开始直播。
Bù guǎn le, xiān jiè wǒ yòngyong. Wǒ ǒuxiàng mǎshàng kāishǐ zhíbō.
괜찮아, 우선 나 좀 쓰게 빌려 줘. 내 우상이 곧 생방송을 시작해.

Ⓑ 你用手机看？费流量吧？
Nǐ yòng shǒujī kàn? Fèi liúliàng ba?
너 휴대전화로 보려고? 데이터 낭비 아니야?

Ⓐ 没事儿，我买的套餐流量多，用不完。
Méi shìr, wǒ mǎi de tàocān liúliàng duō, yòng bù wán.
괜찮아, 내가 산 요금제는 데이터 많아서 다 사용 못해.

Ⓑ 那速度也慢啊，要不咱们去咖啡厅吧，
Nà sùdù yě màn a, yàobù zánmen qù kāfēitīng ba,

用WIFI看。
yòng WIFI kàn.
그래도 속도가 느리잖아. 아니면 우리 카페 가자, WIFI로 봐.

Ⓐ 好啊！那充电宝没电也没关系了，
Hǎo a! Nà chōngdiànbǎo méi diàn yě méi guānxi le,

我带充电器了。
wǒ dài chōngdiànqì le.
좋아! 그럼 내 보조 배터리에 배터리 없는 것도 상관 없겠어, 나 충전기 가지고 왔거든.

카페에서

Ⓑ 这儿有插座。你坐吧。喝什么？我去点。
Zhèr yǒu chāzuò. Nǐ zuò ba. Hē shénme? Wǒ qù diǎn.
여기 콘센트 있다. 앉아, 뭐 마실래? 내가 가서 주문할게.

단어+표현

🔊 079 - 02

充电宝 chōngdiànbǎo
보조 배터리

没电 méi diàn 배터리가 다되다

两格电 liǎng gé diàn
(배터리 충전 상태 표시 바의) 전기 두 칸

不管了 bù guǎn le
상관 안한다, 모르겠다

借 jiè 빌리다

偶像 ǒuxiàng 우상, 스타

开始 kāishǐ 시작하다

直播 zhíbō 생중계

用……看 yòng……kàn
~를 사용해서 보다

费 fèi 낭비하다

套餐 tàocān 요금제

那……也 nà……yě 그래도 ~하다

速度 sùdù 속도

慢 màn 느리다

咖啡厅 kāfēitīng 카페, 커피숍

充电器 chōngdiànqì 충전기

插座 chāzuò 콘센트

糟了 zāo le 망했다

插头 chātóu 충전단자

数据线 shùjùxiàn 케이블

184

A 啊，糖了!
À, zāo le!

> 일이 뜻대로 되지 않았을 때, '망했다', '낭패다'
> 라고 탄식할 때 사용할 수 있어요.

我没带插头，只有数据线!
Wǒ méi dài chātóu, zhǐyǒu shùjùxiàn!
아, 망했다! 충전단자 안 가지고 왔네. 케이블밖에 없어!

오늘의 일기

🔊 079-03

我最近迷上了看直播，因为主持人都特别漂亮。
Wǒ zuìjìn míshàng le kàn zhíbō, yīnwèi zhǔchírén dōu tèbié piàoliang.
나는 최근 생중계 보는 것에 빠졌는데, 진행자들이 모두 너무 예쁘기 때문이다.

我经常用手机看视频，特别费流量，所以买了最贵的套餐。
Wǒ jīngcháng yòng shǒujī kàn shìpín, tèbié fèi liúliàng, suǒyǐ mǎi le zuì guì de tàocān.
나는 자주 휴대전화로 동영상을 보는데, 데이터가 특히 많이 들어서 가장 비싼 데이터 요금제를 구매했다.

而且看视频也特别费电，看一两个小时就没电了。
Érqiě kàn shìpín yě tèbié fèi diàn, kàn yì liǎng ge xiǎoshí jiù méi diàn le.
게다가 동영상 시청은 특히 배터리가 많이 소모되서, 한두 시간이면 배터리가 다 된다.

所以我总是带着充电器、充电宝，随时准备充电。
Suǒyǐ wǒ zǒngshì dàizhe chōngdiànqì、chōngdiànbǎo, suíshí zhǔnbèi chōngdiàn.
그래서 나는 항상 충전기, 보조 배터리를 가지고 다니면서 어디서든 충전할 수 있도록 준비해 둔다.

샨샨의 실수 방지 중국 생활

한국에서는 배터리 일체형 스마트폰이 등장한 지 얼마 안 되었지만, 중국에서는 배터리 일체형 휴대전화가 일반적이었습니다. 그래서 자연스레 보조 배터리의 사용도 한국보다 더욱 보편화 되어있습니다. 보조 배터리는 '充电宝 chōngdiànbǎo'라고 하는데, 종류도 한국보다 훨씬 다양하고, 가격도 저렴한 편입니다. 제 기억에는 중국 전자기기 업체인 샤오미(小米 Xiǎomǐ)의 대용량 보조 배터리가 가성비 갑으로 알려지면서 한국에 정식 수입되었고, 이를 계기로 보조 배터리가 널리 보급되기 시작했습니다. 한국에 수입된 동일 용량의 보조 배터리의 가격은 중국에서는 한화로 1만 원 정도 저렴합니다. 그러니 중국에 가실 일이 있으면 하나쯤 구매해 오시길 추천합니다. 지인 선물용으로 삼기에도 부담 없고 좋습니다. 주의해야 할 점은 항공기 이용 시 보조 배터리를 포함한 모든 배터리는 부치는 짐에는 넣을 수 없고, 휴대하는 여분의 배터리도 용량 제한이 있다는 것입니다. 보조 배터리 휴대 시 이 점 유의하시기 바랍니다.

은행계좌 개설하기

🔊 080 - 01

A 您好，您要办什么业务？
Nín hǎo, nín yào bàn shénme yèwù?
안녕하세요. 어떤 업무가 필요하신가요?

B 我想开个户，然后办一张银行卡。
Wǒ xiǎng kāi ge hù, ránhòu bàn yì zhāng yínhángkǎ.
통장 하나 개설하고, 은행카드 만들려고요.

A 带护照了是吧？拿个号，填张表吧。
Dài hùzhào le shì ba? Ná ge hào, tián zhāng biǎo ba.
여권 가져오셨죠? 번호표 뽑고, 표에 기입하세요.

번호가 뜨자 창구로 가서 기입한 표를 내밀며

🔊 080 - 02

B 您好，开户，然后把这些钱存进去。
Nín hǎo, kāihù, ránhòu bǎ zhèxiē qián cún jìnqù.
안녕하세요. 통장 개설한 다음에 이 돈들 저금하려고요.

C 要人民币和外币通用的，是吧？
Yào rénmínbì hé wàibì tōngyòng de, shì ba?
인민폐와 외화가 통용되는 통장 말씀하시는거죠?

B 对！然后再办一张卡。
Duì! Ránhòu zài bàn yì zhāng kǎ.
맞아요! 그리고 은행카드 만들려고요.

C 要一般的借记卡就可以吗？办信用卡吗？
Yào yìbān de jièjìkǎ jiù kěyǐ ma? Bàn xìnyòngkǎ ma?
일반적인 체크카드면 되나요? 신용카드 만드시겠어요?

B 不用了，普通的银行卡就行。
Búyòng le, pǔtōng de yínhángkǎ jiùxíng.

啊，对了，能办网银吗？
À, duì le, néng bàn wǎngyín ma?
괜찮아요, 보통 은행카드면 됩니다. 아, 맞다. 인터넷 뱅킹 개설 가능한가요?

단어+표현 🔊 080 - 02

业务 yèwù 업무
开户 kāihù 통장을 개설하다
银行卡 yínhángkǎ 은행카드
护照 hùzhào 여권
拿号 ná hào 번호표를 뽑다
填 tián 기입하다
这些 zhèxiē 이들, 이런 것들
表 biǎo 표
存 cún 저축하다
人民币 rénmínbì 인민폐
外币 wàibì 외화
通用 tōngyòng 통용되다
办卡 bàn kǎ 카드를 만들다
一般的 yìbān de 보통의
借记卡 jièjìkǎ 체크카드
信用卡 xìnyòngkǎ 신용카드
普通的银行卡 pǔtōng de yínhángkǎ 보통 입출금 카드
办网银 bàn wǎngyín 인터넷 뱅킹(网银)을 개설하다(办)
电脑 diànnǎo 컴퓨터
激活 jīhuó 활성화하다

借记卡 vs 信用卡 : 체크카드와 신용카드를 각각 이렇게 표현해요. '卡 kǎ'는 카드(card)와 유사한 발음의 한자어를 차용해서 탄생한 단어입니다.

● 可以。我给您办好以后，您去那边电脑激活一下。
　Kěyǐ. Wǒ gěi nín bàn hǎo yǐhòu, nín qù nàbiān diànnǎo jīhuó yíxià.
　가능합니다. 제가 처리해 드린 후에 저쪽 컴퓨터로 가셔서 활성화하시면 돼요.

오늘의 일기　　　　　　　　　　　　　　　　　　　　　080-03

朋友告诉我，用微信钱包或者支付宝特别方便。
Péngyou gàosu wǒ, yòng wēixìn qiánbāo huòzhě zhīfùbǎo tèbié fāngbiàn.
친구가 위챗페이나 알리페이를 사용하면 정말 편리하다고 했다.

但是，必须绑定一个中国的账户才能用。
Dànshì, bìxū bǎngdìng yí ge Zhōngguó de zhànghù cái néng yòng.
하지만 반드시 중국의 은행계좌와 연동해야 사용할 수 있다고 했다.

所以，我带着护照去我家附近的银行，开户、办卡。
Suǒyǐ, wǒ dàizhe hùzhào qù wǒ jiā fùjìn de yínháng, kāihù, bàn kǎ.
그래서 나는 여권을 가지고 집 근처에 있는 은행에 가서 계좌를 개설하고 카드를 만들었다.

除此以外，为了上网买东西，我还申请了一个网银。
Chú cǐ yǐwài, wèile shàngwǎng mǎi dōngxi, wǒ hái shēnqǐng le yí ge wǎngyín.
이 외에도 온라인에서 물건을 사려고 인터넷 뱅킹도 신청했다.

샨샨의 실수 방지 중국 생활

송금과 환전은 중국 체류자에게는 필수인 금융업무입니다. 학비나 생활비 등 목돈을 받아 환전해야 하는 경우가 대부분이라 안전한 거래를 위해 주로 주거래 은행은 한국에 본사를 둔 은행들의 분점인 격인 곳을 선택하게 됩니다. 하지만 '위챗페이(微信钱包 wēixìn qiánbāo)', '알리페이(支付宝 zhīfùbǎo)' 등을 통해 모바일 금융거래를 하려면 중국은행 계좌를 만드는 것이 좋습니다. 그래야 금융거래 앱과 연동시킬 수 있어요.
여기서 중국 은행은 중국에 근거지를 둔 본토 은행을 말합니다. 말도 잘 통하지 않는 곳에 가서 통장을 만드는 것 자체가 도전일 수 있지만, 모바일 결제가 그만큼 품격이 다른 생활의 편리함을 가져올 것이라 자신합니다. 참! '송금과 환전'이 주제인 김에! '송금하다'는 중국어로 뭐라고 할까요? '送钱 sòngqián'이라고 하지 않고 '汇钱 huìqián'이라고 한다는 것에 주의해 주세요. '환율'도 '换率 huànlǜ'가 아니라, '汇率 huìlǜ'라고 합니다. 기억해 두세요.

전자결제 개통하기

🔊 081 - 01

Ⓐ 听说现在中国人都喜欢用电子支付?
Tīngshuō xiànzài Zhōngguórén dōu xǐhuan yòng diànzǐ zhīfù?
요즘 중국인들은 전자결제 사용하는 것을 좋아한다며?

Ⓑ 对呀, 我现在出门基本上不用带钱包。
Duì ya, wǒ xiànzài chūmén jīběn shang búyòng dài qiánbāo.
맞아, 나 요즘 밖에 나갈 때 거의 지갑을 가지고 나갈 필요가 없어.

Ⓐ 是吗? 怎么用? 教教我吧。
Shì ma? Zěnme yòng? Jiāojiāo wǒ ba.
그래? 어떻게 사용하는 거야? 나 좀 가르쳐 줘 봐.

Ⓑ 你有中国的银行卡吗? 需要绑定。
Nǐ yǒu Zhōngguó de yínhángkǎ ma? Xūyào bǎngdìng.
너 중국 은행카드 있어? 연동시켜야 해.

> 인터넷 세상이 활성화되면서, 이와 관련된 신조어가 쏟아지고 있습니다. '绑定 bǎngdìng (연동하다)', '下载 xiàzài (다운로드하다)', '上传 shàngchuán (업로드하다)' 정도는 일상에서 종종 사용하게 되는 동사이니 잘 알아 두세요.

Ⓐ 有, 我已经办好了。
Yǒu, wǒ yǐjīng bàn hǎo le.
있어. 이미 만들었지.

Ⓑ 那你打开应用商店, 下载支付宝,
Nà nǐ dǎkāi yìngyòng shāngdiàn, xiàzài zhīfùbǎo,

然后注册一下。
ránhòu zhùcè yíxià.
그럼 일단 앱 스토어를 열어서 알리페이를 내려받은 후에 가입해.

Ⓐ 用手机号注册是吧? 然后呢?
Yòng shǒujī hào zhùcè shì ba? Ránhòu ne?
휴대전화번호로 가입하면 되지? 그 다음에는?

Ⓑ 还需要上传护照照片, 拍照或者扫描都可以。
Hái xūyào shàngchuán hùzhào zhàopiàn, pāizhào huòzhě sǎomiáo dōu kěyǐ.
여권 사진도 업로드해야 하는데, 사진 찍어도 되고 스캔해도 돼.

Ⓐ 这么复杂?
Zhème fùzá?
이렇게 복잡해?

단어+표현 🔊 081 - 02

听说 tīngshuō 듣자 하니
电子支付 diànzǐ zhīfù 전자결제
基本上 jīběn shang 기본적으로, 거의
绑定 bǎngdìng 연동시키다
应用商店 yìngyòng shāngdiàn 앱 스토어
下载 xiàzài 다운로드하다
注册 zhùcè 등록하다, 가입하다
手机号 shǒujī hào 휴대전화번호
上传 shàngchuán 업로드하다
照片 zhàopiàn 사진
拍照 pāizhào 사진을 찍다
扫描 sǎomiáo 스캐닝하다
复杂 fùzá 복잡하다
为了…… wèile…… ~를 위해서
安全 ānquán 안전
最后 zuìhòu 마지막

Ⓑ 这是为了安全啊。
Zhè shì wèile ānquán a.

最后，绑定你的银行卡就行了。
Zuìhòu, bǎngdìng nǐ de yínhángkǎ jiùxíng le.

이건 안전(보안)을 위한 거야. 마지막으로 네 은행카드만 연동시키면 돼.

오늘의 일기

◉ 081 - 03

中国很流行电子支付，因为不用带现金和银行卡，特别方便。
Zhōngguó hěn liúxíng diànzǐ zhīfù, yīnwèi búyòng dài xiànjīn hé yínhángkǎ, tèbié fāngbiàn.
중국에서 전자결제가 유행이다. 왜냐하면 현금과 은행카드를 휴대할 필요가 없어 무척 편하기 때문이다.

注册的时候有点儿麻烦，需要绑定一张中国的银行卡。
Zhùcè de shíhou yǒudiǎnr máfan, xūyào bǎngdìng yì zhāng Zhōngguó de yínhángkǎ.
가입할 때 좀 귀찮은데, 중국의 은행카드 한 장을 연동시켜야 한다.

还需要上传护照照片，等待验证。
Hái xūyào shàngchuán hùzhào zhàopiàn, děngdài yànzhèng.
또 여권 사진을 업로드해 인증을 기다려야 한다.

不过，这是为了保证账户的安全，所以可以理解。
Búguò, zhè shì wèile bǎozhèng zhànghù de ānquán, suǒyǐ kěyǐ lǐjiě.
하지만 이것은 계좌의 안전을 보장하기 위한 것이니 이해할 수 있다.

샨샨의 실수 방지 중국 생활

'알리페이(支付宝 zhīfùbǎo)'는 중국의 인터넷 전자상거래 업체 '알리바바그룹(阿里巴巴集团 Ālǐbābā jítuán)이 만든 온라인 결제서비스입니다. 중국 소재 은행에 계좌를 개설하고, 알리페이 앱에 연동만 시키면 바로 사용이 가능합니다. 알리페이는 한국에서도 사용 가능해요. 많은 중국인들이 한국에 와서 쇼핑을 하고 알리페이로 지불합니다. 국외 구매에 대한 세금 환급도 알리페이로 처리 가능하니 정말 편리합니다. '위챗페이(微信钱包 wēixìn qiánbāo)'도 중국인들이 많이 쓰는 온라인 결제 서비스 중 하나입니다. 저는 이 위챗페이로 한국에서도 중국 현지 온라인 쇼핑을 즐깁니다. 이른바 직구라고 할 수 있겠죠? 구매 및 지불은 제가 한 후 한국에 자주 오는 친구네 집으로 배달을 시켜 두면 친구가 직접 한국에 가져와 준답니다. 직구의 기쁨! 아주 쏠쏠합니다.

환전하기

🔘 082 - 01

Ⓐ **我爸给我汇钱了，你知道怎么换钱吗?**
Wǒ bà gěi wǒ huìqián le, nǐ zhīdào zěnme huànqián ma?
아빠가 돈을 부쳐주셨는데, 어떻게 환전하는지 알아?

Ⓑ **在银行直接换就行吧。**
Zài yínháng zhíjiē huàn jiùxíng ba.
은행에서 바로 환전하면 되잖아.

'송금하다'란 뜻으로, '打钱 dǎ qián'이라고도 합니다. '送金 sòng jīn', '送钱 sòng qián'이라고 하는 것은 잘못된 표현이에요.

Ⓐ **听说黑市的汇率比银行高，**
Tīngshuō hēishì de huìlǜ bǐ yínháng gāo,

要不然我取出来，去黑市换?
yào bùrán wǒ qǔ chūlái, qù hēishì huàn?
듣기로는 암시장 환율이 은행보다 높다던데, 아니면 (돈을) 뽑아다가 암시장 가서 바꿀까?

'환율'을 한자어 그대로 '换率 huànlǜ'라고 하지 않아요.

Ⓑ **万一有假钱怎么办啊? 多危险啊。**
Wànyī yǒu jiǎqián zěnme bàn a? Duō wēixiǎn a.
만약에 가짜 돈 있으면 어떻게 해? 얼마나 위험하니.

Ⓐ **是吗? 现在汇率大概是多少?**
Shì ma? Xiànzài huìlǜ dàgài shì duōshao?
그래? 현재 환율이 대략 얼마인데?

Ⓑ **最近人民币好像有点儿贬值。**
Zuìjìn rénmínbì hǎoxiàng yǒudiǎnr biǎnzhí.

要不，你再等等吧。
Yàobù, nǐ zài děngděng ba.
최근에 인민폐가 좀 평가절하된 것 같던데. 아니면 좀 기다려 봐.

Ⓐ **可是该交学费了呀，不换不行。**
Kěshì gāi jiāo xuéfèi le ya, bú huàn bù xíng.
하지만 학비를 내야 해서 환전하지 않으면 안 돼.

Ⓑ **啊! 对了!**
À, duì le!

단어+표현
🔘 082 - 02

汇钱 huìqián 돈을 부치다
换钱 huànqián 환전하다
银行 yínháng 은행
直接 zhíjiē 바로
换 huàn 교환하다, 환전하다
黑市 hēishì 암시장
汇率 huìlǜ 환율
比 bǐ ~에 비해
取出来 qǔ chūlái (돈을) 꺼내오다
假钱 jiǎqián 가짜 돈
危险 wēixiǎn 위험하다
最近 zuìjìn 최근, 요즈음
好像 hǎoxiàng 마치 ~와 같다
贬值 biǎnzhí (화폐 가치가) 평가절하되다
该 gāi ~해야 하다
交 jiāo 내다, 제출하다
学费 xuéfèi 학비
不……不行 bù……bùxíng ~하지 않으면 안된다, ~해야 한다
美国 Měiguó 미국
玩儿 wánr 놀다
美金 měijīn 달러
不怕 bú pà 두려워하지 않다

我正好有个朋友要去美国玩儿，需要美金。
Wǒ zhènghǎo yǒu ge péngyou yào qù Měiguó wánr, xūyào měijīn.
아! 맞다! 마침 내 친구 하나가 미국 놀러가는데, 달러가 필요해.

A 太好了！那就不怕有假钱了！
Tài hǎo le! Nà jiù bú pà yǒu jiǎqián le!
잘됐다! 그러면 가짜 돈일 염려 없네!

오늘의 일기

该交学费了，我爸给我汇了一笔钱。
Gāi jiāo xuéfèi le, wǒ bà gěi wǒ huì le yì bǐ qián.
곧 학비를 내야 해서 아빠가 돈을 송금해 주셨다.

我去银行问了一下，最近人民币贬值，汇率挺好的。
Wǒ qù yínháng wèn le yíxià, zuìjìn rénmínbì biǎnzhí, huìlǜ tǐng hǎo de.
은행에 가서 물어보니, 최근 인민폐가 평가절하되어 환율이 너무 좋았다.

去黑市换的话，汇率比银行更好，但是我又怕有假钱。
Qù hēishì huàn dehuà, huìlǜ bǐ yínháng gèng hǎo, dànshì wǒ yòu pà yǒu jiǎqián.
암시장에 가서 환전하면 환율이 은행보다 더 좋다. 하지만 나는 가짜 돈이 있을까 봐 걱정되기도 했다.

还好有个朋友需要美元，我们用中间价换，双方都很满意。
Hái hǎo yǒu ge péngyou xūyào měiyuán, wǒmen yòng zhōngjiānjià huàn, shuāngfāng dōu hěn mǎnyì.
다행히 어떤 친구가 달러가 필요해서 우리는 중간가로 환전해, 서로 만족해했다.

샨샨의 실수 방지 중국 생활

한국에서는 외래어를 보통 그 발음 그대로 가져다 쓰지만, 중국에서는 모두 한자어로 변환해서 사용합니다. 슈퍼마켓, 패션, 커피, 소파를 중국어로 하면 각각 '超市 chāoshì', '时尚 shíshàng', '咖啡 kāfēi', '沙发 shāfā'입니다. 뜻을 중국어로 풀어 번역하거나(超市, 时尚), 유사한 발음의 한자어를 차용합니다(咖啡, 沙发). 그러다 보니 한국에서 통상 사용했던 외래어가 중국에서는 통하지 않는 경우가 많습니다. 대표적인 예로 국제적으로 통용되는 은행 식별코드를 'Swift code'라 하죠. 국외 송금과 환전을 하려면 알아 둬야 합니다. 제 친구 하나는 중국 은행에서 한국으로 송금을 하려는데 은행직원이 'Swift code'를 알아듣지 못해 애를 먹은 적이 있다고 합니다. 알고 보니 중국어로는 '境外汇款路径 jìngwài huìkuǎn lùjìng', 줄여서는 '路径 lùjìng'이라 부르는 것이었습니다. 은행 업무를 보지 않았다면 절대 알기 어려운 단어인데요, 외래어도 모두 제 것으로 만드는 중국과 중국어의 힘은 참으로 대단합니다.

에피소드 083

중국어 선생님 찾기

🔊 083 - 01

A 下周我有口语考试，你能不能跟我练习一下？
Xiàzhōu wǒ yǒu kǒuyǔ kǎoshì, nǐ néng bu néng gēn wǒ liànxí yíxià?
다음 주에 나 말하기 시험이 있는데, 나랑 연습해 줄 수 있어?

B 我不行。你还是找个老师辅导一下吧。
Wǒ bùxíng. Nǐ háishi zhǎo ge lǎoshī fǔdǎo yíxià ba.
난 안 돼. 선생님을 찾아 과외를 받는 게 나을걸.

A 去哪儿找呢？
Qù nǎr zhǎo ne?
어디서 찾아?

B 找大学生怎么样？反正考口语，又不考语法。
Zhǎo dàxuéshēng zěnmeyàng? Fǎnzhèng kǎo kǒuyǔ, yòu bù kǎo yǔfǎ.
대학생을 찾는 게 어때? 어쨌든 말하기 시험이고, 어법 시험도 아니잖아.

A 好主意，找个中文专业的就行吧？
Hǎo zhǔyi, Zhǎo ge Zhōngwén zhuānyè de jiùxíng ba?
좋은 생각이야. 중문 전공을 찾으면 되지?

B 嗯。你去学生会问问，
Ǹg. Nǐ qù xuéshēnghuì wènwen,
或者在万能的朋友圈发个广告。
huòzhě zài wànnéng de péngyouquān fā ge guǎnggào.
응. 학생회 가서 물어보거나, 혹은 만능인 위챗 모멘트에 광고를 내 봐.

'굿 아이디어!', '좋은 생각이야!'라는 뜻이에요. 반대로 '유치한 생각이야!', '시시한 생각이야!'라는 말은 '馊主意 sōu zhǔyi'라고 해요. '馊 sōu'는 '(음식이) 쉬다'라는 뜻으로, 직역하면 '쉰내 나는 생각'이에요.

A 一小时学费大概是多少？
Yì xiǎoshí xuéfèi dàgài shì duōshao?
한 시간 강습료는 대략 얼마지?

B 这个我也不太清楚。你问问你的朋友们吧。
Zhège wǒ yě bú tài qīngchu. Nǐ wènwen nǐ de péngyǒumen ba.
그건 나도 정확하지 않아. 주변 친구들에게 물어봐.

단어+표현 🔊 083 - 02

口语考试 kǒuyǔ kǎoshì
말하기 시험

练习 liànxí 연습하다

辅导 fǔdǎo
(학습을) 도우며 지도하다

大学生 dàxuéshēng 대학생

反正 fǎnzhèng 아무튼

考 kǎo 시험을 보다

语法 yǔfǎ 어법

好主意 hǎo zhǔyi 좋은 생각

中文专业 Zhōngwén zhuānyè
중문 전공

学生会 xuéshēnghuì 학생회

万能 wànnéng 만능이다

朋友圈 péngyouquān
위챗 모멘트 [중국판 카카오스토리]

发广告 fā guǎnggào
광고를 내다

群 qún 단체방

祝 zhù 기원하다

好好学习 hǎohāo xuéxí
열심히 공부하다

天天向上 tiāntiān xiàngshàng
나날이 향상하다

取得 qǔdé 취득하다, 얻다

好成绩 hǎo chéngjì 좋은 성적

Ⓐ 好的，我马上在我们班群里问问。
Hǎo de, wǒ mǎshàng zài wǒmen bān qún li wènwen.

> SNS 상에서 '群 qún'은 '단체창' 또는 '단체방'을 가리켜요.

좋아, 바로 우리 반 단체 채팅창에 물어볼게.

Ⓑ 祝你好好学习，天天向上，取得好成绩。
Zhù nǐ hǎohǎo xuéxí, tiāntiān xiàngshàng, qǔde hǎo chéngjì.

공부 열심히 해서 실력이 날마다 향상되고, 좋은 성적 얻길 바랄게.

오늘의 일기

🔊 083-03

我们班一共有二十多个人，上课的时候几乎没机会说话。
Wǒmen bān yígòng yǒu èrshí duō ge rén, shàngkè de shíhou jīhū méi jīhuì shuōhuà.
우리 반에는 모두 20명 남짓의 학생이 있는데, 수업할 때 거의 말할 기회가 없다.

而且，周围朋友大部分是韩国人，平时经常用韩语聊天。
Érqiě, zhōuwéi péngyou dàbùfen shì Hánguórén, píngshí jīngcháng yòng Hányǔ liáotiān.
게다가 주변 친구들이 대부분 한국인이라, 평소에 자주 한국어로 이야기한다.

我觉得汉语越来越差，所以想找个辅导老师练习一下。
Wǒ juéde Hànyǔ yuè lái yuè chà, suǒyǐ xiǎng zhǎo ge fǔdǎo lǎoshī liànxí yíxià.
나는 중국어 실력이 점점 떨어지는 거 같아, 과외선생님을 찾아 연습할 생각이다.

朋友让我在朋友圈发广告，找个大学生当辅导。
Péngyou ràng wǒ zài péngyouquān fā guǎnggào, zhǎo ge dàxuéshēng dāng fǔdǎo.
친구가 위챗 모멘트에 광고를 내서 대학생을 찾아 지도를 받으라고 했다.

샨샨의 실수 방지 중국 생활

중국에서 생활할 때 큰 결심을 하고 원칙을 세우지 않으면 한국어가 오히려 더 느는 상황이 발생합니다. 중국에는 한국 유학생들이 특히 많기 때문에, 친해져 어울리다 보면 중국어를 쓸 기회가 점차 줄어듦을 느끼게 됩니다. 게다가 주변에 한국 음식점, 한국식 노래방, 나이트클럽 등 한국 먹거리와 놀 거리가 널려 있으니 중국어를 전혀 안 쓰고도 생활하는 데 문제없게 됩니다. 이럴 때는 학교 수업 외 1:1 과외수업을 받는 것이 필요합니다. 생생한 현지 중국어를 배우겠다는 생각에 친구 삼아 만날 수 있는 중국인을 찾는 사람들도 있는데, 편하게 수다를 떠는 것으로 중국어가 늘 것이라는 생각은 오해입니다. 편안한 대화라도 어휘력과 문장력이 바탕이 되어야 길게 이어지는 것이지, 아는 게 없는데 지속적인 대화가 이뤄질 리 없기 때문입니다. 이에 비용이 좀 들더라도 되도록 전문 선생님이나 중국어를 전공한 학생을 선생님으로 선택하고, 정해진 회화책 한 권을 함께 공부하는 것이 좋습니다. 회화 수준이 일정 정도 올라간 분이라면, 중국 초·중등 사회나 역사 교과서 한 권을 교재로 두고 1:1 수업을 받으실 것을 추천합니다. 문어체 중국어를 배울 수 있을 뿐 아니라, 중국인의 기본 사고 체계를 공부해 볼 수 있는 좋은 기회입니다.

상점에서 옷 사기

🔊 084 - 01

A 您好，有喜欢的可以试穿。
Nín hǎo, yǒu xǐhuan de kěyǐ shìchuān.
안녕하세요. 맘에 드시는 거 있으면 입어 보세요.

B 这件有没有大一点儿的？
Zhè jiàn yǒu méiyǒu dà yìdiǎnr de?
이 옷 좀 큰 것 있나요?

A 好的，您稍等，我看看有没有L号。
Hǎo de, nín shāo děng, wǒ kànkan yǒu méiyǒu L hào.
네, 잠시만요. L 사이즈가 있는지 볼게요.

잠시 후

A 大号没有了，要不您先试试这件中号的吧。
Dàhào méiyǒu le, yàobù nín xiān shìshi zhè jiàn zhōnghào de ba.
큰 사이즈는 없어요. 아니면 중간 사이즈 입어 보실래요?

B 好吧。试衣间在哪儿？
Hǎo ba. Shìyījiān zài nǎr?
네, 피팅룸은 어디 있어요?

A 在那边，往左一拐就是。
Zài nàbiān, wǎng zuǒ yì guǎi jiùshì.
저쪽이에요. 왼쪽으로 돌면 바로예요.

새 옷을 입고 탈의실에서 나온 후

A 您觉得大小怎么样？
Nín juéde dàxiǎo zěnmeyàng?
사이즈 어떠세요?

B 大小还可以，但是白色有点儿<mark>显胖</mark>，有没有深色的？
Dàxiǎo hái kěyǐ, dànshì báisè yǒudiǎnr xiǎn pàng, yǒu méiyǒu shēn sè de?
사이즈는 괜찮아요. 하지만 흰색은 좀 뚱뚱해 보여요. 진한 색은 없나요?

단어+표현 🔊 084 - 02

试穿 shìchuān 입어 보다
这件 zhè jiàn 이 옷
大一点儿的 dà yìdiǎnr de 좀 큰 것
L号 L hào L사이즈
大号 dàhào 큰 사이즈
中号 zhōnghào 중간 사이즈
试衣间 shìyījiān 피팅룸
往左拐 wǎng zuǒ guǎi 왼쪽으로 돌다
一……就…… yī……jiù…… ~하면 바로 ~하다
大小 dàxiǎo 사이즈
白色的 báisè de 흰색의
显胖 xiǎn pàng 뚱뚱해 보이다
深色的 shēn sè de 진한 색의
黑色的 hēisè de 검은색의

> '显 xiǎn'은 '(밖으로) 드러내다', '보이다'라는 뜻으로 '显胖 xiǎn pàng (뚱뚱해 보이다)', '显瘦 xiǎn shòu (날씬해 보이다)', '显年轻 xiǎn niánqīng (젊어 보이다)', '显老 xiǎn lǎo (나이들어 보이다)' 등으로 쓸 수 있어요.

Ⓐ 好，我去给您拿件黑色的。
hǎo, wǒ qù gěi nín ná jiàn hēisè de.
네, 검은색으로 가져다 드릴게요.

오늘의 일기

🔊 084-03

我去商场逛了逛，想买几件夏天穿的衣服。
Wǒ qù shāngchǎng guàng le guàng, xiǎng mǎi jǐ jiàn xiàtiān chuān de yīfu.
나는 쇼핑센터에 가서 둘러보다가, 여름에 입을 옷 몇 벌이 사고 싶어졌다.

有一个牌子，样式很大方，价格也合理，我比较喜欢。
Yǒu yí ge páizi, yàngshì hěn dàfang, jiàgé yě hélǐ, wǒ bǐjiào xǐhuan.
브랜드 하나가 있는데, 스타일이 세련됐고 가격도 합리적이라 좋아하는 편이다.

我看上了一件T恤，没有大号了，我试了一下中号。
Wǒ kànshàng le yí jiàn Txù, méiyǒu dàhào le, wǒ shì le yíxià zhōnghào.
티셔츠 하나가 맘에 들었는데, 큰 사이즈가 다 나가서 중간 사이즈로 입어 봤다.

大小还可以，就是有点儿显胖，所以我买了黑色的。
Dàxiǎo hái kěyǐ, jiùshì yǒudiǎnr xiǎn pàng, suǒyǐ wǒ mǎi le hēisè de.
사이즈는 그런대로 괜찮았지만, 좀 뚱뚱해 보였다. 그래서 검은색으로 샀다.

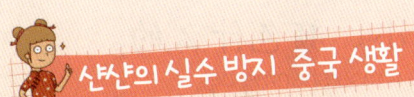
산산의 실수 방지 중국 생활

중국의 물가가 한국보다 쌀 것이라는 생각은 큰 오해입니다. 한국에서의 소비패턴을 유지하면, 한국과 다름없는 비용을 지출해야 하고 오히려 돈이 더 드는 경우도 많습니다. 대표적인 것이 영화 관람 비용인데요. 할인을 받지 못할 경우 한국보다 2배 가량 비쌉니다. 또 비싼 것이 좋은 제품이라는 인식 때문인지, 소위 명품이라고 불리는 브랜드는 어느 나라보다 비쌉니다. 면세점도 비싸기는 마찬가지입니다. 비교해 봤을 때 한국 면세점이 훨씬 저렴한 경우가 많습니다. 그래서 똑똑한 중국인들은 한국에 쇼핑여행을 옵니다. 국내 면세점의 가장 큰 고객이 중국인인 터라 아예 특정 시간에는 중국인 관광객만을 위한 세일 행사를 열기도 합니다. 품질 좋고 디자인 예쁜 물건을 대량 구매해 가서 되파는 경우도 눈에 띄게 많아졌습니다. 또 구매자의 요청에 의해 대리구매를 해 주기도 합니다. 워낙 잘 팔리다 보니 비행기 값을 뽑고도 남을 장사입니다.

온라인 쇼핑하기

🔘 085 - 01

Ⓐ 下周一有面试，你说我穿什么呀？
Xiàzhōuyī yǒu miànshì, nǐ shuō wǒ chuān shénme ya?
다음 주 월요일에 면접이 있는데, 나 뭐 입지?

Ⓑ 你有那么多衣服呢，随便穿一件呗。
Nǐ yǒu nàme duō yīfu ne, suíbiàn chuān yí jiàn bei.
너 옷이 그렇게 많은데, 마음 내키는 대로 입으면 되지.

Ⓐ 我挑了半天，没有合适的。
Wǒ tiāo le bàntiān, méiyǒu héshì de.

你陪我去买新的吧。
Nǐ péi wǒ qù mǎi xīn de ba.
한참을 골라봤는데, 괜찮은 게 없어. 나랑 같이 옷 사러 가자.

'半天 bàntiān'은 직역하면 '하루의 반'이지만 '한참'이란 뜻이에요. '等了半天，还没来。Děng le bàntiān, hái méi lái. (한참을 기다렸는데, 아직 안 왔다.)', '看了半天, 还不知道什么意思。Kàn le bàntiān, hái bù zhīdào shénme yìsi.(한참을 봤는데, 무슨 뜻인지 모르겠다.)' 등으로 쓰일 수 있어요.

Ⓑ 不如上网买吧，又便宜又方便，不用出门。
Bùrú shàngwǎng mǎi ba, yòu piányi yòu fāngbiàn, búyòng chūmén.
차라리 온라인에서 사. 싸고 편리하잖아, 나갈 필요도 없고.

Ⓐ 今天都周四了，还有三天，来得及吗？
Jīntiān dōu zhōusì le, háiyǒu sān tiān, láidejí ma?
오늘 벌써 목요일이고 3일밖에 안 남았는데, 시간 맞출 수 있을까?

Ⓑ 没问题。一般都是下单之后，两三天就到。
Méi wèntí. Yìbān dōu shì xiàdān zhīhòu, liǎng-sān tiān jiù dào.
문제없어. 보통 주문하고 2~3일이면 바로 도착해.

Ⓐ 那万一不合适怎么办？大小、颜色什么的。
Nà wànyī bù héshì zěnme bàn? Dàxiǎo、yánsè shénme de.
만약 안 맞으면 어쩌지? 크기, 색깔 등 말이야.

Ⓑ 我给你推荐一个网店吧，
Wǒ gěi nǐ tuījiàn yí ge wǎngdiàn ba,

我经常逛的，感觉还不错。
wǒ jīngcháng guàng de, gǎnjué hái búcuò.
내가 너한테 온라인샵 하나 추천해 줄게. 나 자주 둘러 보는 곳인데, 느낌 괜찮아.

단어+표현 🔘 085 - 02

下周一 xiàzhōuyī 다음 주 월요일
面试 miànshì 면접
你说 nǐ shuō 네가 말해봐 [상대방의 의견을 물을 때]
衣服 yīfu 옷
随便 suíbiàn 마음대로
一件 yí jiàn (옷) 한 벌
呗 bei 그만이다, ~할 따름이다
……了半天 ……le bàntiān 한참 ~하다
合适 héshì 적당하다, 알맞다
陪 péi 동반하다, 함께 다니다
不如 bùrú ~하는 편이 낫다
上网 shàngwǎng 인터넷을 하다
又……又…… yòu……yòu…… ~하기도 하고 ~하기도 하다
都……了 dōu……le 벌써 ~이다
周四 zhōusì 목요일
下单 xiàdān 주문하다
之后 zhīhòu ~후에
颜色 yánsè 색깔
什么的 shénme de 등등
网店 wǎngdiàn 온라인샵
逛 guàng 돌아다니다, 둘러보다
感觉 gǎnjué 느낌

오늘의 일기

🔊 085-03

最近几年，网络越来越发达，生活方式变化很大。
Zuìjìn jǐ nián, wǎngluò yuè lái yuè fādá, shēnghuó fāngshì biànhuà hěn dà.
최근 몇 년 동안 인터넷이 점점 발달하면서 생활방식의 변화도 크다.

只要有钱，不用出门，就什么都能解决了。
Zhǐyào yǒu qián, búyòng chūmén, jiù shénme dōu néng jiějué le.
돈만 있으면 밖에 나가지 않아도 뭐든 해결된다.

网上什么都有，而且价格很合理，送货也很快。
Wǎngshàng shénme dōu yǒu, érqiě jiàgé hěn hélǐ, sònghuò yě hěn kuài.
온라인에는 뭐든 다 있다. 게다가 가격도 합리적이고 배송도 빠르다.

有的网站甚至是早上下单，当天下午就能送到。
Yǒu de wǎngzhàn shènzhì shì zǎoshang xiàdān, dāngtiān xiàwǔ jiù néng sòngdào.
어떤 웹사이트는 심지어 아침에 주문하면 당일 오후에 바로 도착하기도 한다.

샨샨의 실수 방지 중국 생활

중국에는 온라인 비즈니스 산업이 체계적으로 잘되어 있습니다. 배송도 빠르고 상품 하자에 대한 처리도 명확합니다. 오전에 온라인으로 주문한 노트북이 오후에 도착하고, 고장신고를 하면 바로 와서 현장에서 A/S 접수를 해 주는 경우도 있어요. 중국에서 지낼 때 한동안 중국의 편리하고 저렴한 온라인 쇼핑의 재미에 푹 빠져 지낸 적도 있습니다. '광꾼지에(光棍节 guānggùnjié)'라고 해서 11월 11일 온라인 대바겐세일 이벤트가 있어요. 11월 11일이 되는 자정부터 대대적인 세일행사들이 시작되니, 잠 못 이루고 기다렸다 득템한 경험은 지금 생각해도 뿌듯합니다. 온라인 구매 후 지불방식은 카드, 직불카드, 계좌이체 등이 있는 것은 한국과 비슷합니다. 하지만 중국에는 특이하게 수취 후 지불(货到付款 huòdào fùkuǎn) 방식, 즉 후불방식도 존재해요. 실물을 보고 지불을 결정하는 방식입니다. 온라인 상거래를 불신하거나, 온라인 금융거래에 익숙지 않은 소비자도 놓치지 않겠다는 참신한 전략입니다.

세탁소에 드라이클리닝 맡기기

🔊 086 - 01

Ⓐ 你好，这几件衣服干洗，多少钱?
Nǐ hǎo, zhè jǐ jiàn yīfu gānxǐ, duōshao qián?
안녕하세요. 옷 몇 벌 드라이클리닝 하려고요. 얼마에요?

'干 gān'은 '물기 없이 말리다(dry)'라는 뜻으로, '干洗 gānxǐ'는 '드라이클리닝(dry cleaning)'을 말합니다. 물로 세탁하는 것은 '水洗 shuǐxǐ'라고 해요.

Ⓑ 您要不要办张卡，可以打折。
Nín yào bu yào bàn zhāng kǎ, kěyǐ dǎzhé.
회원카드 만드시겠어요? 할인됩니다.

Ⓐ 能打几折?
Néng dǎ jǐ zhé?
얼마나 할인되죠?

Ⓑ 我们有几种卡，都是预存的，
Wǒmen yǒu jǐ zhǒng kǎ, dōu shì yùcún de,

存钱越多折扣越高。
cúnqián yuè duō zhékòu yuè gāo.
여러 종류의 카드가 있어요. 모두 예치방식인데, 많이 넣어둘수록 할인율이 높아요.

🔊 086 - 02

Ⓐ 我看看……，那我存两百块吧，九折是吧?
Wǒ kànkan……, nà wǒ cún liǎngbǎi kuài ba, jiǔ zhé shì ba?
한번 볼게요……. 그럼 저는 200위안 할게요. 10% 할인 맞죠?

Ⓑ 对，可以打九折，
Duì, kěyǐ dǎ jiǔ zhé,

而且洗完以后免费帮您送到家。
érqiě xǐ wán yǐhòu miǎnfèi bāng nín sòng dào jiā.
맞아요. 10% 할인됩니다. 또 세탁 후에 무료로 집까지 배달해 드려요.

Ⓐ 对了! 这件衣服上洒了红酒，能洗掉吗?
Duì le! Zhè jiàn yīfu shàng sǎ le hóngjiǔ, néng xǐdiào ma?
맞다! 이 옷에 와인 쏟았는데, 지울 수 있나요?

Ⓑ 尽量吧，红酒不太容易洗。
Jǐnliàng ba, hóngjiǔ bú tài róngyì xǐ.
노력해 볼게요. 와인은 지우는 게 별로 쉽지 않아요.

단어+표현

几件 jǐ jiàn 몇 벌
干洗 gānxǐ 드라이클리닝 하다
办张卡 bàn zhāng kǎ 회원카드를 한 장 만들다
打折 dǎzhé 할인하다
几种 jǐ zhǒng 몇 가지 종류
预存 yùcún 예치
存钱 cúnqián 저금하다
折扣 zhékòu 할인
九折 jiǔ zhé 10% 할인
洗 xǐ 세탁하다, 씻다
送到…… sòng dào……
~까지 배달하다
洒 sǎ 쏟다
红酒 hóngjiǔ 와인
洗掉 xǐdiào 지워 없애다
尽量 jǐnliàng 될 수 있는 대로, 최대 한도로
不太容易 bú tài róngyì ~하는 게 별로 쉽지 않다
拜托 bàituō 부탁드리다
拉链 lāliàn 지퍼

Ⓐ 那就拜托了。还有，这条裤子拉链坏了，能修吗？
Nà jiù bàituō le. Háiyǒu, zhè tiáo kùzi lāliàn huài le, néng xiū ma?
그럼 부탁 드려요. 그리고 이 바지 지퍼가 고장 났는데, 고칠 수 있나요?

Ⓑ 我帮您换新的吧，加20块就行。
Wǒ bāng nín huàn xīn de ba, jiā èrshí kuài jiùxíng.
새것으로 바꿔 드릴게요. 20위안 추가하시면 됩니다.

오늘의 일기

086 - 03

春天快到了，我打算把冬天的衣服洗一下，收起来。
Chūntiān kuài dào le, wǒ dǎsuàn bǎ dōngtiān de yīfu xǐ yíxià, shōu qǐlái.
곧 봄이다. 나는 겨울옷들을 세탁하여 넣어 둘 생각이다.

今天，我带着一大堆衣服去了干洗店。
Jīntiān, wǒ dàizhe yídàduī yīfu qù le gānxǐdiàn.
오늘 나는 옷 한 무더기를 들고 세탁소에 갔다.

这儿不但能洗衣服，还能钉扣子，修拉链，特别方便。
Zhèr búdàn néng xǐ yīfu, hái néng dìng kòuzi, xiū lāliàn, tèbié fāngbiàn.
여기는 세탁뿐 아니라 단추 달기, 지퍼 수리도 가능해서 정말 편리하다.

办预存卡的话可以打折，还能免费送到家，所以我存了200。
Bàn yùcúnkǎ dehuà kěyǐ dǎzhé, hái néng miǎnfèi sòngdào jiā, suǒyǐ wǒ cún le liǎngbǎi.
선불카드를 만들면 할인이 되고 무료배달도 해 줘서 나는 200위안을 넣어 놨다.

샨샨의 실수 방지 중국 생활

중국인의 생활 수준이 높아짐에 따라 곳곳에 드라이클리닝이 가능한 세탁소가 속속 생겨나고 있습니다. 글로벌 체인업체가 운영하는 세탁소들도 많아지고 있어요. 중국에서 한 곳에 몇 개월 이상 머물 계획이라면, 가까운 세탁소에 회원카드를 만들어 두는 것이 좋습니다. 주로 충전식 회원카드인데 할인율이 높기 때문입니다. 하지만 명품가방이나 신발은 전문 세탁소나 수리점에 맡기는 것이 안전합니다. 또 중국인들의 명품소비량은 어마어마하기 때문에 명품 전문 세탁소들도 늘어나고 있는 추세입니다. 중국인들은 명품점에 가서 "这个和这个包起来。Zhège hé zhège bāo qǐlái. (이것과 이것 싸 주세요.)"라고 하지 않고 "这个和这个以外，都包起来。Zhège hé zhège yǐwài, dōu bāo qǐlái. (이것과 이것 빼고, 다 싸 주세요.)"라고 한다는 우스갯 소리가 있습니다. 중국인의 거대한 명품 소비광풍을 적절히 표현한 한마디입니다.

에피소드 087

미용실에서 머리하기

🔊 087 - 01

A 美女，好久不见！今天打算怎么弄？
Měinǚ, hǎo jiǔ bú jiàn! Jīntiān dǎsuàn zěnme nòng?
아가씨, 오랜만이에요! 오늘은 어떻게 할까요?

B 修一修就行了，不要剪太多。
Xiū yi xiū jiùxíng le, búyào jiǎn tài duō.
좀 다듬어 주시면 돼요, 너무 많이 자르진 마시고요.

> 미용실에서 "좀 다듬어 주시면 돼요."는 이렇게 말해요.

A 要不要试试烫发？看起来更有女人味儿。
Yào bu yào shìshi tàngfà? Kàn qǐlái gèng yǒu nǚrénwèir.
파마 해 보시는 거 어때요? 더 여성스러워 보이게요.

B 不行，烫发伤头发，我发质本来就不好。
Bùxíng, tàngfà shāng tóufa, wǒ fàzhì běnlái jiù bù hǎo.
안 돼요. 파마하면 머리카락이 상하잖아요. 저 원래도 머릿결이 안 좋아서요.

A 我们家药水是韩国进口的，一点儿都不伤头发。
Wǒmen jiā yàoshuǐ shì Hánguó jìnkǒu de, yìdiǎnr dōu bù shāng tóufa.
우리 집 (파마)약은 한국에서 수입해 온 건데, 머릿결이 전혀 상하지 않아요.

B 那试试吧。然后我还想补染一下，
Nà shìshi ba. Ránhòu wǒ hái xiǎng bǔrǎn yíxià,

上面黑色的太明显了。
shàngmiàn hēisè de tài míngxiǎn le.
그러면 한번 해 보죠. 그리고 뿌리 염색도 해 주세요. 위쪽의 검은색 머리가 너무 티가 나서요.

A 好的，那得先烫后染，
Hǎo de, nà děi xiān tàng hòu rǎn,

您先到那边洗一下头发吧。
nín xiān dào nàbiān xǐ yíxià tóufa ba.
네, 그럼 파마 먼저 하고 염색할게요. 저쪽에 가셔서 머리 먼저 감으시죠.

B 你先算算价格吧，一共多少钱？
Nǐ xiān suànsuan jiàgé ba, yígòng duōshao qián?
얼마인지 먼저 계산해 주세요. 총 얼마예요?

단어+표현 🔊 087 - 02

美女 měinǚ 아가씨, 미녀
弄 nòng 하다, 행하다
修一修 xiū yi xiū 좀 정리하다
剪 jiǎn (머리카락을) 자르다
烫(发) tàng(fà) 파마를 하다
更 gèng 더, 훨씬
女人味儿 nǚrénwèir 여성미
伤 shāng 상하다
头发 tóufa 머리카락
发质 fàzhì 머릿결
药水 yàoshuǐ (파마)약
进口 jìnkǒu 수입하다
一点儿都不……
yìdiǎnr dōu bù…… 전혀 ~아니다
补染 bǔrǎn
(색이 빠진 부분, 주로 뿌리쪽)
염색을 채워넣다
明显 míngxiǎn 명확하다
后 hòu 그 다음
染 rǎn 염색하다
洗 xǐ (머리를) 감다
算 suàn 계산하다
老顾客 lǎogùkè 단골
打七折 dǎ qī zhé 30% 할인

Ⓐ 您是老顾客了，我给您打七折，一共1200。
Nín shì lǎogùkè le, wǒ gěi nín dǎ qī zhé, yígòng yìqiān èr.
단골이시니까 30% 할인해 드릴게요. 총 1200 위안입니다.

Ⓑ 这么贵？那我还是不烫了，染一下就行了。
Zhème guì? Nà wǒ háishi bú tàng le, rǎn yíxià jiùxíng le.
그렇게 비싸요? 그럼 저 파마 안 할래요, 그냥 염색만 해 주세요.

오늘의 일기

🔊 087-03

对我来说，换发型是一种缓解压力的方式。
Duì wǒ láishuō, huàn fàxíng shì yì zhǒng huǎnjiě yālì de fāngshì.
나에게 머리스타일을 바꾸는 것은 일종의 스트레스 해소 방법이다.

所以，过一段时间就要弄弄头发，不是烫，就是染。
Suǒyǐ, guò yí duàn shíjiān jiùyào nòngnong tóufa, bú shì tàng, jiùshì rǎn.
그래서 어느 정도의 시간이 지나면 머리를 손보는데, 파마를 하거나 염색을 한다.

但是，最近我感觉发质越来越不好，而且头发掉得厉害。
Dànshì, zuìjìn wǒ gǎnjué fàzhì yuè lái yuè bù hǎo, érqiě tóufa diào de lìhai.
그런데 최근 머릿결이 점점 나빠지고 있는데다 머리카락도 심하게 빠진다.

所以我不敢再随便弄了，这次只剪短了一点儿。
Suǒyǐ wǒ bùgǎn zài suíbiàn nòng le, zhè cì zhǐ jiǎn duǎn le yìdiǎnr.
그래서 하고 싶은 대로 할 수 없어서 이번에는 조금만 잘랐다.

샨샨의 실수 방지 중국 생활

머리스타일을 바꾸려면 미용실을 가야 하죠. 중국어로 미용실은 '发廊 fàláng', '理发店 lǐfàdiàn', '美发店 měifàdiàn' 등으로 부릅니다. 미용실을 '美容室 měiróngshì'라고는 하지 않습니다. 유사한 표현인 '美容院 měiróngyuàn'은 피부관리실을 의미해요. 그러니까 '미용실 가자.'는 '去美发店吧。Qù měifàdiàn ba.' 정도가 되겠죠. 하지만 중국 친구들과 대화하다 보니, 중국인들은 명사보다는 동사, 즉 행위 자체에 더 집중한다는 사실을 발견했습니다. '미용실 가자.'라고 말하기 보다는 '我们去剪头发。Wǒmen qù jiǎn tóufa. (우리 머리카락 자르러 가자.)'라고 말한다는 것입니다. 따라서 '쇼핑센터 가자', '노래방 가자'가 아니라 '쇼핑하러 가자', '노래부르러 가자'라고 하는 것이 더욱 자연스러운 중국어 표현입니다.

我们去购物中心吧。Wǒmen qù gòuwù zhōngxīn ba. (우리 쇼핑센터 가자.)
→ 我们去逛街吧。Wǒmen qù guàngjiē ba. (우리 쇼핑하러 가자.)

我们去KTV吧。Wǒmen qù KTV ba. (우리 KTV 가자.)
→ 我们唱歌去吧。Wǒmen chànggē qù ba. (우리 노래 부르러 가자.)

에피소드 088

약국에서 약 사기

🔊 088 - 01

Ⓐ 你好，我想买点儿感冒药。
　Nǐ hǎo, wǒ xiǎng mǎi diǎnr gǎnmàoyào.
　안녕하세요. 감기약 좀 사고 싶어요.

Ⓑ 哪儿不舒服？
　Nǎr bù shūfu?
　어디가 불편하세요?

Ⓐ 嗓子特别疼，说不了话，还有点儿流鼻涕。
　Sǎngzi tèbié téng, shuō bùliǎo huà, hái yǒudiǎnr liú bítì.
　목구멍이 특히 아파서 말을 못하겠고, 콧물도 좀 나와요.

Ⓑ 有痰吗？
　Yǒu tán ma?
　가래가 있나요?

Ⓐ 对对，也有痰，黄的。
　Duì duì, yě yǒu tán, huáng de.
　맞아요, 맞아요. 가래도 있어요. 누런 거.

Ⓑ 热伤风，吃这个吧，效果不错。
　Rèshāngfēng, chī zhège ba, xiàoguǒ búcuò.
　여름 고뿔이네요. 이거 드세요. 효과 좋아요.

> '伤风 shāngfēng (바람에 상하다)', '着凉了 zháoliáng le (차가움이 붙다)', '感冒了 gǎnmào le'는 모두 '감기에 걸리다'라는 뜻이에요.

Ⓐ 这是中药吗？我觉得我的嗓子发炎了，
　Zhè shì zhōngyào ma? Wǒ juéde wǒ de sǎngzi fāyán le,

得吃消炎药。
　děi chī xiāoyányào.
　이건 한약인가요? 목에 염증이 있으니 소염제를 먹어야 할 것 같은데.

Ⓑ 消炎药是处方药，不能随便买。
　Xiāoyányào shì chǔfāngyào, bùnéng suíbiàn mǎi.

这个药见效很快，你试试。
　Zhège yào jiànxiào hěn kuài, nǐ shìshi.
　소염제는 처방약이어서 마음대로 살 수 없어요. 이 약 효과 빨라요, 한번 드셔 보세요.

단어+표현　🔊 088 - 02

感冒药 gǎnmàoyào 감기약
不舒服 bù shūfu 불편하다
嗓子 sǎngzi 목구멍
疼 téng 아프다
说不了话 shuō bùliǎo huà 말을 못하다
流鼻涕 liú bítì 콧물(鼻涕)이 흐르다(流)
痰 tán 가래
黄 huáng 누렇다
热伤风 rèshāngfēng 여름 고뿔
效果 xiàoguǒ 효과
不错 búcuò 좋다, 괜찮다
中药 zhōngyào 한약
觉得 juéde ~라고 느끼다
发炎 fāyán 염증이 생기다
消炎药 xiāoyányào 소염제
处方药 chǔfāngyào 처방약
见效 jiànxiào 효과를 보다
一天三次 yì tiān sān cì 하루 세 번
饭后 fànhòu 식후
小票 xiǎopiào 영수증
付款 fùkuǎn 계산하다

202

Ⓐ 好的，那就要这个吧。
Hǎo de, nà jiù yào zhège ba.
네, 그럼 이걸로 주세요.

Ⓑ 一天吃三次，饭后半个小时吃。给您小票，那边付款。
Yì tiān chī sān cì, fànhòu bàn ge xiǎoshí chī. Gěi nín xiǎopiào, nàbiān fùkuǎn.
하루 세 번, 식후 30분 뒤에 드세요. 여기 영수증이고요, 저쪽에서 계산하세요.

오늘의 일기

🔊 088-03

我感冒了，又咳嗽又流鼻涕，还有痰。
Wǒ gǎnmào le, yòu késou yòu liú bítì, háiyǒu tán.
나는 감기에 걸려서 기침도 하고 콧물도 나온다. 그리고 가래도 있다.

而且嗓子特别疼，喝了不少热水也没用。
Érqiě sǎngzi tèbié téng, hē le bùshǎo rèshuǐ yě méiyòng.
게다가 목구멍이 너무 아파서 뜨거운 물을 수없이 마셨지만 소용이 없었다.

我觉得嗓子发炎了，去药店买消炎药，没想到不能随便买。
Wǒ juéde sǎngzi fāyán le, qù yàodiàn mǎi xiāoyányào, méi xiǎngdào bùnéng suíbiàn mǎi.
내 생각에는 목구멍에 염증이 생긴 것 같았다. 약국에 가서 소염제를 사려고 했는데, 마음대로 살 수 없을 줄 몰랐다.

工作人员推荐了一种中药，他说吃一个礼拜就能好。
Gōngzuò rényuán tuījiàn le yì zhǒng zhōngyào, tā shuō chī yí ge lǐbài jiù néng hǎo.
직원이 한약 하나를 추천해 줬는데, 일주일 먹으면 바로 낫는다고 했다.

샨샨의 실수 방지 중국 생활

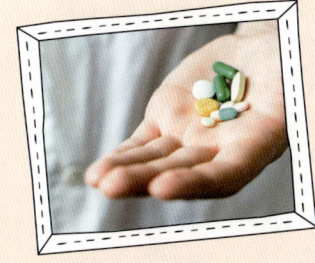

타국에서는 약 먹기도 조심스러운 일입니다. 한국에서 상비약을 구매해 가는 것이 가장 안전한 방책일 테지만, 만약 가져간 약이 다 떨어졌다면 한국 슈퍼에 가면 종합감기약 정도는 구비해 두고 있으니 구매 가능합니다. 중국 친구들의 말에 따르면, 중국 약은 독해서 한두 번만 먹어도 감기 정도는 금방 뚝 떨어진다고 합니다. 중국 약국에서 약을 구매하게 된다면, 중국 친구들에게 특정 약명을 추천받아 가는 것이 좋습니다. 약국에서 자연스레 내주는 약은 제약회사와 커미션 관계가 있는 경우가 종종 있어서 그냥 믿고 먹기에는 좀 의심스럽기 때문입니다.

병원 가기

◉ 089 - 01

A 哪儿不舒服?
Nǎr bù shūfu?
어디가 불편하세요?

> 현지 병원에 가서 이 정도의 증상은 설명할 수 있어야 해요.

B 我好像感冒了, 嗓子疼、流鼻涕, 还咳嗽。
Wǒ hǎoxiàng gǎnmào le, sǎngzi téng、liú bítì, hái késou.
감기 걸린 것 같아요. 목이 아프고, 콧물도 나고, 기침도 해요.

A 咳嗽厉害吗? 有没有痰?
Késou lìhai ma? Yǒu méiyǒu tán?
기침 심하세요? 가래는 있나요?

B 对, 晚上咳嗽特别厉害, 有痰。白天好一点儿。
Duì, wǎnshang késou tèbié lìhai, yǒu tán. Báitiān hǎo yìdiǎnr.
네. 저녁에 기침이 특히 심하고, 가래가 있어요. 낮에는 좀 괜찮고요.

A 张嘴我看一下。扁桃腺肿了, 挺厉害的。
Zhāngzuǐ wǒ kàn yíxià. Biǎntáoxiàn zhǒng le, tǐng lìhai de.
입 한번 벌려 보세요. 편도선이 부었네요. 굉장히 심해요.

B 那怎么办? 我不想打针……。
Nà zěnme bàn? Wǒ bù xiǎng dǎzhēn…….
그럼 어떡하죠? 저 주사 맞기 싫은데…….

A 给你体温计, 先去那边量一下体温,
Gěi nǐ tǐwēnjì, xiān qù nàbiān liáng yíxià tǐwēn,
五分钟以后过来。
wǔ fēnzhōng yǐhòu guòlái.
체온계를 드릴 테니, 우선 저쪽에 가서 체온 재시고 5분 후에 오세요.

온도를 재고 의사에게 간 후

A 38度2, 得打点滴。
Sānshíbā dù èr, děi dǎ diǎndī.
38.2도네요. 링거 좀 맞으셔야겠어요.

단어+표현 ◉ 089 - 02

好像 hǎoxiàng 마치 ~와 같다
感冒 gǎnmào 감기 걸리다
咳嗽 késou 기침하다
白天 báitiān 낮
好一点儿 hǎo yìdiǎnr 좀 괜찮아지다
张嘴 zhāngzuǐ 입(嘴)을 벌리다(张)
扁桃腺 biǎntáoxiàn 편도선
肿 zhǒng 붓다
打针 dǎzhēn 주사 맞다, 주사 놓다
体温计 tǐwēnjì 체온계
量体温 liáng tǐwēn 체온을 재다
度 dù 도
打点滴 dǎ diǎndī 링거를 좀 맞다
医生 yīshēng 의사
求求你 qiúqiu nǐ 살려주세요
开药 kāiyào 약을 처방하다

B 医生，求求你，别让我打点滴，给我开药吧。
Yīshēng, qiúqiu nǐ, bié ràng wǒ dǎ diǎndī, gěi wǒ kāi yào ba.
선생님, 살려주세요. 링거 안 맞을래요, 약 처방해 주세요.

A 那我先给你开消炎药试试吧。
Nà wǒ xiān gěi nǐ kāi xiāoyányào shìshi ba.
그럼 우선 소염제 처방해 드릴게요.

오늘의 일기

089-03

我的外号是药罐子，动不动就生病吃药。
Wǒ de wàihào shì yàoguànzi, dòngbudòng jiù shēngbìng chī yào.
내 별명은 약탕기다. 걸핏하면 병이 나고 약을 먹는다.

这不，我又感冒了。又是流鼻涕又是咳嗽，特别难受。
Zhèbu, wǒ yòu gǎnmào le. Yòu shì liú bítì yòu shì késou, tèbié nánshòu.
역시나 나는 또 감기에 걸렸다. 콧물이 흐르고 기침도 나고, 너무 아팠다.

我先去药店买药，吃了一个星期也没好，不得不去医院。
Wǒ xiān qù yàodiàn mǎi yào, chī le yí ge xīngqī yě méi hǎo, bùdébù qù yīyuàn.
나는 우선 약국에 가서 약을 샀는데, 일주일을 먹어도 좋아지질 않아서 어쩔 수 없이 병원에 갔다.

医生说我扁桃体发炎，而且低烧，让我打点滴。吓死我了。
Yīshēng shuō wǒ biǎntáotǐ fāyán, érqiě dīshāo, ràng wǒ dǎ diǎndī. Xià sǐ wǒ le.
의사선생님이 편도선에 염증이 생겼고, 게다가 미열도 있다고 했다. 나보고 링거를 맞으라고 해서 깜짝 놀랐다.

샨샨의 실수 방지 중국 생활

타국에서 병원가기란 쉬운 일이 아닙니다. 특히 중국에는 보건소나 의원급 병원이 잘 없는 데다, 있다고 해도 의술 수준을 보장할 수 없기 때문에 가지 않는 것이 좋습니다. 종합병원은 한국만큼 붐비고, 외국인을 위한 진료는 비용도 만만치 않습니다. 감기에 걸려 간단한 진료를 받았을 뿐인데 진료비가 1000위안(약17만 원)을 넘어가기도 합니다. 그러니 건강한 것이 돈 버는 일이라 할 수 있습니다. 최근에는 중국의 유명 종합병원에 진료대기표를 매매하는 사업도 등장했다고 합니다. 진료대기표를 잔뜩 받아 뒀다가, 정말 진료가 시급한 환자에게 비싼 값에 되파는 행위입니다. 정말이지 경악할 일입니다. 한국인이 많이 모여 사는 지역에 가면 한국인 의사가 연 병원들이 있습니다. 중국에 장기 거주한 한국인에게 물어 위치와 진료 과목에 대해 잘 알아 둘 필요가 있습니다.

택배 보내기

🔊 090 - 01

A 喂，你好。您那儿可以海运是吗?
Wéi, nǐ hǎo. Nín nàr kěyǐ hǎiyùn shì ma?
여보세요, 안녕하세요. 거기 해상운송 가능한가요?

> '海上运送 hǎishàng yùnsòng (해상운송)'의 약자입니다. 항공운송은 '航空运送 hángkōng yùnsòng'이라고 하고, 약자로 '空运 kōngyùn'이라고 해요.

B 对，您寄国内还是国外?
Duì, nín jì guónèi háishi guówài?
네. 국내인가요, 국외인가요?

> '(우편으로) 부치다', '보내다', '송달하다'는 동사 '寄 jì'를 사용합니다. '편지를 보내다'는 '寄信 jì xìn', '소포를 부치다'는 '寄包裹 jì bāoguǒ'입니다.

A 往韩国首尔寄，费用怎么算?
Wǎng Hánguó Shǒu'ěr jì, fèiyòng zěnme suàn?
한국의 서울로 보낼 건데, 비용이 얼마인가요?

B 基本价600,
Jīběnjià liù bǎi,
太大的话按重量和体积算一下加多少钱。
tài dà dehuà àn zhòngliàng hé tǐjī suàn yíxià jiā duōshao qián.
기본료는 600(위안)이고, 너무 클 경우에는 중량과 부피에 따라 얼마 정도를 추가할지 계산합니다.

A 那到首尔大概需要多长时间?
Nà dào Shǒu'ěr dàgài xūyào duō cháng shíjiān?
그러면 서울까지 대략 얼마나 걸려요?

B 一般一个星期左右吧。
Yìbān yí ge xīngqī zuǒyòu ba.
보통 일주일 정도 걸립니다.

A 好的，打印机能运吗?
Hǎo de, dǎyìnjī néng yùn ma?
네, 프린터도 운송 가능한가요?

B 没问题，我们好好包装一下，再贴个标签。
Méi wèntí, wǒmen hǎohǎo bāozhuāng yíxià, zài tiē ge biāoqiān.
가능합니다. 저희가 잘 포장을 하고, 다시 표시를 붙여요.

단어+표현 🔊 090 - 02

海运 hǎiyùn 해상운송
寄 jì (우편으로) 보내다
国内 guónèi 국내
国外 guówài 국외
往 wǎng ~쪽으로, ~를 향해서
首尔 Shǒu'ěr 서울
费用 fèiyòng 비용
基本价 jīběnjià 기본료
按 àn ~에 따라서
重量 zhòngliàng 중량, 무게
体积 tǐjī 부피
需要 xūyào 필요하다, 요구되다
打印机 dǎyìnjī 프린터기
运 yùn 운송하다
好好 hǎohǎo 잘, 전력을 기울여
包装 bāozhuāng 포장하다
贴 tiē 붙다, 붙이다
标签 biāoqiān 표시
国贸 Guómào 궈마오 [베이징 소재 지역명]
包装盒 bāozhuānghé 포장 상자
放心 fàngxīn 안심하다

Ⓐ 我住在国贸，你们明天下午两点能过来吗？
Wǒ zhù zài Guómào, nǐmen míngtiān xiàwǔ liǎng diǎn néng guòlái ma?
저는 궈마오에 사는데, 내일 오후 2시에 오실 수 있나요?

Ⓑ 没问题，我们过去的时候带包装盒，您放心吧。
Méi wèntí, wǒmen guòqù de shíhou dài bāozhuānghé, nín fàngxīn ba.
네, 저희가 갈 때 포장 상자 가져가니 안심하세요.

오늘의 일기

🔊 090-03

时间过得真快，我来中国已经两年了，该回国了。
Shíjiān guò de zhēn kuài, wǒ lái Zhōngguó yǐjīng liǎng nián le, gāi huíguó le.
시간이 참 빠르게 지나간다. 내가 중국에 온 지 벌써 2년이 지났고, 곧 귀국한다.

我收拾了一下要带回去的东西，没想到这么多。
Wǒ shōushi le yíxià yào dài huíqù de dōngxi, méi xiǎngdào zhème duō.
가지고 돌아갈 물건들을 정리하는데, 이렇게 많을 줄은 생각도 못했다.

台灯、电热毯、晾衣架都送给了朋友，但是还有很多。
Táidēng、diànrètǎn、liàngyījià dōu sòng gěi le péngyou, dànshì háiyǒu hěn duō.
스탠드등, 전기장판, 빨래건조대는 친구에게 줬는데도 여전히 많다.

我打算通过海运把东西寄到韩国，又快又便宜。
Wǒ dǎsuàn tōngguò hǎiyùn bǎ dōngxi jì dào Hánguó, yòu kuài yòu piányi.
나는 해상운송을 통해 물건들을 한국에 보낼 생각이다. (해상운송은) 싸고 빠르다.

샨샨의 실수 방지 중국 생활

얼마전 길을 걷다 '顺丰 shùnfēng'이라는 브랜드의 택배 차량을 목격한 적이 있습니다. 세상에나, 서울 한복판에 중국의 택배회사 차량이 지나다니다니요. '순펑'은 자체 화물 비행기를 보유할 만큼 규모 있는 중국 화물 운송회사로, 대낮에 한국에서 그 로고를 볼 수 있다는 것은 그만큼 중국과 한국의 소비재 교역량이 많아졌다는 뜻입니다. 중국은 온라인 쇼핑의 천국인 만큼 물류서비스도 탁월해 택배를 보내고 받기가 수월합니다. 한국에서는 편의점 택배에 비해 픽업서비스가 좀 비싼 편이지만 중국에서는 방문 픽업이 보편화되어 있고, 경쟁도 치열하다 보니 가격도 저렴합니다. 혹시 택배를 보낼 일이 있으면, 택배회사에 전화를 걸어 방문을 요청하면 됩니다. 한국 유학생이 많아서 한국말로 소통이 가능한 택배회사도 많아요. 중국어에 살짝 자신이 없다면, 조선족이 운영하는 택배회사를 이용하는 것도 방법입니다.

에피소드 091

교통사고 났을 때 대처하기

🔘 091 - 01

Ⓐ 绿灯亮了，快走吧。
Lǜdēng liàng le, kuài zǒu ba.
녹색불 켜졌다, 빨리 가자.

Ⓑ 慢一点儿，小心车！
Màn yìdiǎnr, xiǎoxīn chē!
천천히, 차 조심해!

교통사고 발생!

Ⓐ 你没看到红绿灯吗？
Nǐ méi kàndào hónglǜdēng ma?
당신 신호등 못 봤어요?

Ⓒ 你没看到我开过来吗？跑什么？
Nǐ méi kàndào wǒ kāi guòlái ma? Pǎo shénme?
당신은 내가 차 몰고 오는 거 못 봤어요? 왜 뛰어요?

Ⓐ 现在人行横道是绿灯，应该行人过马路啊。
Xiànzài rénxíng héngdào shì lǜdēng, yīnggāi xíngrén guò mǎlù a.
지금 횡단보도 녹색불이에요, 행인이 길을 건너는 거잖아요.

Ⓒ 现在机动车也是绿灯啊，
Xiànzài jīdòngchē yě shì lǜdēng a,
我也没违反交通规则啊。
wǒ yě méi wéifǎn jiāotōng guīzé a.
지금 자동차도 녹색불이잖아요, 나도 교통규칙 위반 안 했다고요.

Ⓑ 我朋友的腿流血了，得去医院检查，
Wǒ péngyou de tuǐ liúxiě le, děi qù yīyuàn jiǎnchá,
你得出医药费。
nǐ děi chū yīyàofèi.
내 친구 다리에서 피나요. 병원 가서 검사해야 해요. 치료비 내셔야 합니다.

단어+표현 🔘 091 - 02

绿灯 lǜdēng 녹색불
亮 liàng 켜지다
慢一点儿 màn yìdiǎnr
좀 천천히
红绿灯 hónglǜdēng 신호등
跑 pǎo 뛰다
人行横道 rénxíng héngdào
횡단보도
行人 xíngrén 행인
过马路 guò mǎlù 길을 건너다
机动车 jīdòngchē 자동차
违反 wéifǎn 위반하다
交通规则 jiāotōng guīzé
교통규칙
腿 tuǐ 다리
流血 liúxiě 피가 흐르다
医院 yīyuàn 병원
出 chū (돈을) 내다
医药费 yīyàofèi 치료비
凭什么 píng shénme
무슨 근거로
明明 míngmíng 분명히
路 lù 길
不讲理 bù jiǎnglǐ 막무가내다
报警 bàojǐng 경찰에 신고하다

C **凭什么啊?** 明明是你自己不看路。
Píng shénme a? Míngmíng shì nǐ zìjǐ bú kàn lù.
무슨 근거로요? 분명 본인이 길을 잘 안 본거잖아요.

> 상대에게 근거를 물을 때나 반박할 때, '凭什么? Píng shénme? (무슨 근거로?)' 라고 해요.

A 真不讲理! 别跟他说了, 报警吧。
Zhēn bù jiǎnglǐ! Bié gēn tā shuō le, bàojǐng ba.
정말 막무가내네요! 저 사람이랑 말하지 말고, 경찰에 신고하자.

오늘의 일기

🔊 091 - 03

来了中国以后,有一件事我特别不习惯。
Lái le Zhōngguó yǐhòu, yǒu yí jiàn shì wǒ tèbié bù xíguàn.
중국에 온 이후 한 가지 특히 적응이 안 되는 일이 있다.

就是过马路的时候,行人和车都不遵守红绿灯,非常危险。
Jiùshì guò mǎlù de shíhou, xíngrén hé chē dōu bù zūnshǒu hónglǜdēng, fēicháng wēixiǎn.
그것은 바로 길을 건널 때인데, 행인과 차 모두 신호를 지키지 않아 무척 위험하다.

万一发生交通事故的话,应该打112或者110报警。
Wànyī fāshēng jiāotōng shìgù dehuà, yīnggāi dǎ yāo yāo èr huòzhě yāo yāo líng bàojǐng.
만약 교통사고가 나면, 112나 110에 신고해야 한다.

我担心自己沟通不了,所以存着领事馆的电话。
Wǒ dānxīn zìjǐ gōutōng bùliǎo, suǒyǐ cúnzhe lǐngshìguǎn de diànhuà.
나는 스스로가 말이 안 통할까 봐 걱정되어, 영사관 전화번호를 저장해 뒀다.

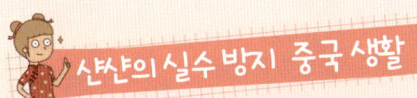
샨샨의 실수 방지 중국 생활

타국에서 사건사고를 만나게 되면 국내에서보다 배로 당황스러울 수밖에 없습니다. 그러니 긴급 전화번호 정도는 숙지해 두는 것이 필요합니다. '범죄신고(报警 bàojǐng)'는 110, '화재신고(火警 huǒjǐng)'는 119, '응급의료센터(救护车 jiùhùchē)'는 120, '교통사고(交通事故 jiāotōng shìgù)' 신고는 122 등입니다. 하지만 모국어로도 버벅될 수 있는 긴급한 순간에 서툰 중국어로 긴급 상황을 처리하긴 어려울 텐데요, 이를 대비해 비상연락처를 알아두는 것이 필요한데, 거주지역 영사관 전화번호가 가장 적합합니다. 그리고 본인 고정거주지의 주소와 오는 길을 설명하는 중국어 표현은 익혀 두시는 게 좋습니다. 이는 비상상황을 처리할 때 뿐 아니라 택시를 타고 귀가할 때도 필요한 것이니 잊지 마세요. 아! 그리고 도움이 필요함을 큰소리로 주변에 알리고자 할 때는 "救命! Jiùmìng!(살려주세요!)"라고 합니다.

오늘의 일기 새 단어 알고 가기

에피소드 061

交换生 jiāohuànshēng 교환학생
申请 shēnqǐng 신청하다
通过 tōngguò 통과하다
留学 liúxué 유학하다
宿舍 sùshè 기숙사
住满了 zhù mǎn le 숙박(住)이 다 찼다(满了)
不得不 bùdébù 어쩔 수 없이
外边 wàibian 외부, 밖
房子 fángzi 집
中介 zhōngjiè 중개하다, 중개인
按照 ànzhào ~에 따르다, ~에 의거하다
不了 bùliǎo 할 수(가) 없다
公寓 gōngyù 아파트
只能 zhǐnéng ~할 수밖에 없다
民宅 mínzhái 주택

에피소드 062

适合 shìhé 적합하다
房东 fángdōng 집주인
突然 tūrán 갑자기
出国 chūguó 출국하다
出租 chūzū 세를 놓다
说 shuō 말하다
马上 mǎshàng 바로
同意 tóngyì 동의하다

에피소드 063

好几天 hǎo jǐ tiān 여러 날
终于 zhōngyú 마침내
比较 bǐjiào 비교적, 상대적으로
交通 jiāotōng 교통
环境 huánjìng 환경, 주위 상황
价格 jiàgé 가격, 값
就是 jiùshì 단지 ~뿐이다
沙发 shāfā 소파
另外 lìngwài 또 하나
想要 xiǎng yào ~하려고 하다

에피소드 064

所有 suǒyǒu 모든
要求 yāoqiú 요구, 요구하다
合适 héshì 적당하다, 알맞다
房间 fángjiān 방
干洗 gānxǐ 드라이클리닝하다

에피소드 065

设施 shèshī 시설, 인프라
齐全 qíquán 완비하다, 완벽히 갖추다
方便 fāngbiàn 편리하다
满意 mǎnyì 만족하다
帅哥 shuàigē 미남

새 단어 쓰기 연습장

态度 tàidù 태도
亲切 qīnqiè 친절하다
复杂 fùzá 복잡하다
一项一项 yí xiàng yí xiàng 한 항목씩
解释 jiěshì 설명하다

에피소드 066

真没想到 zhēn méi xiǎngdào 정말 생각지도 못하다
需要 xūyào 필요하다
幸亏 xìngkuī 다행히

에피소드 067

急急忙忙 jíjímángmáng 부랴부랴
物业 wùyè 관리사무소
派出所 pàichūsuǒ 파출소
发现 fāxiàn 발견하다
签证 qiānzhèng 비자
学习签证 xuéxí qiānzhèng 학생비자
办公室 bàngōngshì 사무실

에피소드 068

在家 zài jiā 집에서
写作业 xiě zuòyè 숙제를 하다
灯 dēng 등, 램프

灭 miè 꺼지다
吓了一跳 xià le yí tiào 깜짝 놀랐다
赶紧 gǎnjǐn 서둘러, 황급히
物业中心 wùyè zhōngxīn 관리사무소
职员 zhíyuán 직원
查 chá 조사하다
用光了 yòng guāng le 다 쓰다
充电费 chōng diànfèi 전기료(电费)를 충전하다(充)
原来 yuánlái 알고 보니
不一样 bù yíyàng 다르다
提前 tíqián 미리
在……里 zài……li ~안에
充钱 chōng qián 돈(钱)을 충전하다(充)

에피소드 069

网络 wǎngluò 인터넷
时代 shídài 시대
网 wǎng 인터넷
受不了 shòu bùliǎo 참을 수 없다, 견딜 수 없다
搬家 bānjiā 이사하다
套餐 tàocān 세트
打折 dǎzhé 할인하다
师傅 shīfu (설치)기사
很快就 hěn kuài jiù 빠르게 바로 ~하다
约 yuē 약속하다
过来 guòlái 오다
安装 ānzhuāng 설치하다

새 단어 쓰기 연습장

오늘의 일기 새 단어 알고 가기

에피소드 070

一大早 yídàzǎo 아침 일찍
出门 chūmén 외출하다, 나가다
回家 huíjiā 집으로 돌아가다
睡觉 shuìjiào 자다
根本 gēnběn 전혀, 도무지
给……介绍 gěi……jièshào ~에게 소개해 주다
有经验 yǒu jīngyàn 경험이 있다
挺……的 tǐng……de 아주 ~하다
合算 hésuàn 이득이다, 수지가 맞다

에피소드 071

热 rè 덥다
上网 shàngwǎng 인터넷(网)을 하다(上)
找 zhǎo 찾다, 물색하다
离……近 lí……jìn ~에서 가깝다
上门维修 shàngmén wéixiū 방문 수리
反正 fǎnzhèng 아무튼
报销 bàoxiāo (사용 경비를) 정산하다

에피소드 072

修 xiū 수리하다
检查 jiǎnchá 조사하다
说到 shuōdào 말하다, 이야기하다
俩 liǎ 두 사람
笑 xiào 웃다

에피소드 073

地上 dì shang 바닥
……了半天 ……le bàntiān 한참 ~하다
一点儿用也没有 yìdiǎnr yòng yě méiyǒu 전혀 소용이 없다
星期天 xīngqītiān 일요일
上班 shàngbān 출근하다, 근무하다

에피소드 074

公寓 gōngyù 아파트
旧 jiù 낡다
家里 jiā li 집 안
动不动 dòng bu dòng 걸핏하면, 툭하면
坏 huài 고장 나다
一会儿……, 一会儿…… yíhuìr……, yíhuìr……
어느 날엔 ~하고, 어느 날엔 ~하다
跳闸 tiàozhá 두꺼비집 퓨즈가 나가다
什么样 shénmeyàng 어떠한, 어떤 모양
没办法 méi bànfǎ 할 수 없다, 방법이 없다
大叔 dàshū 아저씨

에피소드 075

时间 shíjiān 시간
过 guò 지나다
真快 zhēn kuài 정말 빠르다
一转眼 yìzhuǎnyǎn 눈 깜박할 사이에
退房 tuìfáng 집을 반환하다[내주다]

새 단어 쓰기 연습장

结算 jiésuàn 정산하다
水电费 shuǐdiànfèi 수도 전기세
收 shōu 받다

에피소드 076

之前 zhīqián ~전에
合同期 hétóngqī 약정기간
正好 zhènghǎo 마침
过了 guò le 지났다
一部 yí bù (휴대전화) 한 대
新款 xīnkuǎn 새로운 모델[디자인]
智能手机 zhìnéng shǒujī 스마트폰
推荐 tuījiàn 추천하다
款 kuǎn 스타일, 종류
交 jiāo 내다
郁闷死了 yùmèn sǐ le 답답해 죽겠다

에피소드 077

新 xīn 새로운
营业厅 yíngyètīng 영업매장
转 zhuǎn 바꾸다, 전하다
情况 qíngkuàng 상황

에피소드 078

以前 yǐqián 과거, 예전
留过学 liú guo xué 유학한 적이 있다

今年 jīnnián 올해
公司 gōngsī 회사
派 pài 파견하다
到 dào 오다
记得 jìde 기억하다
~年前 ~nián qián ~년 전
按照 ànzhào ~에 따라
语音提示 yǔyīn tíshì 안내음
一步一步 yí bù yí bù 한 단계 한 단계
操作 cāozuò 조작하다, 처리하다
电子支付 diànzǐ zhīfù 전자결제
方式 fāngshì 방식, 방법

에피소드 079

迷上了 míshàng le ~에 빠졌다, 반했다
主持人 zhǔchírén 진행자
漂亮 piàoliang 예쁘다
费电 fèi diàn 전력을 많이 소모하다
一两个小时 yì liǎng ge xiǎoshí 한두 시간
总是 zǒngshì 항상
带着 dàizhe ~을 가지고
随时 suíshí 언제든
准备 zhǔnbèi 준비하다
充电 chōngdiàn 충전하다

에피소드 080

微信钱包 wēixìn qiánbāo 위챗페이 [중국 모바일 전자결제 앱]
或者 huòzhě 혹은, 아니면
支付宝 zhīfùbǎo 알리페이 [중국 모바일 전자결제 앱]

새 단어 쓰기 연습장

오늘의 일기 새 단어 알고 가기

必须 bìxū 반드시 ~해야 한다
绑定 bǎngdìng 연동하다
账户 zhànghù 계좌
银行 yínháng 은행
除此以外 chú cǐ yǐwài 이밖에, 이 외에
买东西 mǎi dōngxi 물건을 사다
申请 shēnqǐng 신청하다

에피소드 081

流行 liúxíng 유행하다
现金 xiànjīn 현금
银行卡 yínhángkǎ 은행카드
上传 shàngchuán 업로드하다
等待 děngdài 기다리다
验证 yànzhèng 검증하다
不过 búguò 하지만
保证 bǎozhèng 보장하다
可以 kěyǐ 할 수 있다
理解 lǐjiě 이해하다

에피소드 082

汇 huì (돈을) 부치다, 송금하다
一笔钱 yì bǐ qián 다량의 돈
低 dī 낮다
又 yòu 또한, 더하여
怕 pà 걱정하다, 근심하다
有个 yǒu ge 어떤
美元 měiyuán 미국 달러

用 yòng ~로써
中间价 zhōngjiānjià 중간가격
双方 shuāngfāng 쌍방, 양쪽

에피소드 083

……多个人 ……duō ge rén ~여 명
上课 shàngkè 수업하다
几乎 jīhū 거의
没机会 méi jīhuì 기회가 없다
说话 shuōhuà 말하다
周围 zhōuwéi 주변
大部分 dàbùfen 대부분
平时 píngshí 평소
韩语 Hányǔ 한국어
聊天 liáotiān 이야기하다
差 chà 나쁘다, 표준에 못 미치다
当 dāng 담당하다, ~이 되다

에피소드 084

商场 shāngchǎng 쇼핑센터
逛 guàng 구경하다, 둘러보다
夏天 xiàtiān 여름
穿 chuān 입다
衣服 yīfu 옷
牌子 páizi 브랜드
样式 yàngshì 스타일
大方 dàfang 세련되다
合理 hélǐ 합리적이다

새 단어 쓰기 연습장

看上 kànshàng 맘에 들다
T恤 Txù T셔츠
还可以 hái kěyǐ 그런대로 괜찮다

에피소드 085

发达 fādá 발달하다
生活方式 shēnghuó fāngshì 생활방식
变化 biànhuà 변화
只要 zhǐyào ~하기만 하면
出门 chūmén 나가다
解决 jiějué 해결하다
送货 sònghuò 물건을 배달하다
网站 wǎngzhàn 웹사이트
甚至 shènzhì 심지어
下单 xiàdān 주문하다
当天 dāngtiān 당일
下午 xiàwǔ 오후

에피소드 086

春天 chūntiān 봄
快到了 kuài dào le 곧 ~이다
冬天 dōngtiān 겨울
收起来 shōu qǐlái 정리하다
一大堆 yídàduī 한 무더기
干洗店 gānxǐdiàn 세탁소
不但……还…… búdàn……hái……
~뿐 아니라 ~이기도 하다
还能 hái néng ~도 가능하다
钉扣子 dìng kòuzi 단추(扣子)를 달다(钉)

修拉链 xiū lāliàn 지퍼(拉链)를 고치다(修)
预存卡 yùcúnkǎ 선불카드
送到家 sòngdào jiā 집까지 배송하다
存 cún 맡기다, 맡겨 두다

에피소드 087

对……来说 duì……láishuō ~에게 있어
发型 fàxíng 머리스타일
一种 yì zhǒng 일종의
缓解 huǎnjiě 풀리다, 완화되다
压力 yālì 스트레스
过一段时间 guò yí duàn shíjiān 일정 시간이 지나면
弄头发 nòng tóufa 머리스타일을 손보다
不是……就是…… bú shì……jiùshì…… ~이거나 ~이다
感觉 gǎnjué 느끼다
不好 bù hǎo 나쁘다
掉 diào 떨어지다
厉害 lìhai 심하다, 굉장하다
不敢 bùgǎn 감히 ~하지 못하다
短 duǎn 짧다

에피소드 088

不少 bùshǎo 적지 않다
热水 rèshuǐ 뜨거운 물
没用 méiyòng 소용이 없다
药店 yàodiàn 약국
推荐 tuījiàn 추천하다
一个礼拜 yí ge lǐbài 일주일

새 단어 쓰기 연습장

오늘의 일기 새 단어 알고 가기

에피소드 089

外号 wàihào 별명
药罐子 yàoguànzi 약탕기 [자주 병이 나는 사람]
动不动 dòng bu dòng 걸핏하면 ~하다
生病 shēngbìng 병이 나다
吃药 chī yào 약을 먹다
这不 zhèbu 역시나, 그렇지 않아도
又是……又是…… yòu shì……yòu shì……
~하고 동시에 ~하다
难受 nánshòu 아프다, 괴롭다
药 yào 약
一个星期 yí ge xīngqī 일주일
好 hǎo 좋아지다, 다 낫다
医院 yīyuàn 병원
扁桃体 biǎntáotǐ 편도선
低烧 dīshāo 미열이 나다
吓死我了 xià sǐ wǒ le 깜짝이야

에피소드 091

一件事 yí jiàn shì 한 가지
习惯 xíguàn 적응하다, 익숙해지다
行人 xíngrén 행인
遵守 zūnshǒu 준수하다, 지키다
危险 wēixiǎn 위험하다
万一 wànyī 만약
发生交通事故 fāshēng jiāotōng shìgù
교통사고(交通事故)가 발생하다(发生)
应该 yīnggāi ~해야 한다
打 dǎ (전화를) 걸다
担心 dānxīn 걱정하다
沟通 gōutōng 소통하다
存 cún 저장하다
领事馆 lǐngshìguǎn 영사관

에피소드 090

该……了 gāi……le ~해야 하다
回国 huíguó 귀국하다
收拾 shōushi 정리하다
回去 huíqù 돌아가다
台灯 táidēng 스탠드등
电热毯 diànrètǎn 전기장판
晾衣架 liàngyījià 빨래건조대
送给…… sòng gěi…… ~에게 주다[증정하다]
通过 tōngguò ~를 통해
寄到 jìdào ~까지 운송하다

새 단어 쓰기 연습장

놀기 편 玩

　많은 사람들이 어학연수 시절의 기억을 떠올리며 행복해하고 그리워합니다. 노는 것 자체가 공부인 시절이었기 때문입니다. 중국 친구와 만나 수다를 떨고, 영화를 보고, 콘서트에 가고, 노래방에 가는 일 전부가 공부라고 할 수 있으니 그만큼 좋은 때도 없습니다. 책 속에는 절대 나오지 않을 갖가지 생생한 현지 중국어를 배울 수 있는 기회이니, '노는 것 만큼 배운다'는 공식이 유아기 이후에 다시 통하는 황금기라고 할 수 있겠죠.

　놀기(玩) 편은 경험도 많고, 본능에 충실한 내용이라 술술 참 쉽게 써 내려갔습니다. 추억을 떠올리며 낄낄거리기도 하고 행복해하기도 했죠. 중국 친구들과 놀면서 배운 재미있는 표현들은 여전히 기억 속에 강력히 남아있어 중국어로 밥벌이하는 요즘에도 고객과 친분을 쌓는 데 꽤 도움이 되고 있습니다. 이 때문에 노는 것의 중요성을 새삼 실감하고 있답니다. 중국에서 생활하시는 동안 신나게 놀아 보시길 강력 추천합니다.

중국 친구 사귀기

🔊 092 - 01

Ⓐ 我想认识点儿中国朋友，去哪儿找啊？
Wǒ xiǎng rènshi diǎnr Zhōngguó péngyou, qù nǎr zhǎo a?
중국 친구 사귀고 싶은데, 어디서 찾지?

Ⓑ 去酒吧搭讪……。
Qù jiǔbā dāshàn……

哈哈，跟你开玩笑的。
Hāhā, gēn nǐ kāi wánxiào de.
술집에 가서 작업 걸어 봐……. 하하, 농담이야.

> '알다'라는 단어로는 '知道 zhīdào'가 더 익숙하죠. '知道 zhīdào'는 사실이나 지식 등 객관적인 사실을 안다는 뜻으로 '我知道他。Wǒ zhīdào tā.'는 '그 사람을 만나 본 적은 없지만, 직업이나 이름은 들어 본 적이 있다'는 의미예요. '我认识他。Wǒ rènshi tā.'는 '나는 그 사람을 만난 적이 있다' 또는 '깊이는 알더라도 상대에 대해 어느 정도 이해하고 있다'라는 뜻입니다. 뉴스에서나 책에서 중국 국가 주석 시진핑에 대해 접해 본 적이 있다면 '我知道习近平。Wǒ zhīdào Xí Jìnpíng.'이 맞습니다. 중국 친구에게 '我认识习近平。Wǒ rènshi Xí Jìnpíng.'이라고 하면 당장 소개해달라고 할지도 몰라요.

Ⓐ 你听说过"摇一摇"吗？
Nǐ tīngshuō guo "yáo yi yáo" ma?
너 '흔들기'라고 들어 봤어?

Ⓑ 微信的，是吧？
Wēixìn de, shì ba?

有好人，也有坏人，得小心点儿。
Yǒu hǎorén, yě yǒu huàirén, děi xiǎoxīn diǎnr.
위챗에 있는 거? 좋은 사람도 있고, 나쁜 사람도 있으니 조심해야 해.

Ⓐ 对，我也听说了。那还有什么社交软件？
Duì, wǒ yě tīngshuō le. Nà háiyǒu shénme shèjiāo ruǎnjiàn?
맞아, 나도 들었어. 그러면 다른 SNS 앱은 또 뭐가 있어?

Ⓑ 不知道，我从来不用。变态太多了，危险。
Bù zhīdào, wǒ cónglái búyòng. Biàntài tài duō le, wēixiǎn.
몰라, 나 한 번도 써 본 적 없어. 이상한 사람이 너무 많아서 위험해.

Ⓐ 那到底怎么练习中文啊？
Nà dàodǐ zěnme liànxí Zhōngwén a?

我的口语越来越差。
Wǒ de kǒuyǔ yuè lái yuè chà.
그러면 도대체 어떻게 중국어를 연습하지? 내 회화 실력이 점점 떨어지고 있어.

단어+표현 🔊 092 - 02

酒吧 jiǔbā 술집
搭讪 dāshàn 낯선 이에게 접근하여 말을 걸다, 작업을 걸다
开玩笑 kāi wánxiào 농담하다
摇一摇 yáo yi yáo 흔들기, 흔들다
坏人 huàirén 나쁜 사람
小心点儿 xiǎoxīn diǎnr 조심하다
社交软件 shèjiāo ruǎnjiàn SNS 앱
从来不…… cónglái bù…… ~한 적이 없다
变态 biàntài 변태
危险 wēixiǎn 위험하다
到底 dàodǐ 도대체
练习 liànxí 연습하다
中文 Zhōngwén 중국어
差 chà 부족하다, 모자라다
咖啡厅 kāfēitīng 커피숍, 카페
汉语角 Hànyǔjiǎo 중국어 클럽
语伴 yǔbàn 언어교환 친구

Ⓑ 要不，你去学校咖啡厅的汉语角看看，
　Yàobù, nǐ qù xuéxiào kāfēitīng de Hànyǔjiǎo kànkan,
　找个语伴怎么样？
　zhǎo ge yǔbàn zěnmeyàng?
　아니면, 학교 근처 카페의 중국어 클럽에 한번 가 봐. 거기서 언어교환 친구를 찾아보는 거 어때?

오늘의 일기

虽然我住在中国，可是周围都是韩国朋友。
Suīrán wǒ zhù zài Zhōngguó, kěshì zhōuwéi dōu shì Hánguó péngyou.
비록 나는 중국에 살고 있지만, 내 주변은 모두 한국 친구들이다.

因为没什么机会说汉语，所以口语越来越差。
Yīnwèi méi shénme jīhuì shuō Hànyǔ, suǒyǐ kǒuyǔ yuè lái yuè chà.
중국어를 말할 기회가 좀처럼 없기 때문에, 회화 실력이 점점 나빠지고 있다.

我想通过软件找几个中国朋友，又听说不太安全。
Wǒ xiǎng tōngguò ruǎnjiàn zhǎo jǐ ge Zhōngguó péngyou, yòu tīngshuō bú tài ānquán.
나는 SNS 앱을 통해 중국 친구 몇 명을 사귀고 싶었는데, 듣자 하니 안전하지 않다고 한다.

所以，我打算周末去汉语角看看，找个语伴。
Suǒyǐ, wǒ dǎsuàn zhōumò qù Hànyǔjiǎo kànkan, zhǎo ge yǔbàn.
그래서 주말에 중국어 클럽에 가서 언어교환 친구를 찾아 볼 계획이다.

샨샨의 실수 방지 중국 생활

중국 최대 무료 메신저 앱 위챗(微信 wēixìn)은 생활의 편리를 위한 앱이기도 하지만, 생생 중국어를 배울 수 있는 강력한 도구 중의 하나이기도 합니다. 위챗으로 중국 친구들과 메신저를 주고받는 것도 공부의 한 방법이지만, 더 좋은 것은 위챗에 있는 모멘트(마이크로블로그) 기능입니다. 일상의 사진을 올리고 간단한 멘트를 일기처럼 달 수 있는 공간인데요, 중국인 친구들과 댓글로 소통하는 재미가 쏠쏠합니다. 어법에 어긋난 표현은 친구들이 댓글에서 교정해 주기도 하는데, 이만큼 효과적인 공부 방법도 없을 겁니다. 친구들이 올리는 글을 보면서 '오늘의 중국'을 생생하게 간접 체험할 수 있는 것도 큰 장점입니다. 명절이면 명절에 관련된 사진이 여러 장 올라오고, 사회적으로 큰 사건이 터지면 그에 대한 사람들의 생각과 분위기를 친구들의 모멘트를 통해 알게 됩니다. 한 친구는 순간순간의 자신의 감정을 글로 남기는데, 주옥 같은 표현에 늘 감탄하며 보고 있습니다. 저는 현재 한국에서 생활하지만, 여전히 위챗 모멘트를 운영하고 있습니다. 한국의 풍경이나 풍습과 관련된 사진을 주로 올리는데, 가장 호응이 높은 것은 역시 음식 사진입니다. 특히 한국식 흥겨운 회식 사진에 반응이 제일 좋습니다.

에피소드 093

약속 시간에 늦었을 때 연락하기

🔵 093 - 01

A 你到哪儿了?!
Nǐ dào nǎr le?!
너 어디쯤 왔어?!

B 今天周五，又是下班高峰，特别堵……。
Jīntiān zhōuwǔ, yòu shì xiàbān gāofēng, tèbié dǔ…….
오늘 금요일인 데다, 퇴근길 러시아워잖아. 길이 너무 막혀서…….

A 别找借口，堵车怎么了? 你公司到这儿又不远。
Bié zhǎo jièkǒu, dǔchē zěnme le ? Nǐ gōngsī dào zhèr yòu bù yuǎn.
핑계 대지 마. 차 막히는 거 뭐? 너희 회사에서 여기까지 안 멀잖아.

> 주저리주저리 변명하는 상대에게 일침의 한 마디!

B 是不远，可是根本就走不动，
Shì bù yuǎn, kěshì gēnběn jiù zǒubudòng,

路上跟停车场似的。
lùshang gēn tíngchēchǎng shì de.
그래 안 멀어, 하지만 전혀 움직이질 않아. 길이 마치 주차장 같아.

A 那你提前告诉我啊，我都等了半天了!
Nà nǐ tíqián gàosu wǒ a, wǒ dōu děng le bàntiān le!
그럼 미리 알려 줬어야지, 한참 기다렸잖아!

B 别生气啊。最后一次，下次保证不迟到。
Bié shēngqì a. Zuìhòu yí cì, xià cì bǎozhèng bù chídào.
화내지 마, 이게 마지막이야. 다음에는 절대 늦지 않는다고 맹세해.

A 上次你就说是最后一次!
Shàng cì nǐ jiù shuō shì zuìhòu yí cì!
지난번에도 이게 마지막 한 번이라고 했잖아!

B 上次什么时候? 我怎么不记得?
Shàng cì shénme shíhou? Wǒ zěnme bú jìde?
지난번 언제? 난 어째서 기억이 안 나지?

A 你慢慢想吧! 我不等了! 我回家了!
Nǐ mànmān xiǎng ba! Wǒ bù děng le! Wǒ huíjiā le!
그럼 천천히 생각해! 나 안 기다릴래! 집에 간다!

단어+표현 🔵 093 - 02

周五 zhōuwǔ 금요일
下班 xiàbān 퇴근하다
高峰 gāofēng 러시아워
借口 jièkǒu 구실, 핑계
公司 gōngsī 회사
远 yuǎn 멀다
根本 gēnběn 전혀, 도무지
走不动 zǒubudòng 움직이지 않는다
路上 lùshang 길가, 길 위
停车场 tíngchēchǎng 주차장
跟……似的 gēn……shì de ~와 같다
等了半天 děng le bàntiān 한참 기다리다
生气 shēngqì 화내다
保证 bǎozhèng 보장하다
迟到 chídào 지각하다, 늦다
上次 shàngcì 지난 번
记得 jìde 기억이 나다
慢慢 mànmān 천천히
回家 huíjiā 집에 가다
小心眼儿 xiǎoxīnyǎnr 마음이 좁다, 옹졸하다

B 喂？喂？又生气了，真是个小心眼儿。
　　Wéi? Wéi? Yòu shēngqì le, zhēn shì ge xiǎoxīnyǎnr.
　　여보세요? 여보세요? 또 화났네, 정말 속 좁긴.

오늘의 일기

周五，我跟男朋友约好一起吃晚饭。
Zhōuwǔ, wǒ gēn nánpéngyou yuē hǎo yìqǐ chī wǎnfàn.
금요일에 나는 남자친구와 함께 밥을 먹기로 약속했다.

我提前到了，可是等了半天，他也没来。
Wǒ tíqián dào le, kěshì děng le bàntiān, tā yě méi lái.
나는 미리 도착했고, 한참을 기다렸는데도 그는 오지 않았다.

他说是周末，而且晚高峰，堵车堵得厉害。
Tā shuō shì zhōumò, érqiě wǎngāofēng, dǔchē dǔ de lìhai.
그는 주말이고, 게다가 저녁 러시아워라 차가 심하게 막힌다고 했다.

我觉得他找借口，特别生气，所以直接回家了。
Wǒ juéde tā zhǎo jièkǒu, tèbié shēngqì, suǒyǐ zhíjiē huíjiā le.
나는 그가 핑계를 대는 것이라 생각해 너무 화가 났다. 그래서 바로 집에 가 버렸다.

산쌴의 실수 방지 중국 생활

현지 친구와 깊고 넓게 교류할 수 있다는 것은 유학생활에서 얻을 수 있는 가장 큰 소득입니다. 특히 중국은 드넓은 땅에 다양한 소수 민족들이 살고 있으니, 본인만 부지런하면 다채로운 만남과 교류가 가능합니다. 하나 주의할 것은 중국 내부의 통합과 독립에 관련된 정치적인 문제에는 절대 끼어들지 말아야 한다는 점입니다. 중국의 한 MBA 수업 오리엔테이션에서는 외국인들에게 중국 생활의 팁으로 '3T(天安门, 台湾, Tibet)는 언급하지 말 것'을 조언하고 있습니다. 한 모임에서 서로 통성명을 한 적이 있는데 그중 한 장면이 인상 깊게 남아 있습니다.

A 你也是韩国人吗？ Nǐ yě shì Hánguórén ma? 너도 한국인이니?
B 不是，我是台湾人。Bú shì, wǒ shì Táiwānrén. 아니, 나는 대만 사람이야.
A 说什么呢，是中国人，两岸是一家。Shuō shénme ne, shì Zhōngguórén. Liǎng'àn shì yì jiā.
　무슨 소리야, 중국인이네. 양안(대륙과 대만)은 하나지.

사교 모임인지라 농담처럼 지나갔지만, 누군가는 '중국은 하나야'라고 꼬집어 줄 만큼 중국의 내부통일 문제는 민감하고 중요한 이슈입니다. 중국은 대만과 홍콩의 자율성은 존중하되 통일의 원칙은 고수하는 '일국양제(一国两制 하나의 국가, 두개의 제도)'를 포용하고 있습니다. 방점은 '통일'에 있는데요, 독립은 절대 불가라는 입장으로 이는 마카오, 신장위구르, 티베트 지역도 예외가 아닙니다. 몇 년 전 대만 출신 아이돌 가수가 한 예능 프로그램에서 대만기를 들고 나왔다가 공개 사과를 하고, 자신의 국적은 '중국'임을 분명히 해야 할 만큼 큰 문제로 비화되었습니다. 그만큼 민감한 부분이라는 점은 꼭 숙지해야 합니다.

친구와 주말 계획 세우기

🔊 094 - 01

Ⓐ 你这周末有安排吗？一起看电影吧。
Nǐ zhè zhōumò yǒu ānpái ma? Yìqǐ kàn diànyǐng ba.
너 이번 주말에 계획 있어? 함께 영화 보자.

Ⓑ 真是太阳从西边出来了。你不用跟男友浪漫去？
Zhēn shì tàiyáng cóng xībiān chūlái le. Nǐ búyòng gēn nányǒu làngmàn qù?
정말 해가 서쪽에서 뜨겠다. 남자친구랑 낭만 즐기러 안 가?

> 평소와 다른 상대에게 "웬일이니?"라는 의미로 말을 건낼 때 우리말로도 "해가 서쪽에서 뜨겠네"라고 하죠. 중국어에도 동일한 표현이 있어요.

Ⓐ 别提他！我们俩冷战呢。
Bié tí tā! Wǒmen liǎ lěngzhàn ne.
걔 말도 꺼내지 마! 우리 냉전 중이야.

Ⓑ 人家不理你，你就来找我，是吧？
Rénjia bù lǐ nǐ, nǐ jiù lái zhǎo wǒ, shì ba?
걔가 너 상대 안 해 준다고 날 찾는 거지, 그치?

단어+표현 🔊 094 - 02

安排 ānpái 안배하다, 준비하다
看电影 kàn diànyǐng 영화(电影)를 보다(看)
真是 zhēn shì 정말, 실로
太阳从西边出来 tàiyáng cóng xībiān chūlái 해가 서쪽에서 뜨다
男友 nányǒu 남자친구
浪漫 làngmàn 낭만적이다
提 tí 꺼내다
俩 liǎ 두 사람
冷战 lěngzhàn 냉전
人家 rénjia 남, 타인, 나
不理 bù lǐ 상대하지 않다, 무시하다
安慰 ānwèi 위로하다
星期六 xīngqīliù 토요일
见 jiàn 만나다
不见不散 bú jiàn bú sàn 만날 때까지 기다리다 [성어]
上网 shàngwǎng 인터넷을 하다
说不定 shuōbudìng 확실히 단언하기 어렵다, 아마 ~일 것이다
团购 tuángòu 공동구매(하다)

Ⓐ 不是啊，好久没见了，人家想你了嘛。
Bú shì a, hǎo jiǔ méi jiàn le, rénjia xiǎng nǐ le ma.
아니야, 오랫동안 못 만났잖아. 내가 너 보고 싶어서 그러는 거잖니.

Ⓑ 好吧。那我请你吃饭，安慰安慰你吧。
Hǎo ba. Nà wǒ qǐng nǐ chīfàn, ānwèi ānwèi nǐ ba.
좋아, 내가 밥 살게. 너를 위로해 주마.

Ⓐ 好啊！那星期六下午见，
Hǎo a! Nà xīngqīliù xiàwǔ jiàn,

先看电影，然后一起吃饭。
xiān kàn diànyǐng, ránhòu yìqǐ chīfàn.
좋아! 그럼 토요일 오후에 만나자. 우선 영화 보고 나서 같이 밥 먹자.

Ⓑ 行，那两点在学校门口见吧。
Xíng, nà liǎng diǎn zài xuéxiào ménkǒu jiàn ba.
그래, 그럼 2시에 학교 입구에서 만나자.

> 중국 친구와 약속할 때 대화 말미에 꼭 하는 한 마디예요!

Ⓐ 好的，你请我吃饭，我请你看电影。不见不散。
Hǎo de, nǐ qǐng wǒ chīfàn, wǒ qǐng nǐ kàn diànyǐng. Bú jiàn bú sàn.
좋아. 네가 밥 사면 내가 영화 보여 줄게. 꼭 만나자.

Ⓑ 那你上网看看有什么电影，
Nà nǐ shàngwǎng kànkan yǒu shénme diànyǐng,

说不定有团购呢。
shuōbudìng yǒu tuángòu ne.

그럼 네가 온라인에서 어떤 영화 있는지 찾아 봐. 공동구매가 있을 수도 있잖아.

오늘의 일기

 094-03

我最近跟男朋友冷战，谁也不理谁。
Wǒ zuìjìn gēn nánpéngyou lěngzhàn, shéi yě bù lǐ shéi.
나는 최근 남자친구와 냉전 중이다. 서로 상관하지 않고 있다.

快到周末了，我给朋友打电话，约她出来玩儿。
Kuài dào zhōumò le, wǒ gěi péngyou dǎ diànhuà, yuē tā chūlái wánr.
곧 주말이 다가와서, 나는 친구에게 전화를 걸어 함께 놀기로 약속했다.

我们说好了，她请我吃饭，我请她看电影。
Wǒmen shuō hǎo le, tā qǐng wǒ chīfàn, wǒ qǐng tā kàn diànyǐng.
그녀는 밥을 사기로 하고, 나는 영화를 보여 주기로 했다.

中国电影票特别贵，我在网上买了团购票，比较划算。
Zhōngguó diànyǐngpiào tèbié guì, wǒ zài wǎngshàng mǎi le tuángòupiào, bǐjiào huásuàn.
중국의 영화 표는 무척 비싸서 온라인에서 공동구매 표를 샀더니, 비교적 이득이다.

샨샨의 실수 방지 중국 생활

'人家 rénjia'를 사전에서 찾아보면, ① 남, 타인 ② 나, 본인이란 뜻을 가진 대명사로 나옵니다. 남이면서 동시에 나일 수도 있는 이 오묘한 대명사는 도대체 뭘까요? 여러 예문을 만들어서 중국어 선생님께 여쭤 보기도 하고, 중국 드라마를 보며 이 얄궂은 단어를 익힌 결과, 사전상의 뜻 그대로 3인칭과 1인칭 대명사로 쓰인다는 담백한 결론을 내렸습니다. 차이가 있다면 여기서 '3인칭'은 담화 중인 사람들이 이미 알고 있는 사람이거나, 대화 중에 언급된 바 있는 그 혹은 그녀라는 점입니다. 예문을 들어 보면 다음과 같습니다.

A 小李不去吗? Xiǎo Lǐ bú qù ma? 샤오리는 안 가?
B ①人家工作忙，没时间。Rénjia gōngzuò máng, méi shíjiān. 걔 바빠, 시간 없어.
A 好吧，那咱们俩去吧。Hǎo ba, nà zánmen liǎ qù ba. 알았어. 그럼 우리 둘이 가자.
B 可是②人家累了。不想去了。Kěshì rénjia lèi le. Bù xiǎng qù le. 그런데 나 피곤해, 가고 싶지 않아.

①번의 '人家'는 앞에서 A가 언급한 '샤오리'를 가리키며, ②번의 '人家'는 B가 자신을 지칭하는 말입니다. 참고로 어감상 1인칭으로 쓰이는 '人家'는 애교스럽게 말할 때 자주 쓰입니다. 애인에게 '나 케이크 먹고 싶어.'라고 말하고 싶다면, "我想吃蛋糕。Wǒ xiǎng chī dàngāo." 보다 "人家想吃蛋糕。Rénjia xiǎng chī dàngāo."가 더욱 귀엽게 느껴집니다.

영화관에서 영화 표 사기

🔊 095 - 01

A 中国的电影票怎么这么贵啊!
Zhōngguó de diànyǐngpiào zěnme zhème guì a!

比韩国贵多了!
Bǐ Hánguó guì duō le!
중국의 영화 표는 어쩜 이렇게 비싸니! 한국보다 너무 비싸다!

B 我听别的韩国朋友说过，是韩国的两倍，是吧?
Wǒ tīng biéde Hánguó péngyou shuō guo, shì Hánguó de liǎng bèi, shì ba?
다른 한국 친구한테 들었는데, 한국의 2배래. 맞아?

A 是啊! 心疼死我了。
Shì a! Xīnténg sǐ wǒ le.
응! 아까워 죽겠어.

B 下次提前上网买票吧，不但便宜，还能选座。
Xià cì tíqián shàngwǎng mǎi piào ba, búdàn piányi, hái néng xuǎnzuò.
다음에는 미리 온라인에서 표를 사자. 가격도 싸고, 자리도 지정할 수 있어.

A 是吗? 在哪儿买啊?
Shì ma? Zài nǎr mǎi a?
그래? 어디서 사?

B 现在有好多团购软件，
Xiànzài yǒu hǎo duō tuángòu ruǎnjiàn,

你到应用商店里下一个吧。
nǐ dào yìngyòng shāngdiàn li xià yí ge ba.
요즘 여러 공동구매 앱이 많잖아, 앱 스토어에서 하나 내려받아.

> 단체로(团) 구매하다(购), 즉 '공동구매(공구)'라는 뜻의 신조어예요.

앱 스토어를 열어 내려받은 후

A 这么多! 你一般用哪个?
Zhème duō! Nǐ yìbān yòng nǎge?
이렇게 많아! 너는 보통 어떤 거 써?

B 我常用的是这个。吃饭、喝咖啡、唱歌都团购。
Wǒ chángyòng de shì zhège. Chīfàn、hē kāfēi、chànggē dōu tuángòu.
나는 이거 자주 써. 밥 먹기, 커피 마시기, 노래하기 모두 공구가 되지.

단어+표현 🔊 095 - 02

电影票 diànyǐngpiào 영화 표
听……说过 tīng……shuō guo
~의 말을 들은 바에 따르면
两倍 liǎng bèi 2배
心疼 xīnténg 아깝다
买票 mǎi piào 표를 사다
选座 xuǎnzuò 자리를 지정하다
好多 hǎo duō 아주 많다
软件 ruǎnjiàn 앱
应用商店 yìngyòng shāngdiàn
앱 스토어
下 xià 다운로드하다, 내리다
常用 chángyòng 늘 쓰다
喝咖啡 hē kāfēi 커피를 마시다
唱歌 chànggē 노래를 하다
省钱 shěngqián 돈을 아끼다
支付 zhīfù 지불하다, 결제하다
行 xíng 된다, 가능하다

Ⓐ 太好了！能省钱了！怎么支付呢？
Tài hǎo le! Néng shěngqián le! Zěnme zhīfù ne?
정말 좋다! 돈 아낄 수 있고! 결제는 어떻게 해?

Ⓑ 用微信或者支付宝都行。
Yòng wēixìn huòzhě zhīfùbǎo dōu xíng.
위챗이나 알리페이를 사용하면 돼.

오늘의 일기

朋友给我介绍了一个应用，里面有各种各样的团购。
Péngyou gěi wǒ jièshào le yí ge yìngyòng, lǐmiàn yǒu gèzhǒng gèyàng de tuángòu.
친구가 나에게 앱 하나를 소개해 줬다. 각종 공동구매가 있는 앱이다.

绑定一张中国的银行卡，用微信或支付宝都可以支付。
Bǎngdìng yì zhāng Zhōngguó de yínhángkǎ, yòng wēixìn huò zhīfùbǎo dōu kěyǐ zhīfù.
중국의 은행카드 한 장을 연동해 두면 위챗이나 알리페이를 이용해 결제가 가능하다.

而且积分还可以兑换成现金，直接消费。
Érqiě jīfēn hái kěyǐ duìhuàn chéng xiànjīn, zhíjiē xiāofèi.
게다가 적립포인트를 현금으로 전환하여 바로 쓸 수 있다.

以后可以省下一大笔生活费了。真是太好了！
Yǐhòu kěyǐ shěngxià yídàbǐ shēnghuófèi le. Zhēn shì tài hǎo le!
앞으로 생활비가 상당히 절약될 것 같다. 정말 좋다!

샨샨의 실수 방지 중국 생활

중국은 영화관람료가 한국의 2배 가량 됩니다. 영화 한 편 보려면 부담이 큰 편이라고 할 수 있죠. 그래서 보통은 공동구매나 할인이 가능한 앱을 활용합니다. 정상가의 반값 정도에 영화 표를 구매할 수 있으니, 한국에서와 비슷한 비용을 들여 영화를 볼 수 있는 셈입니다. 중국도 한국과 마찬가지로 휴대전화 앱(手机应用 shǒujī yìngyòng) 활용도가 높습니다. 할인 앱으로 영화티켓뿐 아니라, 음악회, 각종 공연티켓, 식당 할인권도 구매 가능합니다. '알리페이(支付宝 zhīfùbǎo)'나 '위챗페이(微信钱包 wēixìn qiánbāo)'를 이용하면 결제도 쉽습니다. 중국에서의 편리한 생활을 위해서는 중국 친구들에게 "你常用的手机应用有什么? Nǐ chángyòng de shǒujī yìngyòng yǒu shénme? (자주 쓰는 휴대전화 앱이 뭐야?)라고 꼭 물어보세요.

영화관에서 팝콘과 콜라 사기

🔊 096 - 01

A 真凉快！大热天的，还是电影院里最舒服。
Zhēn liángkuai! Dà rètiān de, háishi diànyǐngyuàn li zuì shūfu.
정말 시원하다! 이렇게 더운 날에는 역시 영화관 안이 제일 편해.

B 电影还有十几分钟开演，
Diànyǐng háiyǒu shí jǐ fēnzhōng kāiyǎn,

咱们去买点儿吃的吧。
zánmen qù mǎi diǎnr chī de ba.
영화는 십 몇 분 후에나 시작하는데, 우리 가서 먹을 것 좀 사오자.

A 去哪儿买？
Qù nǎr mǎi?
어디서 사지?

B 进来的时候，我看到门口有一个便利店。
Jìnlái de shíhou, wǒ kàndào ménkǒu yǒu yí ge biànlìdiàn.
들어올 때 입구에 편의점 있는 거 봤어.

> 슈퍼마켓은 '超市 chāoshì', 편의점이나 작은 구멍가게는 '便利店 biànlìdiàn'이라고 해요.

A 不行吧，应该是不让带吃的喝的进去。
Bùxíng ba, yīnggāi shì bú ràng dài chī de hē de jìnqù.
안 될걸. 음식물은 못 들고 들어갈 거야.

B 那怎么办？光看电影多无聊啊。
Nà zěnme bàn? Guāng kàn diànyǐng duō wúliáo a.
그럼 어떡해? 영화만 보면 너무 지루하잖아.

A 这不是有爆米花、饮料什么的吗？在这儿买呗。
Zhè bú shì yǒu bàomǐhuā, yǐnliào shénme de ma? Zài zhèr mǎi bei.
여기 팝콘이랑 음료수 같은 것들이 있잖아? 여기서 사지 뭐.

B 在这儿买？一份套餐的价格跟电影票差不多了。
Zài zhèr mǎi? Yí fèn tàocān de jiàgé gēn diànyǐngpiào chàbuduō le.
여기서 사자고? 세트 하나 가격이 영화 표랑 비슷한데.

A 没事儿，我上网团购了优惠券，能打八折。
Méi shìr, wǒ shàngwǎng tuángòu le yōuhuìquàn, néng dǎ bā zhé.
괜찮아, 인터넷에서 쿠폰 공구했어. 20% 할인 돼.

단어+표현 🔊 096 - 02

凉快 liángkuai 시원하다
大热天 dà rètiān 심하게(大) 더운(热) 날(天)
的 de 평서문 끝에 쓰여 긍정의 어기를 나타냄
电影院 diànyǐngyuàn 영화관
舒服 shūfu 편하다
十几分钟 shí jǐ fēnzhōng 십 몇 분
开演 kāiyǎn 공연[상영]을 시작하다
进来 jìnlái 들어오다
便利店 biànlìdiàn 편의점
不让 bú ràng 허락하지 않다, 허용하지 않다
吃的喝的 chī de hē de 먹을 것(吃的) 마실 것(喝的)
进去 jìnqù 들어가다
光 guāng 단지, 오로지
多……啊! duō……a! 얼마나 ~할 것인가
无聊 wúliáo 심심하다
爆米花 bàomǐhuā 팝콘
优惠券 yōuhuìquàn 우대권, 쿠폰
打八折 dǎ bā zhé 20% 할인하다

B 八折也不便宜啊。
Bā zhé yě bù piányi a.
20% 할인해도 싸지 않잖아.

오늘의 일기

096 - 03

夏天，躲在电影院里看电影最凉快了。
Xiàtiān, duǒ zài diànyǐngyuàn li kàn diànyǐng zuì liángkuai le.
여름에는 영화관 안으로 피신해 영화를 보는 것이 가장 시원하다.

一边看电影，一边吃爆米花、喝可乐，真是一种享受。
Yìbiān kàn diànyǐng, yìbiān chī bàomǐhuā、hē kělè, zhēn shì yì zhǒng xiǎngshòu.
영화를 보면서 팝콘 먹고 콜라 마시는 것은 정말이지 일종의 즐거움이다.

为了让观众们多消费，电影院一般不让带吃的喝的。
Wèile ràng guānzhòngmen duō xiāofèi, diànyǐngyuàn yìbān bú ràng dài chī de hē de.
영화관에서는 관객들이 소비를 많이 하게 하려고, 보통은 음식물을 가져오지 못하게 한다.

所以我每次都提前上网团购优惠券。
Suǒyǐ wǒ měi cì dōu tíqián shàngwǎng tuángòu yōuhuìquàn.
그래서 나는 매번 미리 인터넷에서 할인쿠폰을 공동구매한다.

샨샨의 실수 방지 중국 생활

〈北京遇上西雅图 Běijīng yùshang Xīyǎtú 베이징이 시애틀을 만났을 때(2013년 작)〉라는 영화가 있습니다. 저를 중국어와 중국에 푹 빠지게 한 인생 영화라고 할 수 있는데요, 한 10여 번은 본 것 같습니다. 대사를 외우고 또 외우고, 곱씹는 만큼 알아듣는 표현이 늘어나고 이를 통해 제 중국어 실력도 점차 늘었으니, 저에겐 성장 영화이기도 합니다. 영화 속 여주인공 탕웨이의 대사 한 구절은 아직도 생생히 기억하고 있습니다. 영화, 드라마의 대사를 따라 해 보게 만든 첫 문장이기도 해요.

他是世界上最好的男人。他也许不会带我去坐游艇、吃法餐，但是他可以每天早晨都为我跑几条街，去买我最爱吃的豆浆、油条。
Tā shì shìjiè shang zuì hǎo de nánrén. Tā yěxǔ bú huì dài wǒ qù zuò yóutǐng, chī fǎcān, dànshì tā kěyǐ měitiān zǎochén dōu wèi wǒ pǎo jǐ tiáo jiē, qù mǎi wǒ zuì ài chī de dòujiāng、yóutiáo.
그는 세상에서 가장 좋은 남자예요. 그는 아마도 날 유람선을 태워 주거나, 프랑스 요리를 사 주진 못할 거예요. 하지만 매일 새벽 나를 위해 몇 블록 떨어진 곳을 달려가 내가 제일 좋아하는 더우장과 요우탸오를 사 줄 수 있어요.

참 달달하죠?! 읊조려 보는 지금 순간에도 그 장면이 떠오르네요. 영화 속 인물로 분해 감정을 살려 대사를 외우면, 어휘력뿐 아니라 정황에 따른 어감을 익히는 데도 크게 도움이 됩니다. 중국어 실력이 중급쯤 되었다 생각이 들 때 쯤 '영화 대사 외우기'에 도전해 보시길 추천합니다.

노래방 가기

🔊 097 - 01

A 期末考试终于结束了！咱们怎么庆祝？
Qīmò kǎoshì zhōngyú jiéshù le! Zánmen zěnme qìngzhù?
기말고사가 드디어 끝났네! 우리 어떻게 축하하지?

B 去唱歌吧！
Qù chànggē ba!
노래 부르러 가자!

A 好啊！学校对面新开了一个卡拉OK，
Hǎo a! Xuéxiào duìmiàn xīn kāi le yí ge kǎlā OK,
说不定打折呢。
shuōbudìng dǎzhé ne.
좋아! 학교 건너편에 노래방 새로 열었는데, 할인해 줄지도 몰라.

B 叫什么名字？
Jiào shénme míngzì?
我搜一下，看看有没有团购。
Wǒ sōu yíxià, kànkan yǒu méiyǒu tuángòu.
이름이 뭐지? 내가 검색해 볼게, 공동구매 되는지.

A 我也忘了，一会儿路过的时候看一下吧。
Wǒ yě wàng le, yíhuìr lùguò de shíhou kàn yíxià ba.
잊어버렸어, 이따가 지나갈 때 한번 보자.

B 好的，咱们包夜唱个通宵好不好？
Hǎo de, zánmen bāoyè chàng ge tōngxiāo hǎo bu hǎo?
좋아, 우리 야간 정액 서비스로 밤새 노래하는 거 어때?

'밤을 새다'라는 뜻인데 주로 음주가무를 즐기다 밤을 새는 경우에 쓰는 말이에요. 일이나 공부를 하다 밤을 샐 땐 '开夜车 kāi yèchē(야간 열차를 운전하다)'라고 합니다.

A 通宵?! 你的体力真好！我不行。我得睡美容觉。
Tōngxiāo?! Nǐ de tǐlì zhēn hǎo! Wǒ bù xíng. Wǒ děi shuì měiróngjiào.
밤을 새자고?! 너 체력 정말 좋다! 나는 안 돼, 미용을 위해 자야 해.

B 又不是天天这样。你已经够美了，
Yòu bú shì tiāntiān zhèyàng. Nǐ yǐjīng gòu měi le,

단어+표현 🔊 097 - 02

期末考试 qīmò kǎoshì 기말고사
终于 zhōngyú 마침내, 결국, 드디어
结束 jiéshù 끝나다, 마치다
庆祝 qìngzhù 축하하다
对面 duìmiàn 건너편
新开 xīn kāi 새로 열다
卡拉OK kǎlā OK 노래방
搜一下 sōu yíxià 검색해 보다
路过 lùguò 지나다, 경유하다
包夜 bāoyè (주로 노래방, PC방) 야간 정액서비스
通宵 tōngxiāo 밤새도록, 철야
体力 tǐlì 체력
睡美容觉 shuì měiróngjiào 미용을 위해 자다
天天 tiāntiān 매일, 날마다
够……了 gòu……le 충분히(够) ~하다
美 měi 예쁘다
更……了 gèng……le 더욱(더) ~하다

不用更美了，通宵吧!
búyòng gèng měi le, tōngxiāo ba!

맨날 그러는 것도 아니잖아. 너 이미 충분히 예뻐. 더 예쁠 필요 없어, 밤새자!

오늘의 일기

期末考试终于结束了，太开心了。
Qīmò kǎoshì zhōngyú jiéshù le, tài kāixīn le.
기말고사가 드디어 끝나서 너무 기쁘다.

我跟同屋决定一起去唱歌，庆祝一下。
Wǒ gēn tóngwū juédìng yìqǐ qù chànggē, qìngzhù yíxià.
나는 룸메이트와 함께 노래를 부르러 가서 이를 축하하기로 했다.

学校附近正好新开了一家卡拉OK，正在优惠酬宾。
Xuéxiào fùjìn zhènghǎo xīn kāi le yì jiā kǎlā OK, zhèngzài yōuhuì chóubīn.
학교 근처에 마침 노래방 하나가 새로 문을 열었는데, 마침 사은 행사 중이었다.

我们打算唱个通宵，缓解一下压力。
Wǒmen dǎsuàn chàng ge tōngxiāo, huǎnjiě yíxià yālì.
우리는 밤새 노래를 부르며 스트레스를 풀기로 했다.

샨샨의 실수 방지 중국 생활

노래방 문화의 시초가 일본이다 보니, 중국어로 노래방은 일본어 '가라오케'를 그대로 차용해 '卡拉OK kǎlā OK'라고 합니다. 노래만 부를 수 있었던 '卡拉OK'는 요즘은 KTV라고 해서 노래는 물론, 게임도 즐기고 술도 마시며 놀 수 있는 종합 오락 공간으로 발전했습니다. KTV는 가라오케 TV(Karaoke TV)의 약자입니다.

KTV 안에는 주류를 직접 구매할 수 있는 편의점도 있고, 대형오락실이 들어서 있기도 합니다. 시간대별, 방 크기별 가격을 다르게 적용하고 밤 11시 이후에 이용하면 대폭 할인해 주는 서비스도 있습니다. 정장을 차려입은 종업원들이 분주하게 이방 저 방을 오가는데, 얼핏 나이트클럽 같은 느낌이 들기도 합니다. 주점을 겸하는 KTV에는 요청하는 노래를 찾아 눌러 주는 서비스를 제공하기도 합니다. 노래방 기계가 있는 방 안에는 음식 메뉴판이 있고 식사 주문이 가능해요. 저는 중국에서 노래방에서 볶음밥을 먹으며 노래를 부르는 이색적인 경험을 처음 해 봤습니다. 제 중국 친구 하나가 회사 워크숍을 KTV에서 했다는 이야길 한 적이 있는데요, KTV 안의 회의실을 빌려 회의를 마친 후 식사도 하고 노래도 부르며 회식을 즐겼다고 합니다. 중국의 KTV는 한국의 노래방과는 다른 특별한 문화 공간입니다.

노래방에서 먹거리 주문하기

◎ 098 - 01

A 欢迎光临，您一共几位？
Huānyíng guānglín, nín yígòng jǐ wèi?
어서오세요, 모두 몇 분이세요?

B 两位。你们装修真豪华呀！跟酒店似的。
Liǎng wèi. Nǐmen zhuāngxiū zhēn háohuá ya! Gēn jiǔdiàn shì de.
2명이요. 인테리어 무척 화려하네요! 호텔 같아요.

A 谢谢。您预订了吗？
Xièxie. Nín yùdìng le ma?
고맙습니다. 예약하셨나요?

B 我刚团购了包夜的券，这是号码，能用吗？
Wǒ gāng tuángòu le bāoyè de quàn, zhè shì hàomǎ, néng yòng ma?
제가 방금 공동구매한 야간 정액서비스 우대권이고요, 여기 번호입니다. 사용 가능한가요?

A 可以用。不过，小包没有了，给您换中包吧。
Kěyǐ yòng. Búguò, xiǎobāo méiyǒu le, gěi nín huàn zhōngbāo ba.
사용 가능합니다. 하지만 작은 방이 없네요. 중간 방으로 바꿔드릴게요.

B 免费升级吗？太好了！
Miǎnfèi shēngjí ma? Tài hǎo le!
무료로 업그레이드 해 주시는 거예요? 좋아요!

노래방 방 안으로 들어간 후

A 好了，可以点歌了。
Hǎo le, kěyǐ diǎn gē le.

有需要的话您按这个铃就可以了。
Yǒu xūyào dehuà nín àn zhège líng jiù kěyǐ le.
됐습니다, 지금 노래 선택하실 수 있습니다. 필요하신 것 있으면 이 벨을 눌러 주시면 됩니다.

B 你们有啤酒套餐吗？
Nǐmen yǒu píjiǔ tàocān ma?
여기 맥주 세트 있나요?

단어+표현 ◎ 098 - 02

装修 zhuāngxiū
장식하고 꾸미다, 인테리어하다

豪华 háohuá 화려하다

跟……似的 gēn……shì de
마치 ~와 같다

券 quàn 증서, 쿠폰

号码 hàomǎ 번호

小包 xiǎobāo
작은(小) 방(包间)의 약칭

中包 zhōngbāo
중간(中) 방(包间)의 약칭

升级 shēngjí 업그레이드하다

点歌 diǎngē
(노래방에서) 노래를 선택하다

按 àn
(손이나, 손가락 등으로) 누르다

铃 líng 벨(bell), 종

啤酒套餐 píjiǔ tàocān
맥주 세트

开业酬宾 kāiyè chóubīn
개업 사은 행사

半打 bàn dǎ
6개 [12개 한 세트의 반]

薯片 shǔpiàn 감자 칩

花生米 huāshēngmǐ 땅콩

玩儿个痛快 wánr ge tòngkuài
신나게 놀다

Ⓐ 我们开业酬宾。包夜送半打啤酒，还送薯片和花生米。
Wǒmen kāiyè chóubīn. Bāoyè sòng bàn dǎ píjiǔ, hái sòng shǔpiàn hé huāshēngmǐ.
저희가 개업 사은 행사 중인데요, 야간정액 하시면 맥주 6병에 감자 칩과 땅콩도 드립니다.

Ⓑ 哇！太好了！今天玩儿个痛快，不醉不归！
Wā! Tài hǎo le! Jīntiān wánr ge tòngkuài, bú zuì bù guī!
와! 좋아요! 오늘 신나게 한번 놀아 봐야지. 취하지 않으면 돌아가지 못해!

'신나게 놀아 보자'라고 외쳐 보세요.

오늘의 일기

我上网团购了一张优惠券，和同屋一起去唱歌。
Wǒ shàngwǎng tuángòu le yì zhāng yōuhuìquàn, hé tóngwū yìqǐ qù chànggē.
나는 인터넷에서 우대쿠폰 하나를 공동구매하고, 룸메이트와 함께 노래방에 갔다.

那个歌厅的装修特别豪华，和酒店差不多。
Nàge gētīng de zhuāngxiū tèbié háohuá, hé jiǔdiàn chàbuduō.
그 노래방은 인테리어가 무척 화려한 것이 꼭 호텔 같았다.

我们订的小包没有了，免费换了中包。
Wǒmen dìng de xiǎobāo méiyǒu le, miǎnfèi huàn le zhōngbāo.
우리가 예약한 작은 방은 없어서, 무료로 중간 방으로 바꿔 줬다.

包夜的话送啤酒和小吃，所以我们玩儿了个痛快。
Bāoyè dehuà sòng píjiǔ hé xiǎochī, suǒyǐ wǒmen wánr le ge tòngkuài.
야간정액을 하면 맥주와 스낵을 줬다. 그래서 우리는 (더욱) 신나게 놀았다.

샨샨의 실수 방지 중국 생활

친구와 급속도로 가까워지는 방법은 역시 함께 어울려 술도 한잔하고, 노래도 부르며 즐기는 것일 텐데요, 중국 친구들과 KTV에 갈 기회가 있을 때 중국 노래 몇 개를 잘 숙지해 뒀다가 부르면 친밀도가 배가 됩니다.
저는 한동안 대만 드라마 '유성화원(流星花园 liúxīng huāyuán)'의 수록곡인 '情非得已 qíngfēidéyǐ'란 노래를 수없이 듣던 때가 있었습니다. 사랑을 고백하는 가사가 너무 달달한 노래입니다. 가사가 예쁘기도 하고, '중국 노래 하나쯤 외워 두자'라는 생각에 열심히 들었고, 지금은 노래방에 가면 항상 찾아 부르는 노래가 되었습니다. 저는 한 번쯤은 중국어 최신 랩을 외워 멋진 동작과 함께 도전해 볼 겁니다. 여러분도 함께 해요!

노래방에서 요구사항 말하기

🔊 099 - 01

Ⓐ 帅哥，麻烦你，过来一下。
Shuàigē, máfàn nǐ, guòlái yíxià.
저기요, 죄송하지만 잠시 와 주세요.

Ⓑ 您有什么需要?
Nín yǒu shénme xūyào?
필요한 것 있으신가요?

Ⓐ 话筒不出声，是不是坏了?
Huàtǒng bù chūshēng, shì bu shì huài le?
마이크에서 소리가 안 나와요. 고장 난 것 아닌가요?

Ⓑ 可能是电池没电了，请稍等，我给您换个新的。
Kěnéng shì diànchí méi diàn le, qǐng shāo děng, wǒ gěi nín huàn ge xīn de.
배터리가 다된 것 같네요. 잠시만요, 새것으로 바꿔 드릴게요.

마이크를 교체한 후

Ⓐ 帅哥，再来一下。
Shuàigē, zài lái yíxià.
저기요, 다시 와 주세요.

Ⓑ 您还需要点儿什么?
Nín hái xūyào diǎnr shénme?
더 필요한 게 있으신가요?

Ⓐ 音乐声太小了，怎么调?
Yīnyuèshēng tài xiǎo le, zěnme tiáo?
음악 소리가 너무 작아요. 어떻게 조절하죠?

Ⓑ 我试试。
Wǒ shìshi.

机器好像出问题了。要不，换个房间吧?
Jīqì hǎoxiàng chū wèntí le. Yàobù, huàn ge fángjiān ba?
제가 해 볼게요. 기기가 고장 난 것 같아요. 아니면 방을 바꿔 드릴까요?

> 전자기기나 기계가 고장 났다고 할 때,
> '出问题了。Chū wèntí le.'라고 해요.

단어+표현   🔊 099 - 02

帅哥 shuàigē
미남, 남자를 부르는 일반적인 호칭

麻烦 máfan 귀찮다

过来一下 guòlái yíxià
잠시 와 주세요

话筒 huàtǒng 마이크

不出声 bù chūshēng
소리(声)가 나오지 않다

坏 huài 고장 나다

电池 diànchí 배터리

没电 méi diàn 배터리가 다되다

音乐声 yīnyuèshēng 음악 소리

调 tiáo 조절하다

机器 jīqì 기기

出问题 chū wèntí
문제가 생기다, 고장 나다

浪费 làngfèi 낭비하다

半个多小时
bàn ge duō xiǎoshí
30분 넘는 시간

Ⓐ 我们浪费了半个多小时，怎么算啊？
Wǒmen làngfèi le bàn ge duō xiǎoshí, zěnme suàn a?
우리 한 30분은 넘게 낭비했는데, 어떻게 계산되나요?

Ⓑ 真对不起，送您一个小时吧。
Zhēn duìbuqǐ, sòng nín yí ge xiǎoshí ba.
정말 죄송합니다. 한 시간 더 드릴게요.

오늘의 일기

🔊 099-03

今天朋友过生日，我们吃完饭又去唱歌。
Jīntiān péngyou guò shēngrì, wǒmen chī wán fàn yòu qù chànggē.
오늘은 친구 생일이라, 우리는 밥 먹고 나서 또 노래를 부르러 갔다.

唱着唱着，话筒不出声了，叫服务员换了电池。
Chàngzhe chàngzhe, huàtǒng bù chūshēng le, jiào fúwùyuán huàn le diànchí.
노래를 부르다 보니 마이크에서 소리가 안 나서, 직원을 불러 건전지를 갈아달라고 했다.

过了一会儿，音响出问题了，又换了房间。
Guò le yíhuìr, yīnxiǎng chū wèntí le, yòu huàn le fángjiān.
잠시 후 음향에 문제가 있어서 또 방을 새로 바꿨다.

所以，免费加了一个小时，还送了果盘。服务还不错。
Suǒyǐ, miǎnfèi jiā le yí ge xiǎoshí, hái sòng le guǒpán. Fúwù hái búcuò.
그래서 무료로 한 시간을 더 줬고 과일 모둠도 줬다. 서비스가 괜찮다.

샨샨의 실수 방지 중국 생활

몇 년 전부터 '帅哥 shuàigē (미남)', '美女 měinǚ (미녀)'라는 호칭이 등장했습니다. 그야말로 선남선녀를 가리키는 말이지만, 쓰임의 범위는 참 넓습니다. 동년배이거나 나보다 어린 사람을 부를 때, 식당 종업원을 부를 때, 또는 길을 가다 낯선 이를 불러 세워 가는 길을 물을 때도 남성에게는 '帅哥~', 여성에게는 '美女~'라고 합니다. 또한 친한 친구 사이에서 친근감 있는 호칭으로 쓰이기도 합니다. '美女，点菜。Měinǚ, diǎn cài. (아가씨, 주문할게요.)', '帅哥，附近有没有公交车站？Shuàigē, fùjìn yǒu méiyǒu gōngjiāo chēzhàn? (청년, 버스 정류장이 어디에 있나요?)', '美女，今天有空吗？一起吃饭吧。Měinǚ, jīntiān yǒu kòng ma? Yìqǐ chīfàn ba. (친구야, 오늘 시간 있어? 같이 밥 먹자.)' 등으로 쓰면 됩니다. 하지만 나보다 연배가 높아 보이는 분에게는 자칫하면 예의 없어 보일 수 있으니 사용하지 않는 것이 좋습니다.

에피소드 100

노래방에서 노래 선택하기

🔊 100-01

A 又是你点的歌！你点了多少啊？
Yòu shì nǐ diǎn de gē! Nǐ diǎn le duōshao a?
또 네가 선택한 노래네! 너 몇 개 선택한 거니?

B 我怕你们无聊，所以多点了点儿。
Wǒ pà nǐmen wúliáo, suǒyǐ duō diǎn le diǎnr.
너희들 지루할까 봐 많이 선택해 뒀지.

A 原来你就是传说中的麦霸啊。
Yuánlái nǐ jiùshì chuánshuō zhōng de màibà a.
알고 보니 네가 바로 전설상의 마이크 안 놓는 애구나.

B 得了吧。别开玩笑了。你快点吧。
Dé le ba. Bié kāi wánxiào le. Nǐ kuài diǎn ba.
됐거든, 농담하지 마. 너도 빨리 골라.

> 상대가 실없는 농담을 하거나 황당한 소리를 했다면 핀잔을 주듯 "됐거든~"이라고 해 보세요.

A 我五音不全。要不，我点几首中国歌，
Wǒ wǔyīn bù quán. Yàobù, wǒ diǎn jǐ shǒu Zhōngguógē,

咱们一起唱吧。
zánmen yìqǐ chàng ba.
나 음치야. 아니면 내가 중국 노래 몇 개 고를게, 같이 부르자.

B 行，你随便点吧。
Xíng, nǐ suíbiàn diǎn ba.
좋아, 네 마음대로 골라.

A "甜蜜蜜"怎么样？你会唱吧？
"Tiánmìmì" zěnmeyàng? Nǐ huì chàng ba?
〈첨밀밀〉어때? 부를 수 있지?

B 会是会，但是太老了，换一个吧。
Huì shì huì, dànshì tài lǎo le, huàn yí ge ba.
할 수 있긴 한데, 너무 구식이잖아. 바꾸자.

A 那"童话"怎么样？这首歌比较新吧？
Nà "tónghuà" zěnmeyàng? Zhè shǒu gē bǐjiào xīn ba?
그러면 〈동화〉는 어때? 이 노래는 비교적 최신 노래지?

단어+표현 🔊 100-02

又是 yòu shì 또, 역시
点 diǎn 고르다, 선택하다
歌 gē 노래
怕 pà 두렵다, 걱정되다
原来 yuánlái 알고 보니
传说中的 chuánshuō zhōng de 전설상의
麦霸 màibà 마이크를 안 놓는 사람
得了吧 dé le ba 됐어, 됐거든
五音不全 wǔyīn bù quán 음치
几首 jǐ shǒu 몇 곡
中国歌 Zhōngguógē 중국 노래
随便 suíbiàn 마음대로, 좋을 대로
甜蜜蜜 tiánmìmì 첨밀밀 [노래명]
会 huì 할 줄 알다
老 lǎo 낡은, 구식의
童话 tónghuà 동화 [노래명]
这首歌 zhè shǒu gē 이 노래

Ⓑ 好的，就这个吧。
Hǎo de, jiù zhège ba.
좋아, 이걸로 하자.

오늘의 일기

🔊 100-03

我的朋友是麦霸。在KTV，他一直拿着麦克风。
Wǒ de péngyou shì màibà. Zài KTV, tā yìzhí názhe màikèfēng.
내 친구는 마이크를 놓지 않는 애다. 노래방에서 그는 항상 마이크를 잡고 있다.

这次也是，点了很多歌，好像开个人演唱会一样。
Zhè cì yě shì, diǎn le hěn duō gē, hǎoxiàng kāi gèrén yǎnchànghuì yíyàng.
이번에도 마찬가지다. 그는 많은 노래를 선택했고, 마치 개인 콘서트를 연 것 같았다.

我点了一首"甜蜜蜜"，让他跟我一起唱。
Wǒ diǎn le yì shǒu "tiánmìmì", ràng tā gēn wǒ yìqǐ chàng.
나는 〈첨밀밀〉이라는 노래를 골랐고, 친구에게 함께 부르자고 했다.

但是他说太老了，让我点新歌。真无语。
Dànshì tā shuō tài lǎo le, ràng wǒ diǎn xīn gē. Zhēn wúyǔ.
하지만 그는 너무 구식이라고 했고, 새로운 노래를 고르라고 했다. 정말 어이가 없다.

샨샨의 실수 방지 중국 생활

언어는 변화하고 성장하는 생물과 같습니다. 새로운 말들이 만들어지고 사라지기를 거듭하죠. 따라서 책에는 미처 담지 못하는 신조어들이 세상에는 참 많습니다. 중국어도 예외는 아닙니다. 중국에서 신조어는 보통 인터넷 세상에서 등장하여 회자되다가, 오프라인의 언어생활에 등장해 보편화되는 경우가 대부분입니다. 신조어를 다 익힐 수는 없지만, 사람들이 많이 쓰는 단어 몇 가지 정도는 알아 두고 센스 있게 사용하면, 금세 중국어 실력자로 인정받게 됩니다. 대부분의 중국인들이 알고 있고, 확장 활용하고 있는 단어 하나 소개하겠습니다.
어느 특정 방면에 몰두하거나, 혹은 그 방면에 뛰어난 재주를 가진 이는 '霸 bà', '鬼 guǐ', '神 shén'을 사용해 표현합니다. 한 예로, '学霸 xuébà'라는 말이 있습니다. '공부하다'라는 뜻의 '学 xué', '맹주', '우두머리'라는 뜻의 '霸 bà'를 합친 신조어로 '공부의 신'이라는 뜻입니다. 즉 머리 좋고, 압도적으로 공부를 잘하는 사람을 가리키는 말이에요. 이를 응용해 마이크를 쥐고 놓지 않는 자를 가리켜 '麦霸 màibà'라고 합니다. 그리고 '귀신'을 뜻하는 '鬼 guǐ'는 '酒鬼 jiǔguǐ (술고래)', '烟鬼 yānguǐ (골초)', '胆小鬼 dǎnxiǎoguǐ (겁쟁이)'로 활용되며, '神 shén'을 활용한 단어에는 '舞神 wǔshén (춤신)', '睡神 shuìshén (잠신, 잠보)' 등이 있습니다.

에피소드 101

콘서트 가기

🔊 101-01

Ⓐ **明天晚上你有时间吗?**
Míngtiān wǎnshang nǐ yǒu shíjiān ma?
너 내일 저녁에 시간 있어?

Ⓑ **怎么了，想跟我约会吗?**
Zěnme le, xiǎng gēn wǒ yuēhuì ma?
무슨 일이야, 나한테 데이트 신청하고 싶은 거야?

> 중국어로는 '데이트 약속'을 뜻합니다.

Ⓐ **别开玩笑，我女朋友听到的话，我死定了。**
Bié kāi wánxiào, wǒ nǚpéngyou tīngdào dehuà, wǒ sǐ dìng le.
농담하지 마, 내 여자친구가 들으면 날 죽이려고 들 거다.

Ⓑ **哈哈，说吧，什么事?**
Hāhā, shuō ba, shénme shì?
하하, 말해, 무슨 일이야?

Ⓐ **想不想听演唱会? 朋友给我两张票。**
Xiǎng bu xiǎng tīng yǎnchànghuì? Péngyou gěi wǒ liǎng zhāng piào.
콘서트 안 갈래? 친구가 표 두 장을 줬어.

Ⓑ **谁的?**
Shéi de?
누구 거?

Ⓐ **我只知道T.F. Boys要来。**
Wǒ zhǐ zhīdào T.F.Boys yào lái.
你不是铁粉吗?
Nǐ bú shì tiěfěn ma?
내가 아는 건 T.F. Boys가 온다는 거야. 너 광팬 아니니?

Ⓑ **哇! 太好了! 几点? 在哪儿?**
Wā! Tài hǎo le! Jǐ diǎn? Zài nǎr?
와! 너무 좋다! 몇 시? 어디에서?

Ⓐ **激动什么啊? 都多大了，还追星?**
Jīdòng shénme a? Dōu duō dà le, hái zhuīxīng?
흥분하긴? 몇 살이냐, 아직도 스타를 쫓아다니고?

단어+표현 🔊 101-02

约会 yuēhuì 데이트 약속을 하다
女朋友 nǚpéngyou 여자친구
听到的话 tīngdào dehuà
듣게(듣到) 된다면(的话)
死定了 sǐ dìng le 죽었어
事 shì 일
演唱会 yǎnchànghuì
음악회, 콘서트
两张 liǎng zhāng 두 장
票 piào 표
只 zhǐ 단지, 오직
铁粉 tiěfěn 광팬(fan)
激动 jīdòng 흥분하다, 감격하다
追星 zhuīxīng
스타(明星)를 쫓아다니다
小鲜肉 xiǎoxiānròu
잘생긴 젊은 남자, 베이글남

B 小鲜肉嘛，谁不喜欢啊?!
Xiǎoxiānròu ma, shéi bù xǐhuan a?!
베이글남이잖아, 누가 안 좋아할 수 있겠니?!

> 어리고 잘생긴 꽃미남을 가리키는 신조어예요.

오늘의 일기

🔊 101 - 03

我有一个男性朋友，突然问我有没有时间。
Wǒ yǒu yí ge nánxìng péngyou, tūrán wèn wǒ yǒu méiyǒu shíjiān.
나는 남자사람 친구가 하나 있는데, 갑자기 나에게 시간이 있는지 물었다.

我跟他开玩笑，问他是不是要跟我约会。
Wǒ gēn tā kāi wánxiào, wèn tā shì bu shì yào gēn wǒ yuēhuì.
나는 농담으로 나한테 데이트 신청하는 거냐고 물었다.

他说送给我两张演唱会的票，我最喜欢的明星也会来。
Tā shuō sòng gěi wǒ liǎng zhāng yǎnchànghuì de piào, wǒ zuì xǐhuan de míngxīng yě huì lái.
그는 나에게 콘서트 표 두 장을 주며, 내가 제일 좋아하는 스타도 온다고 했다.

我太激动了，差点儿跳起来。
Wǒ tài jīdòng le, chàdiǎnr tiào qǐlái.
나는 너무 흥분해서 뛰어오를 뻔 했다.

샨샨의 실수 방지 중국 생활

특정 분야에 몰두하고, 좋아하는 마음을 넘어서 열광하는 사람을 가리켜 '애호가', '마니아' 혹은 '팬(fan)'이라고 합니다. 중국어로는 '粉丝 fěnsī', 그보다 정도가 깊은 열렬한 팬은 쇠(铁 tiě) 막대기(杆 gǎn)처럼 흔들림 없이 강력하다 하여 '铁杆粉丝 tiěgǎn fěnsī'라고 부릅니다. 길에서 우연히 좋아하는 연예인을 만나면 "我是你的粉丝! Wǒ shì nǐ de fěnsī! (저는 당신 팬이에요!) 라고 하면 됩니다.
만약 축구, 야구, 영화 등 특정 부분의 팬심을 드러내고 싶다면 각 종목에 '迷 mí'를 붙여요. 축구 팬은 '球迷 qiúmí', 야구 팬은 '棒球迷 bàngqiúmí', 영화 팬은 '电影迷 diànyǐngmí' 이렇게요. 이처럼 한 분야의 팬심을 불태우다 보면 달인의 경지에 오르기도 하는데요, 중국에서도 '달인'이라는 표현을 그대로 살려 존중의 마음을 표시합니다. 팬의 정도를 넘어선 경우에는 '唱歌达人 chànggē dárén (노래 달인)', '电影达人 diànyǐng dárén (영화 달인)' 등으로 칭합니다. 한국에서도 유행 중인 '사랑꾼'이란 표현은 '恋爱达人 liàn'ài dárén (연애 달인)'이라 하여 존중(?)받습니다.

친구에게 베이징 구경시켜 주기

🔊 102-01

Ⓐ 下周韩国朋友来北京，我带她去哪儿好呢?
Xiàzhōu Hánguó péngyou lái Běijīng, wǒ dài tā qù nǎr hǎo ne?
다음 주에 한국 친구가 베이징에 오는데, 어디에 데려가는 게 좋을까?

Ⓑ 故宫、长城、颐和园呗。
Gùgōng、Chángchéng、Yíhéyuán bei.
고궁, 만리장성, 이화원 있잖아.

Ⓐ 她以前来过一次，这些名胜古迹都去过了。
Tā yǐqián lái guo yí cì, zhèxiē míngshèng gǔjì dōu qù guo le.
예전에 한 번 온 적이 있어서 명승고적들은 다 가 봤어.

Ⓑ 她喜欢现代艺术吗?
Tā xǐhuan xiàndài yìshù ma?

去798怎么样?
Qù qī jiǔ bā zěnmeyàng?
친구가 현대미술 좋아해? 798거리 어때?

Ⓐ 好主意! 可是她在北京三天呢,
Hǎo zhǔyi! Kěshì tā zài Běijīng sān tiān ne,

还能去什么地方呢?
hái néng qù shénme dìfang ne?
좋은 생각이야! 그런데 베이징에 3일 있는데, 또 어디 가지?

Ⓑ 她会说汉语吗?
Tā huì shuō Hànyǔ ma?
그 친구 중국어 할 수 있어?

Ⓐ 一点儿也不会，所以我得一直陪着她。
Yìdiǎnr yě bú huì, suǒyǐ wǒ děi yìzhí péizhe tā.
전혀 못해. 그래서 내가 계속 데리고 있어야 해.

Ⓑ 那看不了京剧。你们看杂技怎么样?
Nà kàn bùliǎo jīngjù. Nǐmen kàn zájì zěnmeyàng?
그럼 경극은 못 보겠네. 서커스 보는 거 어때?

> 다양한 재주를 선보이는 서커스를 가리켜 '잡기'라고 해요.

단어+표현 🔊 102-02

故宫 Gùgōng 고궁
颐和园 Yíhéyuán 이화원
以前 yǐqián 예전에
来过 lái guo 온 적이 있다
名胜古迹 míngshèng gǔjì 명승고적
现代艺术 xiàndài yìshù 현대 예술
好主意 hǎo zhǔyi 좋은 생각
什么地方 shénme dìfang 어느 지역
一点儿也不会 yìdiǎnr yě bú huì 조금도(一点儿也) 못하다(不会)
陪着 péizhe 동반한 채
看不了 kàn bùliǎo 볼 수 없다
京剧 jīngjù 경극 [중국 주요 전통극]
杂技 zájì 서커스
没……过 méi……guo ~한 적 없다
表演 biǎoyǎn 공연
变脸 biànliǎn 변검 [중국 사천지방의 전통극]

Ⓐ 好啊，我也没看过，正好一起看。哪儿有表演？
Hǎo a, wǒ yě méi kàn guo, zhènghǎo yìqǐ kàn. Nǎr yǒu biǎoyǎn?
좋아. 나도 본 적 없어. 같이 보면 되겠네. 어디서 공연해?

Ⓑ 你上网查一下吧。另外，变脸也可以。
Nǐ shàngwǎng chá yíxià ba. Lìngwài, biànliǎn yě kěyǐ.
인터넷으로 검색해 봐. 그리고 변검도 괜찮아.

> 요즘 새로운 정보는 스마트폰 검색에서 얻죠. '검색해 봐', '검색해 보자.'를 이렇게 말해요.

오늘의 일기

🔊 102-03

后天，我最好的朋友来北京，这是她第二次来北京。
Hòutiān, wǒ zuì hǎo de péngyou lái Běijīng, zhè shì tā dì èr cì lái Běijīng.
내일모레 내 제일 친한 친구가 베이징에 오는데, 이번이 두 번째 오는 것이다.

上次，已经去过了故宫、长城、颐和园这样的名胜古迹。
Shàng cì, yǐjīng qù guo le Gùgōng, Chángchéng, Yíhéyuán zhèyàng de míngshèng gǔjì.
지난번에 고궁, 만리장성, 이화원 같은 명승고적지는 이미 가 봤다.

这次真不知道应该带她去哪儿，头疼死了。
Zhè cì zhēn bù zhīdào yīnggāi dài tā qù nǎr, tóuténg sǐ le.
이번에는 어디를 데리고 가야 할지 정말 모르겠어서 골치가 아팠다.

朋友建议我带她去看杂技和变脸，真是个好主意。
Péngyou jiànyì wǒ dài tā qù kàn zájì hé biànliǎn, zhēn shì ge hǎo zhǔyi.
친구가 서커스나 변검을 보여 주는 건 어떠냐고 했다. 정말 좋은 생각이다.

샨샨의 실수 방지 중국 생활

중국 시안(西安 Xī'ān)에서 주재원 생활을 하고 있는 한국 친구 하나가 진시황릉과 병마용 코스는 관광 가이드보다 더 잘 설명할 수 있다고 농담처럼 말한 적이 있습니다. 한국 본사 출장자나 손님은 물론 일가친척까지 시안을 방문할 때마다 본인이 도맡아 가이드를 하는 경우가 많아 이제 베테랑이 되었다는 소리입니다. 그분들에게는 딱 한 번이지만, 이 친구에게는 여러 번이니까요. 혹시 중국 어느 지역에서라도 장기간 머물러 계신다면, 최소한 그 지역의 명승고적과 관광지에 대해 잘 알아 두는 것이 좋습니다. 이는 나를 보러 달려와 주는 지인들을 위함이기도 하지만, 무엇보다 그것이 본인이 중국 전문가가 되는 첫 시작이 되기 때문입니다.

에피소드 103

피트니스 센터 등록하기

🔊 103-01

A 啊！又长胖了！
À! Yòu zhǎngpàng le!

我得减肥。我不吃饭了！
Wǒ děi jiǎnféi. Wǒ bù chīfàn le!
아! 또 살쪘어! 다이어트 해야 해. 나 밥 안 먹을래!

B 节食没用，容易反弹，
Jiéshí méiyòng, róngyì fǎntán,

'탄성이 있는 물체가 외력을 받아 변형되었다가, 다시 원래대로 회복하다'라는 뜻이에요. 다이어트에서는 '요요현상'을 뜻해요.

咱们去健身房运动吧。
zánmen qù jiànshēnfáng yùndòng ba.
음식 절제는 소용없어. 요요현상이 오기 쉽잖아. 우리 같이 피트니스 센터 가서 운동하자.

A 好啊！我看到公司楼下新开了一家。
Hǎo a! Wǒ kàndào gōngsī lóuxià xīn kāi le yì jiā.
좋아! 회사 밑에 새로 하나 연 거 봤어.

B 对，现在办年卡可以打八折。
Duì, xiànzài bàn niánkǎ kěyǐ dǎ bā zhé.
맞아, 지금 연간 회원으로 등록하면 20% 할인해 준대.

A 还是办月卡吧，万一坚持不了怎么办？
Háishi bàn yuèkǎ ba, wànyī jiānchí bùliǎo zěnme bàn?
그냥 월간 회원 등록하자. 만일 꾸준히 못 하면 어떡해?

B 我要办年卡！还送一对一的私教课呢。
Wǒ yào bàn niánkǎ! Hái sòng yī duì yī de sījiàokè ne.
나는 연간 회원 등록할 거야! 그러면 일대일 개인트레이너 수업 받을 수 있대.

A 你不怕自己"三天打鱼两天晒网"，
Nǐ bú pà zìjǐ "sān tiān dǎ yú liǎng tiān shài wǎng",

삼일은 고기 잡고, 이틀은 그물을 말린다 = 작심삼일하다

浪费钱吗？
làngfèi qián ma?
너 '작심삼일'해서 돈 낭비 하는 거 안 무섭니?

단어+표현　🔊 103-02

长胖 zhǎngpàng 살찌다
减肥 jiǎnféi 살을 빼다, 다이어트하다
节食 jiéshí 음식을 절제하다
没用 méiyòng 소용없다
容易 róngyì ~하기 쉽다
反弹 fǎntán 원래대로 회복되다
运动 yùndòng 운동하다
楼下 lóuxià 건물 아래
年卡 niánkǎ 연간 회원 카드
月卡 yuèkǎ 월간 회원 카드
坚持不了 jiānchí bùliǎo 꾸준히 못 하다
一对一 yī duì yī 일대일(수업)
私教课 sījiàokè 개인트레이너 수업
怕 pà 두렵다, 걱정되다
浪费 làngfèi 낭비하다
一定 yídìng 반드시, 필히
今年 jīnnián 올해
办婚礼 bàn hūnlǐ 결혼식을 하다
必须 bìxū 반드시

Ⓑ 这次一定不会，我今年11月要办婚礼，必须减肥。
Zhè cì yídìng bú huì, wǒ jīnnián shíyī yuè yào bàn hūnlǐ, bìxū jiǎnféi.
이번에는 절대 아니야. 올해 11월에 나 결혼하잖아. 반드시 살빼야 해.

오늘의 일기

🔴 103-03

我最近吃得太多，长了三公斤，脸都圆了。
Wǒ zuìjìn chī de tài duō, zhǎng le sān gōngjīn, liǎn dōu yuán le.
나는 요즘 너무 많이 먹어서 3kg이나 쪘고, 얼굴도 동그래졌다.

我打算节食，但是朋友不赞成，说容易反弹。
Wǒ dǎsuàn jiéshí, dànshì péngyou bú zànchéng, shuō róngyì fǎntán.
다이어트하려고 했는데, 친구가 쉽게 요요현상이 온다고 반대했다.

她说公司楼下新开了一个健身房，让我跟她一起运动。
Tā shuō gōngsī lóuxià xīn kāi le yí ge jiànshēnfáng, ràng wǒ gēn tā yìqǐ yùndòng.
그녀는 회사 아래층에 피트니스 센터가 새로 열었다며, 나에게 함께 운동하자고 했다.

现在办年卡可以打八折，还送私教课。我有点儿心动。
Xiànzài bàn niánkǎ kěyǐ dǎ bā zhé, hái sòng sījiàokè. Wǒ yǒudiǎnr xīndòng.
지금 연간 회원을 등록하면 20% 할인에 개인트레이너 수업도 받을 수 있다고 했다. 나는 조금 마음이 흔들렸다.

샨샨의 실수 방지 중국 생활

어학연수 기간에는 어학 공부에만 신경 쓰면 되니 생각보다 시간적 여유가 생깁니다. 이럴 때는 그동안 시간적 제약으로 엄두 내지 못했던 수영이나 테니스 등 운동 하나쯤 배워 보는 것을 추천합니다. 동호회에 가입해서 운동도 배우고, 중국 친구들과 친분을 쌓는 것이 가장 모범적인 방법입니다. 같은 취미로 모이면 서로 친해지기 쉬운 것은 당연지사인 데다, 그 모임에서 유일한 외국인일 가능성이 크니 금세 현지 친구를 만들 수 있고, 중국어 실력도 부쩍 느는 기회를 잡을 수 있습니다. 운동 하나를 마스터하는 것이 주요 목표라면, 1:1 강습을 통해 집중적으로 배워 짧은 기간 안에 실력을 일정 수준 이상으로 올려 두는 것이 좋습니다. 그런데 운동을 하겠다 결심한 후 스포츠센터나 헬스클럽 프로그램 일 년 치를 한꺼번에 등록하는 경우가 종종 있습니다. 장기등록이라 대폭 할인되는 수강료가 매력적이기도 하고 꾸준히 실천하고자 하는 마음에 그렇게들 하지만 보통은 생각보다 꾸준히 하기 어려워 돈 낭비를 하는 경우가 허다합니다. 물론 꾸준히 운동해 오던 분이 중국에서도 이를 이어가겠다라는 생각이라면, 장기등록이 더 낫습니다. 주의해야 할 점 하나, 중국에서는 전국형 대형체인점이 아니라면 되도록 장기간 선납식 등록은 피하시는 게 좋습니다. 성장형 국가인 중국은 창업과 폐업이 빈번해요. 따라서 자칫 잘못하면 내가 등록한 피트니스 센터나 학원이 갑자기 사라질 수도 있기 때문입니다.

피트니스 센터에서 개인 트레이닝 받기

🔊 104 - 01

A 我们有活动，办年卡送私教课，
Wǒmen yǒu huódòng, bàn niánkǎ sòng sījiàokè,

您要不要体验一下？
nín yào bu yào tǐyàn yíxià?
저희 지금 프로모션 중인데, 연간 회원 되시면 개인 트레이닝 수업을 받으실 수 있어요. 체험해 보시겠어요?

B 好，那就今天吧。
Hǎo, nà jiù jīntiān ba.
좋아요, 그럼 오늘 하죠.

A 好的，您在那边稍坐一下，我帮您安排。
Hǎo de, nín zài nàbiān shāo zuò yíxià, wǒ bāng nín ānpái.
네, 저쪽에 잠시 앉아계세요. 준비하겠습니다.

잠시 후

C 您好，我是小王，您的私人教练。
Nín hǎo, wǒ shì Xiǎo Wáng, nín de sīrén jiàoliàn.
안녕하세요. 저는 샤오왕입니다. 손님의 개인 트레이너에요.

수영, 헬스 등을 지도해 주는 선생님을 가리킬 때 '老师 lǎoshī' 보다는 보통 '教练 jiàoliàn'이라고 해요.

A 您好，我该做什么运动呢？
Nín hǎo, wǒ gāi zuò shénme yùndòng ne?
안녕하세요. 저 무슨 운동 해야 하나요?

B 您先测一下体脂吧，然后我给您安排课程。
Nín xiān cè yíxià tǐzhī ba, ránhòu wǒ gěi nín ānpái kèchéng.
우선 체지방을 검사하겠습니다. 그 다음에 수업시간 잡아 드릴게요.

A 教练，多长时间能练出腹肌？
Jiàoliàn, duō cháng shíjiān néng liànchū fùjī?
강사님, 복근 만들려면 얼마나 걸리나요?

'운동을 통해 복근을 만들다'라는 뜻이에요. 중국에서도 6조각, 8조각 (초콜릿) 복근이라는 개념이 있는데, 각각 '六块腹肌 liù kuài fùjī', '八块腹肌 bā kuài fùjī'라고 해요.

B 您的体脂有点儿高，得多做肌肉运动。
Nín de tǐzhī yǒudiǎnr gāo, děi duō zuò jīròu yùndòng.
체지방이 좀 높네요. 근육 운동을 많이 하셔야겠어요.

단어+표현 🔊 104 - 02

活动 huódòng 활동, 프로모션, 프로그램

体验一下 tǐyàn yíxià 체험(체험)해 보세요

私人教练 sīrén jiàoliàn 개인 트레이너

做运动 zuò yùndòng 운동(운동)을 하다(做)

测 cè 검사하다, 측정하다

体脂 tǐzhī 체지방

课程 kèchéng 교육과정

练出腹肌 liànchū fùjī 단련을 통해 복근(腹肌)이 나오게 하다(练出)

肌肉 jīròu 근육

看着 kànzhe 봐 가면서 하다, 알아서 하다

一些 yìxiē 약간, 얼마간

器械运动 qìxiè yùndòng 기구 운동

增加 zēngjiā 키우다, 늘리다

跑步 pǎobù 달리기하다

减脂 jiǎnzhī 지방을 줄이다

Ⓐ 行，您看着安排吧。
Xíng, nín kànzhe ānpái ba.
네, 알아서 스케줄 잡아 주세요.

Ⓑ 我给您安排一些器械运动增加肌肉，然后跑步减脂吧。
Wǒ gěi nín ānpái yìxiē qìxiè yùndòng zēngjiā jīròu, ránhòu pǎobù jiǎnzhī ba.
기구 운동으로 근육을 키우시고, 달리기로 지방을 줄이는 것으로 계획 잡아 드릴게요.

오늘의 일기

🔊 104-03

我办了健身房的年卡，送了五节私教课。
Wǒ bàn le jiànshēnfáng de niánkǎ, sòng le wǔ jié sījiàokè.
피트니스 센터 연간 회원 카드를 만들었더니, 5회의 개인 트레이닝 수업을 할 수 있게 해 줬다.

教练身材特别好，有腹肌。我特别羡慕他。
Jiàoliàn shēncái tèbié hǎo, yǒu fùjī. Wǒ tèbié xiànmù tā.
강사님의 몸매가 무척 좋았는데, 복근도 있어서 너무 부러웠다.

他帮我做了一下体检，说我的体脂含量有点儿高。
Tā bāng wǒ zuò le yíxià tǐjiǎn, shuō wǒ de tǐzhī hánliàng yǒudiǎnr gāo.
그는 나에게 신체검사를 해 줬는데, 내 지방 함량이 좀 높다고 했다.

让我通过器械运动增加肌肉，然后跑步减脂。
Ràng wǒ tōngguò qìxiè yùndòng zēngjiā jīròu, ránhòu pǎobù jiǎnzhī.
기구 운동을 통해 근육을 키우라고 했고, 달리기로 지방을 줄이라고 했다.

샨샨의 실수 방지 중국 생활

한동안 '사람 묘사하기' 표현에 열중했던 적이 있습니다. '그 친구 어떻게 생겼어?', '어떤 사람을 좋아해?'라는 질문에 세밀하게 답해 보고 싶었기 때문입니다. 외국어 공부는 꾸준히 하는 것만이 답인데, 슬럼프가 온다고 느껴질 때는 테마를 잡고 그 단어나 표현법에만 집중해 보는 것도 방법입니다. 예를 들면 동식물 이름, 요가 동작, 음식 조리법 등의 단어만 모아 보는 것입니다. 제가 당시에 따로 정리해 뒀던 것 중 '우람하다' 3종 세트 공유해 봅니다.

身材高大 shēncái gāodà : 키가 크고 호리호리함
身材魁梧 shēncái kuíwú : 키가 크고, 덩치가 있는 씨름선수 느낌
五大三粗 wǔ dà sān cū : 우락부락한 느낌

에피소드 105

테니스 강습받기

🔊 105-01

A 听说你会打网球，我也想学，你能教我吗?
Tīngshuō nǐ huì dǎ wǎngqiú, wǒ yě xiǎng xué, nǐ néng jiāo wǒ ma?
너 테니스 칠 줄 안다고 들었어. 나도 배우고 싶은데, 나 가르쳐 줄 수 있어?

B 我只学过两个月，不专业，
Wǒ zhǐ xué guo liǎng ge yuè, bù zhuānyè,

我给你介绍我的教练吧。
wǒ gěi nǐ jièshào wǒ de jiàoliàn ba.
나 겨우 두 달 배워서 전문적이지 않아. 너에게 강사님 소개해 줄게.

A 一对一学习吗? 贵不贵?
Yī duì yī xuéxí ma? Guì bu guì?
1:1 수업이지? 비싸?

> 1:1 수업을 말해요. 그룹 수업은 '班级课 bānjíkè'라고 합니다.

B 一个小时两百200块，
Yí ge xiǎoshí liǎngbǎi kuài,

你也可以找个朋友一起学。
nǐ yě kěyǐ zhǎo ge péngyou yìqǐ xué.
한 시간에 200위안이고, 친구랑 같이 배워도 돼.

A 好，我问问吧。在哪儿上课?
Hǎo, wǒ wènwen ba. Zài nǎr shàngkè?
좋아, 알아볼게. 어디서 수업해?

B 学校里的网球场就可以，在校学生可以免费用。
Xuéxiào li de wǎngqiúchǎng jiù kěyǐ, zài xiào xuésheng kěyǐ miǎnfèi yòng.
학교 테니스장에서 하는데, 재학생이면 무료로 사용 가능해.

A 太好了! 省钱了!
Tài hǎo le! Shěngqián le!
너무 좋다! 돈 아꼈네!

B 还有一个问题是空气不好，怎么办?
Háiyǒu yí ge wèntí shì kōngqì bù hǎo, zěnme bàn?
한 가지 문제는 공기가 안 좋은데, 어쩌지?

단어+표현 🔊 105-02

打网球 dǎ wǎngqiú
테니스(网球)를 치다(打)

教 jiāo 가르치다

两个月 liǎng ge yuè 두 달

专业 zhuānyè 전문의

教练 jiàoliàn 강사, 트레이너

上课 shàngkè 수업하다

网球场 wǎngqiúchǎng
테니스장

在校学生 zài xiào xuésheng
재학 학생

省钱 shěngqián 돈을 절약하다

空气 kōngqì 공기

戴口罩 dài kǒuzhào
마스크(口罩)를 쓰다(戴)

实在 shízài 정말, 참으로

游泳 yóuyǒng 수영

Ⓐ 这个……，我戴着口罩练习吧。
Zhège……, wǒ dàizhe kǒuzhào liànxí ba.
그건……, 마스크 쓰고 연습하지 뭐.

Ⓑ 哈哈，你先试试吧，实在不行就学游泳吧。
Hāhā, nǐ xiān shìshi ba, shízài bùxíng jiù xué yóuyǒng ba.
하하. 우선 그렇게 해 보고, 정말 안 되겠으면 수영 배워.

오늘의 일기

🔊 105-03

北京的空气不太好，我特别不适应。
Běijīng de kōngqì bú tài hǎo, wǒ tèbié bú shìyìng.
베이징의 공기가 별로 좋지 않아서 나는 너무 적응이 안 된다.

刚来的时候，我想学网球，朋友给我介绍了一个教练。
Gāng lái de shíhou, wǒ xiǎng xué wǎngqiú, péngyou gěi wǒ jièshào le yí ge jiàoliàn.
막 왔을 때 테니스를 배우고 싶었는데, 친구가 강사님 한 분을 소개해 줬다.

我在户外练习场学了几天，一边打一边咳嗽。
Wǒ zài hùwài liànxíchǎng xué le jǐ tiān, yìbiān dǎ yìbiān késou.
야외연습장에서 며칠 배웠는데, 테니스를 치면서 기침을 했다.

可是，去室内练习场的话又太贵了，所以只好放弃了。
Kěshì, qù shìnèi liànxíchǎng dehuà yòu tài guì le, suǒyǐ zhǐhǎo fàngqì le.
그러나 실내연습장에 가는 것은 또 너무 비싸서 포기할 수밖에 없었다.

샨샨의 실수 방지 중국 생활

'(건강한) 신체가 혁명의 밑천이다. (身体是革命的本钱。 Shēntǐ shì gémìng de běnqián.)'라는 중국어 표현이 있습니다. 중화인민공화국 주석을 지낸 마오쩌둥(毛泽东 Máo Zédōng)이 한 말인데요, 무엇을 하든지 건강이 제일 중요하다는 뜻입니다. 건강을 지키려면 운동을 해야겠죠? 운동과 관련된 표현을 정리해 봅니다.

야구 棒球 bàngqiú	농구 篮球 lánqiú	축구 足球 zúqiú
배드민턴 羽毛球 yǔmáoqiú	조깅 慢跑 mànpǎo	산책 散步 sànbù
헬스 健身 jiànshēn	헬스자전거 动感单车 dònggǎndānchē	역기 운동 举重 jǔzhòng
요가 瑜伽 yújiā	에어로빅 健美操 jiànměicāo	발레 芭蕾 bāléi
유산소 운동 有氧运动 yǒuyǎng yùndòng		

수영 강습받기

🔊 106 - 01

A 你好，我想学游泳。
Nǐ hǎo, wǒ xiǎng xué yóuyǒng.
안녕하세요. 수영 배우고 싶어서요.

B 我们有一对一，也有班级课，您想怎么学？
Wǒmen yǒu yī duì yī, yě yǒu bānjíkè, nín xiǎng zěnme xué?
1:1 수업도 있고 그룹 수업도 있는데, 어떻게 배우고 싶으세요?

A 班级课有几个人？
Bānjíkè yǒu jǐ ge rén?
그룹 수업에는 몇 명이 있나요?

B 十人以内，一周三次，一三五下午六点到八点。
Shí rén yǐnèi, yì zhōu sān cì, yī sān wǔ xiàwǔ liù diǎn dào bā diǎn.
10명 이내이고, 일주일에 세 번, 월수금 오후 6시부터 8시까지요.

A 我一点儿也不会，能参加班级课吗？
Wǒ yìdiǎnr yě bú huì, néng cānjiā bānjíkè ma?
저 전혀 못 하는데, 그룹 수업에 참여할 수 있을까요?

🔊 106 - 02

B 有初级班，但是已经开始一个月了，
Yǒu chūjíbān, dànshì yǐjīng kāishǐ yí ge yuè le,
下期时间还没定。
xiàqī shíjiān hái méi dìng.
초급반이 있긴 한데 이미 시작한 지 한 달이 됐어요. 다음 학기 시간은 아직 확정 안 됐고요.

A 那一对一怎么收费？
Nà yī duì yī zěnme shōufèi?
그럼 1:1 수업은 어떻게 비용을 받나요?

B 一个小时一百块，时间灵活，
Yí ge xiǎoshí yìbǎi kuài, shíjiān línghuó,
您提前约一下就行。
nín tíqián yuē yíxià jiùxíng.
한 시간에 100위안이고, 시간은 유동적으로 가능해요. 사전에 약속만 하면 됩니다.

'灵活 línghuó'는 '융통성 있다', '구애받지 않다'라는 뜻으로, 시간에 있어 유연하다, 즉 필요할 때마다 시간을 정할 수 있다는 의미예요.

단어+표현

班级课 bānjíkè 그룹 수업
几个人 jǐ ge rén 몇 명
以内 yǐnèi ~이내
一周三次 yì zhōu sān cì 일주일(一周)에 세 번(三次)
到 dào ~까지
参加 cānjiā 참여하다
初级班 chūjíbān 초급반
下期 xiàqī 다음 학기
定 dìng 확정하다
收费 shōufèi 비용을 받다
灵活 línghuó 융통성 있다
约 yuē 약속하다
安全 ānquán 안전하다
有经验 yǒu jīngyàn 경력[경험]이 있는
保证 bǎozhèng 보장하다

A 那我试试一对一的课吧。比较安全，是吧?
Nà wǒ shìshi yī duì yī de kè ba. Bǐjiào ānquán, shì ba?
그러면 1:1 수업으로 해 볼게요. 그게 안전하겠네요, 그렇죠?

B 您放心吧。我给您安排最有经验的教练，保证安全。
Nín fàngxīn ba. Wǒ gěi nín ānpái zuì yǒu jīngyàn de jiàoliàn, bǎozhèng ānquán.
걱정하지 마세요. 경험 많으신 강사님으로 배정해 드릴게요. 안전 보장합니다.

오늘의 일기

🔘 106-03

我听说游泳可以减肥，下决心开始学游泳。
Wǒ tīngshuō yóuyǒng kěyǐ jiǎnféi, xià juéxīn kāishǐ xué yóuyǒng.
나는 수영이 다이어트가 된다고 들어서, 수영을 배우기로 결심했다.

我从来没学过，有点儿害怕，所以申请了一对一的课。
Wǒ cónglái méi xué guo, yǒudiǎnr hàipà, suǒyǐ shēnqǐng le yī duì yī de kè.
나는 한 번도 배운 적이 없어서 조금 무서웠다. 그래서 1:1 수업을 신청했다.

教练说，先学蛙泳，然后再学自由泳。
Jiàoliàn shuō, xiān xué wāyǒng, ránhòu zài xué zìyóuyǒng.
강사님이 말씀하시길, 우선 평영을 배우고 자유형을 배운다고 했다.

跟韩国正好相反，韩国是学完自由泳以后学蛙泳。
Gēn Hánguó zhènghǎo xiāngfǎn, Hánguó shì xué wán zìyóuyǒng yǐhòu xué wāyǒng.
한국과는 딱 반대다. 한국은 자유형을 먼저 배우고 나서 평영을 배운다.

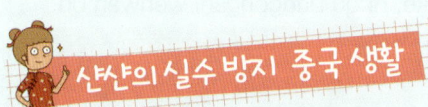

'收腿 shōutuǐ (다리를 접고)', '绊脚 bànjiǎo (발을 옆으로 꺾고)', '并拢 bìnglǒng (다리를 가지런히 피세요)', 아직도 잊혀지지 않는 평영 자세법입니다. 중국에서 1:1 운동 수업을 받는 일은 색다른 중국어 표현을 익힐 수 있는 기회이기도 합니다. 저는 중국에서 수영을 배운 적이 있는데, 자세를 배우는 동시에 세세한 자세에 대한 중국어 표현을 강사님께 물었습니다. '挣扎 zhēngzhá (물장구를 세게 쳐 보세요!)'라는 표현을 어디 가서 배울 수 있겠습니까! 중국어 공부에는 이런 방법도 있으니 참고해 보세요.

악기 배우기

🔊 107-01

A 最近课不多，我想学一个乐器。
Zuìjìn kè bù duō, wǒ xiǎng xué yí ge yuèqì.
요즘 수업도 많지 않아서, 악기 하나 배우고 싶어.

B 钢琴或者萨克斯风怎么样？多浪漫啊。
Gāngqín huòzhě sàkèsīfēng zěnmeyàng? Duō làngmàn a.
피아노나 색소폰 어때? 낭만적이잖아.

A 现在在中国，还是学中国的传统乐器更好吧？
Xiànzài zài Zhōngguó, háishi xué Zhōngguó de chuántǒng yuèqì gèng hǎo ba?
지금 중국에 있으니 중국 전통악기를 배우는 게 더 좋지 않을까?

B **有道理**，那二胡怎么样？
Yǒu dàolǐ, nà èrhú zěnmeyàng?
일리 있네. 그러면 얼후 어때?

> 상대의 의견에 동조, 수긍할 때 '有道理。 Yǒu dàolǐ. (일리 있네.)'라고 해요.

A 二胡是什么？
Èrhú shì shénme?
얼후가 뭐야?

단어+표현 🔊 107-02

课 kè 수업
乐器 yuèqì 악기
钢琴 gāngqín 피아노
萨克斯风 sàkèsīfēng 색소폰
浪漫 làngmàn 낭만적이다
还是……更好
háishi……gèng hǎo
~하는 편이 더 좋다
传统 chuántǒng
전통, 전통적이다
有道理 yǒu dàolǐ 일리 있다
二胡 èrhú 얼후 [악기 이름]
样子 yàngzi 모양, 모습
和……差不多
hé……chàbuduō ~와 비슷하다
小提琴 xiǎotíqín 바이올린
文化课 wénhuàkè 문화반
办公室 bàngōngshì 사무실

B 看样子，应该和小提琴差不多吧。
Kàn yàngzi, yīnggāi hé xiǎotíqín chàbuduō ba.
모양을 보면 바이올린이랑 비슷해.

A 好啊，可是去哪儿学呢？
Hǎo a, kěshì qù nǎr xué ne?
좋아. 그런데 어디서 배우지?

B 咱们学校好像有文化课，你去办公室问问吧。
Zánmen xuéxiào hǎoxiàng yǒu wénhuàkè, nǐ qù bàngōngshì wènwen ba.
우리 학교에 문화반이 있는 것 같던데, 사무실 가서 한번 물어봐.

A 好的，你不学吗？
Hǎo de, nǐ bù xué ma?
좋아. 너는 안 배워?

B 我还是先学好汉语吧。
Wǒ háishi xiān xué hǎo Hànyǔ ba.
나는 우선 중국어부터 잘 배울래.

오늘의 일기

🔊 107-03

这段时间我的课不多，比较轻松，所以想学个乐器。
Zhè duàn shíjiān wǒ de kè bù duō, bǐjiào qīngsōng, suǒyǐ xiǎng xué ge yuèqì.
요즘 수업이 많지 않아 비교적 여유로워서 악기 하나를 배우고 싶었다.

朋友劝我学弹钢琴或者吹萨克斯风，因为很浪漫。
Péngyou quàn wǒ xué tán gāngqín huòzhě chuī sàkèsīfēng, yīnwèi hěn làngmàn.
친구는 낭만적일 테니, 피아노나 색소폰을 배우라고 권했다.

我觉得现在住在中国，还是学中国的传统乐器更好。
Wǒ juéde xiànzài zhù zài Zhōngguó, háishi xué Zhōngguó de chuántǒng yuèqì gèng hǎo.
나는 지금 중국에 살고 있으니, 중국의 전통악기를 배우는 게 더 좋다고 생각했다.

所以，她又推荐了二胡，她说跟拉小提琴差不多。
Suǒyǐ, tā yòu tuījiàn le èrhú, tā shuō gēn lā xiǎotíqín chàbuduō.
그래서 친구가 또 얼후를 추천했는데, 바이올린 켜는 것과 비슷하다고 한다.

샨샨의 실수 방지 중국 생활

중국 어학연수 과정 중에는 특별 수업으로 문화 강좌가 개설됩니다. 주로 '붓글씨(书法 shūfǎ)', '태극권(太极拳 tàijíquán)', '다도(茶道 chádào)' 등 중국 전통문화를 익힐 수 있는 수업이 있습니다. 악기 분야에서는 주로 '얼후(二胡 èrhú)'를 많이 배웁니다. '얼후'는 우리나라의 해금과 유사한 현악기로, 두 줄 사이를 대로 켜서 소리를 내는데, 얼후에서 나는 소리는 구슬픈 느낌입니다. 중국 어학연수 중 어학 외에 악기나 운동을 배우실 생각이 있다면, '중국에서만 배울 수 있는 것이 무엇일까?'를 기준으로 생각하고 결정하는 것도 방법입니다. 그리고 이왕 시작했다면 완전히 마스터할 때까지 열중해 보세요. 그래야 '해 봤다'가 아닌 '할 수 있다'로 남습니다.

붓글씨 배우기

🔊 108-01

Ⓐ 咱们的书法班明天就要开始上课了。
Zánmen de shūfǎbān míngtiān jiùyào kāishǐ shàngkè le.
우리 서예반 내일 시작하네.

Ⓑ 你准备好纸和笔了吗?
Nǐ zhǔnbèi hǎo zhǐ hé bǐ le ma?
너 종이와 붓 준비했니?

Ⓐ 当然,我还准备了墨和砚台。
Dāngrán, wǒ hái zhǔnbèi le mò hé yàntai.
당연하지, 묵과 벼루도 준비했어.

> 붓글씨에 필요한 네 가지 도구인 문방사우. '종이(纸 zhǐ)', '붓(笔 bǐ)', '묵(墨 mò)', '벼루(砚台 yàntai)'입니다.

Ⓑ 哇!文房四宝都全了!你在哪儿买的?
Wā! Wénfángsìbǎo dōu quán le! Nǐ zài nǎr mǎi de?
와! 문방사우를 모두 갖췄구나! 어디서 샀어?

Ⓐ 中国朋友带我去文化街买的,那儿什么都有。
Zhōngguó péngyou dài wǒ qù wénhuàjiē mǎi de, nàr shénme dōu yǒu.
중국 친구가 문화거리에 데려가 줘서 샀어. 거기는 뭐든 다 있더라.

Ⓑ 是吗?在哪儿?
Shì ma? Zài nǎr?
그래? 어디에 있어?

Ⓐ 你还没买吗?
Nǐ hái méi mǎi ma?
너 아직 안 샀어?

Ⓑ 我不知道买什么样的,想请老师帮我买。
Wǒ bù zhīdào mǎi shénmeyàng de, xiǎng qǐng lǎoshī bāng wǒ mǎi.
나는 어떤 것을 사야 할지 몰라서, 선생님께 부탁해서 사려고 했지.

Ⓐ 别麻烦老师了,我带你去吧。
Bié máfan lǎoshī le, wǒ dài nǐ qù ba.
선생님 귀찮게 하지 마. 내가 너 데려가 줄게.

단어+표현 🔊 108-02

书法班 shūfǎbān 서예반
开始 kāishǐ 시작하다
准备好 zhǔnbèi hǎo 잘 준비하다
纸 zhǐ 종이
笔 bǐ 붓
当然 dāngrán 당연하다
墨 mò 묵
砚台 yàntai 벼루
文房四宝 wénfángsìbǎo 문방사우
全 quán 모두 갖추다
文化街 wénhuàjiē 문화거리
什么样 shénmeyàng 어떠한 것, 어떠한 모양
老师 lǎoshī 선생님
专家 zhuānjiā 전문가

🅑 哈哈，好啊，看起来你已经是专家了。
　　Hāhā, hǎo a, kàn qǐlái nǐ yǐjīng shì zhuānjiā le.
　　하하, 좋아. 보아하니 너는 이미 전문가가 됐구나.

오늘의 일기

🔊 108 - 03

我觉得中国的毛笔字特别好看，所以报了一个书法班。
Wǒ juéde Zhōngguó de máobǐzì tèbié hǎokàn, suǒyǐ bào le yí ge shūfǎbān.
중국의 붓글씨는 정말 예쁜 것 같다. 그래서 나는 서예반에 등록했다.

明天就要上课了，中国朋友带我去了一趟文化街。
Míngtiān jiùyào shàngkè le, Zhōngguó péngyou dài wǒ qù le yí tàng wénhuàjiē.
내일 바로 수업을 할 거라, 중국 친구가 나를 문화거리에 데려가 줬다.

笔、墨、纸、砚什么都有，我一次就把文房四宝都买齐了。
Bǐ, mò, zhǐ, yàn shénme dōu yǒu, wǒ yí cì jiù bǎ wénfángsìbǎo dōu mǎi qí le.
붓, 먹, 종이, 벼루 무엇이든 있다. 나는 한 번에 바로 문방사우를 갖추게 됐다.

真希望赶紧写出我自己的作品。
Zhēn xīwàng gǎnjǐn xiě chū wǒ zìjǐ de zuòpǐn.
빨리 내 스스로의 작품을 쓸 수 있기를 진심으로 바란다.

샨샨의 실수 방지 중국 생활

'붓글씨'는 '毛笔字 máobǐzì' 또는 '书法 shūfǎ'라고 합니다. 한자를 그림 그리듯 굵은 붓으로 써 내려가다 보면 차분한 느낌이 드는 것과 동시에 뜻글자의 멋스러움에 흠뻑 빠져들게 됩니다. '书法'는 어학연수 코스에서 보통은 선택과정으로 꼭 들어가는 수업이니 꼭 참여해 보기를 권합니다. 그리고 중국 각지의 명승고적 관광지에 가면 입구에 좌판을 펴고 화선지에 이름을 그려 주는 분들을 보게 되는데, 이름이나 성어를 붓글씨로 쓰되 각 글자의 뜻을 형상화한 그림을 더해 꾸미는 방식입니다. 예를 들어 이름이 '미화(美花 měihuā)'라면 흐드러지게 핀 꽃들을 '美'와 '花' 사이에 둘러서 써 주는데 글씨에 풍류와 멋을 담는 것이라고 할 수 있습니다. 이것이 뜻글자의 마법과 같은 매력입니다. 재미 삼아 본인의 이름을 의뢰해 한 점 소장하는 것도 기념이 될 수 있겠죠?

에피소드 109

서점에서 책 사기

🔊 109 - 01

Ⓐ 我想买本书，你知道哪儿有书店吗?
Wǒ xiǎng mǎi běn shū, nǐ zhīdào nǎr yǒu shūdiàn ma?
나 책 사고 싶은데, 너 서점 어디 있는지 알아?

Ⓑ 学校里有一个，但是很小。新华书店比较大。
Xuéxiào li yǒu yí ge, dànshì hěn xiǎo. Xīnhuá shūdiàn bǐjiào dà.
학교 안에 하나 있는데 작아. 신화서점이 비교적 크지.

Ⓐ 今天下午没课，咱们去逛书店吧。
Jīntiān xiàwǔ méi kè, zánmen qù guàng shūdiàn ba.
오늘 오후에 수업 없으니, 우리 서점 둘러 보러 가자.

Ⓑ 在网上买吧，又便宜又方便。
Zài wǎngshàng mǎi ba, yòu piányi yòu fāngbiàn.
온라인에서 사. 싸고 편하잖아.

> 친구에게 '나와 함께 가자.'라고 할 때 '跟我一起去吧。Gēn wǒ yìqǐ qù ba.' 라고 해도 되지만, 좀 더 자연스럽고 간단하게는 '你陪我吧。Nǐ péi wǒ ba.' 라고 해요.

Ⓐ 可是，我特别喜欢书店的气氛，<mark>你陪我吧</mark>。
Kěshì, wǒ tèbié xǐhuan shūdiàn de qìfēn, nǐ péi wǒ ba.
하지만 나는 서점 분위기가 너무 좋아. 나랑 같이 가 줘.

Ⓑ 好吧，好吧，我陪你。你想买什么书?
Hǎo ba, hǎo ba, wǒ péi nǐ. Nǐ xiǎng mǎi shénme shū?
알았어, 알았어, 같이 가 줄게. 어떤 책 사고 싶은데?

Ⓐ 我要考试了，想买本语法书，系统地看一下。
Wǒ yào kǎoshì le, xiǎng mǎi běn yǔfǎshū, xìtǒng de kàn yíxià.
곧 시험인데, 어법 책 한 권 사서 체계적으로 보려고.

Ⓑ 这样怎么样? 你先在书店挑一本，
Zhèyàng zěnmeyàng? Nǐ xiān zài shūdiàn tiāo yì běn,

然后上网买。
ránhòu shàngwǎng mǎi.
이렇게 하면 어때? 서점 가서 한 권 고르고 난 후에 온라인에서 사는 거야.

Ⓐ 需要几天? 我想早点儿开始看。
Xūyào jǐ tiān? Wǒ xiǎng zǎodiǎnr kāishǐ kàn.
며칠 걸리지? 나 빨리 보고 싶은데.

단어+표현 🔊 109 - 02

(一)本 (yì) běn (한) 권
书 shū 책
书店 shūdiàn 서점
没课 méi kè 수업이 없다
逛 guàng 거닐다, 구경하다
网上 wǎngshàng 온라인
便宜 piányi 싸다
方便 fāngbiàn 편리하다
特别 tèbié 특히, 더욱
气氛 qìfēn 분위기
陪 péi 동반하다, 함께 다니다
考试 kǎoshì 시험
语法书 yǔfǎshū 어법 책
系统地 xìtǒng de 체계적으로
挑 tiāo 고르다
下单 xiàdān 주문하다

Ⓑ 没问题。你今天下单，明天就能到。
Méi wèntí. Nǐ jīntiān xiàdān, míngtiān jiù néng dào.
문제없어. 오늘 주문하면 내일 도착할 거야.

오늘의 일기

🔊 109-03

中国朋友说他一般在网上买书，又便宜又节约时间。
Zhōngguó péngyou shuō tā yìbān zài wǎngshàng mǎi shū, yòu piányi yòu jiéyuē shíjiān.
중국 친구가 자신은 보통 온라인에서 책을 사는데, 싸고 시간도 절약된다고 말했다.

而且速度很快，下单之后，24小时以内就能拿到。
Érqiě sùdù hěn kuài, xiàdān zhīhòu, èrshísì xiǎoshí yǐnèi jiù néng nádào.
게다가 속도도 빨라서 주문을 한 후 24시간 이내에 받을 수 있다고 했다.

真没想到。中国这么大，但是物流这么发达。
Zhēn méi xiǎngdào. Zhōngguó zhème dà, dànshì wùliú zhème fādá.
중국이 이렇게 큰데 물류가 이 정도로 발달해 있다니, 생각도 못했다.

但是我还是喜欢逛书店，因为更喜欢那儿的气氛。
Dànshì wǒ háishi xǐhuan guàng shūdiàn, yīnwèi gèng xǐhuan nàr de qìfēn.
하지만 나는 서점을 둘러 보는 것을 여전히 좋아하는데, 그곳의 분위기를 더 좋아하기 때문이다.

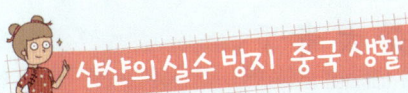
샨샨의 실수 방지 중국 생활

온라인 서점은 빠르고 저렴하지만 마음에 드는 책을 고르며 느끼는 손맛은 오프라인에서만 느낄 수 있는 묘미입니다. 중국어 초보이니 중국 현지에서 원서를 사 볼 일이 없을 것이라 생각할 수도 있지만, 좀 달리 생각하면 중국어 원서를 근사(?)하게 즐길 수 있는 방법이 있습니다. 중국 현지 서점에 가시면 우선 어린이 코너로 가 보세요. 동화책들에 한어병음과 성조가 친절히 적혀 있습니다. 삼국지, 홍루몽 등 중국 고전들도 어린이용이라면 도전해 볼 만합니다. 또 하나는 꿩 먹고 알 먹고 전법인데요, 영어회화책을 사 보는 것입니다. 본문은 영어이지만 해석은 중국어이기 때문에 두 개의 언어를 한 번에 익힐 수 있는 방법입니다. 한국어 해석보다 영어 해석이 뜻을 이해하는 면에서는 오히려 더 나을 수 있습니다.

콘서트 티켓 구하기

🔘 110-01

Ⓐ 啊，怎么办！我见不到欧巴了。
À, zěnme bàn! Wǒ jiànbudào ōubā le.
아, 어떡해! 오빠 못 만나게 됐어.

Ⓑ 怎么了？没抢到票？
Zěnme le? Méi qiǎngdào piào?
왜? 표 못 구했어?

Ⓐ 是啊！我一直等着呢，
Shì a! Wǒ yìzhí děngzhe ne,
可是不到一分钟就被抢光了。
kěshì bú dào yì fēnzhōng jiù bèi qiǎngguāng le.
응! 계속 기다렸는데, 일 분도 안돼서 다 팔려 버렸어.

Ⓑ 不会吧，太夸张了。
Bú huì ba, tài kuāzhāng le.
网上买不到的话，去现场买呢？
Wǎngshàng mǎibudào dehuà, qù xiànchǎng mǎi ne?
그럴 리가, 과장하긴. 온라인에서 못 구했으면 현장 가서 사는 건?

Ⓐ 我看新闻说有人凌晨就开始排队了，
Wǒ kàn xīnwén shuō yǒurén língchén jiù kāishǐ páiduì le,
估计也买不到。
gūjì yě mǎi bu dào.
뉴스 보니 어떤 사람은 새벽부터 줄 서기 시작했다는데. 분명 못 살 거야.

Ⓑ 那就只能买黄牛票了，就是太贵了。
Nà jiù zhǐnéng mǎi huángniúpiào le, jiùshì tài guì le.
그럼 할 수 없이 암표 사야겠네, 좀 비싸겠지만.

Ⓐ 我可不敢。上次我花了两倍的钱，买了假票。
Wǒ kě bùgǎn. Shàng cì wǒ huā le liǎng bèi de qián, mǎi le jiǎpiào.
나는 못 그러겠어. 지난번에 두 배 주고 샀는데, 가짜표를 샀거든.

Ⓑ 太恐怖了，怎么这样？
Tài kǒngbù le, zěnme zhèyàng?
너무 무섭다, 어쩜 이렇지?

한류의 영향으로 '오빠'라는 한국말이 발음 그대로 중국에 전해졌어요. 주로 연예인 '오빠'를 뜻하는 호칭입니다. 이와 함께 '欧尼 ōuní(언니)'라는 표현도 익숙합니다. 또 중국인들은 한국 드라마에 '~습니다'라는 말이 자주 등장한다고 느끼는지, 발음 그대로 '思密达 sīmìdá'라는 신조어가 생기기도 했는데, '한국', '한국인'을 뜻합니다.

단어+표현 🔘 110-02

- 见不到 jiànbudào 못 만나다
- 欧巴 ōubā 오빠 [한국어 발음]
- 抢到 qiǎngdào 앞을 다투어 (빼앗듯) 구매했다
- 不到 búdào 이르지 못하다
- 被 bèi ~에게 ~을 당하다
- 抢光了 qiǎngguāng le 모두 빼앗기다
- 夸张 kuāzhāng 과장하다
- 买不到 mǎibudào 못 사다
- 现场 xiànchǎng 현장
- 新闻 xīnwén 뉴스
- 有人 yǒurén 어떤 사람
- 凌晨 língchén 새벽
- 排队 páiduì 줄을 서다
- 估计 gūjì 추측하다, 짐작하다
- 黄牛票 huángniúpiào 암표
- 不敢 bùgǎn 감히 ~하지 못하다
- 花 huā (돈을) 쓰다
- 假票 jiǎpiào 가짜표
- 恐怖 kǒngbù 무섭다
- 粉丝 fěnsī 팬(FAN)
- 直播 zhíbō 생중계하다

Ⓐ 所以啊，我可不敢买黄牛票了。
Suǒyǐ a, wǒ kě bùgǎn mǎi huángniúpiào le.
그러게 말야, 그래서 암표는 못 사겠어.

Ⓑ 那你就只能上网看粉丝们直播了，没办法。
Nà nǐ jiù zhǐnéng shàngwǎng kàn fěnsīmen zhíbō le, méi bànfǎ.
그러면 온라인에서 팬들이 생중계하는 거로 봐야겠네, 방법이 없잖아.

오늘의 일기

🔊 110-03

我是EXO的铁杆粉丝，每次他们开演唱会我都去。
Wǒ shì EXO de tiěgǎn fěnsī, měi cì tāmen kāi yǎnchànghuì wǒ dōu qù.
나는 EXO의 열혈팬이라 매번 그들이 콘서트를 열 때마다 모두 간다.

但是他们在中国越来越红，最近很难买到票。
Dànshì tāmen zài Zhōngguó yuè lái yuè hóng, zuìjìn hěn nán mǎidào piào.
하지만 그들이 중국에서 점점 인기가 많아져, 최근에는 표를 사기가 어려워졌다.

这次我本来想上网抢票，但是一下子就卖光了。
Zhè cì wǒ běnlái xiǎng shàngwǎng qiǎng piào, dànshì yíxiàzi jiù màiguāng le.
이번에 원래 온라인에서 표를 사려 했는데, 순식간에 다 팔려 버렸다.

以前我买过黄牛票，是假票，所以这次不敢了。
Yǐqián wǒ mǎi guo huángniúpiào, shì jiǎpiào, suǒyǐ zhè cì bùgǎn le.
예전에 암표를 산 적이 있는데 가짜표였어서 이번에는 엄두가 안 났다.

샨샨의 실수 방지 중국 생활

중국에서 콘서트나 축구경기장에 가면 입구에서 "买票~买票~ mǎi piào~ mǎi piào~"라며 은밀하게 속삭이는 사람들을 종종 목격할 수 있습니다. 이른바 '黄牛党 huángniúdǎng', 즉 암표상인데요, 암표 매매 자체가 엄밀한 불법인데 가짜 표를 파는 사람들도 많습니다. 심지어는 명백히 인쇄 상태가 엉망인 표를 내밀며 정가에 주겠다는 사람도 있습니다. 제 중국 친구 하나는 기차표를 암표로 샀는데, 가짜 표였던 경험을 한 적도 있다고 합니다. 역시 암표는 사지도 말고 팔지도 말아야 합니다!

에피소드 111

한류에 대해 이야기 나누기

🔊 111-01

A 你这次放假去韩国旅游打算干什么?
Nǐ zhè cì fàngjià qù Hánguó lǚyóu dǎsuàn gàn shénme?
이번 방학 때 한국 여행 가면 뭐 할 생각이야?

B 我呀,我的梦想是尝尝正宗的炸鸡啤酒。
Wǒ ya, wǒ de mèngxiǎng shì chángchang zhèngzōng de zhájī píjiǔ.
나, 내 꿈은 오리지널 치맥을 먹어 보는 거야.

A 这算什么梦想啊? 中国没有吗?
Zhè suàn shénme mèngxiǎng a? Zhōngguó méiyǒu ma?
그게 무슨 꿈이야? 중국에는 없어?

> '오리지널', '원조'를 뜻해요. 맛을 평가할 때, '很正宗 hěn zhèngzōng'이라고 하면 '원조의 맛', '정통의 맛'이란 뜻입니다.

B 那可不一样。韩国的才是正宗的!
Nà kě bù yíyàng. Hánguó de cái shì zhèngzōng de!
그거야 완전 다르지. 한국의 (치맥이) 오리지널이잖아!

A 什么啊?
Shénme a?

炸鸡啤酒又不是传统的韩国菜。
Zhájī píjiǔ yòu bú shì chuántǒng de Hánguócài.
뭐야? 치맥이 한국 전통음식도 아니잖아.

B "初雪的时候,怎么能没有炸鸡和啤酒!"
"chūxuě de shíhou, zěnme néng méiyǒu zhájī hé píjiǔ!"
"첫눈이 올 때, 어떻게 치킨과 맥주가 빠질 수 있는가!"

A 哈哈哈,你被韩剧洗脑了吧?
Hāhāhā, nǐ bèi Hánjù xǐnǎo le ba?
하하하, 너 한국 드라마에 세뇌당했구나?

B 对呀,我每部都看,一部也不落。
Duì ya, wǒ měi bù dōu kàn, yí bù yě bú là.
맞아, 전부 다 봤어. 한 편도 빼놓을 수 없지.

A 韩剧这么幼稚,真不知道你为什么喜欢。
Hánjù zhème yòuzhì, zhēn bù zhīdào nǐ wèishénme xǐhuan.
한국 드라마 유치하던데, 너가 왜 좋아하는지 정말 모르겠어.

단어+표현 🔊 111-02

放假 fàngjià 방학하다
旅游 lǚyóu 여행(하다)
干 gàn 하다
梦想 mèngxiǎng 꿈
炸鸡啤酒 zhájī píjiǔ 치킨(炸鸡)과 맥주(啤酒)
算什么 suàn shénme 그게 뭐라도 되나
可 kě 정말 [강조의 기능]
韩国菜 Hánguócài 한국 음식
初雪 chūxuě 첫눈
韩剧 Hánjù 한국 드라마
洗脑 xǐnǎo 세뇌하다
部 bù (드라마의) 편, 회
一……也不 yī……yě bù 하나도 ~안 하다
落 là 빼놓다
幼稚 yòuzhì 유치하다
帅 shuài 잘생기다
腿 tuǐ 다리
欧尼 ōuní 언니 [한국어 발음]
漂亮 piàoliang 예쁘다
时尚 shíshàng 세련되다
多……啊 duō……a 얼마나 ~하는가
养眼 yǎngyǎn 눈 호강시키다, 눈을 즐겁게 하는

Ⓑ 欧巴又帅腿又长，欧尼又漂亮又时尚，多养眼啊！
Ōubā yòu shuài tuǐ yòu cháng, ōuní yòu piàoliang yòu shíshàng, duō yǎngyǎn a.
오빠들은 잘생기고 다리가 길잖아, 언니들은 예쁘고 세련됐고. 얼마나 눈 호강이야!

오늘의 일기

🔊 111 - 03

我有一个中国朋友，是个韩剧迷。
Wǒ yǒu yí ge Zhōngguó péngyou, shì ge Hánjùmí.
나는 중국인 친구가 한 명 있는데, 한국 드라마 광이다.

最近播出的所有韩剧她都看过，一部也不落。
Zuìjìn bōchū de suǒyǒu Hánjù tā dōu kàn guo, yí bù yě bú là.
최근 방송한 모든 한국 드라마를 봤고, 한 편도 놓치지 않았다.

不过，我发现，她的韩语水平越来越高，特别是听力。
Búguò, wǒ fāxiàn, tā de Hányǔ shuǐpíng yuè lái yuè gāo, tèbié shì tīnglì.
그런데 나는 그녀의 한국어 수준이 점점 높아지고 있는 걸 발견했다. 특히 듣기 능력이 그렇다.

所以，我打算向她学习，多看看中国的电视剧。
Suǒyǐ, wǒ dǎsuàn xiàng tā xuéxí, duō kànkan Zhōngguó de diànshìjù.
그래서 나도 그녀를 본받아 중국 드라마를 많이 보기로 했다.

샨샨의 실수 방지 중국 생활

얼마 전 출근길 횡단보도 앞에서 무심히 고개를 돌리다가 버스 광고판에 "祝欧巴生日快乐！ Zhù ōubā shēngrì kuàilè! (오빠의 생일을 축하합니다!)"라는 문구를 목격한 적이 있습니다. 중국의 한 팬클럽이 한국 남자아이돌의 생일을 축하하기 위해 돈을 모아 광고를 낸 것입니다. 그 며칠 전에는 지하철역에서도 한 한국 남자배우의 생일축하 광고를 본 적 있었는데, 한류의 인기를 피부로 실감한 순간이었습니다. 한류열풍은 방송 분야를 넘어 한국의 화장품, 음식으로까지 옮겨가고 있습니다. 덕분에 중국 친구들이나 중국 고객을 위한 선물을 준비하기 훨씬 편해졌습니다. 한국 브랜드의 화장품이나 액세서리가 무난히 선호할 만한 아이템이 되었기 때문입니다. 한 한국 드라마에 등장한 치맥(치킨과 맥주)을 먹는 장면 덕분에 한 끼쯤은 치맥을 대접하는 것도 특별한 이벤트가 되었습니다.

에피소드 112

성형수술에 대해 이야기하기

🔊 112-01

A 你的双眼皮真大，整过容吗?
　　Nǐ de shuāngyǎnpí zhēn dà, zhěng guo róng ma?
　　너 쌍꺼풀 정말 진하다, 성형수술 한 거야?

B 真奇怪，好多中国朋友都这样问我。
　　Zhēn qíguài, hǎo duō Zhōngguó péngyou dōu zhèyàng wèn wǒ.
　　정말 이상해. 많은 중국 친구들이 모두 그렇게 묻더라.

A 哈哈，因为我们觉得韩国女孩儿都整过容。
　　Hāhā, yīnwèi wǒmen juéde Hánguó nǚháir dōu zhěng guo róng.
　　하하, 왜냐면 우리는 한국 여성들이 모두 성형수술을 해 봤다고 생각하기 때문이지.

B 我的是天生的。而且，在韩国，
　　Wǒ de shì tiānshēng de. Érqiě, zài Hánguó,
　　割双眼皮不算整容。
　　gē shuāngyǎnpí bú suàn zhěngróng.
　　내 쌍꺼풀은 자연산이야. 게다가 한국에서는 쌍꺼풀 수술은 성형도 아니야.

> '자연적인', '타고난', '선천적인'이라는 뜻이에요. 굵은 자연산 쌍꺼풀을 두고 혹자가 성형한 것이냐고 묻는다면, "我的是天生的。Wǒ de shì tiānshēng de."라고 대답하세요.

A 啊? 都动刀子了还不算整容? 那什么算整容?
　　Á? Dōu dòng dāozi le hái bú suàn zhěngróng? Nà shénme suàn zhěngróng?
　　어? 다 칼을 드는 건데 성형이 아니라고? 그럼 뭐가 성형이야?

B 垫鼻子，削脸这样的才算整容吧。
　　Diàn bízi, xiāo liǎn zhèyàng de cái suàn zhěngróng ba.
　　코를 높이거나, 얼굴 깎기 같은 것이 성형이라 할 수 있지.

A 我的脸太大了，也想削一削。大概多少钱?
　　Wǒ de liǎn tài dà le, yě xiǎng xiāo yi xiāo. Dàgài duōshao qián?
　　나 얼굴이 너무 커서 좀 깎고 싶어. 대략 얼마야?

B 做手术风险太大了，你还是打瘦脸针吧，
　　Zuò shǒushù fēngxiǎn tài dà le, nǐ háishi dǎ shòuliǎnzhēn ba,
　　效果也不错。
　　xiàoguǒ yě búcuò.
　　수술은 위험이 커. 차라리 보톡스를 맞아. 효과도 좋아.

단어+표현

🔊 112-02

双眼皮真大 shuāngyǎnpí zhēn dà
쌍꺼풀(双眼皮)이 정말 진하다(真大)

整容 zhěngróng 성형수술하다

奇怪 qíguài 이상하다

女孩儿 nǚháir 여성

天生 tiānshēng 타고난, 자연적으로 생긴

割 gē 칼로 자르다

不算 bú suàn ~라고 할 수 없다

动刀子 dòng dāozi 칼을 들다(움직이다)

垫鼻子 diàn bízi 코(鼻子)를 높이다(垫)

削脸 xiāoliǎn 얼굴(脸)을 깎다(削)

削一削 xiāo yi xiāo 좀 깎다

做手术 zuò shǒushù 수술을 하다

风险 fēngxiǎn 위험

打瘦脸针 dǎ shòuliǎnzhēn 보톡스(瘦脸针)를 맞다(打)

效果 xiàoguǒ 효과

瓜子脸 guāzǐliǎn 계란형 얼굴

Ⓐ 你太专业了！你的脸这么小，是不是打过针啊？
Nǐ tài zhuānyè le! Nǐ de liǎn zhème xiǎo, shì bu shì dǎ guo zhēn a?
너 완전 전문가다! 너 얼굴 이렇게 작은 거, 주사 맞은 거 아냐?

Ⓑ 开什么玩笑？我的瓜子脸也是天生的！
Kāi shénme wánxiào? Wǒ de guāziliǎn yě shì tiānshēng de!
무슨 농담이야? 내 계란형 얼굴도 자연산이라고!

오늘의 일기

🔊 112-03

韩国的医疗技术很发达，微整容也很普遍。
Hánguó de yīliáo jìshù hěn fādá, wēi zhěngróng yě hěn pǔbiàn.
한국의 의료기술은 매우 발달해서 쁘띠성형은 이미 보편화됐다.

做双眼皮根本不算什么，垫鼻子、削脸的人也很多。
Zuò shuāngyǎnpí gēnběn bú suàn shénme, diàn bízi, xiāo liǎn de rén yě hěn duō.
쌍꺼풀 수술은 아무것도 아니고, 코를 높이거나 얼굴을 깎는 사람도 많다.

最近，出现了一种新的旅游形式——整容旅游。
Zuìjìn, chūxiàn le yì zhǒng xīn de lǚyóu xíngshì——zhěngróng lǚyóu.
최근 새로운 여행 스타일이 나타났는데, 바로 성형여행이다.

很多中国游客到韩国旅游，主要是为了做整容，真有意思。
Hěn duō Zhōngguó yóukè dào Hánguó lǚyóu, zhǔyào shì wèile zuò zhěngróng, zhēn yǒu yìsi.
많은 중국 관광객들이 한국으로 여행을 오는데, 주요 목적이 성형하는 것이다. 정말 재미있다.

샨샨의 실수 방지 중국 생활

❶ 汉语真好，学了多长时间了？ Hànyǔ zhēn hǎo, xué le duō cháng shíjiān le? 중국어 잘하네요. 배운지 얼마나 됐어요?
❷ 看起来真年轻。 Kàn qǐlái zhēn niánqīng. 나이에 비해 어려 보이네요.
❸ 整过容吗？ Zhěng guo róng ma? 성형을 했나요?

중국인들에게 '我是韩国人。Wǒ shì Hánguórén. (나는 한국인입니다.)'라고 하면 반드시 듣게 되는 질문 3종 세트입니다. 중국어 실력에 대한 칭찬은 초급자에게는 큰 힘이 되는 격려일 테고, 동안에 대한 언급은 보통 한국 여자분들이 어려 보이기 때문에 별로 새롭지는 않을 것입니다. '성형=한국'을 떠올린다는 점은 의아할 수 있는데, 이는 한국의 성형수술 기술이 그만큼 발달했다는 뜻일 테고, 중국인들이 한국 여성들은 모두 성형을 한다고 생각하고 있다는 뜻이기도 합니다. 실제로 중국 드라마 속에 성형수술 장면이 나오면 의사는 대부분 한국인으로 나옵니다. 그만큼 '성형수술'은 중국인 친구들과 이야기를 나눌 때 공통화제가 될 수 있다는 뜻일 텐데요, 평소에 성형수술에 대한 자신의 생각을 중국어로 연습할 기회를 가져 보기를 권합니다.

카페에서 WIFI 비밀번호 묻기

🔊 113-01

A 麻烦你，问一下，有WIFI吗？
Máfan nǐ, wèn yíxià, yǒu WIFI ma?
죄송합니다만, 뭐 하나 여쭤볼게요. WIFI 되나요?

B 有，小票上有ID和密码。
Yǒu, xiǎopiào shàng yǒu ID hé mìmǎ.
네, 영수증에 ID와 비밀번호가 있습니다.

A 啊？小票已经扔了。
Á? Xiǎopiào yǐjīng rēng le.
앗? 영수증 이미 버렸어요.

B 那我帮您写一下吧。给您。
Nà wǒ bāng nín xiě yíxià ba. Gěi nín.
그러면 제가 써 드릴게요. 여기요.

A 好，谢谢，麻烦你了。
Hǎo, xièxie, máfan nǐ le.
네, 고맙습니다. 죄송합니다.

잠시 후

A 美女，我试过了，连不上。
Měinǚ, wǒ shì guo le, liánbushàng.
저기요, 시도해 봤는데 연결이 안 돼요.

B 可能是那边信号不太好。
Kěnéng shì nàbiān xìnhào bú tài hǎo.

要不，您换个位子试试吧。
Yàobù, nín huàn ge wèizi shìshi ba.
아마도 그쪽(자리) 신호가 안 좋은 것 같아요. 아니면 자리를 옮기셔서 시도해 보세요.

A 哪儿的信号好？
Nǎr de xìnhào hǎo?
어느 쪽 신호가 좋을까요?

> WIFI가 자꾸 끊길 때, 전화통화 중에 상대의 목소리가 잘 들리지 않을 때, 영상통화 화면에 버퍼링이 올 때 등의 상황을 표현하려면 '信号不太好。Xìnhào bú tài hǎo.'라고 해요.

단어+표현 🔊 113-02

麻烦你 máfan nǐ
실례합니다, 죄송합니다

小票 xiǎopiào 영수증

上 shàng 위에

密码 mìmǎ 비밀번호

扔 rēng 버리다

试过了 shì guo le
시도해 본 적 있다

连不上 liánbushàng
연결(连)이 안 되다

信号 xìnhào 신호

位子 wèizi 자리

吧台 bātái 바(BAR) 테이블

这边 zhèbiān 이쪽

强 qiáng 강하다

到 dào ~으로

连上 liánshàng
연결되다, 이어지다

B 吧台这边信号比较强，您换到这边吧。
Bātái zhèbiān xìnhào bǐjiào qiáng, nín huàndào zhèbiān ba.
바 테이블 쪽 신호가 비교적 강해요. 이쪽으로 옮겨 보세요.

A 我试试……，连上了，谢谢。
Wǒ shìshi……, liánshàng le, xièxie.
해 볼게요……. 연결됐어요. 고맙습니다.

오늘의 일기

🔊 113-03

在家学习的话，我根本学不进去，学着学着就困了。
Zài jiā xuéxí dehuà, wǒ gēnběn xué bu jìnqù, xuézhe xuézhe jiù kùn le.
집에서 공부하면 공부가 전혀 안 되고, 공부하다 보면 바로 졸음이 온다.

放学以后，我一般都去咖啡厅，一边喝咖啡一边复习。
Fàngxué yǐhòu, wǒ yìbān dōu qù kāfēitīng, yìbiān hē kāfēi yìbiān fùxí.
학교를 마친 후에 나는 보통 카페에 가서 커피를 마시며 복습한다.

我家附近新开了一个咖啡厅，气氛不错，所以我经常去。
Wǒ jiā fùjìn xīn kāi le yí ge kāfēitīng, qìfēn búcuò, suǒyǐ wǒ jīngcháng qù.
우리 집 근처에 새로 카페가 생겼는데 분위기가 좋아서 자주 간다.

那里什么都好，就是WIFI信号不好，有点儿麻烦。
Nàlǐ shénme dōu hǎo, jiùshì WIFI xìnhào bù hǎo, yǒudiǎnr máfan.
거기는 다 좋은데 WIFI 신호가 안 좋아서 좀 불편하다.

샨샨의 실수 방지 중국 생활

중국어로 '물'은 종류가 다양합니다. 정리해 보면 아래와 같습니다.

- **开水** kāishuǐ : 끓여낸 뜨거운 식수
  '给我一杯开水。 Gěi wǒ yì bēi kāishuǐ.'라고 하면, 손을 데일 만큼 뜨거운 물을 가져다 줍니다. 호호 불어 마시며 추위를 녹이려면, '开水'를 찾으면 됩니다.

- **白开水** báikāishuǐ, **凉白开** liángbáikāi : 한 번 끓여낸 것으로, 상온 정도로 식혀둔 식수

- **茶水** cháshuǐ : 찻잎을 넣고 우려낸 물
  생활 속에 늘 차를 옆에 두고 마시는 것을 즐기는 중국인들에게 차(茶)도 식수의 한 종류로 분류되어 불립니다. 그리고 보통은 따로 메뉴판에 있는 차를 시키지 않은 이상, '茶水'는 무료입니다.

- **矿泉水** kuàngquánshuǐ : 편의점이나 슈퍼에서 살 수 있는 페트병에 든 물
  편의점에서 '我要一桶矿泉水。 Wǒ yào yì tǒng kuàngquánshuǐ.'라고 요구하시면 됩니다. '我要水。 Wǒ yào shuǐ.'는 부자연스러운 표현입니다.

- **自来水** zìláishuǐ : 수도꼭지에서 바로 나온 물
  식당에서 큰 사발에 나온 물이 손 씻는 물인지, 마시는 물인지 구별하기 어렵다면, '这是自来水还是白开水？Zhè shì zìláishuǐ háishi báikāishuǐ? (이거 수돗물인가요, 마시는 물인가요?)'라고 물으시면 됩니다.

261

에피소드 114

카페에서 회원카드 만들기

🔊 114-01

A 你好，要两杯拿铁。
Nǐ hǎo, yào liǎng bēi nátiě.
안녕하세요, 라떼 두 잔 주세요.

B 您要办张会员卡吗？可以打折。
Nín yào bàn zhāng huìyuánkǎ ma? Kěyǐ dǎzhé.
회원카드 만드시겠어요? 할인 가능합니다.

A 是充值的吧？要充多少？
Shì chōngzhí de ba? Yào chōng duōshao?
충전하는 거죠? 얼마나 충전해야 하죠?

B 充500是金卡，八五折。
Chōng wǔbǎi shì jīnkǎ, bā wǔ zhé.

1000是白金卡，打八折。
Yìqiān shì báijīnkǎ, dǎ bā zhé.
500(위안) 충전은 골드 카드로 15% 할인되고요, 1000(위안)은 플래티늄 카드로 20% 할인돼요.

단어+표현 🔊 114-02

拿铁 nátiě 라떼(Latte)
会员卡 huìyuánkǎ 회원카드
打折 dǎzhé 할인하다, 가격을 깎다
充值 chōngzhí
(돈을) 채우다, 충전하다
充 chōng 보충하여 채우다
金卡 jīnkǎ 골드 카드
八五折 bā wǔ zhé 15% 할인
白金卡 báijīnkǎ 플래티늄 카드
优惠 yōuhuì 우대, 혜택
咖啡券 kāfēiquàn 커피 쿠폰
这里 zhèlǐ 여기
填一下 tián yíxià 기입(填)하세요
姓名 xìngmíng 이름, 성함
所有 suǒyǒu 모든
连锁店 liánsuǒdiàn 체인점
全中国 quán Zhōngguó
전 중국

A 还有别的优惠吗？
Háiyǒu biéde yōuhuì ma?
다른 혜택은 있나요?

> 각종 회원가입 시에 혜택 확인은 꼼꼼히 해야겠죠? '有什么优惠？ Yǒu shénme yōuhuì? (어떤 혜택이 있나요?)'라고 물으면 됩니다.

B 还可以送您几张咖啡券，您这次就可以用。
Hái kěyǐ sòng nín jǐ zhāng kāfēiquàn, nín zhè cì jiù kěyǐ yòng.
커피 쿠폰도 몇 장 드리는데, 이번에 바로 사용 가능하세요.

A 行，那办一张金卡吧。
Xíng, nà bàn yì zhāng jīnkǎ ba.
좋아요, 그럼 골드 카드 한 장 만들게요.

B 好的，您在这里填一下姓名和电话就行了。
Hǎo de, nín zài zhèlǐ tián yíxià xìngmíng hé diànhuà jiù xíng le.
네, 여기에 성함과 전화번호 기입해 주시면 됩니다.

A 在你们家所有连锁店都可以用吗？
Zài nǐmen jiā suǒyǒu liánsuǒdiàn dōu kěyǐ yòng ma?
여기 모든 체인점에서 사용 가능한가요?

🅑 **对，全中国都可以用。**
Duì, quán Zhōngguó dōu kěyǐ yòng.
맞아요, 전 중국에서 사용 가능합니다.

오늘의 일기

我的钱包里有各种各样的卡，放得满满的。
Wǒ de qiánbāo li yǒu gèzhǒng gèyàng de kǎ, fàng de mǎnmǎn de.
내 지갑 안에는 각종 카드가 가득 들어있다.

除了信用卡和银行卡以外，还有很多会员卡、优惠卡什么的。
Chúle xìnyòngkǎ hé yínhángkǎ yǐwài, háiyǒu hěn duō huìyuánkǎ, yōuhuìkǎ shénme de.
신용카드와 은행카드 이외에 각종 회원카드, 우대카드 등등이 있다.

每次办卡的时候，我都以为自己会经常去。
Měi cì bàn kǎ de shíhou, wǒ dōu yǐwéi zìjǐ huì jīngcháng qù.
매번 카드를 만들 때마다, 자주 가게 될 것이라 생각했다.

可是，实际上，这些卡都变成了垃圾。
Kěshì, shíjì shàng, zhèxiē kǎ dōu biànchéng le lājī.
그러나 실제로 이 카드들은 쓰레기로 변해 버렸다.

샨샨의 실수 방지 중국 생활

현지파견, 장·단기 어학연수 등으로 타국에서 생활에 보는 것은 참 설레는 일입니다. 유학은 일상에서 벗어나 익숙한 생활과 잠시 결별하는 이벤트처럼 느껴지기도 합니다. 환경이 바뀌니 새로운 나로 거듭나겠다는 결심이 생기기도 하는데요. 하지만 불행히도 사람은 크게 변하지 않습니다. 돈을 아껴 쓰겠다 결심하지만 소비패턴이 변할 리 없어 생활비가 한국에서와 다를 바 없게 됩니다. 또 생활습관 부분에서도 마찬가지입니다. 한국에서 전혀 운동하지 않던 사람이 중국에서 갑자기 매일 아침 조깅을 하거나 테니스를 칠 가능성은 크지 않습니다. 그러니 변해 보겠다는 결심으로 일 년짜리 헬스 회원권을 만들거나, 댄스 학원에 장기등록한다거나 하는 일은 신중히 결정해야 합니다. 처음 몇 번 가다 그만두는 경우를 수도 없이 봤기 때문입니다. 운동을 해 볼 결심을 했다면 돈이 좀 더 들더라도 회비를 한 달씩 내며, 이번 기회에 생활습관을 서서히 개선해 보겠다는 전략으로 가는 것이 좋습니다. 공부도 해야겠고 운동도 해야겠다고 갈팡질팡하다 보면, 어느 하나도 이룰 수 없게 됨을 명심하세요. 하루는 전 세계 어디서나 24시임을 기억하고 개인의 생활습관, 소비 행태에 따라 계획을 세워야만 중국 체류 기간 동안 소기의 목적을 달성할 수 있습니다.

커피와 디저트 주문하기

🔊 115-01

A 两位要点儿什么?
Liǎng wèi yào diǎnr shénme?
두 분 무엇을 주문하시겠습니까?

B 我要美式咖啡，热的，不加糖，不加奶。你呢?
Wǒ yào měishì kāfēi, rè de, bù jiā táng, bù jiā nǎi. Nǐ ne?
저는 아메리카노 주세요, 뜨거운 걸로요. 설탕 빼고 연유도 빼 주세요. 너는?

C 我要卡布奇诺，加点儿香草糖浆。
Wǒ yào kǎbùqínuò, jiā diǎnr xiāngcǎo tángjiāng.
저는 카푸치노 주세요, 바닐라 시럽 좀 넣어주시고요.

B 啊，我有点儿饿了，再来一块芝士蛋糕吧。
À, wǒ yǒudiǎnr è le, zài lái yí kuài zhīshì dàngāo ba.
아, 나 약간 배고프네. 치즈 케이크 한 조각도 주세요.

A 我们有美式咖啡和提拉米苏的套餐，
Wǒmen yǒu měishì kāfēi hé tílāmǐsū de tàocān,

您要不要试试?
nín yào bu yào shìshi?
저희 아메리카노랑 티라미수 세트 있는데, 이걸로 주문해 보시겠어요?

B 套餐的咖啡能续杯吗?
Tàocān de kāfēi néng xùbēi ma?
세트 메뉴의 커피는 리필되나요?

> 커피전문점에서 꼭 물어봐야 할 한 마디.
> '可以续杯吗? Kěyǐ xùbēi ma? (리필되나요?)'

A 不好意思，不能。单点也一样。
Bù hǎoyìsi, bùnéng. Dāndiǎn yě yíyàng.

续杯的活动已经结束了。
Xùbēi de huódòng yǐjīng jiéshù le.
죄송하지만 리필이 안 됩니다. 단품으로 시켜도 똑같아요. 리필 이벤트는 이미 끝났습니다.

B 哦，那就要你说的套餐吧。
Ó, nà jiùyào nǐ shuō de tàocān ba.
아, 그럼 말씀하신 세트로 주세요.

단어+표현
🔊 115-02

美式咖啡 měishì kāfēi
아메리카노

热的 rè de 뜨거운

卡布奇诺 kǎbùqínuò 카푸치노

香草糖浆 xiāngcǎo tángjiāng
바닐라 시럽

饿 è 배고프다

一块 yí kuài 한 조각

芝士蛋糕 zhīshì dàngāo
치즈 케이크

提拉米苏 tílāmǐsū 티라미수

续杯 xùbēi 리필하다

单点 dāndiǎn
단품(单)으로 주문하다(点)

一样 yíyàng 똑같다

活动 huódòng 이벤트, 행사

结束 jiéshù 끝나다

减肥 jiǎnféi
살을 빼다, 다이어트하다

264

Ⓐ 女士呢？您需要蛋糕吗？
Nǚshì ne? Nín xūyào dàngāo ma?

여자분은요? 케이크 필요하세요?

Ⓒ 我不要，我得减肥。
Wǒ bú yào, wǒ děi jiǎnféi.

아니요, 저는 살 빼야해요.

오늘의 일기

🔊 115-03

我休息的时候常去公司楼下的咖啡厅，喝杯咖啡提提神。
Wǒ xiūxi de shíhòu cháng qù gōngsī lóuxià de kāfēitīng, hē bēi kāfēi títíshén.

나는 쉴 때 종종 회사 아래 카페에 가서 커피 한 잔을 마시며 정신을 깨운다.

我喜欢喝黑咖啡，所以每次都点美式。
Wǒ xǐhuan hē hēi kāfēi, suǒyǐ měi cì dōu diǎn měishì.

나는 블랙커피 마시는 것을 좋아해서, 매번 아메리카노를 시킨다.

有时候午饭吃得不多，我就点一个下午茶套餐。
Yǒu shíhou wǔfàn chī de bù duō, wǒ jiù diǎn yí ge xiàwǔchá tàocān.

가끔 점심을 적게 먹었을 때는 애프터눈 티 세트를 주문한다.

一杯咖啡配一块蛋糕，比单点更划算。
Yì bēi kāfēi pèi yí kuài dàngāo, bǐ dāndiǎn gèng huásuàn.

커피 한 잔과 케이크 한 조각으로 구성된 것은 단품 주문보다 더 이득이다.

샨샨의 실수 방지 중국 생활

중국 사람들은 왠지 차(茶 chá)만 마실 것 같지만, 곳곳에 커피전문점이 즐비한 것을 보면 커피를 더 즐겨 마시는 것 같습니다. 특히 대도시 중심가에 가면 다국적 커피전문점들이 대형매장을 차지하고 있는데, 때로는 중국이 아닌 것 같은 느낌이 들기도 합니다. 동일한 글로벌 표준 메뉴와 표준 서비스를 제공하고 있으니 중국적 특색을 찾아보기 어렵기 때문입니다. 하지만 명절과 같은 특별한 날에는 '중국다운' 현지화된 상품이나 이벤트를 선보이곤 하는데, 구경하는 재미가 쏠쏠합니다. 새해를 맞이하는 춘절(春节 chūnjié)에는 커피콩을 붉은색 복주머니에 포장해 판매하고, 음력 5월 5일에는 단오절 음식인 '쫑즈(粽子 zòngzi)'를, 음력 8월 15일 즈음에는 추석 전통음식인 '월병(月饼 yuèbǐng)'을 다양한 맛에 예쁜 외관을 갖춰 내놓습니다. 무척 비싸지만 한 번쯤 구매하고 싶은 마음이 들만큼 예쁘고 특색 있습니다.

오늘의 일기 새 단어 알고 가기

에피소드 092

虽然 suīrán 비록 ~하지만
周围 zhōuwéi 주변
没什么机会 méi shénme jīhuì ~할 기회가 거의 없다
通过 tōngguò ~을 통해서
软件 ruǎnjiàn 소프트웨어, 앱
安全 ānquán 안전하다

에피소드 093

跟……约好 gēn……yuēhǎo ~와 약속하다
晚饭 wǎnfàn 저녁 식사
没来 méi lái 오지 않았다
找借口 zhǎo jièkǒu 핑계(借口)를 찾다(找)
直接 zhíjiē 바로, 직접

에피소드 094

谁也不理谁 shéi yě bù lǐ shéi 서로 상관하지 않다
快 kuài 곧, 머지않아
到 dào 이르다, 도달하다
出来 chūlái 나오다
说好了 shuō hǎo le 합의보다, 약속하다
电影票 diànyǐngpiào 영화 표
网上 wǎngshàng 온라인, 인터넷
团购票 tuángòupiào 공동구매 표
划算 huásuàn 타산이 맞다

에피소드 095

应用 yìngyòng 앱
里面 lǐmiàn ~안에
各种各样 gèzhǒng gèyàng 각종, 각양각색
绑定 bǎngdìng 연동하다
银行卡 yínhángkǎ 은행카드
或 huò 혹은
积分 jīfēn 적립포인트
兑换 duìhuàn 현금으로 바꾸다
成 chéng ~로 변하다
现金 xiànjīn 현금
消费 xiāofèi 소비하다
以后 yǐhòu 이후
省下 shěngxià (절약해) 남기다
一大笔 yídàbǐ 목돈, 많은 돈
生活费 shēnghuófèi 생활비
真是 zhēn shì 정말로

에피소드 096

夏天 xiàtiān 여름
躲 duǒ 피하다, 숨다
可乐 kělè 콜라
享受 xiǎngshòu 즐기다, 향유하다
为了 wèile ~를 하기 위해
观众们 guānzhòngmen 관객들

새 단어 쓰기 연습장

에피소드 097

开心 kāixīn 기쁘다
同屋 tóngwū 룸메이트
决定 juédìng 결정하다
附近 fùjìn 부근, 근처
正在 zhèngzài 지금 ~하고 있다 [동작이나 행위가 진행 중임을 나타냄]
优惠酬宾 yōuhuì chóubīn 사은 행사
缓解 huǎnjiě 완화시키다
压力 yālì 스트레스

에피소드 098

和……差不多 hé……chàbuduō ~와 비슷하다
小吃 xiǎochī 스낵, 간식

에피소드 099

叫 jiào 부르다, 호출하다
过了一会儿 guò le yíhuìr 짧은 시간이(一会儿) 지난(过了) 후
音响 yīnxiǎng 음향
加 jiā 더하다, 추가하다
免费 miǎnfèi 무료로 하다
果盘 guǒpán 과일 모둠
服务 fúwù 서비스

에피소드 100

一直 yìzhí 계속, 줄곧
拿着 názhe 잡은 채로

麦克风 màikèfēng 마이크
好像……一样 hǎoxiàng……yíyàng 마치 ~와 같다
开 kāi 열다
个人 gèrén 개인
演唱会 yǎnchànghuì 음악회, 콘서트
一首 yì shǒu 한 곡
新歌 xīn gē 새로운 노래
无语 wúyǔ 할말이 없다, 어이가 없다

에피소드 101

男性 nánxìng 남성의
突然 tūrán 갑자기
跟……开玩笑 gēn……kāi wánxiào ~와 농담하다
跟……约会 gēn……yuēhuì ~와 데이트 약속을 하다
明星 míngxīng 스타(star), 연예인
会 huì ~할 가능성이 있다
差点儿 chàdiǎnr 하마터면 ~할 뻔했다
跳起来 tiào qǐlái 뛰어오르다

에피소드 102

后天 hòutiān 모레
第二次 dì èr cì 두 번째
上次 shàng cì 지난번
去过 qù guo 간 적 있다
这次 zhè cì 이번
应该 yīnggāi ~해야 한다
头疼死了 tóuténg sǐ le 골치가 아프다
建议 jiànyì 제안하다, 건의하다

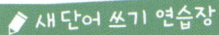

오늘의 일기 새 단어 알고 가기

에피소드 103
长 zhǎng 늘다
公斤 gōngjīn 킬로그램(kg)
脸 liǎn 얼굴
圆 yuán 둥글다
赞成 zànchéng 찬성하다
跟……一起 gēn……yìqǐ ~와 함께
心动 xīndòng 마음이 흔들리다

에피소드 104
五节 wǔ jié 5회(수업)
身材 shēncái 몸매
腹肌 fùjī 복근
羡慕 xiànmù 부럽다
体检 tǐjiǎn 신체 검사(하다)
含量 hánliàng 함량

에피소드 105
不适应 bú shìyìng 적응이 안 된다
刚 gāng 막, 방금
户外练习场 hùwài liànxíchǎng 야외연습장
几天 jǐ tiān 며칠
一边……一边…… yìbiān……yìbiān…… ~하면서 ~하다
打 dǎ (놀이·운동을) 하다
咳嗽 késou 기침하다
室内练习场 shìnèi liànxíchǎng 실내연습장

又 yòu 또한, 더하여
只好 zhǐhǎo ~할 수밖에 없다
放弃 fàngqì 포기하다

에피소드 106
减肥 jiǎnféi 살을 빼다, 다이어트하다
下决心 xià juéxīn 결심하다
开始 kāishǐ 시작하다
从来没…… cónglái méi…… ~해 본 적이 없다
害怕 hàipà 두렵다
申请 shēnqǐng 신청하다
课 kè 수업
蛙泳 wāyǒng 평영
自由泳 zìyóuyǒng 자유형
跟……相反 gēn……xiāngfǎn ~와 반대다
正好 zhènghǎo 마침
完 wán 끝내다, 완료하다

에피소드 107
这段时间 zhè duàn shíjiān 요즘
轻松 qīngsōng 홀가분하다, 여유 있다
劝 quàn 권하다
弹钢琴 tán gāngqín 피아노(钢琴)를 치다(弹)
吹萨克斯风 chuī sàkèsīfēng 색소폰(萨克斯风)을 불다(吹)
觉得 juéde ~라고 생각하다
传统乐器 chuántǒng yuèqì 전통악기
拉小提琴 lā xiǎotíqín 바이올린(小提琴)을 켜다(拉)

새 단어 쓰기 연습장

에피소드 108

毛笔字 máobǐzì 붓글씨
好看 hǎokàn 예쁘다, 보기 좋다
报 bào 신청하다, 등록하다
就要 jiùyào 머지않아, 곧
去了一趟 qù le yí tàng 한 번(一趟) 갔다 왔다(去了)
砚 yàn 벼루
一次就…… yí cì jiù…… 한 번에 바로
把……买齐了 bǎ……mǎi qí le ~를 사서 다 갖췄다
希望 xīwàng 희망하다, 바라다
赶紧 gǎnjǐn 빨리
写出 xiě chū 써 내다
作品 zuòpǐn 작품

에피소드 109

在网上 zài wǎngshàng 온라인에서
节约时间 jiéyuē shíjiān 시간을 절약하다
速度 sùdù 속도
下单 xiàdān 주문하다
之后 zhīhòu 후에
24小时 èrshísì xiǎoshí 24시간
以内 yǐnèi 이내
拿到 nádào 받다
这么 zhème 이렇게
物流 wùliú 물류
发达 fādá 발달하다
还是 háishi 그래도, 여전히
更 gèng 더욱

에피소드 110

铁杆粉丝 tiěgǎn fěnsī 열혈팬
开演唱会 kāi yǎnchànghuì 콘서트(演唱会)를 열다(开)
红 hóng 인기가 있다
难 nán 어렵다
本来 běnlái 본래, 원래
一下子 yíxiàzi 갑자기, 순식간에
卖光了 màiguāng le 매진되다

에피소드 111

韩剧迷 Hánjùmí 한국 드라마 광
播出 bōchū 방송하다, 방영되다
所有 suǒyǒu 모든
看过 kàn guo 본 적 있다
不过 búguò 그러나
发现 fāxiàn 발견하다
韩语水平 Hányǔ shuǐpíng 한국어 수준
高 gāo 높다
听力 tīnglì 듣기 능력
向……学习 xiàng……xuéxí ~에게 배우다
电视剧 diànshìjù 드라마

에피소드 112

医疗技术 yīliáo jìshù 의료기술
微整容 wēi zhěngróng 쁘띠성형
普遍 pǔbiàn 보편화되다

새 단어 쓰기 연습장

오늘의 일기 새 단어 알고 가기

做双眼皮 zuò shuāngyǎnpí 쌍꺼풀(双眼皮) 수술을 하다(做)
根本 gēnběn 전혀, 아예
不算什么 bú suàn shénme 아무것도 아니다
出现 chūxiàn 나타나다
新的 xīn de 새로운
旅游形式 lǚyóu xíngshì 여행 스타일, 여행 형식
中国游客 Zhōngguó yóukè 중국인 관광객
主要 zhǔyào 주로, 대부분
真有意思 zhēn yǒu yìsi 정말 재미있다

信用卡 xìnyòngkǎ 신용카드
优惠卡 yōuhuìkǎ 우대카드
什么的 shénme de 등등
办卡 bàn kǎ 카드를 만들다
以为 yǐwéi 여기다, 생각하다
实际上 shíjì shang 실제로
这些 zhèxiē 이것들
变成 biànchéng ~로 변하다
垃圾 lājī 쓰레기

에피소드 113

学不进去 xué bu jìnqù 공부가 안 된다, 머리에 들어가지 않는다
就……了 jiù……le 바로 ~하다
困 kùn 졸리다, 피곤하다
放学 fàngxué 학교를 마치다
咖啡厅 kāfēitīng 커피숍, 카페
复习 fùxí 복습하다
那里 nàlǐ 거기
什么都好 shénme dōu hǎo 모든 것이 다 좋다
麻烦 máfan 귀찮다, 불편하다

에피소드 114

钱包 qiánbāo 지갑
卡 kǎ 카드
放 fàng (집어) 넣다
满满的 mǎnmǎn de 가득한, 빡빡한
除了……以外 chúle……yǐwài ~이외에

에피소드 115

休息 xiūxi 쉬다
常 cháng 종종, 자주
楼下 lóuxià (건물) 아래
提提神 títíshén 정신을 깨우다
黑咖啡 hēikāfēi 블랙커피
点 diǎn 주문하다
美式 měishì 아메리카노
有时候 yǒu shíhou 때로는
午饭 wǔfàn 점심
吃得不多 chī de bù duō 먹은 정도(吃得)가 많지 않다(不多)
下午茶 xiàwǔchá 애프터눈 티(afternoon tea)
配 pèi 조합하다, 구성하다
一块 yí kuài 한 조각
比……更…… bǐ……gèng…… ~보다 더 ~하다
划算 huásuàn 이익이다

새 단어 쓰기 연습장

다락원 홈페이지에서 MP3 파일
다운로드 및 실시간 재생 서비스

나의 겁없는 중국생활 중국어

지은이 전은선, 차오팡
펴낸이 정규도
펴낸곳 (주)다락원

초판 1쇄 발행 2017년 5월 23일
초판 9쇄 발행 2025년 7월 18일

기획·편집 김혜민, 이상윤
디자인 윤지영, 임미영
일러스트 JUNO
녹음 曹红梅, 朴龙君, 허강원

다락원 경기도 파주시 문발로 211
전화 (02)736-2031(내선 250~252/내선 430, 431)
팩스 (02)732-2037
출판등록 1977년 9월 16일 제406-2008-000007호

Copyright ⓒ 2017, 전은선·차오팡

저자 및 출판사의 허락 없이 이 책의 일부 또는 전부를 무단 복제·전재·발췌할 수 없습니다. 구입 후 철회는 회사 내규에 부합하는 경우에 가능하므로 구입처에 문의하시기 바랍니다. 분실·파손 등에 따른 소비자 피해에 대해서는 공정거래위원회에서 고시한 소비자 분쟁 해결 기준에 따라 보상 가능합니다. 잘못된 책은 바꿔 드립니다.

ISBN 978-89-277-2209-0 18720

www.darakwon.co.kr
다락원 홈페이지를 방문하시면 상세한 출판 정보와 함께 동영상 강좌, MP3 자료 등 다양한 어학 정보를 얻으실 수 있습니다.